世界
フェロー諸島
シェトランド諸島
オークニ諸島
スコットランド
アバディーン
ダンディー
エディンバラ
ニューカースル
スカーバラ
ハル
イングランド
ボストン
イプスイッチ
ロンドン
ドーヴァー
英仏海峡
北　海
ベルゲ
ノルウェー
オスロ
ボーヒュース
スタヴァンゲル
アレンダール
マールストランド
フレッケ・フィヨルド
マンダール
クリスティアンサン
イェーテボリ
スカーイェラク海峡
カテガド海峡
デンマーク
コペンハーゲン
エアーソン海峡
キール
リューベック
ハンブルク
エルベ川
ノルデルナイ島
フリースラント諸島
ゾイデル海
フローニンゲン
ブレーメン
パーペンブルク
ホラント
カンペン
カトワイク
アムステルダム
ゼーラント
オランダ
ドイツ
ヴェーゼル川
エムス川
ロッテルダム
オステンデ
アントウェルペン
ブルッヘ
ベルギー
フランドル
スヘルデ川
ムーズ川
ライン川

北海・バルト海の商業世界

斯波照雄・玉木俊明＝編

悠書館

北海・バルト海の商業世界——目次

序文　発展する北海・バルト海の商業空間

玉木俊明

地中海と北海・バルト海——自然環境の比較

華やかなイメージがある地中海と比較すると、暗い印象がある北海・バルト海は、国際的にみても、あまり研究がされてこなかった地域である。古代ローマ人が築き上げた地中海帝国、イタリア商人、ムスリム商人による広大な交易網と比較するなら、北海・バルト海の商業は、みすぼらしく映ってきたのは、まぎれもない事実であろう。

しかしそれは、歴史の実態とは異なる。ここではまず、そのことを強調しておきたい。

地中海の面積は約二五〇万平方キロメートル、北海は約五七万平方キロメートル、バルト海は約四〇万平方キロメートルである。北の二つの海を合計しても一〇〇万平方キロメートルに満たず、地中海よりも、はるかに小さい。また海深は、地中海が平均約一五〇〇メートル、北海が約九〇メートル、バルト海が約五五メートルと、北の海はずっと浅い。地中海が偉大な海だという印象をもたれて当然であろう。

だが、後背地に目を向けるなら、北と南の海の位置付けは、大きく変わってくる。ヨーロッパ大陸の中央部よりやや南側にアルプス山脈がある。そのため、北方ヨーロッパの後背地は、地中海よりも広い。たとえば、北海に臨むライン川の全長が約一二三三キロメートルであるのに対し、イタリアのポー川は約六五〇キロメートルである。北海・バルト海の場合、さまざまな地域から流入してきた商品は、大きな後背地のなかの多数の地域で消費された。地中海では、商品流通の規模ははるかに小さかった。このような後背地の広さの違いは、やがて大きな経済格差をもたらすことになる。

また、地中海沿岸は北海・バルト海よりも生態的に貧しく、一度木を伐採すると、なかなか生えてこない。したがって現在の地中海沿岸には禿山が多く、いまなお森林資源が豊かな北方ヨーロッパとは対照的な姿を呈している。

このように、自然環境という点からは、将来的な発展可能性は、むしろ北方ヨーロッパにあった。

地中海と北海・バルト海——経済制度の比較

運河や鉄道の発達により、北方ヨーロッパには多くの商品が流通し、ヨーロッパの地中海沿岸の地域よりも、経済成長に適していた。また、陸地の面積が大きいこともあり、いわゆる主権国家が発展したのは主として北方ヨーロッパであった。主権国家は経済活動を保護・促進し、経済を発展させることになった。地中海沿岸のヨーロッパでは、経済活動を保護・促進できるほどの規模の国家はなかなか誕生しなかった。それは、この地を経済的に衰退させる一つの要因となった。

イタリアは銀行発祥の地であり、世界最初の銀行は一四〇六年にジェノヴァで創設されたサン・ジョルジョ銀行とされる。しかし、イタリアの銀行で発展したのは為替や貸付、投資機能であり、こんにちの銀行がもつ金融仲介機能（預金者から集めた金を企業に貸し付ける制度）は有していなかった。

また、ハンザとは異なり、イタリアは海上保険業が他地域に先がけて発展した地域として知られる。ハンザでは保険業は発達せず、一隻の船舶を複数の人で所有する船舶共有制度が発達した。しかしイタリアの保険業も、本来必要であったはずの確率論を欠いていたため、その発展には大きな限界があった。つまり、ある事象がどれほどの確率でおこるのかということは、十六世紀のイタリアでは正確には知られていなかった。イタリアの保険業の発達は、決してそのまま現代につながるものではなかったのである。

銀行業・保険業の両方で、イタリアの発展そのものに決定的な限界があった。イタリアの金融システムは、近代的な世界を創出することはなかったと考えられる。

ようするに、イタリアないし地中海の経済成長のパターンは、産業革命を生じさせられるような近代的なものではなかったのである。資本主義は北海・バルト海から起こった。決して、地中海からではない。北海・バルト海の商業史を研究する重要性は、本質的にはここにある。

内容紹介

本書は専門の論文集ではなく、それぞれの専門分野の内容を、歴史に興味を持っている人たちに広く読んでもらおうという趣旨で編まれた。したがって、専門知識は必要とされないように工夫されているが、その内容は、決して専門論文にひけをとるものではない。

第Ⅰ章の小野寺利行「中世のバルト海・ロシア貿易」では、ハンザの四大商館の一つであるノヴゴロドとハンザの貿易が論じられる。ノヴゴロドでは、ギリシア正教徒であるスラヴ系ロシア人と、カトリックであるゲルマン系のハンザ商人による異文化間交易がおこなわれた。小野寺は、この異文化間交易の変化を、主として「スクラ」と呼ばれる商館規約を用いて分析する。ノヴゴロド商人はハンザ商人に毛皮と蜜蠟を、ハンザ商人はノヴゴロド商人に毛織物と銀を主として輸出した。この貿易の規制は、ハンザに有利なものであったが、十五世紀にロシアとハンザの取引がリーフラント地方を通じておこなわれるようになると、ノヴゴロド商人とハンザ商人の交易は、対等なものに変貌していった。

第Ⅱ章の谷澤毅「中世後期・近世のドイツの商業と北海・バルト海」では、ドイツの沿岸地域と内陸がこれらの海とどうかかわっていったのかという命題を、都市間の商業を中心にして論じる。「海のドイツ」の事例としてリューベックを、「陸のドイツ」の事例としてケルンを取り上げ、それそれがどのように海域世界と関係したのかをみてゆく。十六世紀後半になり、リューベック・ハンブルク間の陸路ではなく、ユトランド半東を回るエーアソン海峡が北海とバルト海を結ぶ主要ルートになると、低地地方の経済力が大きく伸びる。ドイツは、低地地方と結びつく形で世界経済に参入していくことになる。

第Ⅲ章は、斯波照雄「ハンザ都市の商業構造」であり、塩とビールの流通と保存、さらに不動産取引が俎上にあげられる。十五世紀初頭から十六世紀初頭にかけ、バルト海沿岸地域で、ドイツ産のリューネブルク塩の輸入量が減りフランス西部からのベイ塩の輸入量が増える。リューベックのビール醸造業は、近隣地方の輸出を目的としたものになっていった。そして、遠隔地貿易の減少によって生じた投資機会の減少したのを埋め合わせる形で、土地への投資がなされるようになった。一方、ブラウンシュヴァイクやハンブルクでは、ビールにかけられた税からの収入が増える。そしそして十五世紀頃のダンツィヒ、ハンブルク、ヴィスマールでは、市民の消費ではなく、輸出のためのビールの量が増加する。ハンブルクでは、十八世紀になるとビール消費量は減少するが、ビールの流通網を利用して、植民地物産の流通が増加したと考えられる。ここに、大西洋貿易の拡大が、旧来の北海・バルト海の流通ルートを利用してなされた可能性が示唆される。

第Ⅳ章では、小澤実が「交渉するヴァイキング商人」で、商人としてのヴァイキングを描く。九世紀から十一世紀半ばにかけ、ヴァイキングは北ヨーロッパ世界に政治秩序を与えた。小澤はそれを、「ヴァイキングの秩序」と名付ける。アイスランドを含む北大西洋地域から、ロシア平原にまで活動地域を広げた。本章では、そのなかでビザンツ帝国、とりわけケルソンに目を向ける。なぜならビザンツ帝国は、北方との交渉は主としてケルソンを拠点としておこなわれており、交渉相手はロシアのルーシだったからである。さらにヴァイキングは、商業慣行の異なる国々（この場合はキエフ・ルーシ）と交渉することで、みずからの利益を拡大するばかりか、ラテン・キリスト教世界とギリシア正教徒の世界をつなぐことができた。知性をもった人々の集団とみなされるべきである。

第Ⅴ章は、松本涼「中世アイスランドの商業」であり、日本で耳なれないテーマである。アイスランドの土地は貧しく、人々は散在する農場に居住していた。松本は、女性の地位についても言及する。現在、欧米の海事史研究では女性の果たした役割の大きさが注目されており、本章も、そのような傾向の一部として位置付けられるべきであろう。松本は、十四世紀にアイスランドで生産された「ヴァズアール」という羊毛布に注目し、そこから中世アイスランド商業の特徴を探ろうとする。農場の主人である男性の監視下におかれたとはいえ、その生産は女性がおこなった点が重要である。そしてノルウェーでの需要が高かったのである。十四世紀後半になると、ヴァズアールは国内で消費されるようになり、代わって干し魚の輸出が増加する。それは生産から輸出まで男性の監視下にあるものであり、女性と海外との関係は弱くなっていった。

第Ⅵ章の成川岳大「中世ノルウェーの商業と経済」は、中世ノルウェーの社会・経済的な変貌を論じる。十二世紀末までに、ノルウェーのベルゲンでは、干しタラが主要輸出品であった。十三世紀半ばには、ベルゲンはハンザの盟主であったリューベックだけではなく、イングランド東部との関係が強く、ベルゲンからイングランドに輸送された干しタラは、年間一五〇〇トン以上に達した。十四世紀半ばに流行した黒死病により、ノルウェーでは大量の死者が出て、経済構造が大きく変わった。牧畜や漁業がさらに重要になった。そのうえ、リューベック出身者を中心とするハンザのベルゲン商館が形成されるようになる。ハンザのビールが輸入されるようになり、中世末ベルゲンのノルウェー人は、ハンザ商人が北海・バルト海に構築したネットワークに組み込まれていくことになった。しかももとからあるノルウェー人のネットワークを利用し、ハンザの文化は、北の果てのフィンマルク地方にまで及ぶことになる。

第Ⅶ章の「フランドルとハンザ、そしてフランスとハンザ」で、山田雅彦は、ブルッヘとハンザの関係を述べる。フランドル地方のブルッヘへの国際商業に占める地位は圧倒的であった。そのため、ハンザ商人は十三世紀半ばにブルッヘに進出する。ただし、同市におけるハンザ商人の数は決して多くはなかった。ハンザの商館が認められたのは、十四世紀半ばのことであった。そしてブルッヘを足がかりとして、十三世紀末から、ハンザはワインを求めて、フランスのラ・ロシェルへと赴くようになる。十五世紀になり、ブルッヘが衰退し、アントウェルペンが台頭すると、ハンザはブルッヘではなく、アントウェルペンとの取引をおこなうようになった。

第Ⅷ章の「中世ハンザ商人の世界——リューベックを中心に」で柏倉知秀は、リューベックのハンザの指導者たちの一人であり、市参事会員、そして市長でもあったヨハン・ヴィッテンボルクの生涯を描き、ハンザ商人の世界を垣間見せようとしている。彼は、一三六二年におそらくデンマークとの戦いで敗れたために処刑された。それは、この頃のリューベック商人は政治指導者であるばかりか、軍隊も指揮しなければならなかったことを物語る。リューベックの商人は小さな頃から商人としての教育をほどこされ、それに加えて政治家として必要な知識も学んだ。商人と政治家は未分離であったのだ。遍歴商業から定着商業に変わっていたこの時代には、商人は羊皮紙で書簡を書き、外国の取引相手らに指示を出した。そして、商人は都市の有力者とのネットワークを結んだ。そのような人生を送ったヴィッテンボルクは、十四世紀半ばのリューベックの商業・政治を体現した人物であった。

第Ⅸ章は、根本聡の「近世ストックホルムの都市計画と商業政策」である。ここで根本は、スウェーデンの都市化計画、とりわけグスタヴ二世アドルフの治世下においてストックホルムが都市としての機能を有したことを中心に論じる。近世の北欧では、都市化が進んだ。スウェーデンにおいては、そもそもストックホルムは以前から首都であったが、国王の所在地がこの都市に固定されることで、都市の機能が強化された。だがそれは、グスタヴ二世アドルフの父親であるカール九世の時代に、ボスニア海域の新都市建設と、ストックホルムの首都化と階層化が計画されたことの延長線上にあった。そしてストックホルムは、旧市街の都島と本土にある北都に分かれて競争していたのが、グスタヴ二世アドルフの死後統一され、ようやく一つの首都として機能するようになったのである。

第Ⅹ章では、井上光子が「知られざる海洋帝国」というタイトルのもと、デンマークの海上発展について述べる。井上はまず、デンマークにとってのエーアソン海峡の重要性を論じる。この海峡を航行する船舶に通行税がかけられたからこそ、デンマークは豊かになった。デンマークは北欧の小国に過ぎなかったが、多数の貿易会社をつくり、植民地をもち、世界の海での貿易を目指した。小国デンマークはこのように、国家がバックアップした貿易の拡大を計画したのである。デンマークはアジアの茶をイギリスに輸出し、小国ならではのニッチ市場を獲得した。西インド貿易では、他の国々と同様、アフリカのギニア湾で黒人奴隷を購入し、それを新世界に送り、製糖業を発展させた。さらにアメリカ独立戦争時には、中立国として大きな利益を獲得したのである。小国の中立国という地位は、デンマークの海運業にとって、非常に大きなプラス要因として作用したのだ。

第Ⅺ章は、菊池雄太による「中世後期から近世における陸上交易の発展と北海・バルト海貿易」である。ここで菊池は、北海・バルト海から流入してきた商品が、どのように河川・運河を使って流通したのかという点に着目する。ハンブルクとリューベックを結ぶ陸上ルートも使用された。それは主として、戦争により海上ルートが利用できないこともあったからである。さらに、ハンブルクとライプツィヒの大市との通商関係、ベルリンを中心としたマルク・ブランデンブルク地方の交通体系、ドレスデンからボヘミアのプラハに通じる河川での交易が論じられる。ドイツを中心とするこのような河川のネットワークは、運河によってドイツ国内に限らず、現在のチェコやオーストリアにまで及んだのである。

第Ⅻ章は、玉木俊明「近世のイギリスと北海・バルト海・大西洋の商業関係」と題される。ここでは、イギリス帝国の形成における北海・バルト海の重要性が述べられる。十六世紀のイングランドは、アントウェルペンに未完成の毛織物を輸出していたが、同世紀半ばの輸出不況を機に他の地域に毛織物を輸出しようとした。さらにバルト海地方は十六世紀前半から十七世紀半ばまではイングランドにとって完成毛織物の輸出地域であったが、それ以降、イギリス帝国に造船資材を供給する地域に変わった。十八世紀が進むにつれ、造船資材の供給地域としてロシアが重要になる。イギリスの貿易において、大西洋貿易の比率が高まるのは十八世紀後半のことであった。他国と同様、イギリスの大西洋貿易は、西アフリカから西インド諸島に輸送された奴隷による砂糖栽培に中心をおいた。それは、ポルトガルのシステムを模倣したものであり、砂糖の栽培法も、イベリア半島を追放されたユダヤ人であるセファルディムによってイギリス領植民地にもたらされたのである。

最後の第XIII章は、玉木俊明による「近世オランダのバルト海貿易」である。この貿易は、オランダの「母なる貿易」と呼ばれ、オランダ経済の根幹をなした。一五五〇年代から一六六〇年は「穀物の時代」とみなされ、ポーランドから輸出される穀物をオランダ商人がアムステルダムを通じて輸出することで、大きな利益を得た。その後、バルト海地方の穀物への需要は減少し、造船資材を中心とする「原材料の時代」が十八世紀のあいだには続いた。「原材料の時代になるとイギリス船の数が増すが、オランダ船の数が依然としてもっとも多かった。ドイツからリーフラントにつながるグーツヘルシャフトの穀物の七五％以上が、オランダ船を通じて西欧へと輸送された。また西欧とロシアの貿易決済は、オランダの銀行を通じておこなわれることが多かった。海運業・貿易・金融業の三面において、バルト海貿易は、オランダの「母なる貿易」だったのである。

本書の位置づけ

このように、それぞれの論考の内容を紹介してみた。では、それらは現在の欧米での商業史研究からみて、どのような意味があるのか。最後に、この課題に応えなければなるまい。

本書の範囲は、直接はアイスランドからノヴゴロドに及ぶ、北方ヨーロッパの非常に広い地域である。しかも、大西洋やアジアとの関係にも言及しており、北海やバルト海が、とりわけ近世において、世界のさまざまな地域とどのように結びついていたのかをうかがい知ることができる。ここではその具体的な姿を、欧米における商業史研究の動向と関連させながら論じたい。

現在の欧米の商業史研究においては、かつてほどには国家の力を強くみない傾向がある。近世の国家が積極的に海外に進出したのではなく、商人が独自の組織をもち、対外進出したという論調が強い。そして、商人間のネットワークの強さを重視する。

このように考えるなら、ハンザの商人ネットワークは、まさにこんにちの研究動向に適していることがわかるだろう。ハンザ史においては、十二世紀から十四世紀中頃までを商人ハンザ、それ以降十七世紀までを都市ハンザの時代という。「都市」の時代といっても、商人ネットワークの重要性が薄れたわけではない。

ハンザの盟主はリューベックであった。柏倉が第Ⅷ章で明らかにしたように、そこでは、商人が政治ないし軍事にまで進出していたのである。言い換えるなら、商人と政治家は未分離であった。それは、中世の多くの都市社会の実体であった。

リューベック以外にも多数の都市がハンザ都市として活躍し、その商業圏を拡大させた。それゆえ、ハンザのネットワークは北方ヨーロッパの主要都市のすべてに及び、アイスランドからノヴゴロドまで、たとえ薄い線であっても、一つのネットワークを形成していたこともほぼ確かである。第Ⅵ章で中世末のベルゲンを論じた成川の論考によれば、ハンザ商人が北海・バルト海に構築したネットワークにノルウェー人が組み込まれていった。それは、ハンザのネットワークの拡大を意味する。

本書の読者は、それぞれの論文を結びつけることで、ハンザを中心とする巨大なネットワークの存在を、おぼろげながら認識されることであろう。

第Ⅰ章の小野寺の論考から、ノヴゴロド商館において、カトリック商人とギリシア正教徒との取引の様相が具体的にみてとれよう。第Ⅳ章の小澤の論考は、異文化間の交渉人としてのヴァイキングの能力の高さを例証する。さらに、第Ⅻ章の玉木の論考から、ロンドンが大西洋からインド洋に至るセファルディムのネットワークの一部として機能したことがご理解いただけよう。このネットワークは、イギリスを「帝国」としてとらえ、帝国以外の地域との関係を重視しないこれまでの研究では視野に入ってくることはあるまい。

さらに小澤の論考からは、ヴァイキングが略奪者ではなく、高い知性をもつ商人集団であったことが明らかになる。彼らの活動範囲はアイスランドからロシアに及び、異文化間交易の仲介者になったと考えられる。北海・バルト海におけるヴァイキングの役割は、地中海におけるフェニキア人のそれに匹敵するかもしれない。

第Ⅱ章の谷澤の論考、第Ⅲ章の斯波の論考、そして第Ⅺ章の菊池の論考は、それぞれドイツを扱っているが、視点は異なる。谷澤は「陸のドイツ」と「海のドイツ」という表現を用いることで、中近世のドイツが、なお経済構造として一体化されていないことを示唆すると同時に、この二つのドイツが、海と結びついていることが重要だと提起する。ともすればドイツ史は都市の構造史となりがちであるが、それを超え、北海・バルト海世界の中でのドイツが描かれる。

斯波は、ハンブルクのビール流通網を通じて、植民地物産が流入したと推測する。すでにフランス史においては、ワインの流通網を使うことで植民地物産がフランスに流入したという主張がなされており、この二つのアルコールの流通経路が、やがて多数の商品の流通経路になったことが想像される。

菊池は、ドイツを拠点として運河が張り巡らされ、それが多数の河川と結びつくことで、北方ヨーロッパで流通網が発展したと考える。われわれは、ともすれば遠隔地交易と運河の発展を別々に研究しがちであるが、鉄道の建設以前には、運河の発展がなければ商品の流通は増えなかった。現在、ベルギーを中心としてその研究のプロジェクトが進行しつつあり、遠隔地交易と内陸の河川・運河を使った流通経路の発展が、どのように関係していたのかがわかる日も遠くないであろう。

第Ⅶ章で山田が述べたように、中世において非常に栄えていたブルッヘであったが、近世になると、アントウェルペンにその座を譲る。それはまた、谷澤の論考でも指摘される。第Ⅻ章で玉木は、ロンドンからアントウェルペンに未完成の毛織物が輸出されていたことについて触れる。アントウェルペンには、スペイン領アメリカの銀が流入したこともあり、十六世紀半ばのヨーロッパ経済の中核都市とみなせる。この都市から世界経済が誕生したといっても過言ではなかった。のちにアムステルダムが台頭することによって、世界経済はさらに拡大する。第XIII章で玉木が論じた通り、バルト海貿易は、オランダの「母なる貿易」であった。オランダのヘゲモニー獲得は、東インド貿易ではなく、バルト海貿易によって可能になったことを銘記すべきである。

バルト海地方は、十六世紀のうちに、主としてオランダへの穀物輸出を通じて、世界経済に飲み込まれ、周辺、ないし半周辺と化した。やがてイギリスが王政復古以降海外貿易を増大させると、イギリスへの造船資材の輸出地域となる。そのため、北海・バルト海地方は、基本的に貿易収支が黒字になり、より多くのヨーロッパ外商品、とりわけ砂糖に代表される植民地物産を輸入するようになる。そのときに、河川・運河の流通網が拡大したのである。周辺とは、必ずしも貧困と同義語ではないのだ。

スカンディナヴィア半島に位置するデンマークとスウェーデンは、どちらも小国であり、中立政策を利用して海運業を発展させた。第X章で井上が示しているように、スウェーデンと異なり、デンマークはアメリカでもアジアでも植民地を獲得し、貿易を拡大させていった。一方、根本は、第

Ⅸ章において、ストックホルムを中心とした、スウェーデンの都市化について論じている。都市化は、いうまでもなく近代化のバロメータである。根本はさらに、国王の権力によるストックホルムの首都化を強調する。このように二人は、デンマークとスウェーデンの異なる側面について述べているが、共通するのは、国家権力による近代化の過程である。

さらに松本は第Ⅴ章で、女性と海の関係についても論じている。最近のヨーロッパでは、海事史研究で女性史がトピックになることも多い。しかしその多くは十八世紀以降のことであり、十四世紀の研究は非常に貴重である。

以上、「内容紹介」と少し重なる部分もあったが、各章の特徴を、現在の研究動向に即してまとめてみた。

ヴァイキングの活動を基盤として、やがてハンザのネットワークが拡大していった。そのハンザから大きな影響を受けたアントウェルペン、そしてアムステルダムが台頭する。そのときに、ウォーラーステインのいう近代世界システムが誕生したのである。バルト海地方はオランダへの穀物輸出を通じて世界経済に組み込まれたが、やがてイギリスへの海運資材の供給地域になる。しかし、それにより貿易収支が黒字になり、砂糖やコーヒーなどの植民地物産を購入するための余剰が生まれた。北方ヨーロッパは後背地が広く、河川・運河をたどってこれらの商品が流通し、購入されたのである。新世界やアジアの物産が購入されるようになったので、北方ヨーロッパの人々の生活水準は上昇した。このようなことは、大西洋貿易との関連が稀薄な地中海沿岸諸地域には不可能であった。

すでに述べたように、地中海ではなく、北海・バルト海から資本主義は生まれた。旧来の生産史観、さらにプロト工業化から工業化へという単線的な流れを重視する研究者なら別だが、地域的にみて、この二つの海は、まぎれもなく資本主義揺籃の地域である。読者は、これまでとは違ったイメージでの資本主義への道を、ここに見いだせるかもしれない。それは、北海とバルト海という二つの海が生み出した資本主義である。世界経済の未来は、ヨーロッパの南の海ではなく、北の海にあったのだ。

I

中世のバルト海・ロシア交易

――ハンザとノヴゴロドの商館交易――

小野寺利行

はじめに

北海・バルト海世界は西欧・北欧・東欧をまたいで広がり、文化や民族の異なるさまざまな地域から成り立っていた。また、北海・バルト海世界を構成する地域は外部世界の一部でもあり、いわば二つの世界が重なる境界領域であり、それによって北海・バルト海世界は外部世界とも結びついていた。中世において北海・バルト海世界内部の多様な地域をお互いに結びつけ、さらに外部世界とつなげていたのが、ハンザの交易ネットワークだった。そして、ハンザの在外交易拠点である商館が、その交易ネットワークの結節点になっていた。

北西ロシアの都市ノヴゴロドにあったハンザ商館は、バルト海・ロシア交易の重要な拠点だった。ハンザのバルト海・ロシア交易の拠点はプスコフやスモレンスク、現在はベラルーシにあるポロツクやヴィテプスクなどの都市にもあったが、規模の点でノヴゴロドの商館にはおよばなかった。

この商館はまた、北海・バルト海交易全体からみても重要だった。ノヴゴロドの商館はノルウェーのベルゲンとベルギーのブルッヘ、イギリスのロンドンの商館とともに四大商館と呼ばれ、そのほかの中小商館とは区別されている。ハンザの交易ネットワークは北海・バルト海世界全域にはりめぐらされていたが、その中で幹線と位置づけられているのが東西交易のルートである。このルートは、ノヴゴロドと、ハンザの盟主的な存在でバルト海の出入り口に位置するリューベック、北海の出入り口にあるハンザ都市ハンブルク、そしてブルッヘとロンドンを結んでいた。

このような重要な交易拠点であるノヴゴロドのハンザ商館において、ノヴゴロドにやって来たハンザ商人たちが現地のノヴゴロド商人たちと取引をおこなっていた。このような商館交易という交易の形態は、商館が開設された十二世紀末から、いったん商館が閉鎖される十五世紀まで続いた。

ノヴゴロドはロシア世界で最も古い都市の一つで、九世紀に最初のロシア国家が建設された地でもある。その後ロシア国家の中心が南方のキエフに移ってからも、ロシア第二の都市として繁栄した。キエフ大公国が十二世紀に分裂し、いくつもの公国に分かれていくなかで、ノヴゴロドも自立の度を強めていった。

このような状況の中で、ノヴゴロドはほかのロシア諸国とは異なる特徴をもつ共和制都市国家として発展していった。ノヴゴロドにも公がいたが、それはノヴゴロド代々の公ではなく、別の公国から招聘されていて、しかも公の権限が最小限に抑えられていた。また、ノヴゴロドの住民が参加

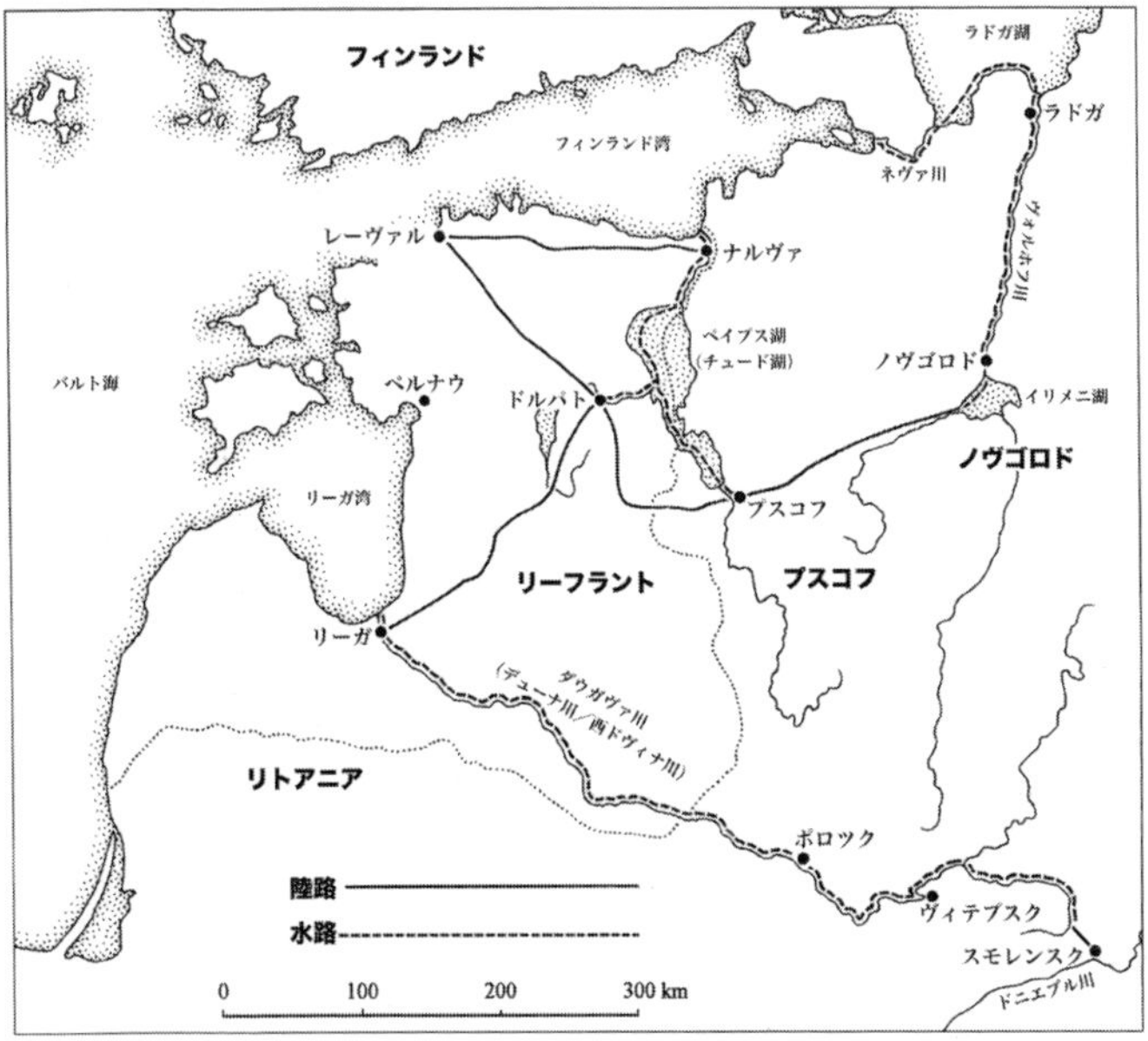

図 I-1：ノヴゴロドとリーフラント地方［出典］Gaimster, D., Pelts, 'Pitch and Pottery: the Archaeology of Hanseatic Trade in Medieval Novgorod' Brisbane, M. & Gaimster, D. (eds.), "*Novgorod: the Archaeology of a Russian Medieval City and its Hinterland,*" London, 2001, p.69.

する民会の役割も特徴的である。ノヴゴロド公の任免は民会でおこなわれていたし、公の代わりに政治権力を握る市長や千人長、正教会の長である大主教も民会で選ばれていた。

ただし、ノヴゴロドを事実上支配していたのは貴族である。市長は貴族の中から選ばれるし、貴族以外から選ばれていた千人長も十四世紀から貴族が選出されるようになり、十五世紀には貴族によって独占されるようになった。大主教も多くが貴族出身者だった。

また、こうした高官で構成さ

れる貴族参事会が実質的な審議機関であり、民会はその決定の是非を決議するだけの機関になっていた。さらに貴族はノヴゴロド市内に屋敷を構えていて、都市の地域住民に対する影響力を有していたし、広大なノヴゴロドの領土内に所領をもっていて、領主として農民を支配していた。

ロシア世界の中で特異な存在であったノヴゴロドだが、その一方でまぎれもなくロシア世界の一員であった。ノヴゴロドをロシア世界に結びつけていたのは、公や正教会の存在である。リューリク家というほかのロシア諸国と同じ血筋の君主を戴き、ロシア全体を覆う教会組織に組み込まれていたことで、ノヴゴロドはロシア世界の一員であり続けた。

このように、ノヴゴロドは北海・バルト海世界とロシア世界とが重なりあう境界領域に位置していた。この二つの世界を結びつけていたのがハンザ商館であり、商館を結節点とするハンザの交易ネットワークだった。

この商館での交易は、北海・バルト海世界とほかの外部世界の間でおこなわれるものとは異なっていた。北海・バルト海世界とその周辺世界の人びとの多くは民族的にゲルマン系であるか、宗教的にはカトリックであるかのどちらかだった。それに対して、ノヴゴロドはスラヴ系のロシア人で、正教徒の住む世界である。つまり、ノヴゴロドの商館での交易は、異なる文化的背景をもつ人びとの間での異文化交易という色彩が濃厚だった。

この章では、ノヴゴロドにおける商館交易が異文化の人びとの間でどのようにおこなわれていたのかをみていくことで、北海・バルト海世界とロシア世界の結びつきというものの具体像を描いてみたい。そして、商館交易という形態が形成され変容する過程を追うことで、北海・バルト海世界とロシア世界の結びつきの変化について検討していくことにする。

なお、ノヴゴロドのハンザ商館や商館交易を語る上で欠くことのできない史料がある。一つは「スクラ」と呼ばれる商館規約で、十三世紀から十五世紀まで五回制定されている(十七世紀までにさらに二回制定されている)。スクラで定められているのは、ハンザ商人が商館で営む取引のやり方だけでなく、商館滞在中に日常生活を送る際の規則にまでおよんでいて、ハンザ商館内部の状況を知るのに不可欠なものである。もう一つはハンザとノヴゴロドとの間の条約で、十二世紀末から十五世紀にかけてたびたび結ばれている。ハンザとノヴゴロドとの交易関係全般を規定するものであったり、その時々に生じた両者の争いごとを処理するためのものであったりするもので、双方の関係をみていく上で重要な文書である。

このような史料の記述に拠りながら、以下のような構成で話を進めていく。

まず最初にノヴゴロドで商館交易という形態が確立されていく過程を追う。この地域では十三世紀後半にハンザの交易ネットワークが形成されていくことになるが、その中でハンザはどんな手段をとり、それにノヴゴロドがどう対応したのかを中心に述べていく。そして、そのネットワークが形成されて商館交易が確立することによって、この地域での交易がどのように変化したのかを明らかにする。

次に、商館交易での取引について述べていくことにする。まず、取引されていた商品について触れて、北海・バルト海世界とロシア世界の間での物の流れをみていく。そのあとで、ハンザ商人とノヴゴロド商人との間での取引のやり方や取引における規制の問題を取り上げる。そうして、異文化間で営まれていたバルト海・ロシア交易の実態を描いてみたい。

最後は商館交易の変容について述べる。商館交易の変容は十五世紀に顕著になっていくが、その過程をハンザやノヴゴロドの動向から探っていく。そうして、この地域でのハンザの交易ネットワークや、交易を通じた北海・バルト海世界とロシア世界との結びつきがどのように変化したのかを明らかにする。さらに、そのような変化がどんな意味をもっていたのかについても考えていく。

一．商館交易の確立

ノヴゴロドのハンザ商館でハンザ商人が現地のノヴゴロド商人と取引をおこなう商館交易の枠組みができあがったのは十三世紀後半のことである。十二世紀後半にはハンザ商人がノヴゴロドを訪れ、同世紀末には商館が開設されていたが、商館交易以外の取引もおこなわれていて、バルト海とノヴゴロドの交易の中で商館交易はまだ支配的ではなかった。十三世紀になると、ハンザのノヴゴロド進出が盛んになり、商館交易がほかの取引形態に優越するようになった。また、商館交易が確立されていく中で、ノヴゴロドも手をこまねいていたわけではなく、状況の変化に応じた動きをみせており、交易の当事者双方の働きかけによって、中世のバルト海・ロシア交易は変化し確立されていった。

ハンザの進出でバルト海・ロシア交易がどう変化したのかを知るために、ハンザ以前の交易について触れておこう。この時期の交易の重要な担い手として挙げられるのがゴトランド商人である。ゴトランド島はスウェーデンの南東の沖合に位置するバルト海最大の島で、ヴァイキング時代からバルト海交易の要衝だった。ヴァイキング時代が終わっても、この島の商人はノヴゴロドを訪れ、交易をおこなっていた。そして、十二世紀にはノヴゴロドに、ゴトランド商人の商館「ゴート商館」が開かれている。この商館にはカトリックの聖オラフ教会が付属していたが、ノヴゴロド史の重要史料である『ノヴゴロド第一年代記』では、たとえば一一五二年や一一八一年に市内で起きた火事でこの教会が焼失したと記されている。

だが、当時の交易は、ゴート商館だけでおこなわれていたのではない。ノヴゴロド商人もバルト海を渡ってゴトランド島に赴き、現地の商人と取引をおこなっていた。ノヴゴロド商人の海外渡航を示す例として、『ノヴゴロド第一年代記』には一一三〇年にノヴゴロド商人の乗った船がゴトランドからの帰路に沈没したという記述がある。さらに、ゴトランドを訪れるノヴゴロド商人のための交易の拠点もこの島には設けられていて、彼らの海外渡航がある程度の継続性をもっていたと考えられる。

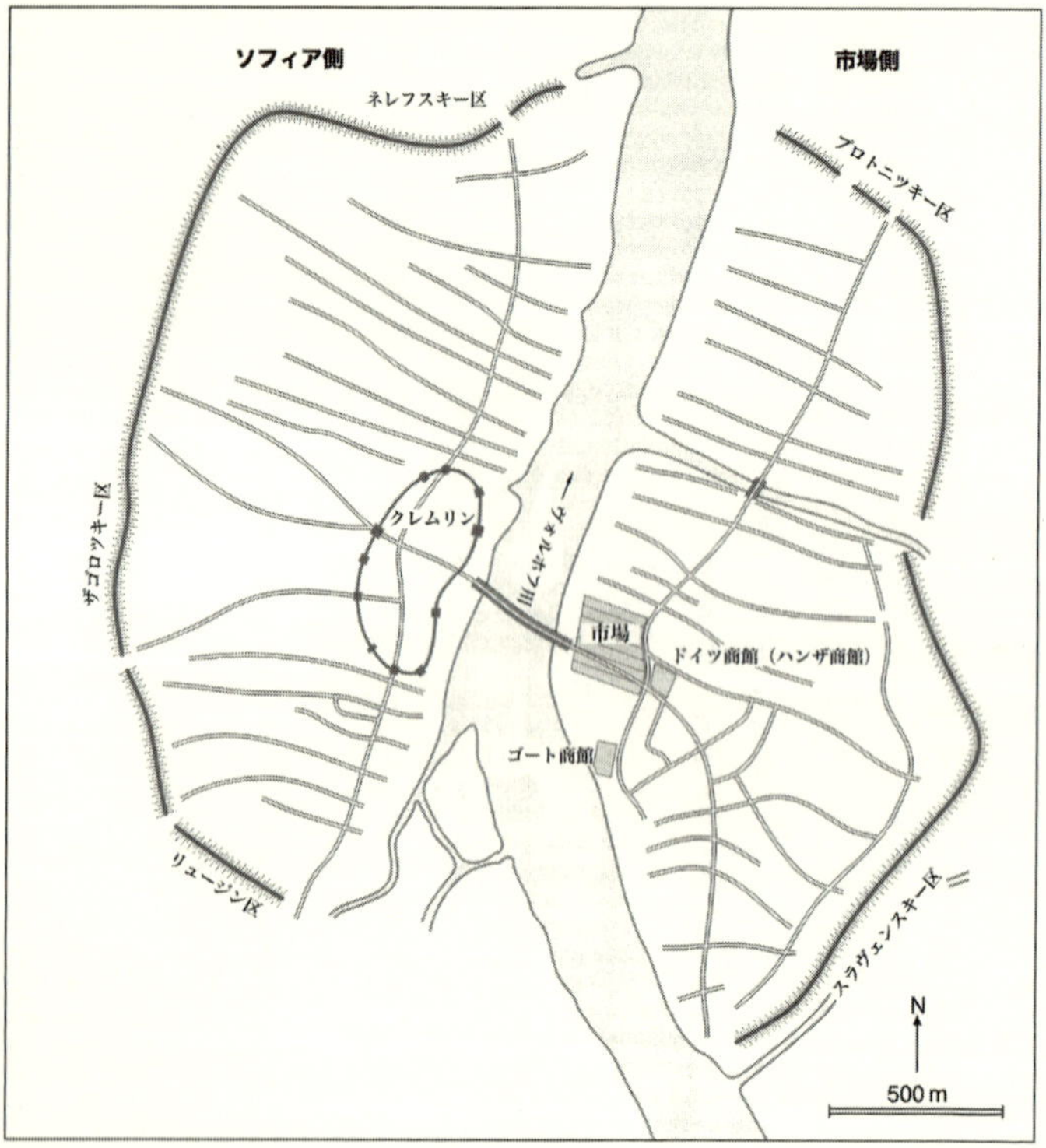

図 I－2：ノヴゴロドとハンザ商館　［出典］Janin, V. L., 'Ein mittelalterliches Zentrum im Norden der Rus': Die Ausgrabungen in Novgorod' Müller-Wille, M., Janin, V. L., Nosov, E. N. u. Rybina, E. A. (Hgg.), "*Novgorod: Das mittelalterliche Zentrum und sein Umland im Norden Rußlands*", Neumünster, 2001, S. 81.

このように、ハンザ以前の交易は、ゴトランド、ノヴゴロド双方の商人が取引相手のもとを訪れ、商館に滞在して取引をおこなうというかたちをとっていた。つまり、この時期のバルト海・ロシア交易は相互主義のもとで営まれていた。こういった交易のありかたは、ハンザ商人のノヴゴロド進出によって変化していくことになる。ハンザによって交易の枠組みがどう変わっていったのかをつぎにみていこう。

ハンザ商人たちはいきなりバルト海を渡りノヴゴロドを目指したのではなく、まずゴトランド島に向かった。そして、一一六一年にザクセン大公ハインリヒ獅子公から特権が付与されることで、この島で取引をおこなうハンザ商人たちの団体が結成された。このときハインリヒ獅子公は、ゴトランドを訪れるハンザ商人にドイツを訪れるゴトランド商人と同等の権利を与えていて、ここでも交易における相互主義をみてとることができる。

こうしてゴトランド島に足がかりを得たハンザ商人たちは、ゴトランド商人たちの後を追うようにして、バルト海を渡ってノヴゴロドに向かった。当初ハンザ商人たちは、ゴトランド商人とノヴゴロド商人との間に築かれたバルト海・ロシア交易に入り込んでいたものの、新参者であり、自前の商館もなかった。しかし、一一九二年にハンザ商館が開かれると、バルト海とロシアの交易をめぐる状況は大きく変わることになる。

まず、ハンザ商人とゴトランド商人との関係において、ハンザ商人の優位が確立された。このことは、十二世紀末から十三世紀後半にかけての条約を結んだハンザ側の代表者の顔ぶれから知ることができる。現存する最古の条約である一一九一／九二年条約ではアルブードという人物だけで、所属民族や出身地などは明記されてはいないが、ドイツ人と推測されている。一二五九／六〇年条約ではドイツ人の使者を筆頭に、リューベックの使者、ゴトランドの使者が名を連ねている。

一二六九年条約ではリューベックの使者一人に続いてゴトランドの使者二人が挙げられている。二人のゴトランドの使者のうち、一人はドイツ人で、もう一人はゴトランド人だと考えられる。十三世紀の二つの条約では使者が三人いるが、最初の二人がドイツ人になっていて、人数の面でも序列の面でも、ゴトランド商人を上回っている。

ただし、ゴトランドの商人がノヴゴロドとの交易から排除されたわけではない。十二世紀後半にハンザ商人がゴトランド島に進出した当時、この島は彼らにとって異国の地だったが、ドイツ人が定住するようになるにつれて、都市ヴィスビーはハンザ都市として、同市の商人はハンザ商人としてノヴゴロドとの交易に引き続き携わっていた。ゴトランド商人の拠点だったゴート商館もしだいにハンザ商人の商館の別館のような存在になっていった。いつそうなったのかははっきりしないが、十四世紀には、ゴート商館がハンザ商人に賃貸されるようになっている。

もう一つは、ノヴゴロド商人のバルト海渡航の減少である。異国の地で取引をおこなう場合、渡航先までの道中で商人に安全が保障されることが不可欠で、条約にもその点を定めた条項が存在する。一一九一／九二年条約ではハンザ商人にノヴゴロドまでの、ノヴゴロド商人にドイツとゴトランド島までの道中の安全が定められていて、ハンザ商人もノヴゴロド商人も、お互いの土地を訪れていたことを裏付けている。一二五九／六〇年条約でも双方に安全が保障されているが、ノヴゴロド商人の渡航先がゴトランド島だけになっている。さらに一二六八年にハンザが提示した条約草案とそれをもとにしてできた一二六九年条約になると、渡航先までの安全を保障する条項で、ノヴゴロド商人は言及されなくなっている。これらの記述は、ノヴゴロド商人のバルト海渡航がこの時期に減少していったことを示唆している。こういったことから、ハンザ商人がノヴゴロドの商館に滞在して取引をおこなうという商館交易が、十三世紀後半に確立されたとみることができるだろう。

三つ目の変化は、ノヴゴロドがハンザ商人の取引の場所を商館に、取引相手をノヴゴロド商人に制限するようになったことである。ハンザ商人のノヴゴロド進出によって、ノヴゴロド商人のバルト海渡航が減少していく中で、ノヴゴロドは交易における相互主義を捨て、ハンザ商人の特権的な地位を容認する一方で、ノヴゴロド商人に対する渡航先の安全などの特権を確保することをあきらめ、ノヴゴロドにやって来たハンザ商人との取引をノヴゴロド商人が独占できるような条件の整備を志向するようになった。

まず、ハンザ商人の取引相手をノヴゴロド商人に限定した。ハンザ商人たちは商館でのノヴゴロド以外のロシア商人との自由な取引を要求したが、これはノヴゴロドによって退けられ、ハンザ商人とノヴゴロド以外のロシア商人は、ノヴゴロド商人を介して取引をせざるを得なくなった。ノヴゴロドは同様の措置をノヴゴロド公に対しても講じた。外来の公であるノヴゴロド公は、公になる時にノヴゴロドと契約状を取り交わすことになっていた。それによれば、公がハンザ商人と取引をおこなう場合、ノヴゴロド商人を通じておこなわなければならないとされていた。

しかも、ほかのロシア商人だけでなく、ノヴゴロド人であっても商人ではない者との取引も規制しようとした。その取引は、ハンザ商人が商館を行き来する場合に使用するノヴゴロド領内のネヴァ川やヴォルホフ川沿いの住民との間でおこなわれるものだった。ハンザは彼らとの取引の自由を求めていたが、ここでもその要求は拒否されている。

さらにノヴゴロドは、ノヴゴロドを通過してほかのロシア諸国にハンザ商人が赴くことにも制限をかけようとした。十二世紀まではとくに規制されてはいなかったが、十三世紀になると、ほかのロシア諸国で取引をおこないノヴゴロドに戻ってきたハンザ商人に関税が課されるようになった。その税の定額化あるいは減額をハンザは要求したが、やはりこの要求も却下された。

ハンザとの交易での利益を独占しようとするノヴゴロドの試みは、取引それ自体にとどまらなかった。ハンザ商人がノヴゴロド領内を通過して商館を往来する時の商品の運搬からも、ノヴゴロドは最大限の利益を得ようとした。商品の運搬にかかわる者としては、ノヴゴロド領内のネヴァ川やヴォルホフ川を航行するためにチャーターされる舟やその舟乗り、ヴォルホフ川の途中にある急流を越えるために必要な水先案内人と舟曳人、ノヴゴロドの舟着場と商館の間での商品運搬をおこなう御者や運搬人などがいる。ノヴゴロドはハンザ商人に必ず舟がチャーターされ、運搬にたずわる人びとが雇用されるようにするとともに、チャーター料や報酬の支払いが必ずおこなわれるようにした。

こうして、十三世紀後半にバルト海・ロシア交易の枠組みが大きく変化し、商館交易が確立された。それまで相互主義の原理のもとでおこなわれていた交易は、ハンザのノヴゴロド進出にともない、ノヴゴロドを訪れる特権的な地位にあるハンザ商人が現地のノヴゴロド商人を相手におこなうような取引に姿を変えていった。だが、こうした交易の枠組みの変化はハンザだけによってもたらされたのではなく、ノヴゴロドの方でも、ハンザ商人が商館以外の場所で取引したり、ノヴゴロド商人以外と取引したりすることを制限し、ハンザとの取引の独占を図った。双方の働きかけによって、商館の中でハンザ商人とノヴゴロド商人との間でおこなわれる商館交易が確立された。

二．主な商品

こうして十三世紀後半に確立された商館交易では、どのような商品が取引されていたのだろうか。ここでは、主な商品をハンザ商人が購入していたものと売却していたものに分けてみていく。その際、産地や流通にも言及して、それぞれの商品の特徴や北海・バルト海世界とロシア世界における物の流れを明らかにする。

ハンザ商人が商館でノヴゴロド商人から買い付けていた商品は、ほとんど毛皮と蜜蠟で占められていた。ほかにも皮革や亜麻などがあるにはあるが、どれも数は少なく例外的な商品だった。ノヴゴロドがハンザの交易ネットワークの中で最重要交易ルートの東端に位置し、四大商館の所在地の一つであったのは、ノヴゴロドが毛皮と蜜蠟の一大市場であったからであり、ハンザ商人たちがノヴゴロドという異郷の地に赴くのも、これらの商品を求めてのことだった。

毛皮は単なる防寒のためだけではなく、それを着用する人の身分や地位、富を象徴するものとして珍重され、ロシアにとって歴史的に重要な輸出品の一つだった。高級なクロテンなどの毛皮も取引されていたが、ハンザ商人たちがノヴゴロドで購入していた毛皮の大半は、比較的安価なリスの毛皮で占められていた。リスの毛皮は値段が安い代わりに取引量が多く、ほかの毛皮が四〇枚単位で取引されていたのに対して、一〇〇〇枚単位で取引されていて、膨大な数が北海・バルト海方面に運ばれていった。また、ひとくちにリス毛皮といっても、その産地や季節、品質などの違いによってさまざまな種類・等級があり、それぞれに名前がつけられていて、多種多様なリス毛皮が取引されていた。

リス毛皮はノヴゴロドに周辺諸国から輸入されるものもあったが、多くはノヴゴロド産のものだった。とくにノヴゴロド領北部が毛皮の産地として重要で、ノヴゴロド貴族の所領に住む農民たちが、農産物や貨幣などとともに毛皮を貢租として納めていた。ノヴゴロドのモスクワ併合後に作成された土地台帳によれば、貢租のすべてが毛皮で徴収されていた荘園もあった。こうして貴族によって集積された毛皮は、ノヴゴロド商人を経て、ハンザ商人の手に渡っていた。

蜜蠟は文字通りミツバチの巣から採れる蠟のことである。蜜蠟は鋳型や封蠟としても用いられるが、北海・バルト海世界での蜜蠟の大きな需要を支えていたのは蠟燭の原料としてだった。蜜蠟でつくられた蠟燭は芳香を放ち、とくにキリスト教会で必要とされていた。

蜜蠟はノヴゴロド産のものもあったが、ほかのロシア諸国から輸入したものが、さらに北海・バルト海世界各地に輸出されていた。ノヴゴロドには「イヴァン商人団」という大商人の団体があり、「フセヴォロドの遺言状」という文書によれば、この商人団に蜜蠟を計量したり、蜜蠟から関税を徴収したりする権利が与えられていた。そして、蜜蠟を輸入した商人の出身地によって異なる関税額が設定されていて、蜜蠟がほかのロシア諸国からノヴゴロドに輸入されていた商品だったことがわかる。このように、毛皮がノヴゴロド領内から都市ノヴゴロドに供給されていたのとは対照的に、蜜蠟はロシア世界内の交易ネットワークによってノヴゴロドに供給されていた。

ハンザ商人が商館でノヴゴロド商人に売っていた商品としては、毛織物を筆頭とする繊維製品や、塩・塩漬けニシン・酒類などの食料品、銀と非鉄金属と総称される銅・錫・鉛などがある。ここでは、この中で主要商品に位置づけられる毛織物と銀について述べておきたい。

毛織物の主要産地は現在のオランダ南部・ベルギー西部・フランス北部にまたがるフランドル地方で、四大商館の一つが置かれていたブルッヘもこの地方にある都市で、この商館を通じて、毛織物は北海・バルト海世界各地に流通していた。ノヴゴロドもその例外ではなく、十三世紀からフランドル産毛織物が増加し、十四、十五世紀に広まっていった。

こういった毛織物は衣料品に加工されるが、未加工のままで顕職にある人びとへの進物としても用いられるような奢侈品だった。たとえば、前述した「フセヴォロドの遺言状」によれば、イヴァン商人団のメンバーになる場合、加入料として商人団のメンバーに五〇銀グリヴナ（銀グリヴナは貨幣・重量単位で、一銀グリヴナはおよそ銀二〇〇g）を、千人長にイーペル産毛織物を納めるよう定められている。また、この商人団の守護教会である聖イヴァン教会では、教会の守護聖人である洗礼者ヨハネの誕生日に商人団の長老が金品を奉納し、それはノヴゴロド公やその代官、聖職者たちに分配されることになっていたが、その中にイーペルやサン・トメールの毛織物が登場している。

銀の主要な産地としては、ドイツのハルツ山地にあるランメルスベルク鉱山が挙げられる。近隣のゴスラーはハンザ都市として鉱物資源の交易で繁栄した。バルト海方面からノヴゴロドにもたらされた銀は、ノヴゴロドの手工業の繁栄を支える原料であっただけでなく、支払い手段にもなっていた。ノヴゴロドを含むロシア世界では十二世紀から十四世紀にかけて銀貨がつくられず、銀塊が貨幣として使われていた。たとえば前述した銀グリヴナもそれで、細長い延べ棒のような形状をしていた。銀グリヴナはハンザ側の貨幣単位である銀マルクとほぼ同じ重量で、ノヴゴロドにおけるハンザとの交易関係の深さがうかがえる。

銀はノヴゴロドに滞留するわけではなく、ほかのロシア諸国にも広がっていった。とくに貨幣としての銀は、ノヴゴロドの交易活動を通じてロシア諸国に流通していた。ハンザによってノヴゴロドに運ばれてきた銀は、ただノヴゴロドに富をもたらしただけではなく、ロシア世界全体の経済活動を支えていた。

以上、ハンザ商人とノヴゴロド商人との間で取引されていた商品のうち、主だったものについて手短に述べてきた。これらの商品は商館交易によって、北海・バルト海世界とロシア世界の二つの世界に広がっていて、ノヴゴロドと北海・バルト海世界を結びつけるだけでなく、ノヴゴロド自体を結節点として、ノヴゴロド領内の農村や、さらにはロシア世界をも北海・バルト海世界につなげていた。では、これらの商品を商人たちはどうやって取引していたのか。以下ではこの点についてみていくことにする。

三　商館での取引

ここでは、商館規約の記述をもとにしながら、商館においてハンザ商人がノヴゴロド商人とどのようにして取引をおこなっていたのかを述べていく。その際、取引を行なう上で商人たちに課されていた規制に着目して、そういった規制が、商館交易や異なる文化をもつ人々との取引において、どんな意味をもっていたのかということについて考えてみたい。

ハンザ商人がノヴゴロド商人と取引をおこなう場合、彼の兄弟や共同経営者、彼に雇われた手代だけを連れて取引をしてはならないとされ、利害関係のない第三者が立ち会う必要があった。第三者の立ち会いのもとで取引内容の交渉がおこなわれ、合意に達したら、手付金が手渡されて取引契約が成立する。そして、立ち会っていた者の許可を得たら取引が始まるが、もし許可が得られなければ三日間は取引を実行に移すことはできなかった。

立会人の許可が得られるか、三日が経過すると、商品の受け渡しがおこなわれる。まずノヴゴロド商人からハンザ商人に引き渡された全ての商品の数量をノヴゴロド商人に数えさせ、それが契約通りのものであることを確認させる。そして、支払いは最初にノヴゴロド商人におこなわせてから、ハンザ商人がノヴゴロド商人に対しておこなうことになっていた。

このようにして取引は完了するが、その後で商品に不備があった場合、相手に補償をしなければならない。しかし、ハンザ商人とノヴゴロド商人とで補償をおこなう条件が異なっていた。ノヴゴロド商人の場合、彼らがハンザ商人に売った商品について、それが商館の中にある限り、つまりハンザ商人が商館を出立しない限り、請求されれば補償に応じなければならなかった。ハンザ商人の場合は、ノヴゴロド商人が彼らから商品を購入し、それを商館の外に運び出した時点で、ハンザ商人に賠償の義務はなくなることになっていた。

このように、商館での取引の始まりから終わりまでの手続きや、取引が終わったあとの補償についての決まりが商館規約で定められていた。これらが整備されていくのは十四世紀後半の商館規約からである。この時期には商館を訪れるハンザ商人の数や取引量が増加していて、それにともなって取引をめぐる争いを防ぐために公正な取引の手順を法的に定める必要があったのだろう。ただし、ハンザ商人とノヴゴロド商人双方にとって公正だったとは言い切れない。支払いや損害賠償の規定にみられるように、あくまでもハンザ商人に有利なかたちでの取引であり、彼らの利益を守ることに主眼が置かれていたと考えられるからである。

取引の手順以外にも、取引にまつわる規定が商館規約にはいくつも存在する。これらの規定に目を向けることで、商館交易がさまざまな規制の下でおこなわれていたことがわかる。また、そういった規制がどういう意味をもっていたのか、またハンザ商人とノヴゴロド商人の関係にどう影響していたのかについても触れていきたい。

取引をおこなう上で欠くことのできないのが、商品の検査である。さきほど述べた損害賠償は商品の不備によっておこるものであるから、取引がおこなわれる前に商品の品質を検査したり数量を計ったりしておくことで、ハンザ商人とノヴゴロド商人との間で争いが起きないようにする必要があった。商品検査は十三世紀末には商館長である長老の仕事だったが、十四世紀前半にはハンザ商人の中から任命される検査人が登場し、十四世紀後半になると商品ごとに検査人が任命されるようになっていて、検査人の拡充が図られている。

商品検査が不可欠であった原因になっていたのは、偽造などによって質の悪い商品が出回っていたからである。ハンザ商人がノヴゴロド商人から購入する商品についていえば、高品質のリス毛皮を模した低品質のリス毛皮や不純物を混ぜこんだ蜜蠟があり、これらの商品の取引からハンザ商人は損害をこうむっていた。また、ハンザ商人がノヴゴロド商人に売る商品では、たとえば毛織物の例を挙げると、低品質のものや不良品、産地偽装されたもの、異なる種類の毛織物を混ぜたものなどがあり、ノヴゴロド商人から抗議の声があがっていた。そのため、条約や商館規約でこのような商品の取引が禁止されていたが、それだけでは当然十分ではなく、取引の前に商品検査を行なう必要があった。

しかし、公正な取引を実現するための商品検査であったはずだが、これもハンザとノヴゴロドの争いのもとになっていた。毛皮や蜜蠟の場合、抜き取り検査がおこなわれていたのだが、抜き取られる分が上乗せされて取引されていた。この上乗せは、ハンザ商人にとっては抜き取り検査で生じる損失を防ぐために必要なものではあったが、ノヴゴロド商人にしてみれば損失を生じさせるものでしかなかった。

また、商館では商品は重さや長さではなく、商品がつめられている袋や樽などを単位として売買されていて、このような取引慣行もいさかいを生じさせるものになっていた。たとえば、ワインやニシンは樽で、塩は袋で、毛織物は反物でハンザ商人からノヴゴロド商人に販売された。そのため、袋や樽に商品がいっぱいにつめられていなかったり、そもそも袋や樽が小さかったり、反物が短かったりする場合があった。これに対してノヴゴロドは、十五世紀になるとハンザ都市に苦情を申し立て、取引が重さや長さでおこなわれるよう要求している。

支払いについても規制が存在していた。ハンザ商人が取引をする場合、合法的な支払い方法は物々交換に限られていた。ハンザ商人がノヴゴロド商人に受け取った商品の代価として銀を引き渡す場合、貨幣で支払いをしているようにみえるが、先述のように、銀は貨幣の役割と商品としての価値を兼ね備えているので、物々交換の一種とみることができる。商品の受け取りとその支払い(つまり商品の引き渡し）に時間的な開きのある信用取引もおこなわれていたが、商館では十三世紀末の商館規約で禁止され、その後の商館規約でも繰り返し禁止され、罰則も強化されていった。また、ハンザ都市の代表者が集まって開催されるハンザ会議でもロシア人との取引やロシア向け商品の取引での信用取引の禁止令が何度も出されている。

信用取引が禁止されていた理由として、まず第一に、十四世紀後半の商館規約の条文でも説明されているように、信用取引による損害を防ぐためだった。信用取引では価格が高くなる傾向があり、また信用取引を濫用することで経営状態が悪化したり、支払いをめぐってノヴゴロド商人と対立が起きたり、価格変動によって損失が生じたりする可能性があった。つまり、ハンザ商人の保護が念頭に置かれていたことになる。

だが、信用取引には危険性もあったが、商人にとってはより多くの取引の機会を得られるという利点もあった。ハンザ商人が商館を訪れる時に持ち込める商品の総額は一〇〇〇マルクまで定められていて、その上、商館滞在中にバルト海方面から商品を追加で取り寄せることが禁止されていた。つまり商館では最初に持ち込んだ商品だけで取引をしなければならなかった。しかし、信用取引であれば、ハンザ商人たちは上限を超える取引も、手元にあるわずかな商品以上の取引も可能になる。このような利点のため、禁止令にもかかわらず信用取引は後を絶たなかった。そのため商館だけでなく全ハンザ規模でも禁止令を何度も出さなくてはならなかった。

信用取引が禁止されていたもう一つの理由は、ノヴゴロド商人との関係にあった。ハンザ商人とノヴゴロド商人の関係は、通常の取引では商品を交換する一回限りのものだが、信用取引では両者の関係は継続的になる。商館ではハンザ商人のノヴゴロド住民との接触が厳しく制限されていて、相手がノヴゴロド商人であっても例外ではない。ノヴゴロド商人は取引の時には商館の敷地内に入ることはできたものの、夜間の立ち入りはできなかったし、商館に付属するカトリック教会で商品倉庫を兼ねる聖ペーター教会や、それ以外の商品倉庫にも入ることはできなかった。信用取引はそういった現地住民との接触の制限を危うくするものであった。

商人を含めたノヴゴロド住民との接触の制限は、ハンザ商人の経営形態にも及んでいた。彼らの経営形態は個人経営の場合もあるが、経営規模を拡大するために、共同出資で会社を設立する場合もあった。また、ほかの商人から委託されて、商品の輸送と売買をおこなうこともあった。しかし、ノヴゴロド商人を含む非ハンザ商人と会社をつくったり、輸送の委託をすることは十三世紀末の商館規約で初めて禁止され、その後も何度も禁止令が出され、罰則も厳しくなっていった。

ここまでは商館交易がどうおこなわれていたのかについてみてきた。商館でのハンザ商人とノヴゴロド商人との取引は、さまざまな規制の下でおこなわれていたことがわかるだろう。どのような取引でも一定の法的な規制があるのは当然だが、異なる文化をもつ人びとの間での取引では規制の必要性はより高かったといえる。こうした規制を設けることで、取引が公正におこなわれ、取引の過程で対立がおこらないような配慮がなされていた。ただし、公正な取引といっても限界があり、あくまでもハンザ商人に有利な条件のもとでのことだった。そのためノヴゴロドはこのような取引のやり方に異議を唱え、かえって対立を招くことにもなっていた。

また、こういった規制は、ハンザ商人に関していえば、彼らに取引上の平等や機会均等を保障して、彼らを保護する目的もあった。商品総額に上限を設けて、信用取引を禁じることで、特定の商人が突出したり、反対に零落したりするのを防ぎ、できるだけ多くの商人に取引の機会を提供していた。しかし、その反面で、多くの規制は、ハンザ商人にとって自由な取引を阻む要因にもなっていた。これは取引だけではなく商館滞在中の生活にもおよんでいて、彼らは異なる文化をもつ社会の中で規制に縛られた生活をしていた。

このように取引に関する規制は、ハンザ商人にとって、一方では異国の地での自分たちの利益を守り特権的な地位を保障してくれるものであったが、他方では彼らの自由な取引と対立するものになってしまっていた。そのため、ノヴゴロド商人にとってはもちろん、ハンザ商人にとっても、商館交易というものは不満をはらむものになっていた。

四．商館交易の変容

ノヴゴロドのハンザ商館でハンザ、ノヴゴロド双方の商人によっておこなわれる商館交易は十四世紀を通じて発達し、同世紀の末には最盛期を迎えた。しかし、その後、このような交易の枠組みは変化していくことになる。その兆候は十四世紀後半にはすでにあらわれていたが、本格化するのは十五世紀になってからである。それによって、バルト海・ロシア交易の中心地としての商館の比重が低下し、ハンザの優位が揺さぶられることになる。

ここでは、十五世紀におけるハンザとノヴゴロド双方の動向を押さえながら、商館交易が変容していく過程をみていくことにする。そして、それがハンザの交易ネットワークや北海・バルト海世界の変容とどう関連していたのかを考えてみたい。

十三世紀に確立された商館交易は十四世紀を通じて発展を続けていたが、十五世紀になるとしだいに下り坂になっていった。たとえば、商館を利用するハンザ商人の減少がそれを裏付けている。

商館に滞在していた商人の数は、名簿のようなものがあるわけではないので、断片的な史料でしか知りようがない。たとえば、十四世紀から十五世紀前半のいくつかの史料から、この時期の商館には一五〇〇人から二〇〇人を超える商人がいた場合もあり、人数の減少が必ずしも直線的ではなかったようである。ただし、商館では十五世紀に人数の減少を反映した現象が起きていた。商館を管理運営するための財源は、ハンザ商人が商館にやって来たときに持っていた商品に課される税や、滞在中に使用する住居の賃貸料、罰金などから調達されていた。ところが十五世紀になると商館は財政難におちいり、教会をはじめとする施設の修繕・維持が困難なり、教会にいる司祭への報酬の支払いも滞るようになっていた。商館の収入が商館を利用する商人に依存していた以上、財政難の原因の一つは、商館利用者の減少にあったとみていいだろう。なお、一四九四年に商館が閉鎖された時の人数は、わずか四七人だった。

なぜ商館を訪れるハンザ商人の数が減少していったのだろうか。ハンザとノヴゴロドの関係は大局的にみればハンザの優位であったが、異郷の地にある商館に滞在していたハンザ商人にしてみれば、現地の住民との関係はそう単純ではない。彼らは大都市ノヴゴロドでは異質な少数派だったし、現地住民との関係は常に友好的・平和的だったとはいい難かった。商人をはじめとする現地住民との間に軋轢が生じると、住民によって商館が襲撃されることもあったし、ハンザとノヴゴロドの関係が悪化すると商人たちは商館で軟禁状態におかれることもあった。こうした状況に加えて、商館の敷地内での商人同士の共同生活やノヴゴロド商人との取引では、多くの規制に縛られていた。商館をとりまくこのような環境が商人たちに忌避され、商館利用者が減少していったと考えられる。

ただし、商館を訪れるハンザ商人が減ったからといって、バルト海・ロシア交易が停滞したわけではない。バルト海・ロシア交易の中心地が移動した、あるいは分散したとみる方が適当かもしれない。では、それまで商館に集中していた交易活動はどこに移っていったのだろうか。交易の中心地の移動は、交易の一方の当事者であるハンザ商人の都合だけによるものではない。彼らの取引相手であるノヴゴロド商人の意向も働いていた。

商館交易が最盛期を迎えていた十四世紀後半ごろから、ノヴゴロド商人はハンザ商人との取引の場を、商館からリーフラント地方に移そうとしてた。現在のエストニアとラトヴィアに相当するリーフラント地方には、レーヴァル（現在のタリン）やドルパト（現在のタルトゥ）、リーガなどのハンザ都市があり、これらの都市とノヴゴロドとを結ぶ内陸ルートを使って商館を往復するハンザ商人たちも多かった。ノヴゴロド商人たちが目指したのは、リーフラント地方のこれらのハンザ都市だった。これまではノヴゴロドに留まって商館でハンザ商人と取引をしていたノヴゴロド商人がこれらの都市に赴き、そこでハンザ商人と取引するようになっていった。そして、十五世紀にはこれらの都市に、彼らが滞在する区画とそれに付属する正教会がつくられるまでになっていた。

彼らがリーフラント地方の都市に向かったのは、商館での取引がさまざまな規制によってハンザに有利な形でおこなわれていたため、そういった規制の及ばない場所での取引を求めてのことだった。リーフラント地方での取引が支障なくおこなわれるように、ノヴゴロドはリーフラントまでの道中におけるノヴゴロド商人たちの安全を要求した。そして、十四世紀後半から十五世紀を通じて、ハンザとノヴゴロドの条約にはノヴゴロド商人に安全な交易ルートを提供すべきであるという規定が盛りこまれるようになった。つまり、ノヴゴロドは、ハンザ商人の特権的な地位を打破し、ノヴゴロド商人の権利を確保することで、十三世紀後半に放棄した交易における相互主義を取り戻し、両者の対等な地位を確立することに腐心していた。

こうしたノヴゴロドの動きは、ハンザにとってはハンザ主導の交易の枠組みを揺るがすものであった。だが、個々のハンザ商人にとっては、わざわざノヴゴロドの商館に行かなくても、リーフラント地方のハンザ都市で取引ができることになるわけで、ノヴゴロド商人のリーフラント進出は必ずしも忌避されるようなものではなかったようにみえる。しかし、この時期、リーフラント地方には非ハンザ商人、フランドル地方を含む低地地方の商人も姿を現していた。そのため、ノヴゴロド商人には彼らとの取引ができる可能性もあった。

ハンザ商人を介さずにノヴゴロドと低地地方の商人が直接取引することに対して、リーフラント地方のハンザ都市はどのように対処していたのか。ハンザには、全ハンザ規模のハンザ会議以外にも地方単位の会議もあり、それはリーフラント地方でも開かれていたが、十五世紀のいくつかの会議で採択された決議では、低地地方の商人にリーフラントの都市で売買することは認められていて、彼らの来訪自体は歓迎されている。しかし、彼らがリーフラント地方の内陸に行くことや、最初に入港した都市以外での取引やロシア人との取引をおこなうことは禁止されていた。つまり、リーフラントのハンザ都市は、低地地方とノヴゴロドの非ハンザ商人がリーフラントに来ることは容認していたが、彼らが直接取引することは許さず、彼らとの取引をリーフラントのハンザ商人に集中させようとしていたことになる。

リーフラント地方のハンザ都市のこのような対応は、ハンザ全体との方針と対立するものであった。たとえば一四二五年のハンザ会議の決議では、低地地方の商人にリーフラントへの商品輸送やリーフラントでの商品の売買を禁止している。つまり、ハンザ全体、というよりもハンザの中心であるリューベックなどの都市としては、北海・バルト海世界における交易がハンザ商人によっておこなわれることを望んでいたことになる。しかし、リーフラントのハンザ都市は、リーフラント地方を通じたバルト海・ロシア交易が自分たちの都市の商人によって独占することを意図していて、バルト海からリーフラント地方にやって来る商人がハンザ商人なのかどうかは、彼らにとって大きな問題ではなかったようにみえる。このように、ハンザ内部での利害関係の不一致があらわになっていく中で、ハンザ商人だけでなく、ノヴゴロドや低地地方の非ハンザ商人も、リーフラントに進出していったのである。

以上みてきたように、十四世紀後半になると、バルト海・ロシア交易の中心地としての機能が徐々に移動・分散しはじめ、その流れは十五世紀になると本格化していった。それは商館を利用するハンザ商人の減少、ノヴゴロド商人や低地地方の商人のリーフラント地方への進出、リーフラント地方のハンザ都市によるバルト海・ロシア交易の独占の指向などによって引き起こされた。こうして、ノヴゴロドのハンザ商館の比重が低下して、反対にリーフラント地方のハンザ都市の比重が増加していくことになった。

おわりに

以上みてきたように、バルト海・ロシア交易におけるハンザ商館を舞台にしたハンザ商人とノヴゴロド商人との商館交易は十三世紀後半に確立された。これによって商館が交易の中心地となり、相互主義でおこなわれていた交易が、特権的な地位をもつハンザ商人に有利な形でおこわれるようになった。

そして、このような商館交易は十四世紀後半から変化のきざしが現れ、十五世紀に本格的な変容をみせていった。それはリーフラント地方のハンザ都市への交易の中心地の移動によって引き起こされた。このことはまた、ハンザ商人とノヴゴロド商人が対等な立場で交易がおこなわれるものに変わっていくということを意味してもいた。

商館交易の確立や変容は、北海・バルト海世界とロシア世界のつながりにも影響をおよぼした。中世の北海・バルト海世界がハンザの交易ネットワークによって結びつけられていく過程で、ノヴゴロドでの商館交易が確立され、商館が二つの世界の結節点になった。商館交易が変容することで、結節点としての役割をリーフラント地方のハンザ都市が担うようになり、二つの世界の結節点の新旧交代が進行していった。

こうした変化は、近世になるとさらに加速していく。まず、商館交易の両当事者が大きな変化に見舞われることになる。一方の当事者であるノヴゴロドについていうと、ノヴゴロド商人の権利確立は頓挫を余儀なくされた。一四七八年にノヴゴロドそれ自体がモスクワ大公国に併合されてしまったからである。モスクワ大公国がそれを受け継ぎ、一四九四年にはハンザ商館の閉鎖という決定的な出来事が起きる。一五一四年に商館が再開された時には、バルト海・ロシア交易の中心地はすでにリーフラント地方に移っていた。

もう一方の当事者であるハンザも苦境に陥っていた。対外的には周辺諸国で国家統合が進展し、それらの国家によって自国商人の保護やハンザの特権的な地位の切り崩しがおこなわれていった。また、ハンザ内部では、広大な地域に散らばっていたハンザ都市間の利害対立が顕在化し、それは領邦の統合によって個々のハンザ都市が領邦の利害に左右されるようになるとさらに拡大していった。こうしてハンザは、その勢力を次第に弱めていった。

こうして近世の北海・バルト海世界では、中世の秩序が解体したことにともない、それに代わる新しい秩序が模索されるようになる。それはバルト海を舞台とした周辺諸国による覇権争奪という形でおこなわれた。モスクワ大公国やポーランド・リトアニア連合王国、デンマーク王国、スウェーデン王国といった国々が、時には対立したり、時には手を結んだりしながら、バルト海における優位の確立を目指した。その始まりとなったのがリーフラント地方をめぐるリヴォニア（リーフラント）戦争（一五五八年〜八三年）で、その結果、リーフラント地方は分割されて周辺諸国の支配下に組み込まれた。そして十七世紀には、スウェーデンのバルト海帝国が形成されることになる。

このように、北海・バルト海世界における内部の地域間の結びつきや外部世界とのつながりは、中世においてはハンザが交易によっておこなっていたのに対して、近世では周辺諸国の手に移り、しかも領土拡大などの政治的・軍事的な勢力拡大をともなうものに変わっていったのである。

参考文献

小野寺利行「十三世紀ノヴゴロドの対ハンザ通商政策——西ドヴィナ川流域地方との比較において」『ロシア史研究』六四、一九九九年、五三～六〇頁。

小野寺利行「十二世紀末～十三世紀後半ノヴゴロドの対ハンザ通商条約——『基本条約』の成立年代をめぐって」『比較都市史研究』十九（二）、二〇〇〇年、十九～三一頁。

小野寺利行「中世ハンザ交易におけるノヴゴロドの内陸輸送」『比較都市史研究』二三（一）、二〇〇四年、四五～五七頁。

小野寺利行「中世ノヴゴロドのハンザ商館における取引規制」『市場史研究』二七、二〇〇七年、二〇～三二頁。

柏倉知秀「中世リーフラント・ロシア間の内陸貿易——十三世紀末・十四世紀初頭のハンザ都市リーガを中心に」『立正史学』八六、一九九九年、四七～六四頁。

高橋理『ハンザ「同盟」の歴史——中世ヨーロッパの都市と商業』（創元世界史ライブラリー）創元社、二〇一三年。

谷澤毅『北欧商業史の研究——世界経済の形成とハンザ商業』知泉書館、二〇一一年。

比嘉清松「十四世紀末～十五世紀初頭におけるハンザ商人の毛皮取引——フェッキンフーゼン家を中心として」『六甲台論集』十二（二）、一九六五年、一～十二頁。

比嘉清松「中世末北ヨーロッパにおける毛皮取引」『松山商大論集』十九（二）、一九六八年、二七～四三頁。

松木栄三『ロシア中世都市の政治世界――都市国家ノヴゴロドの群像』彩流社、二〇〇二年。

Ⅱ

中世後期・近世のドイツの商業と北海・バルト海

谷澤　毅

はじめに

本章で取り扱うのは、中世後期から近世にかけてのドイツと北海・バルト海との商業を中心としたかかわりである。ただし、ここで取り上げる十四世紀から十七世紀にかけての時代にドイツという国はまだ存在しない。近代国家としてのドイツの誕生は、はるか後の一八七一年のことであり、後のドイツ領と重なる部分の多くは、当時、神聖ローマ帝国の支配下にあった。とはいえ、この帝国はどちらかといえば名目的な存在であり、実質的に政治・経済面での支配権を握っていたのは、幾多もの領邦国家や都市国家的な帝国自由都市であった。イギリスやフランスといったほかのヨーロッパの大国とは違い、ドイツは近代に至るまで、領土的、政治的な統一が図られていなかったのである。こうした統一の遅れが後に民族意識の高揚を招き、国家による「上」からの近代化の

ホルム
リーガ
バルト海
ケーニヒスベルク
ダンツィヒ
シュテティン
ヴィスワ川
オーデル川
ブレスラウ
クラカウ
ドナウ川

北 海
リューベック
オルデスロー
ハンブルク
ブレーメン
カンペン
アムステルダム
デフェンター
ロンドン
ブルッヘ
アントウェルペン
ケルン
ライン川
フランクフルト
ニュルンベルク
ストラスブール
本章で取り上げる都市

もと、二〇世紀前半の悲劇を招いてしまったことは、ここで改めて指摘するまでもないだろう。

このようなドイツの歴史ともおそらく関連することであろうが、ドイツには中心都市の伝統がない。もちろん、首都ベルリンはドイツを代表する大都市であるが、パリやロンドンのような、その影響力が全土に及ぶような一極集中的な存在感はないように思われる。

むしろ都市の観点からドイツを特徴づけるのは、個性豊かな拠点都市の分布であろう。ドイツでは、ある程度の中心性を持つ拠点都市を結節点として交易網が張りめぐらされてきた。しかも、その網の目は、領土を越えてヨーロッパ各地へと広がっていた。中欧に位置するドイツは、今日に至るまで支配形態や領土を変化させてきたとはいえ、その立地条件を背景として、通商路の広がりを通じてヨーロッパ各地を結びつける役割を担い続けてきた。これは、ドイツの商業を歴史的に考察していくうえで無視できない条件である。ドイツは、大陸内の各地を貫く通商路が交錯する地だったのである。

では、このような大陸内に確固たる基盤を有するドイツと海域世界（北海・バルト海）とのかかわりはどのようなものであっただろうか。概してドイツは、その位置からして陸上国家として捉えられることが多いようである。確かに、島国であるイギリスや北海・大西洋に加えて地中海にも面しているフランスと比べれば、海洋国家としての要素は少ないのではないかとの感を受ける。しかし実際は、歴史をひもといていけば見えてくるように、ドイツと海域世界との関係は決して弱いものではなかった。とりわけ、本章で取り上げる中世末から近世にかけての時代であれば、ハンザ同盟

（ドイツ・ハンザ）がドイツと海との関係を探る上で格好のテーマとなることであろう。しかも、海とのかかわりは、北海・バルト海の沿岸地域に限らず、内陸地域にも及んだ。

以下、本章ではハンザの存在を念頭に置きながら、沿岸地域と内陸地域双方の海とのかかわりを、都市間商業を中心に見ていくことにしたい。なお、ハンザについては、その歴史的重要性ゆえに本書のほかの箇所でも言及されることであろうから、ここではおもに、その盟主として中心的な位置を占めたリューベックと、内陸都市のケルンの商業を扱っていくことにしたい。以下では便宜上、北海・バルト海の沿岸地域を「海のドイツ」、また内陸地域を「陸のドイツ」と呼ぶことがある。

まず、最初にハンザ盛期から衰退期にかけてのリューベックの商業を事例として「海のドイツ」と海域世界との関係を探る。次いで、ケルンをおもに取り上げ、内陸の商業都市を貫く通商路などの検討により、「陸のドイツ」と海域世界との関係を探る。そして最後に、新たな世界経済が成立しつつあった近世に、海陸双方のドイツの商業世界がいかなる動きを見せたかを見ていく。このような観点からドイツと北海・バルト海とのかかわりを見ていくことにしたい。

一・「海のドイツ」と海域世界

ハンザ都市リューベック

「海のドイツ」のなかからここで取り上げようとするのは、バルト海側のハンザ都市リューベックである。リューベックは、中世以来の伝統を誇るいわゆる中世都市として知られ、市庁舎をはじめ中世以来の建物や町並みが多く残る旧市街は世界遺産に登録されている。現在の人口はおよそ二一万人。都市規模から見てそれほど大きな都市ではない。しかし、中世後期のリューベックはハンザの盟主としてその中心に位置し、バルト海を代表する商業都市であった。

ハンザとは、おおまかにいえば、中世後期に北海・バルト海沿岸のドイツの諸都市が商業上の権益確保を目的として成り立っていた連合体であり、わが国では一般にハンザ同盟、ドイツ本国ではドイツ・ハンザと呼ばれる。「同盟」という結束力の強さをイメージさせる言葉が用いられているとはいえ、実際のハンザは緩やかな、しかも曖昧ともいえる組織であった。例を挙げれば、その存続期間は十二世紀から十七世紀までのおよそ五〇〇年間とされるが、その誕生と消滅の時期を具体的に確定することはできない。しかも、ハンザに属していたいわゆるハンザ都市がいったい幾つあったのかという基本的な情報さえ諸説あり、はっきりとしていない。にもかかわらず、十四世紀から十五世紀にかけての北海、バルト海商業において、ハンザは圧倒的ともいえる勢力を築き上げたのである。

このような少々つかみどころのない組織を束ねていたリューベックの商業について、以下取り上げてみたい。まず、その商業を見ていく際に留意すべきポイントを二つ挙げておこう。一つは、かつてリューベックがハンブルクとともに、北海とバルト海を結びつける役割を担っていたということである。以下で述べるように、ハンザの時代、双方の海を連絡する通商動脈はリューベックを経由していた。それゆえ、その役割を明らかにすることは、「海のドイツ」と海域世界との関係の一端を知ることにつながるかと思われる。

もう一つは、リューベックがハンザの盟主として、組織としてのハンザと盛衰をともにしたということである。時代状況の変化とともにハンザも性格を変え、主要なハンザ都市が分布していた「海のドイツ」と海域世界とのかかわりにも変化が見られた。海上商業を中心としたリューベックの商業を見ていくことは、そのような変化を裏付ける興味深い一例を提供してくれるのではないか。

このような見通しを持って、リューベックの商業を探っていくことにしたい。

北海・バルト海の連絡

さて、上で挙げた留意点のうちの一つ目、北海とバルト海との連絡という役割から見ていこう。

中世後期のハンザ商業圏は、北海・バルト海沿岸地域とその後背地から成り立っていた。この二つの海域を連絡する経路としては、エーアソン海峡などの自然の水路が存在する。

しかし、この海上路を利用して双方の海域を行き交う船はまれにしかなかった。なぜなら、このルートをなすユトランド（ユラン）半島北端の海域は、水深が不十分で砂州が多いうえに常に西風が吹きつけるため、航海の難所とされていたからである。このルートの利用が目立って増加するのは、船舶が堅牢さを増し、操船技術が向上した十六世紀以降のことである。それまで北海・バルト海の連絡におもに利用されていたのは、ユトランド半島を横断するルートであった。なかでもハンザの発展期から盛期にかけてさかんに利用されていたのが、その半島の付け根の部分、ハンブルクとリューベックの間の一部水路の区間を含む内陸路だったのである。

北海とバルト海の両海域にまたがる北方ヨーロッパの東西間商業を支えていたのは、このわずか六〇キロほどの内陸路であったと言ってよい。かくして、商品の流通・積換えの拠点として位置づけられたことにより、リューベックはバルト海最大の港湾都市へと発展することができた。その経済力ゆえにハンザのなかでも主導的な立場に立ち、政治、外交面でも発言力を持つことができたのである。

リューベックとハンブルクは、この内陸路の安全を確保するために互いに協議を重ね、護衛団を組織するための人員を提供しあったほか、周辺の領主も、経路の安全を保障する旨を申し出た。盗賊たちが注目するほどの活発な商品の輸送が、ここを経由しておこなわれていたのである。また、一三六八年の関税の記録によると、この年リューベックがハンブルクとの中間地点にあるオルデスローという小都市から輸入した商品の総額は一三万六〇〇〇リューベック・マルク（以下マルクと略）に達し、これは同市輸入総額の約四〇％に達した。また、この金額はダンツィヒ（約一万六〇〇〇マルク）やリーガ（約一万三〇〇〇マルク）、ストックホルム（約二万六五〇マルク）からリューベックが輸入した額を大幅に上回っていた。オルデスローのような小都市が、これらバルト海を代表する主要都市をはるかにしのぐ取引額をリューベックの輸入のなかで記録していたのも、北海・バルト海連絡貿易がここオルデスローを経由しておこなわれていたからにほかならない。かくしてリューベックは、この東西間の通商動脈に立脚しながら双方の海域と深くかかわりつつ、商業面での繁栄を実現したのであった。

オランダのバルト海進出とその影響

しかしながら、リューベックの繁栄は、背景にあるヨーロッパの社会経済状況の変化とともに失われていくことになる。

十五世紀末から十七世紀初頭までのヨーロッパは、「長い十六世紀」といわれる成長期に当る。ヨーロッパ北西部を中心とする資本主義世界経済（ヨーロッパ世界経済）が誕生したとされるのが、この頃であった。

経済の拡大は人口の増大を伴うので、この時期のヨーロッパの西部や南部では食糧の生産が人口の増加に追いつかず、飢饉の回避が大きな課題となった。とりわけ、アルプス以北の経済的先進地域である低地地方――現在のベネルクス諸国におおよそ該当する――には多くの都市が分布し、商人や手工業者など多くの非農業人口の食糧をまかなうために、遠方から穀物を大量に調達する必要があった。そこで注目されるようになったのが、プロイセンやポーランドなど、かねてより穀倉地帯として位置づけられていたバルト海南岸の一帯である。この地域では、ハンザ都市であるダンツィヒ（現グダニスク）やケーニヒスベルク（現カリーニングラード）などの港湾都市が、穀物の輸出を通じて北海側の西欧地域との関係を強めていったのであった。

しかし、穀物貿易の拡大は、ハンザのさらなる繁栄にはつながらなかった。それどころか、ハンザ都市ダンツィヒを舞台とした穀物貿易の増大は、ハンザを衰退へと導く主要因とさえなってしまう。なぜなら、穀物貿易の主要な担い手となったのはハンザ商人ではなく、オランダ商人だったからであり、取引規模が拡大することにより、彼らのバルト海進出にはますます拍車がかかってしまったからである。

低地地方のなかでも後のオランダ連邦共和国をなすその北部（北ネーデルラント）は、南部と比べて都市化や手工業の進展が遅れた。とはいえ、鰊漁を中心とする漁業が海運業をはじめとする諸産業発展の母体となり、十五世紀にもなると、オランダ船舶のバルト海への進出も少しずつ増えるようになった。これに危機感を抱いたハンザ側は、盟主リューベックを中心に、これまでの貿易体制を維持すべく、オランダをターゲットとして各種の規制策を設けていった。しかし、その勢いを食い止めることはできず、穀物貿易が拡大する十五世紀後半以降、北海・バルト海間貿易におけるオランダのシェアはますます拡大していった。十七世紀のオランダの「黄金時代」に向けた発展に際して、商業・海運はもっとも大きな意味を持ったとされる。なかでもバルト海貿易の寄与の度合は大きく、やがてそれはオランダの「母なる貿易」といわれるほどの重要性を持つ貿易部門へと成長していったのである。

では、ハンザはなぜオランダのバルト海進出を阻止できなかったのであろうか。

先にも述べたように、ハンザの時代、北海・バルト海間の動脈をなしていたのは、ハンブルクとリューベックとを結ぶ内陸路であった。この経路を利用して両海域間で貿易をおこなうためには、商品の積換えが必要とされた。一方で、オランダがバルト海でまずもって調達しようとしたのは、都市化が進む低地地方や西欧で不足しがちな食糧（穀物）や建築・造船資材としての木材である。こうした重くてかさばる商品は、大型船で目的地まで積換えなしで輸送するのが合理的である。これは、オランダのみならず、ダンツィヒをはじめとするバルト海南岸の穀物や木材を輸出する都市もが重視した点であると考えられる。しかもダンツィヒは、自らの利害を損なうことのない限り、穀物の最大の買い手であるオランダ商人との取引を歓迎した。

かくして、ダンツィヒをはじめとするバルト海南岸の穀物や木材は、積換えを要するハンブルク・リューベック間の内陸路ではなく、その必要のないエーアソン海峡を経由する海路で、オランダ船により輸送されることになった。十六世紀にもなれば、こちらの海路の重要性のほうが内陸路のそれを上回っていたものと推測される。

しかし、リューベックにとって自都市を経由しないこの新たな通商動脈の形成は、経済面での繁栄基盤を切り崩すことにつながる致命的ともいえる意味を持った。自らを北海・バルト海間の積換え拠点と位置づけ、ハンザの伝統的な東西間の貿易体制の維持に努めるリューベックと、オランダとの連携のもと取引規模の拡大を図ろうとするダンツィヒとは、このようにして経済的な利害を異にしていく。オランダのバルト海進出は、このようにしてハンザ諸都市間に大きな利害の違いを出現させ、内部の対立を際立たせてしまった。ハンザが一丸となって組織的な対応策をとることはもはや困難となり、結局、北海・バルト海貿易の主役は、ハンザからオランダへと引き継がれていったのである。

北海・バルト海貿易の主役交代の過程を関税台帳の記録から確認してみよう。ダンツィヒで徴収された関税の分析によれば、同港に寄港した船舶は一四六〇年が二八二隻であったのに対して、一五八三年は二二三〇隻に及び、十五世紀から十六世紀にかけてのダンツィヒの貿易港としての発展が見て取れる。船籍地の内訳を見ると、オランダを含む低地地方からの寄港の増大が著しい。すなわち、一四六〇年に低地地方船はわずか十一隻しか記録されなかったのに対して、一五八三年には一〇一五隻もの寄港が記録されたのである。これはダンツィヒ寄港船舶全体の四六%と半数に迫る高い比率である。低地地方船のうちオランダ（ホラント）船は六八〇隻を占めていた。

次にリューベックの船舶を見てみよう。ダンツィヒに寄港したリューベック船は、一四六〇年が五九隻、一五八三年が六六隻であり、船舶数で見れば増えているとはいえそれほど大きな違いはない。ところが、ダンツィヒ寄港船舶の全体に占める比率を見れば、リューベック船のシェアの低下は明らかである。すなわち、その比率は一四六〇年が約二一％であったのに対して、一五八三年は全体のわずか三％を占めるにすぎなかったのである。

ここから見て取れるのは、北海・バルト海間貿易におけるリューベックの役割の低下である。ダンツィヒにおけるオランダ船の大量入港は、リューベック船の比重を大きく低下させていった。オランダ船の大量入港により、十六世紀以降ダンツィヒはリューベックに代わってバルト海最大の貿易港となった。北海・バルト海間の東西貿易は、リューベックを経由するこれまでの伝統的なルートから、エーアソン海峡を経由する海上路へとその中心的な経路を移していったのである。

その背景に、オランダをはじめとする西欧側での穀物需要の増加があったことは既に述べた。実際、ダンツィヒからの穀物輸出量の伸びは著しい。一四七〇年が約二三〇〇ラスト（一ラストは約二〇〇〇キログラム）であったのに対して、一四九二年は約一万二〇〇〇ラスト、一五六五年には約四万四六〇〇ラストにまで達する増加を見せた。そのほとんどが、新たな東西間の動脈であるエーアソン海峡を経由して、オランダ船により北海方面へと輸出されたのである。エーアソン海峡の通航税台帳の記録によれば、十六世紀後半から十七世紀前半にかけてこの海峡を経由してオランダ船により北海側に送られた穀物は、優に全体の過半数を超えていた。しかも、ダンツィヒ発の穀物（ライ麦）はバルト海各地から送られてくる穀物全体の七〇％を占めた。オランダ船の大量就航によりダンツィヒとオランダとの間には枢軸とも呼べる太い通商のパイプが築かれたのである。

ヨーロッパ経済の変化とリューベック

かくして、北海・バルト海商業の主役は、ハンザからオランダへと引き継がれていった。その過程でハンザ内部では、新興勢力のオランダと商業面で結託するダンツィヒのような都市が出現し、利害対立の鮮明化は、ハンザが組織的に行動することを難しくした。しかも、オランダ勢力の東進に伴う北海・バルト海間の新たな通商動脈の出現は、このルートから外れたリューベックの商業的重要性を貶めることにつながった。ハンザの衰退は、盟主といわれる中心都市の発展の頭打ちによっても促されたのである。

オランダを含むヨーロッパ北西部は、大航海時代の到来以降、世界に向けたヨーロッパの窓口として位置づけられ、世界経済のなかで中心的な役割をますます強めていく。それより前のハンザの時代、バルト海、北海のなかで表《おもて》の性格を帯びていたのは、リューベックが位置するバルト海側であった。しかし、十六世紀以降その性格は逆転し、北海側が表の性格を強く帯びていくようになる。「海のドイツ」では、ハンブルクやこれまであまり目立たなかったブレーメンといった北海沿岸の港湾都市が、今後はいわば表門の役割を担っていき、リューベックは裏門の役割に甘んじていくことになる。

以上、ハンザの盛期から衰退期にかけての「海のドイツ」と北海・バルト海との関係ならびにその変化について、リューベックを中心に見てきた。それでは、ハンザ衰退期に北海・バルト海間商業の結節点という役割を失いつつあったリューベックは、海域世界との関係をどのようにあらためていくことになるのであろうか。この点については以下第三節で述べるとして、その前に、「陸のドイツ」と海域世界とのかかわりについて述べていきたい。

二.「陸のドイツ」と海域世界

ハンザとケルン

「海のドイツ」では、低地地方に位置するオランダが、商業活動を通じてリューベックをはじめとするドイツの沿岸地域に大きな影響を及ぼした。実は、中世後期から近世にかけてのドイツは、沿岸地域に限らず、商業を通じて低地地方と深い関係にあった。しかも、ドイツを東西、南北に貫く主要街道は、低地地方と中欧や東欧、イタリアを結びつける動脈でもあった。以下では低地地方との関係を念頭に置きながら、おもにケルンを事例として「陸のドイツ」と北海及びバルト海とのかかわりを探ってみることにしたい。

ケルンは大司教を擁する宗教都市として知られ、まちのシンボルともいえる壮麗な大聖堂は世界遺産に指定されている。一方でまた、ケルンは経済都市でもある。かねてより商業と手工業双方の発展を実現させてきたケルンは、中世後期にはドイツ最大ともいわれる人口を持ち、ドイツ有数の産業都市へと成長した。現在、人口は一〇〇万人に達している。ライン川の河畔に位置しているということに加えて、主要街道の結び目でもあったという立地条件は、ケルンの商業都市としての性格を際立たせてきた。こんにち、ほぼこれらの街道に沿って鉄道が敷設されているということも、ケルンの恵まれた立地条件を物語る。

内陸都市とはいえ、北海・バルト海へのアクセスが比較的容易なケルンはハンザ都市でもあった。リューベックよりも早くロンドンに進出していたことから、ケルン商人の商館はハンザのロンドン商館の母体となった。リューベックの建設期（十二世紀）にここに移住してきた商人のなかでは、ケルンを中心とするラインラント、ヴェストファーレン地方の出身者が大きな比率を占めていた。かくして、ケルンの北海、バルト海方面との結びつきはハンザの加盟につながった。ハンザ商業圏のなかでは、ライン・ワインの供給を通じて「ハンザのワイン蔵」としての役割が、ケルンに与えられていた。しかもケルンは、古代ローマ以来の伝統を誇り、大司教座がおかれた格の高い都市である。それゆえ、以上を考慮すれば、ケルンにはハンザの中心メンバーとして活躍するのにふさわしい条件が備わっていたと述べてよい。

ところが、ハンザ都市としてのケルンの評価は、あまりかんばしいものではない。組織としてのハンザに関与する度合は、ケルンの場合、はっきりいってそれほど高いものではなかった。本来であれば、リューベックとともにほかのハンザ都市を統率する指導力を発揮してもおかしくないだけの経済力と風格をそなえた都市であるにもかかわらず、ケルンは反ハンザ的とさえ言える行動をとってしまうこともあった。二つの事例から、ケルンとハンザとの関係を検討してみよう。

一つは、十四世紀中頃の対デンマーク戦争にまつわる事例である。第一次ハンザ・デンマーク戦争（一三六一～一三七〇年）ともいわれるこの戦争は、ハンザを繁栄の頂点へ導いたハンザ史のなかでもとりわけ大きな意味のある戦争である。当初、デンマーク側の優位で推移したこの戦争は、最終的にはハンザ側の勝利をもって終了するが、戦局の転換を導くうえで大きな意味を持ったのは、一三六七年にハンザの諸勢力による同盟の結成である。この同盟は、諸勢力がケルンに結集して成立したのでケルン同盟と呼ばれる。この同盟に基づく兵員や軍艦の提供、派遣軍の編成により、ハンザ側は勢力を盛り返したのであった。しかし、この肝心ともいえる同盟に、ケルンは結成地であるにもかかわらず参加していない。おそらく、ケルンから遠い北方のバルト海が主な戦場だったということもあったのであろう。後述するように、ライン川をはじめとする大陸内の通商関係を重視していたケルンは、この戦争の影響をさほど大きなものとしては受け止めなかったのかもしれない。ただし、リューベック、バルト海に向けたケルン商人の進出は続いていた。

もう一つは、ケルンにとって手痛い結果をもたらした事例である。一四六〇年代末、それまで海賊行為やハンザ特権の乱用などの問題をめぐってくすぶり続けていたハンザ・イングランド関係が一挙に悪化して、交戦状態に至ってしまった。ハンザにとって、イングランドは海の向こうの羊毛や毛織物の重要な調達地であった。関係悪化の過程で、ハンザ側は対イングランド商業の禁止を決定するなどして敵側との通商関係を絶とうとしたのである。ところが、この決定にケルンは従わなかった。それどころか、ハンザから距離をおき、イングランド側に擦り寄るような姿勢さえ見せた。こうして、ケルンはハンザのなかで対イングランド貿易を継続した唯一の都市となった。

結局、ケルンのこうした反ハンザ的な姿勢は非難の的となり、一四七一年にケルンはハンザから除名されてしまう。しかも、ハンザ・イングランド戦争は一四七四年にハンザの勝利をもって終結してしまった。かくして、和平条約（ユトレヒト条約）の締結の場でケルンの代表に与えられたのは、敗者であるイングランド側の席となった。後にケルンはハンザへの復帰が認められるとはいえ、イングランドとの関係をめぐって、誇り高きケルンは屈辱的ともいえる立場に陥ってしまったのである。

ケルンにとっての「生命線」

さて、このようなケルンの親英的な姿勢からは、どのようなことが見えてくるだろうか。ケルンがハンザから除名処分を下されることを想定していたか否かは不明であるが、ケルンはハンザ側の決定に抗してまでイングランド商業を継続する立場を貫いたのであった。しかも、ケルンはほかのハンザ都市に先がけてイングランドに商人を送り込んでいた都市である。とすれば、考慮されるべきはケルンにとってイングランド商業が持つ重要性であろう。ケルンにとってイングランド商業は、リューベックなど沿岸部のハンザ都市で感じられる以上の重みがあったのではないか。ケルンの反ハンザ的ともいえる行動からは、沿岸部に位置しているハンザ都市とは違う、イングランド商業も含めたケルンにとっての独自の商業基盤の存在が垣間見えてくるのである。

そのような商業基盤としてここで注目したいのは、低地地方の諸都市から自都市を経由してフランクフルト方面に延びる、ケルンにとっていわば「生命線」とも言える太い交易軸の存在である。ここでいう低地地方の諸都市に含まれるのは、ブルッへ（ブリュージュ）やアントウェルペン、デフェンター、カンペン、さらにはアムステルダムといった商業都市、港湾都市である。ケルンからヨーロッパ各地に広がる通商路は、低地地方・フランクフルト間のライン川水系の水路をも含むこの交易軸から分岐していたといってよい。すなわち、南東方面を見れば、フランクフルトから南へニュルンベルク、アウクスブルクを経てアルプス、イタリアに達する経路が延びており、ライン川を上流に向けてストラスブール方面にさかのぼってもイタリアに通じていた。また、フランクフルトから東を見ると、ドナウ川を経由してウィーン方面に達するルートが延びていたほか、その北ではライプツィヒを経てさらに東のブレスラウ（現ブロツワフ）、クラカウ（現クラコフ）など、ポーランドやロシアにまで経路は達していた。

一方、ケルンから見て北西方向に位置する低地地方の、さらにその先との関係をたどれば、ケルンと海洋世界とのつながりが見えてくる。ブルッへやアントウェルペンを介してケルンはイングランドをはじめ北海、大西洋沿岸と結びついていた。大航海時代が開幕すれば、とりわけアントウェルペンを通じてケルンは、東インド（東南アジア）や新大陸とも結びつくようになった。また、東部のデフェンターやカンペンはバルト海へと向かうケルン商人の窓口であった。ケルンからバルト海へ向かう際、ハンザ初期に利用されたのはリューベックに向けて北東へと延びる距離の短い陸路であった。しかしやがてワイン樽のような重い商品の輸送を考慮して、まずライン川を下り、次いで低地地方の港湾都市から北海を経由する遠回りの海路を利用するのが一般的となった。リューベックをはじめとするバルト海との商業関係も、ケルンにとっての通商動脈の北西側半分をさらに太くすることに貢献していたのである。

そして、十五世紀後半以降、ヨーロッパ国際商業の中心としてアントウェルペンが浮上してくると、低地地方とケルンとの商業関係は、アントウェルペン・ケルン間を中心軸として以前にもまして密接なものとなった。ケルン商人は、フッガー家など高地ドイツの商人がアントウェルペンに進出する以前から、ロンドンへの中継地である同市の商業発展に貢献していた。一方、イングランドでは自国産の羊毛が国内で加工されるようになり、同国は羊毛（原料）の輸出国から毛織物（手工業製品）の輸出国へと転身しつつあった。これらの毛織物がロンドンからアントウェルペンに向けてイングランド商人により大量に輸出されるようになると、アントウェルペンで毛織物を仕入れるケルン商人はさらに増えた。アントウェルペンから先、イングランド産の毛織物の主要な販路が、ケルンを経由してフランクフルト・中部ドイツ・中欧へと開けていったのである。

アントウェルペン・ケルン間でのケルン商人の活躍を示すデータを挙げよう。アントウェルペンに残されている各種の文書や証書を集計・分析した成果によると、一四八八年から一五一四年までの間にアントウェルペンを訪れた外国商人は、合わせて二一八六名が記録され、このうちケルン商人は五三二名を占めたという。これは比率にして、ここで記録された全外国商人の二四％、全ドイツ商人の四三％に達する。また、同じ期間にケルンからアントウェルペンに向けたワイン発送の記録数を集計すると、ケルン商人が一四一回、アントウェルペン商人が五七回（確定できるもののみ）となり、仕向け地のアントウェルペンと比べてはるかに多くのワインの発送にケルン商人が携わっていた状況を見て取ることができる。十五世紀初頭のアントウェルペンには、ケルン商人により経営される居酒屋がおよそ二〇軒存在していたという。

南東に向けた方向では、ケルンのこの「生命線」はまずフランクフルトに達する。このマイン川沿いのフランクフルトは、中世ドイツ最大の大市開催都市として知られる。さらにその先のドイツ南部や中欧、東欧地域も、フランクフルトと同じライン・マイン川水系にあるケルンを経由して、アントウェルペンやロンドンなどの北海沿岸地域と結ばれていた。ケルン商人は、一三三〇年頃から定期的にフランクフルト大市に向うようになり、ここを訪れるドイツ人のなかでもっとも重要な中継商人となった。各種金属や繊維製品、食材などの調達の場、さらには決済の場であるフランクフルト大市に向けて、ケルンからは卸商や小売商以外にも多くの金融・両替商や手工業者、輸送業者が赴いた。

フランクフルトで扱われた商品のなかで目立ったのは、やはり毛織物の取引であり、中世後期にそれが大市の核ともいえる商品へと浮上していくに際しては、いうまでもなくアントウェルペンやロンドンで毛織物の仕入れに従事したケルン商人の貢献が大きかったといえよう。一例を挙げれば、ヨハン・フォン・ヴィッパーフュルトというケルンの商人は、一四三七年から三九年にかけてイングランド産の毛織物を同国ないしアントウェルペンで仕入れ、それらの総量は二二四反に達した。そのおもな売却先を見ると、一一一反がケルンで卸され、四八反がフランクフルトまで向かった。北海沿岸地域との経済関係が、ケルンを経由してさらに内陸のフランクフルトにまで及んでいたのである。

低地地方・ケルン・フランクフルトのケルンにとって動脈をなす区間は、中世後期から現在に至るヨーロッパ経済の心臓部の一部をなす。すなわち、ロンドンから低地地方、ドイツ西部を経てイタリア北部へと延びる都市集積地帯に含まれるのである。ケルンにとっての「生命線」とは、このようなヨーロッパ最大の都市ベルト地帯に連なっていたのであり、イングランド商業もこのベルト地帯を舞台とする重要な商業部門であった。リューベックにとっての「生命線」が北海・バルト海間商業であるとするなら、イングランド商業を含むこの都市集積軸に連なる各地との交易が、ケルンにとってのそれに当っていた。その重要性ゆえに、ケルンは沿岸地域の港湾都市が主導権を握るハンザのなかで、あえて単独行動をとったと解釈されるのである。

大航海時代の到来に向けて

さて、この動脈をなす交易軸を介して、ケルンは北海やバルト海と経済的につながっていた。さらにこの交易軸に連なる通商路がドイツの内陸部を横断することにより、低地地方の港湾都市はドイツの内陸部を越えて、その先の中欧、東欧地域をも海域世界へとリンクする役割も果たした。十六世紀に大航海時代が本格的に到来すると、ヨーロッパではその北西部の経済的比重が高まり、まずは低地地方が商業・流通を通じて中心地機能を高めていく。大航海時代の到来は、また世界経済誕生の契機ともなった。経済面でのこのような大きな変化は、はたして近世初頭のドイツの商業・流通界にどのような影響を与えていったのであろうか。第一節の最後で提示した課題への解答を含め、あらためて「陸」「海」双方のドイツの広域的な商業に見られた変化を探っていこう。

三 世界経済の形成とドイツの商業

大航海時代の到来は、ヨーロッパを中心とする世界規模の市場が誕生する契機となった。現在まで続くグローバルな経済（世界経済）の出現である。工業製品や食糧・原材料の輸出入を通じて世界の各地が結び付いていくのである。やがてそのネットワークは、文字通り地球全体をおおうようになる。その過程で、世界商業の心臓部に相当する交易の中心地がヨーロッパに出現した。近世前半では十六世紀にはアントウェルペン、十七世紀にはアムステルダムといった低地地方の商都が、その役割を果たした。

ところで、大航海時代の舞台となったのは、ヨーロッパのなかの南西部や北西部である。すなわち、まずはポルトガルとスペイン、やや遅れてオランダとイギリスといった大西洋、北海に面した海洋国家が立役者となった。これに対して、中欧の陸上国家のイメージが強いドイツは、ややもすると、大航海時代の展開や世界経済の形成とは無縁であったかのように受け取られるかもしれない。しかし、一連のインパクトはドイツ各地にも及んだ。確かにドイツは、これら歴史の画期となった出来事の直接的な舞台ではなかったとはいえ、ヨーロッパ各地を結びつける役割を果たすなかで、その影響は経済とりわけ商業を通じて「陸」「海」双方のドイツに及んだのである。以下では、世界商業の中心へと浮上していく低地地方の中心都市との関係を見据えながら、世界経済の形成がドイツの商業にもたらしたインパクトをまずは内陸地域から見ていくことにしたい。

三-1.「陸のドイツ」の場合

三つの主要商品の流通

アントウェルペンの商業面での発展に際して、ケルン商人の貢献があったことは既に指摘した。では、世界商業の中心へ向けた一五〇〇年前後のさらなる発展を可能とした条件には、どのようなものがあっただろうか。よく指摘されるのは、三つの主要な国際貿易商品がアントウェルペンの興隆に果たした役割である。すなわち、イングランド産の毛織物と、東インド産の香辛料、ドイツ・

中欧の鉱産物（銀、銅）の流通とそれらを扱う諸商人のアントウェルペンとのかかわりが挙げられる。

上でも指摘したように、イングランド産の毛織物はアントウェルペンからケルン・フランクフルトを経由してヨーロッパ各地へと輸出された。十五世紀末にアントウェルペンがイングランドの毛織物を輸出するマーチャント・アドヴェンチャラーズの大陸側の貿易拠点となると、ケルン商人を介した大陸内部に向けた毛織物の流通規模はさらに拡大した。これらの毛織物は、ロンドンから船積みされる段階ではまだ染色がなされていなかった。そこで、アントウェルペン周辺で染色が施されたのちに、おもにケルン商人によりフランクフルト方面に送られ、それ以東では、ニュルンベルクやライプツィヒが主要な取引拠点となった。とりわけライプツィヒでは、十六世紀にここが大市開催都市として発展していく際に、毛織物は流通の一方のかなめをなす商品となった。

香辛料は、東インド（アジア）に進出したポルトガルによってアントウェルペンにもたらされた。かねてよりアントウェルペンに集荷された香辛料や南方産果実は、おもにイタリア商人が地中海東方で仕入れたものが陸路ケルンを経由して北上してきたものであった。ところが、一五〇一年からポルトガルが東インドで仕入れた香辛料をアントウェルペンに卸すようになると、イタリアや南ドイツの商人がその調達先を、ヴェネツィアからアントウェルペンへと移転させていき、香辛料はこれまでとは逆に、アントウェルペンからケルン方面に南下するかたちで流通するようになった。干し葡萄やイチジクなどの南方産果実も同様であった。大航海時代の到来は、かつての地中海産品のドイツ内陸地域における流通の向きを逆転させたのである。

三つ目の重要商品である鉱産物は、香辛料の流通とも関係した。なぜなら、銀は東インドで胡椒や丁子、肉桂、ニクズクなどを調達する際に、また銅はアフリカ西岸で偽胡椒などを仕入れる際に必要とされたからである。南ドイツの商人のなかには、フッガー家のように香辛料をはじめとする危険を伴う（ハイリスク・ハイリターン）商品の取引を通じて利益を蓄積し、それを鉱山に投資して鉱産物の販売に深くかかわる豪商たちが存在した。彼らが国際的な商品流通網を構築していく際にもアントウェルペンは取引の中心とされ、そこからケルン・フランクフルトへと伸びる動脈がアントウェルペンとドイツ内陸部、中欧・東欧が結ばれる際の大動脈となった。毛織物や香辛料だけではない。大陸産の鉱産物の流通も、この動脈を通じてドイツの内陸地域を北海、大西洋へと商業的に結びつけるうえで大きな意味を持ったのである。

フッガー家とバルト海

さらに鉱産物のなかでも銅は、十六世紀前半にドイツの内陸地域をバルト海とリンクさせる役割も担った。フッガー家が扱うハンガリー産の銅のアントウェルペンに向けた経路として、ケルン経由の内陸路とともにバルト海を経由する海路が注目されたからである。

ドイツ南部のアウクスブルクに拠点を置くフッガー家は、バルト海に向けて事業を拡大するに際し、まずはニュルンベルクやブレスラウなどの内陸の主要都市に支店や代理商を設けた。やがて、シュテティン（現シチェチン）やダンツィヒといったバルト海の主要港、そしてハンザの心臓部ともいうべきリューベックにもフッガー家の支店が置かれていった。彼らのバルト海進出はハンザを刺激しないように、現地の代理商名義で取引をおこなうなど慎重に進められた。それゆえ、彼らのリューベック支店の開設時期などは確定することができない。

フッガー家のアントウェルペンに向けた銅の最大の積出港となったのはダンツィヒである。彼らにとっては同じハンザ都市であるリューベックとダンツィヒが、オランダのバルト海進出をめぐって利害を対立させていたことも幸いしたことであろう。かくて、ダンツィヒからデンマーク海域を経由してアントウェルペンへと至るバルト海・北海間のフッガー家の海上動脈が形成された。十六世紀前半にハンガリーのノイゾール（現スロヴァキア）で生産、精錬された銅のうち、ダンツィヒから輸出されてバルト海・北海を経由してアントウェルペンに向かったものの比率は、年により全体の六〇％を超えることもあった。

バルト海海域で、フッガー家はデンマークからの支援を取り付けることに成功するとともに、一時は同家の資金流通網を活用して、スウェーデンやノルウェーからローマに送られた教会の献金や免罪符の売上代金の送金を担当したこともあった。彼らはまた、ロシア産品の取引の掌握を目指してさらに東に向けた進出をもくろんでいたと考えられるが、フッガー家の繁栄自体が長続きすることはなかった。かくして、同家とバルト海との関係も長期間に及ぶものではなかったとはいえ、フッガー家の通商網の検討からは、近世初頭の一時期に「陸のドイツ」が北海だけでなくバルト海ともつながっていたことを示す具体例が見て取れるであろう。世界経済の誕生期、「陸のドイツ」は、ケルンを経由する内陸の動脈だけでなく、バルト海・北海間の海上路を通じても経済的な心臓部である低地地方（アントウェルペン）と結ばれていた。ここからはまた、低地地方がドイツに及ぼす経済的な求心力が、当時はそれだけ大きかったということがいえるのではないだろうか。

三-2．「海のドイツ」の場合

ハンザ衰退期の「海のドイツ」

世界経済の形成期、その中心に位置した低地地方の経済的な影響は「海のドイツ」にも及んだ。低地地方のなかでもバルト海地域を中心に「海のドイツ」と強いつながりを持ったのはその北部（北ネーデルラント）、すなわち十七世紀に黄金時代を迎えたといわれるオランダである。本章では、すでに第一節で北海・バルト海商業の主役がハンザからオランダへと引き継がれていった過程について述べたが、あらためて指摘するまでもなく、そこで描き出されたハンザの衰退につながる商業的な変化こそは、世界経済の形成に際して低地地方（オランダ）が「海のドイツ」に与えた大きな経済的インパクトとでもいえるものであった。

都市化が進んだにもかかわらず耕地が不十分であったオランダは、バルト海南岸のダンツィヒを東方の穀物調達の基地とし、おもに毛織物（手工業製品）を輸出することにより、穀物や木材などの一次産品を輸入した。やがてオランダは、ヘゲモニー（覇権）を掌握したといわれるまでに発展する一方、バルト海南岸のドイツ東部やポーランドは、オランダとの貿易を通じて世界経済の辺境（周辺）と位置づけられ、低開発化されてしまう。オランダのバルト海進出やハンザの衰退といったバルト海で見られた諸変化は、世界経済のなかで「海のドイツ」の一部地域（バルト海南岸地域）が農奴制を再強化させるなど、従属化の度合を強めていくこととも関連していたのである。

バルト海内商業への注目

さて、ここで注目したいのはハンザ衰退後のリューベックの商業である。第一節の最後に提示した課題にあらためて注目しよう。ハンザの盛期に北海・バルト海間の動脈はリューベックを経由していた。北方海域を舞台とする東西間貿易は、リューベックにとっては繁栄の土台ともいえる重みを持っていたのであった。東西間の太いパイプの内陸路から海上路への移動や、ハンザの衰退とともに商業的な重要性を失ったといわれるリューベックであるが、実際のところ、大航海時代の到来後に同市の商業はどのような特徴を見せたのであろうか。世界経済の形成がドイツの沿岸部に与えた影響の一端を、リューベックの海上商業を事例として探ってみることにしよう。

ここで検討の素材とするのは、ハンザが消滅したとされる十七世紀後半——輸入については一六八〇～八二年、輸出に関しては一六七九～八一年の合計——にリューベックで徴収された関税の記録である。その集計・分析によると、リューベックとの間で活発な船舶の往来を記録した上位四地域は、輸出入とも多い順に、デンマーク（一〇八七隻と八九四隻：入港船舶数と出港船舶数。以下同様）、シュレスヴィヒ・ホルシュタイン（一〇三八隻と四九六隻）、ドイツ・ポーランド沿岸地域（七〇七隻と四五二隻）、スウェーデン（四〇九隻と一七五隻）と続く（地域区分は台帳の区分に従う）。いずれもバルト海のほぼ西半分、リューベックから近い地域である。これら四地域とリューベックとの間で往来した船舶の合計は、リューベックへの入港数が三二四一隻、同港からの出港数が二一三四隻となり、それぞれ同じ期間のリューベックの入港総数（三六五四隻）の八九％、出港総数（二四二〇隻）の八八％と極めて高い比率を占める。十七世紀後半のリューベックの海上貿易では、出入港船舶数すなわち交易の頻度という面から見て、バルト海のなかの地理的に近い西半分の地域が圧倒的ともいえる大きな割合を占めていた。

次に、リューベックにとっての遠方、すなわち北海・大西洋海域とのつながりに注目してみると、同じ期間に北海・大西洋諸港からリューベックに入港した船舶は一二八隻、リューベックからこれら諸港に向けて出港した船舶は四七隻となり、それぞれリューベックの入港、出港総数に占める比率は、四％と二％にすぎない。むろん、リューベックの北海・大西洋海域との取引は、ハンブルクを経由する古くからの内陸路を経由してもある程度おこなわれていたと考えられるが、海上貿易に注目する限りでいえば、当時リューベックの貿易は、その大部分が地理的に近いバルト海沿岸地域を相手として繰り広げられていたのであった。

ほかのバルト海主要港の場合はどうであっただろうか。たとえば、ストックホルムについては一六四三年の関税の記録があるが、それによるとこの年、北海・大西洋地域からストックホルムに入港した船舶は、入港総数の二八％（四六隻）を占め、この海域に向けて出港した船舶は、同港の出港総数の三一％（五四隻）に達した。また、ダンツィヒでは時期はずれるものの、すでに一五八三年の段階で、低地地方を船籍地とする船舶だけで出入港船舶全体の四六％、船舶数にして一〇一五隻を記録していた（本章第一節を参照）。これに対して、リューベックの出入港船舶全体に占める北海・大西洋貿易船の比率を再度確認すれば、輸入が四％、輸出が二％にすぎなかった。

デンマークとの関係

リューベックに近いバルト海の西半分の地域のなかでも、とりわけ数多くの航海が記録されたのは、デンマーク（本国）とこれも当時デンマーク領であったシュレスヴィヒ・ホルシュタインである。これらデンマークの諸地域は、バルト海という内海のなかのさらに内海ともいえるバルト海南西海域に位置し、リューベックとの間で小型船を中心にきわめて活発な船舶の行き来が見られた地域である。一隻あたりの平均的な貨物積載量は一〇ラスト前後であり、これはリューベックから大西洋に向った船舶の平均積載量（七五～一二八ラスト）と比べてはるかに少ない。ちなみに、当時（十七世紀）、デンマーク領との間で小型船を中心に盛んに航海が営まれていたのは、リューベックに近いハンザ都市であるロストックにおいても同じであった。

リューベックとデンマークとの間で流通した商品を見ると、リューベックからは植民地や南欧の物産を含めてさまざまな商品が輸出されたが、デンマーク側からは、発展の著しいコペンハーゲンを除き、もっぱら農産物や海産物などの食材がリューベックに輸出されていたことが特徴として挙げられる。また取引の担い手を見ると、商人に加えて船長（船頭）自身による取引がなされていた場合があり、とりわけシュレスヴィヒ・ホルシュタインからの輸入では、船頭自身による取引が大きな比率を占めていた。ここでの船頭は、一般に農民と解釈されている。デンマークの沿岸地域では農民が自ら小型船を仕立て、近いとはいえ海を利用して、異国のドイツへ自分たちの収穫物を売りさばきに出かけていたのである。

近世のデンマークは、ほかのヨーロッパの主要国と同様に重商主義的な政策を採用し、商業国家としての自国の地位向上を目指していた。そのためにも、中世以来続いてきたリューベックなどハンザ都市による商業的な影響力を払拭する必要があり、歴代の国王は農民の対ドイツ取引を禁じるなどして、自国内での必需品の販売を優先させようとした。

しかし、国民経済的な意識の芽生えがあったとはいえ、十七世紀の段階では、流通機構はまだ十分整備されてはおらず、農産物の販売市場となる都市の発達も不十分であった。農産物の売却が不可能であれば、地代の納入に必要な貨幣を手に入れることができなかった。さらに必需品さえも自国で手に入らないとなれば、結局、デンマークの農民は自国よりも通商活動が盛んなドイツの商業都市に赴き、自国の産品を売却せざるをえなかった。ハンザの消滅期である十七世紀後半に、リューベックがバルト海のなかでもとりわけデンマーク領と活発な商業を営んでいた背景には、以上のような事情があったのである。

十七世紀のリューベックの海上商業は地理的に近い地域を中心になされ、船舶の往来数から見て輸出入に占める北海・大西洋海域との取引の比重は小さなものでしかなかった。この点でリューベックは、ダンツィヒやストックホルムといった近世に大きく発展したバルト海の主要港とは異なるタイプの貿易構造を持つようになったということがいえる。これも、世界経済の形成に際してオランダが「海のドイツ」にもたらした影響の一端と見なすことができるだろう。オランダのバルト海進出に伴う北海・バルト海間の新たな海上の通商動脈の形成は、ハンザ盛期までリューベックが担ってきた北海・大西洋海域との貿易における拠点的な性格が失われていく契機となった。このような変化を背景として、リューベックでは地理的に近い地域との取引が海上商業に占める比重を増していったのである。

おわりに

この章では、中世後期から近世にかけてのドイツと北海・バルト海とのかかわりについて検討してきた。「はしがき」でも述べたように、ドイツはイギリスやフランスと比較すれば陸上国家の色彩が濃いとはいえ、この時代を通じてドイツは商業活動を通じて海域世界としっかりと結びついていた。世界経済の形成とともに成長著しいオランダの経済的圧力のもと、東西間の海上商業を母体として栄えたハンザが衰退してしまうと、リューベックを中心に「海のドイツ」が果たしていた役割は、一般的には見えにくくなってしまう。しかし、北方ヨーロッパの広域的な東西間商業における拠点性は失われたとはいえ、リューベックはそれに代えて、バルト海内部の狭い海域における商業拠点という性格を強めたのである。

海とのかかわりは、ハンザの活動の舞台となった「海のドイツ」のみならず、各地に分散する拠点的な商業都市を結節点として、通商路を通じて低地地方から「陸のドイツ」にまで達していた。第二節では、ケルンとそこを貫く通商動脈を例としてその具体的な事例を探るとともに、フッガー家のバルト海進出を取り上げて、「陸のドイツ」とバルト海との関係についても簡単に触れた。

最後に、中世後期から近世のドイツの国際商業にとって低地地方が持った大きな意味についても触れておきたい。ハンザはオランダとの商業的な競争のさなかに衰退し、北海・バルト海間の動脈はリューベックを経由する内陸路からダンツィヒ・アムステルダム間の海上路へと移った。また、ケルンはアントウェルペンをはじめとする低地地方の都市を通じて海域世界と強く結びついていた。ケルンの経済基盤はアントウェルペンを経由してその先のロンドンや反対方向のフランクフルト方面を結ぶ動脈に置かれ、海域のハンザ都市とは異なる内陸のケルンの独自の経済的利害の形成につながった。大航海時代前後の時期のドイツの国際商業は、北方ヨーロッパの経済的な先進地域である低地地方と大いに関係しつつ展開したと言ってよいであろう。

＊本章は、科学研究費補助金（基礎研究C課題番号24520836）による研究成果の一部である。

参考文献

石坂昭雄「オランダ共和国の経済的興隆とバルト海貿易（一五八五～一六六〇）――ズント海峡通行税記録の一分析」日蘭学会編『オランダとインドネシア』山川出版社、一九八六年、六三～八九頁。

石坂昭雄、壽永欣三郎、諸田實、山下幸夫『商業史』有斐閣双書、一九八〇年。

イマニュエル・ウォーラーステイン、川北稔訳『近代世界システム　一六〇〇～一七五〇――重商主義と「ヨーロッパ世界経済」の凝集』名古屋大学出版会、一九九三年。

谷澤毅『北欧商業史の研究――世界経済の形成とハンザ商業』知泉書館、二〇一一年。

谷澤毅「近世初頭の国際商業とケルン――アントウェルペン・ケルン・フランクフルト」鈴木健夫編『「ヨーロッパ」の歴史的再検討』早稲田大学出版部、二〇〇〇年、一六九～一九四頁。

玉木俊明『北方ヨーロッパの商業と経済――一五五〇～一八一五年』知泉書館、二〇〇八年。

松田緝『ヤーコプ・フッガー』丘書房、一九八二年。

III

ハンザ都市の商業構造
――北海・バルト海における塩とビール――

斯波照雄

はじめに

同じヨーロッパといっても、北海・バルト海沿岸地域の北の商業圏の冬は地中海地域とは比べものにならないほど寒く、海はしばしば荒れて厳しい。その冬を乗り切るためには、最低限の飲食物の確保は必要不可欠なものであった。食料保存の方法は魚であれば干物にする、肉であれば腸詰にしたり、燻製にしたりいくつかの方法がとられていた。その一つが塩漬けにすることであり、それゆえに塩は生活上また魚類の保存上欠かせないものであり、塩は重要な商品でもあった。その塩の供給は中世から近世へと変化していった。それはハンザ圏の経済構造の変化とも密接に結びついたものでもあったと思われる。

他方、中近世ハンザ都市――ハンザ（同盟）を構成した都市――では、その経済基盤を遠隔地間の中継貿易に置き、都市内に有力な手工業種を持たず、特産物の生産は盛んとはいえなかった。その中で例外的であったのが、ビール醸造業といえるであろう。水がそのまま飲めない、ブドウが栽培できないがゆえにワイン生産に向かない北ドイツ地域では、高級な飲み物であるワインに対し、ビールは水代わりの廉価な飲み物として需要は多く、各都市で生産されていた。ビールは日常生活にも必要な地域内消費の商品として重要であり、その生産が不十分な都市では輸入され、都市によっては輸出品としても有力な商品になった。ビール生産は各都市経済に影響を与えただけでなく、地域内や地域を越えた流通ネットワークの形成の一翼を担ったのではないかと考えられるのである。

ハンザの最盛期といわれる中世から、停滞そして衰退に至る近世にかけての時期に、ハンザ都市に居住する市民が厳しい環境の中で生き抜くために必要であった食料を保存する塩ならびに重要な飲料ビールの生産や取引の変化を通じて、中近世の北海、バルト海地域の社会経済、商業の変動を明らかにし、ハンザ都市に与えた影響等について検討するとともに、ハンザ商業の動向とハンザ都市の展開には相違があったことを明らかにしてみたい。

一．塩の生産、取引——食料保存

十四世紀バルト海地域では、食品保存上重要であり常に高い需要をもつ塩は、ハンザ都市の領袖リューネブルクによってもたらされるリューネブルク塩に独占されてきた。市外産品の遠隔地貿易によって多くの利益を得てきたリューベックであったが、十四世紀後半のリューベックからの輸出商品への課税額から見れば、塩は第一位であり、輸出入から見てもフランドル産毛織物、魚についで第三位の税収額であり、塩と塩漬け魚類で全税収の約四分の一を占めていたのである。特に十四世紀には、リューネブルク近郊のエルベ川からリューベックまでシュテクニッツ運河が建設され、リューベックの有力商人によって独占されていた良質のリューネブルク塩は、たとえば一三六八年から一三六九年にかけての主要輸出品総額二一万リューベック・マルク（北海、バルト海地域で広く使用された通貨単位。以下マルクと略す）のうち六万一〇〇〇マルクにも達し、じつに約三分の一を占めていたのである。

特にバルト海地域において塩貿易を独占していたリューベックであったが、十五世紀にバルト海の塩貿易に進出したオランダ、イギリス商人はフランス西部のブールヌフ湾からベイ塩をもたらした。すると、ベイ塩の流入に対するリューネブルクの反発にもかかわらず、リューベック商人はベイ塩貿易にも大きく「投資」、参入していったのである。ハンザ商人のしたたかな商業戦略といえるであろう。

リューネブルク塩が地下から汲み出した塩水を大量の薪を燃やして煮出して精製するのに対し、ベイ塩は天日塩であり、製塩にかかる費用は低額であった。しかし、リューネブルク塩が純白で

グラフⅢ-1：シュテクニッツ関税

（単位：リューベック・マルク）

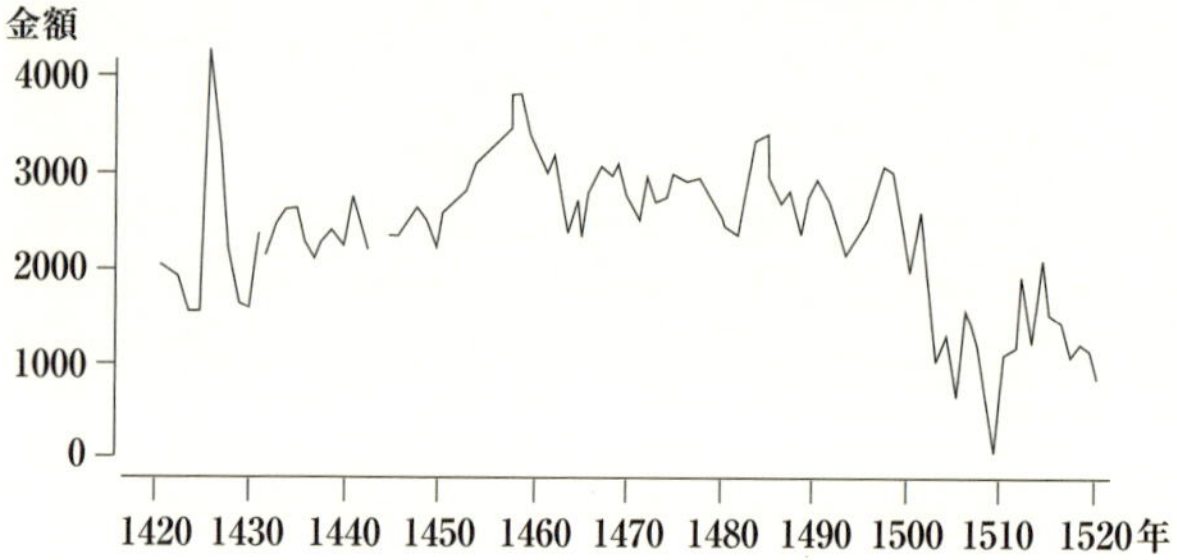

［出典］R.Hammel, Häusermarkt und wirtschaftliche Wechsellagen in Lübeck von 1284 bis 1700. *Hansische Geshichtsblätter*. 106. 1988. S. 80f.

あったのに対し、ベイ塩は白色でなく、明らかに不純物が含まれたものであることは一目瞭然であったという。高価ではあるが不純物の少ない良質のリューネブルク塩と、品質は劣るものの輸送費を加えても安価なベイ塩という相違と、なお大きい塩需要とが並存を可能にしたのであろう。

ベイ塩貿易は、フランス西部からエーアソン海峡を経由してバルト海地域に至る、当時としては遠大な遠隔地貿易であり、大型の船舶が必要であった。しかも、ベイ塩輸送は数十隻の船団を組んでおこなわれたのである。すなわち、こうした遠隔地物産を取り扱う商人は、船舶自体も商取引も多額であったので、その資金は共同で持ち寄る持分出資であったとはいえ——持分出資にはポートフォリオすなわち危険分散の意味もあった。たとえば一人で船を所有した場合、その船が難破した時には一度で多額の財産を失うことになるが、数隻の船の権利を分散してもてば、財産を一挙に失うことを防止できたのである——、おそらくは大きな先行「投資」が可能な大商人であったであろう。

中世以来の商業は、利益を得られさえすれば何でも商うというものであった。西から東へ塩を大量に輸送するなら、東から西に向けても船は何らかの商品、たとえば塩漬けの魚類や毛皮など何種類もの物資を輸送したであろう。しかし、彼らは専門商人や卸売り商人としての役割が大きく、地域内あるいはもう少し広い範囲で調達された商品を地域内で販売する中小の仲介、小売り商人とは異なったと考えられる。しかも、特筆すべきは、ベイ塩は海峡経由で輸送され、リューベックを経由する必要がなかったことである。

そのベイ塩はバルト海沿岸地域での占有率を上げ、逆にリューネブルク塩は低下していった。たしかにグラフⅢ-1のように、リューネブルクからリューベックまで塩の輸送に利用されたシュテクニッツ運河の関税収入は、十五世紀末まで増減を繰り返しつつも大きく低下していない。すなわち、リューベック経由のリューネブルク塩輸出は大きく減少してはいないように思われるが、一四二七年から一四三三年のレーヴァル（現在のエストニアの首都タリン）におけるリューネブルク塩の占有率は二五％以下に、一四六八年から一四七六年のダンツィヒ（現在のポーランドの海港都市グダニスク、グダンスク）では十七％以下にまで低下するなど、ベイ塩の流入は急激に増加していたのである。ベイ塩の流入が増加してもリューネブルク塩の生産、輸出量が減少しなかったのは、バルト海地域の人口増加等による需要の増大があったことにもよるであろう。

しかし、十六世紀初頭以降にはシュテクニッツ運河の関税収入は減少していく。すなわち、リューネブルク塩輸出そのものが低下しはじめたのである。しだいにリューベック市場を中継しない商業の比重が増大し、市の大商人層の商業の一部もまた海峡経由になっていったと思われるのである。

このことは、ユトランド半島とスカンディナヴィア半島との間に挟まれ、大小の島が点在するエーアソン海峡によって大洋につながる北海との間の船舶航行に制約を受け、いわば「内海」内での商業活動であったバルト海貿易が、北海・バルト海商業圏という一つの商業圏に組み込まれていったことを示しているともいえよう。航海の難所であったエーアソン海峡も航海技術の向上などによって、障害は克服され、ここに真の意味で南の地中海商業圏に対し、北の北海・バルト海商業圏が成立したのである。それは、バルト海地域においてオランダ、イギリス商人が直接取引を開始したことにより地域におけるハンザ商人の独占的商業が打破され、バルト海地域の人々がハンザへの従属から解放されたことをも意味するものであった。

二. ビール醸造業の都市経済への影響

ビールはもともと北ドイツ地域では自家醸造が広くおこなわれていたと考えられ、その醸造法も、品質、生産量にも制限がなく、自由であったと思われる。しかし一方において、一部の都市では数少ない自市産輸出品に成長し、他方、都市や市民による周辺地域の土地取得等によって都市域が拡

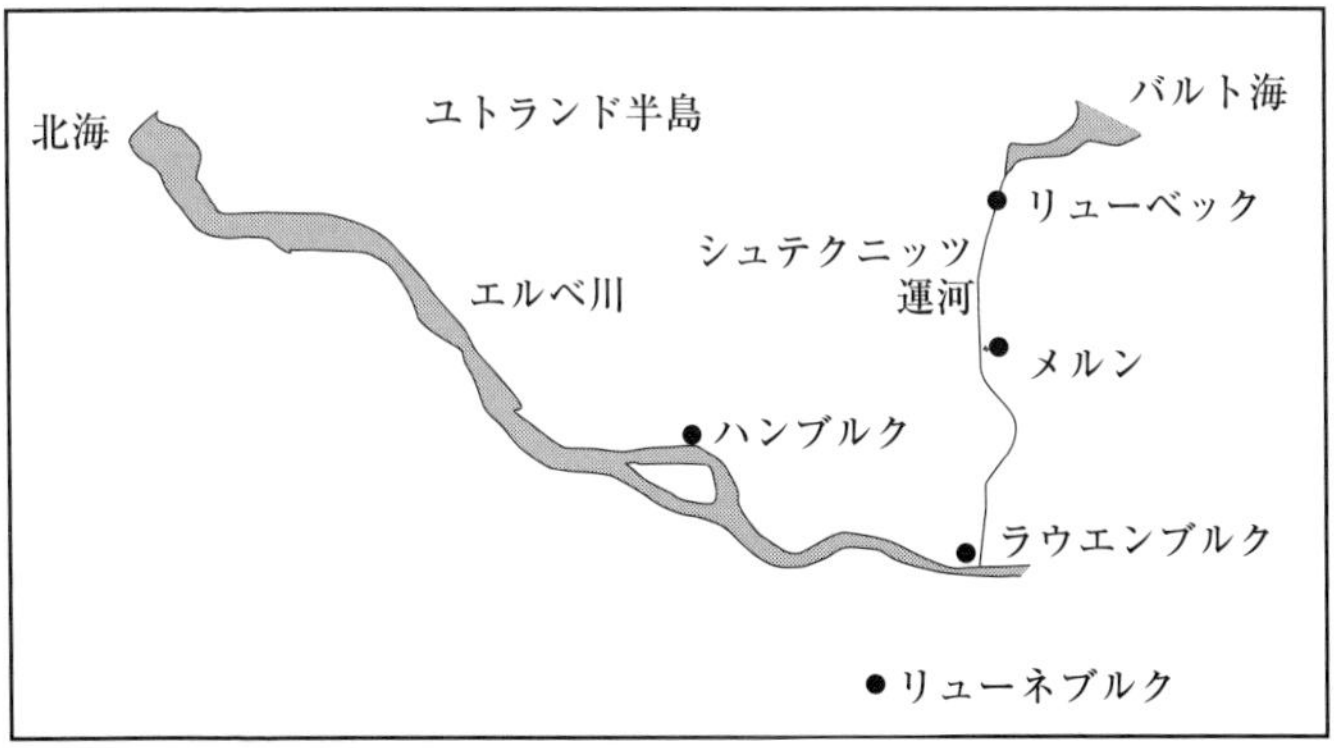

大される中で、都市内での醸造が地域内で優位になり、しだいに都市周辺、近隣地域におけるビール販売の独占が図られ、周辺他都市、あるいは外国都市との競争につながった。たとえば、リューベックの場合、前述のシュテクニッツ運河の建設にともなって、十四世紀までの間にリューベック市、市民による周辺の土地取得が進み、特に十四世紀後半には、運河沿いのラウエンブルク、メルンにおける土地取得が進展して、事実上の都市域が拡大していった。

大商人層は、自らの大規模な遠隔地商業には独占を志向しながらも、都市域内の中小規模商業の独占には必ずしも熱心でないなど、中小規模商人とは地域内商業に対する考え方の相違もあったように思われる。しかもその支配下に組み入れようとする大商人層に対する都市域内の中小小売り商人の反発もあったと思われる。リューベックでは遠隔地商業が重視されてはいたが、両商人間には軋轢が生じていた。少なくともビール醸造業についていえば、十四世紀には大商人層は、地域内で小売りをおこなう醸造業者によって組織されていた同職組合と反目していたのである。それは、リューベックの商業が遠隔地貿易と地域内商業という二重構造であったことを示している。

リューベックのビール生産量は十六世紀後半まで増加していたが、十五世紀末以降ダンツィヒへのビール輸出は減少していったのである――ちなみにダンツィヒは後述のようにビール輸出が盛んな都市であったが、そのビール原料が大麦であったのに対し、リューベック産は小麦が主流と異なっていた。遠方の他都市、他地域への恒常的な輸出の増大が考えにくいとすれば、すなわち、それはリューベックビールの自市内、周辺地域ならびにバルト海西端に位置するデンマーク南岸のスコーネンなど近隣地域への供給量が増加していったことを示すものであり、市のビールの取引市場が近隣向けへと性格を強めていったことを示すものであろう。事実、リューベックのビール醸造業者はもともと輸出用ビールを生産・販売するような特権的な業者ではなく、十六世紀中頃に生産されたビールも、約三分の二が地域内消費のためのビールであったという。

十六世紀以降には多数のデンマークの漁師、農民の小型船がリューベックに入港しており、十七世紀には多数のシュレスヴィヒ・ホルシュタインやデンマークの漁師、農民によるリューベック市場における小規模取引が急増していたことが知られている。そうした地域内での商業が活発になったのと同じ時期に、市民等の都市内不動産やその権利の取得が増加していることが知られている。それは、あくまでも「投資」であり、不動産の使用、利用を目的としたものではなかった。ただ「投資」といっても、「投資」額に対応した利息を受け取るわけではない。それはレンテと呼ばれ、

グラフⅢ-2：リューベックにおける市民の都市内不動産への「投資」回数とトレンド

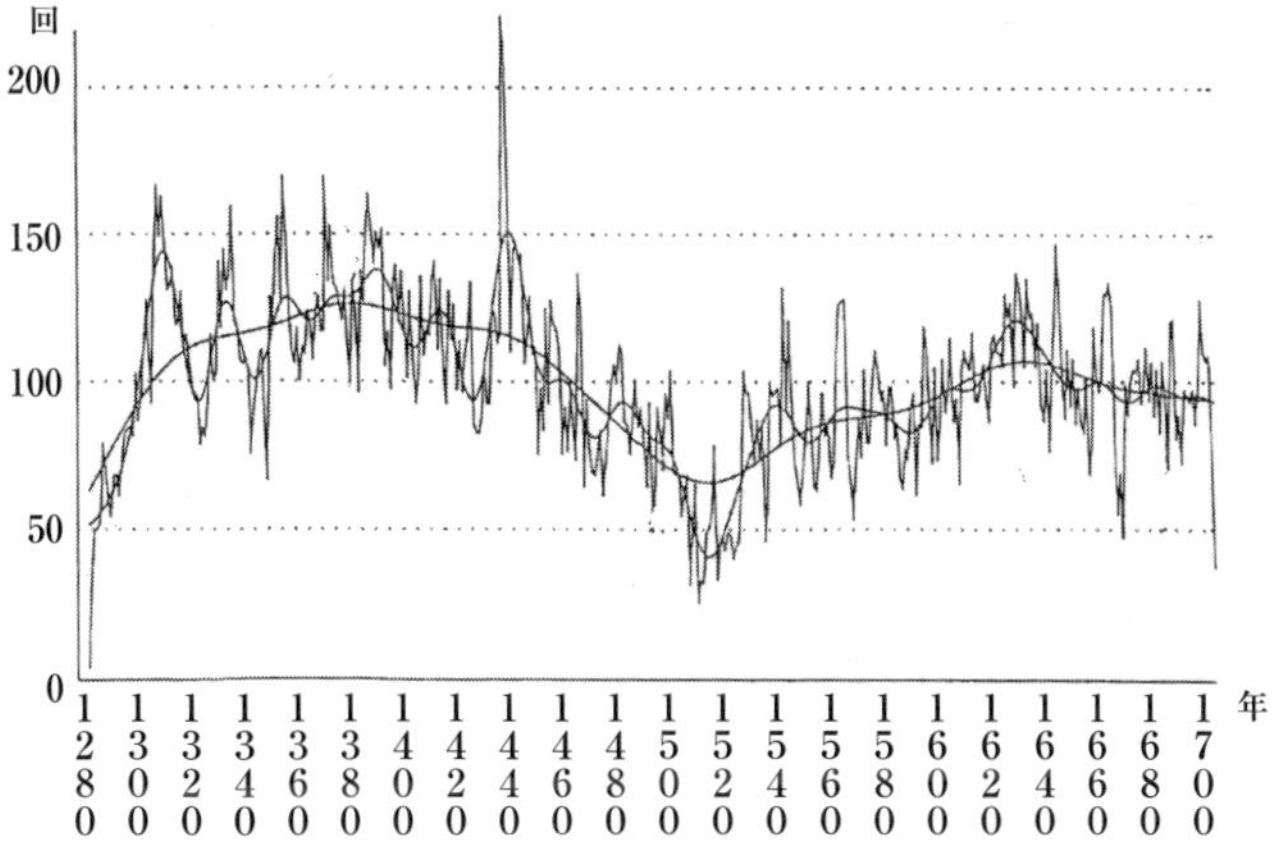

［出典］R.Hammel-Kiesow, Hansischer Seehandel und wirtschaftliche Wechsellagen Der Umsatz im Lübecker Hafen in der Zweiten Halfte des 14.Jahrhunderts.1492-6. und 1680-2. Hrsg.v.S.Jenks/M.North. Der hansische Sonderweg? *Hansische Geschichtsquellen*. Neue Folge.Bd.39.1993.S.89.

都市部では住居や手工業の作業場、農村では農地の権利の購入であり、それら不動産を使用する者からは、名目的には家賃や地代を受け取った。こうすることによって、弱者救済の観点からキリスト教では認められていなかった経済的弱者に金銭を貸与し利息を取る行為を正当化したのである。

　こうした不動産やその権利に関連した取引量、取引額の増加は、ドイツ中近世経済史の研究者からは、景気の好況を示すものとして理解されてきた。すなわち、商業、貿易で得た利益を「原資」とともに一時的に次の「投資」機会がおとずれるまで土地に「投資」、温存し、商業、貿易に再「投資」していくと考えられている。安全ではあるが不動産への

グラフIII-3：近世リューベックにおけるビール生産

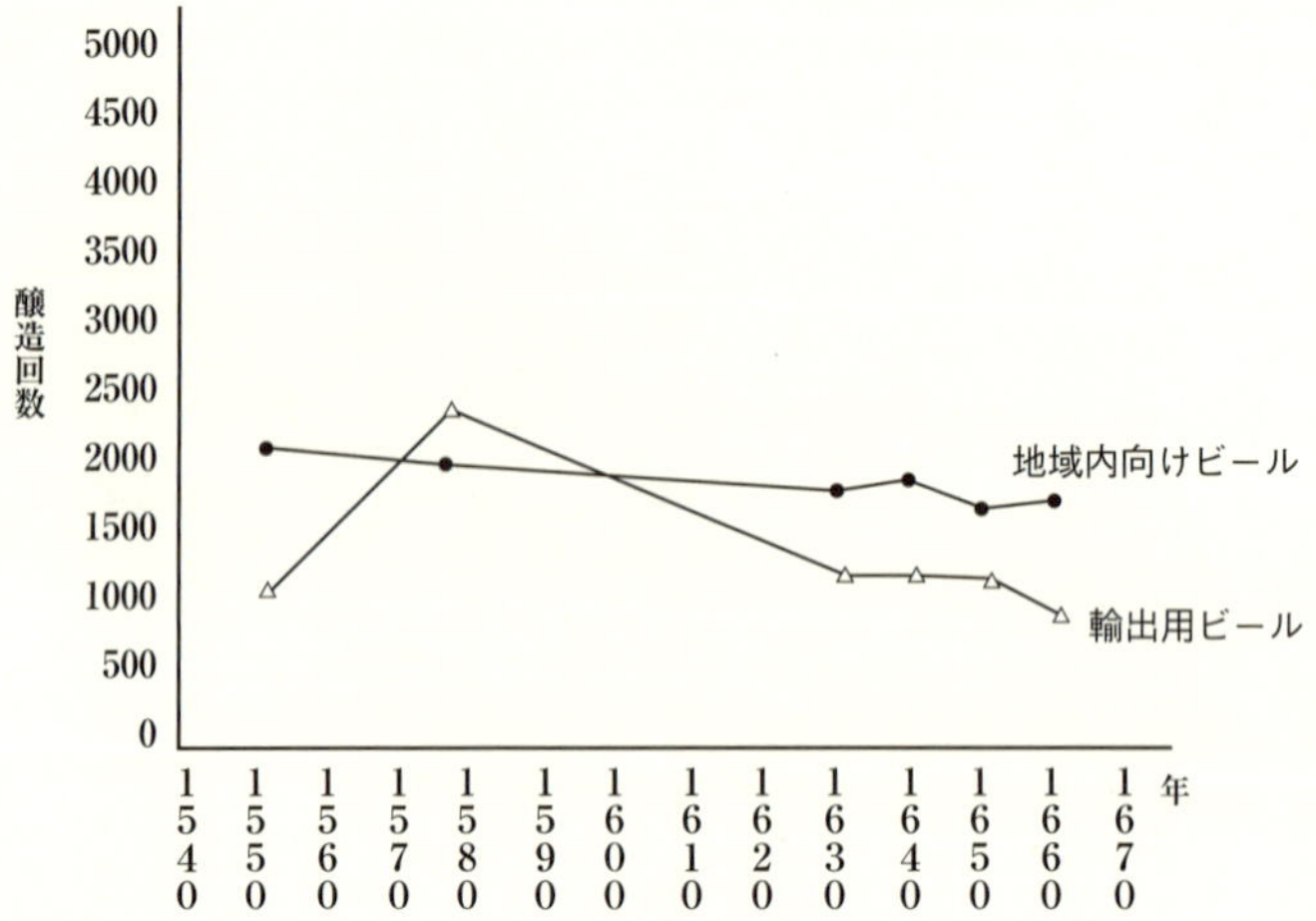

［出典］C.v.Blanckenburg, Die Hanse und ihr Bier. Brauwesen und Bierhandel im hansischen Verkehrsgebiet. *Hansische Geschichtsquellen*. Neue Folge. Bd. LI. Köln 2001.S.83. より作成

「投資」の収益率は貿易におよばず、貿易に再「投資」されるが、その「投資」の額や回数が増えるということは、市の経済活動が活性化しているという理解であった。しかし、リューベックではこの時期、税収は停滞し、経済的に好況とはいえなかった。むしろ、遠隔地貿易の減少によって、「投資」機会を失った「資本」は都市や周辺地やその権利への「投資」に向けられたのではなかったか。

　そうした市民の取得した土地などリューベック市周辺では、リューベック市内で生産されたビールの販売を維持、促進するため、競合する周辺地域でのビール醸造は禁止され、地域内でのビールの独占的販売がおこなわれたのである。市では十六世紀後半以降ビール全体の生産高は減少していくが、市内、周辺、近隣地域向けのビールの生産高は減少していないのである（グラフⅢ－3参照）。すなわち、市民や都市圏内の住民に対する販売独占によって周辺、近隣地域の市場向けのビールの生産高は維持され、その結果、ビール生産全体に占める近隣向けビールの割合は増加したと思われるのである。このように、リューベックにおけるビール生産の地域内独占の事例からは、地域内消費を対象としたビール生産が都市経済上、一定の役割を果たしていたことがわかるのである。

多くの有力ハンザ都市と同様に、リューベックは広域の大規模な遠隔地商業に対応した市場と地域内の中心市場の両方をもつ複合的市場の都市であり、遠隔地商業市場が圧倒的優位にあるという都市であった。リューベックにおいて市政や市経済を掌握し、リューネブルク塩貿易を独占するような大商人層が地域内の中小規模商業についておおらかであったのは、リューベックを経由する遠隔地商業が活発に展開されていたからであった。ところが、遠隔地商業の停滞とそれに伴う都市経済の停滞傾向の中で、また、彼ら大商人層がベイ塩の事例のように自市市場を経由せず、オランダ、イギリス商人と競って遠隔地貿易を展開していく中で、リューベック市場は、しだいに地域経済の中心市場、閉鎖的な市場という性格を強めていったと思われるのである。ハンザ商業が停滞から衰退へ向かう中で、その遠隔地商業を経済基盤とした都市においても、都市の繁栄を維持するためには地域経済の重要性を見直さざるをえなかったことを示しているといえよう。しかも、地域事情に対応した地域の中心市場としての性格の強化は各都市の自立性を強め、ハンザ都市としておこなってきた連帯した経済活動を終焉に導く一因にもなったのである。

三．ビールと都市財政

ビールの生産、取引の拡大は十五世紀頃から都市の歳入において重要な役割を果たすようになった。たとえば表Ⅲ-1のように、ブラウンシュヴァイクではビール関連の税収は毎年四〇〇ブラウンシュヴァイク・マルク（以下Bマルクと略す。一Bマルクは三・四五マルクと換算された。したがって四〇〇Bマルクをリューベック・マルクに換算すると一三八〇マルクとなる）以上に達し、特に一四二二年以降は五〇〇Bマルク以上に達した。その歳入総額に占める割合は、ビール醸造が盛んであったハンブルクですら十五世紀には税収全体の一〇％に達しなかったのに対し、一四一五年前後に多少落ち込むものの十五％前後を占め、間接税に占める割合は四〇％以上であった。そのうち樽ごとに課税されたビール消費税は一四〇六年以降三〇〇Bマルク前後の税収、一四二二年と一四二六年には四〇〇Bマルクを超える税収をもたらし、歳入総額のおよそ一〇％前後を維持しており、市内でのビール消費が大きかったことを示している。

手工業では金属加工業が発達し、内陸物資の集散地でもあったブラウンシュヴァイクではあるが、

表Ⅲ-1：15世紀初頭のブラウンシュヴァイクの税収とビール関連税

（金額はブラウンシュヴァイク・マルク）

	1400	1401	1403	1406	1411	1412	1413	1414	1415
ビール関税		94	143	121.5	84	105.5	124	169.5	125.5
ビール消費税		192	182	282	298	287.5	267.5	276.5	337
ビール関連税合計		286	325	403.5	382	393	391.5	446	462.5
間接税合計	518.5	406.5	723	858.5	759	856	841.5	1001.5	924.5
直接税	1856.5	1482.5	1490	1139	1139.5	1144	1193	1209.5	1182
歳入総額	3029.5	2745	2835	2561	2196	2300	2633	2491	4521.5
ビール消費税／間接税		47%	25%	33%	39%	34%	32%	28%	36%
ビール関連税／間接税		70%	45%	47%	50%	46%	47%	45%	50%
ビール消費税／歳入総額		7%	7%	11%	14%	13%	10%	11%	8%
ビール関連税／歳入総額		10%	11%	16%	17%	17%	15%	18%	10%

	1416	1417	1418	1419	1420	1421	1422	1423	1424	1425	1426
ビール関税	89.5	120	115	130.5	121.5	72.5	116.5	147.5	159.5	139	143
ビール消費税	315.5	343	328	285.5	328	380.5	403.5	351	391.5	391.5	438
ビール関連税合計	405	463	443	416	449.5	453	520	497.5	551	530.5	581
間接税合計	939	967	953	990.5	976.5	1051.5	1076.5	1074.5	1116	1126	1164
直接税	1205	1205	1199	1251.5	1263.5		1346	1366			
歳入総額	3487.5	3635		3089	3114.5		3519.5	3011			
ビール消費税／間接税	33%	36%	34%	29%	33%	36%	37%	32%	35%	35%	38%
ビール関連税／間接税	43%	48%	46%	42%	46%	43%	48%	46%	49%	47%	50%
ビール消費税／歳入総額	9%	9%		9%	11%		11%	12%			
ビール関連税／歳入総額	12%	13%		13%	14%		15%	17%			

［出 典］*Die Chroniken der deutschen Städte vom 14.bis ins 16.Jahrhundert*. Hrsg. durch die historische Kommission bei der Bayerischen Akademie von Wissenschaften. Bd.6. Leipzig 1868.S.121-281. *Urkundenbuch der Stadt Braunschweig*. Hrsg. v.L. Hänselmann./H. Mack. Bd.1. Braunschweig 1873.S.79-214. O. Fahlbusch, Die Finanzverwaltung der Stadt Braunschweig 1374-1425. *Untersuchungen zur deutschen Staats-und Rechtsgeschichte*. Bd.116. Breslau 1913. S. 166f. H. Dürre, *Geschichte der Stadt Braunschweig im Mittelalter*. Braunschweig 1861. S. 314-347. より作成

ビールの生産は盛んではなく、多くのビールが輸入され、関税が課された。ビール関税は一四〇一、一四一六年に一〇〇Bマルクを下回るものの、他の年には一〇〇Bマルクを超え、それは間接税のほぼ一〇％以上を維持しており、継続的にかなりのビールが輸入されていたことが推測される。このようにビール生産が盛んな都市だけでなく、市内のビール消費の一部を輸入に頼るような都市においても、ビール関連の税収が市財政に重要であったことを示している。

表Ⅲ-2のようにハンブルクでも、財政におけるビール関連の税収は中世から近世、近代へと増加していった。十五世紀初頭から末にかけて人口は減少したといわれるが、十五世紀中頃～末の年平均額と十六世紀中頃～末のそれを比較すると、ビールに関する消費税は一四四四年と一五五三年に改変され、一五二〇年代から三〇年代にかけて課税率が四倍になるなどの変化があったにせよ、人口増加とも関連して六倍に増加し、以後も少なくとも十七世紀中頃まで増加し続けた。すなわち一五六四年に復活したビール消費税は間接税の半分、直接税と間接税の合計額の二一％以上を占め、三十年戦争期にはビール消費税のその割合は三〇％を超えるに至っており、一六二〇年から一六三〇年には全税収額の二五％を占めていたのである。ビール醸造業の発展は間接税収入の増加に大きな役割を果たし、税収全体にも貢献したといえよう。さらにそれから十七世紀初頭に三倍に、十七世紀中頃にはそれから五倍にと急激に増加したのである。

税収の増加は直接的には課税強化の結果ともいえるが、当時のハンザ都市において生活上不可欠なビール飲料に対し課税強化が可能となった背景には、原料の穀物価格の低下と、同量の穀物から

表Ⅲ-2：14世紀中葉から17世紀前半のハンブルクの税収とビール消費税

（単位リューベック・マルク）

費目＼年	1350-1400	1461-1496	1497-1521	1522-1562	1564-1578
直接税	2,713	6,074	6,789	12,449	29,049
間接税	119	2,130	1,938	11,640	24,893
合計	2,832	8,204	8,726	24,089	53,942
ビール消費税	119	171（1,958）①	（1,938）	(4,606)〔7,034〕	11,197
ビール消費税が直接・間接税に占める割合	4%	2%（24%）	（22%）	（19%）〔29%〕	21%
関税総額	288	2,732	2,644	6,818	19,161

費目＼年	1579-1602	1603-1619	1620-1630	1631-1650
直接税	34,248②	78,380③	209,929	249,933
間接税	32,520	67,405	230,040	354,727
合計	66,768	145,785	439,969	604,660
ビール消費税	14,658	37,900	148,566	196,659
ビール消費税が直接・間接税に占める割合	22%	26%	34%	32%
関税総額	46,034	79,705	163,876	169,246

（注）（　）は居酒屋税。〔　〕は市民消費税。

①1464～96年では2119m.　②他に1582～1602年に外国人への課税により1345m.の歳入　③他に1607～19年に外国人への課税により7627m.の歳入

［出典］P.C. Plett, *Die Finanzen der Stadt Hamburg im Mittelalter (1350-1560).* Phil. Diss. Hamburg Univ. 1960. S. 79. K. Zeiger, Hamburgs Finanzen von 1560-1650. *Hamburger wirtschafts- und sozialwissenshaftliche Schriften*. Heft 34. Rostock 1936 S. 51-134. より作成。

斯波照雄『ハンザ都市とは何か――中近世北ドイツ都市に関する一考察』中央大学出版部、2010年、159頁より引用より多くの良質なビールを生産するなど、生産コストの低廉化による商品自体の価格抑制への継続した努力があった点を看過すべきではなかろう。

四．輸出醸造業の展開

十五世紀頃のハンザのブレーメン、ダンツィヒ、ハンブルク、リューベック、ロストク、ヴィスマールの六都市の人口に対応した推定ビール市内消費量と輸出量を算定した研究がある。各市内のビール生産量についてビールの一人当たりの年間平均消費量を三・六五ヘクトリットル、売れ残りなど流通に乗らない、処分された量を生産量の十五％と推定して、表Ⅲ-3のように算出している。リューベック、ロストクのビール輸出量は約二万ヘクトリットルに過ぎないのに対し、ブレーメンでは約十四万、ヴィスマールでは約二六万、ダンツィヒとハンブルクでは約四五万ヘクトリットルのビールが市内消費以上に生産されていたとされる。少なくともダンツィヒ、ハンブルク、ヴィスマールからはビールが大量に輸出されていたことが推測される。そして、この六都市だけで、市民消費量を超えて生産された「輸出ビール」量は約一三五万ヘクトリットル、約一〇八万樽余にも及んだと推定されているのである。

表Ⅲ-3：中世末期の各都市のビール生産量、輸出量

（単位ヘクトリットル）

都市	人口	生産量	市内消費量	輸出量
ブレーメン	15000	232902	54750	143217
ダンツィヒ	26000	648000	94900	455900
ハンブルク	12000	574000	43800	444100
リューベック	25000	138000	91250	20050
ロストク	10000	67000	36500	20450
ヴィスマール	8000	346000	29200	264900

［出典］C.v.Blanckenburg,Die Hanse und ihr Bier.Brauwesen und Bierhandel im hansischen Verkehrsgebiet. *Hansische Geschichtsquellen*.Neue Folge.Bd.LI. Köln 2001. S.227. より作成。

ハンブルクの場合で言えば、一三七六年において職業が明らかな市民一一七五名中三分の一を超える四五七名が醸造業者で、そのうち一八一名が輸出向け醸造業者であった。ハンブルクの手工業種は、醸造用の樽などを生産する桶屋が一〇四名と突出して多く、それ以外では肉屋やパン屋など食品関連が多かったが、桶屋の半数程度であった。桶屋は別として、市内の手工業は純粋に市民や地域住民の生活上の需要に対応する職種であり、桶屋を含め手工業は職内規定をその組織である同職組合によって規定されていた。それに対し、ビール醸造業は近隣市場向け醸造業者でさえ職内規定は市参事会によって規定され、組織的にも例外的に同職組合規定ではなく、キリスト教の兄弟団で結ばれるなど特別扱いであり、市における醸造業の重要性がよくわかる。

だが、当時醸造業者は市政においては中枢を担うにはいたっていなかった。その不満は一四一〇年に反市政運動となって表面化し、それは市の政治経済を主導する市参事会の譲歩を引き出し、醸造業者は市政の中枢の一部を成すに至ったのである。それを一因として、以後、醸造業等への課税強化により市財政の安定をはかりつつ、醸造業の発展を目指した政策を遂行するという難問に対応することができたと考えられるのである。

北ドイツのバルト海域のヴィスマールは人口六〇〇〇人ほどの中規模都市であったが、人口に比して前述のように大量の良質なビールを生産し輸出していた。良質なビールの輸出増加は十四世紀の前半からのビール醸造に関する様々な規制の強化の結果であったといわれている。十四世紀後半から本格化した北欧へのホップ輸出も十五世紀後半以降活発になった。遠隔地商業を経済基盤とするハンザ都市が圧倒的に多く、参事会員もまた大半が大商人層で占められることが多かったが、ヴィスマールでは十五世紀後半には醸造業者が市参事会の大半を占めるなど、政治的に醸造業者が市の中枢を掌握するのと並行して、市のビール醸造業は十五世紀前半から十六世紀後半に醸造量を倍増し、輸出量を増加させて市の経済を支える存在に成長したのであった。

ハンザ各都市のビール醸造業の発展過程は様々であったと思われるが、ハンブルクでもヴィスマールと同様に、ビール醸造業に関する規定の強化がその発展を実現させた。すなわち、規定書の一四六五年の醸造規定では「手工業者は同時に醸造人であってはならない」、十六世紀の醸造規定では「小さな家での醸造禁止、木の破風の家での醸造禁止……」が規定され、安定した生産のできない中小の醸造業者を排除し、自由な生産を排し、生産条件を厳格化することによって品質の不均等の問題を解決し、一定品質の維持を実現したのである。それとともに、十四世紀～十五世紀前半には生産過剰であったビールの生産量を抑制してコスト削減をはかり、価格の低廉化を実現した。

生産条件の厳格化が常にはかられ、それはビール醸造業を手工業者をはじめ一般市民の参入できない市における特権的な存在にもしたが、品質の維持、向上と生産量の調整による価格の低廉化によって、ハンブルク産ビールは市を代表する輸出品となり、十五世紀末にはハンブルクビールの輸出量は一〇万ヘクトリットルにもおよび、しかも五万ヘクトリットルはビールの醸造が盛んであったオランダに輸出された。

しかし、十五世紀に十六万八〇〇〇樽の生産であった市の全ビール醸造量も十六世紀には一〇万樽にまで減少し、市のビール醸造業が停滞していたとも推定されている。その原因は市の人口減少とオランダのビールの攻勢によるものと考えられているが、ハンブルクではそうしたビールの販売の停滞の際にも、継続して品質向上に努力するとともに、おそらくは生産を一定規模以上の生産所に限定することによって生産量の調整をし、良質かつ安定した量のビールを供給するとともに、価格の低廉化、販売組織の充実を実現していったと思われる。その結果、ハンブルクビールはオランダの高関税下にあっても競争力を失わず、オランダビールを凌駕したのであった。

ハンブルクではビール醸造業は発展し、最終的には市内におけるハンブルク産のビール消費の増大をもたらし、現在のオランダ、ベルギーなど低地地方においても、販売競争の結果、ブレーメンのビールにも勝利をおさめることができたと考えられるのである。

都市内消費のハンブルクビールへの課税率は前述のように十六世紀前半に四倍に引き上げら

れ、その結果税収は確実に増加し、市の歳入増に貢献してはいるものの、ビールの消費量は減少している。しかし、以上のような努力の結果、市のビール醸造量は十七世紀初頭には十五万樽にまで回復し、十五世紀後半から十六世紀半ば過ぎまで減少し続けた市内のビール消費量も十七世紀後半には急増しており、ハンブルク市のビール醸造業は十七世紀に入って最盛期をむかえたと考えられるのである。すなわち市内のビール消費量は一六八五年には十六世紀後半の六倍弱にも達し、一〇倍の課税強化によって、実に約六〇倍のビール消費税を市にもたらしたといわれている。その額は、一六九〇年代には毎年おおよそ二〇万〜三〇万マルクにも達したという。

一般的には十七世紀後半のヨーロッパは農業の不況期といわれ、全体的に購買力が低下したといわれているが、このようにハンブルクにおいてビール消費税収入が十七世紀を通じて維持されたのは、市が三十年戦争で荒廃することもなく人口が増加し、農業不況の中でも、市の経済力と市民の消費生活水準の維持、向上があったというハンブルクの特殊事情によるところもあるかもしれない。そして何よりもビールが生活上不可欠なものであったことにもよるのであろう。しかもこうしたビール消費税収入の増加と連動するように、市の歳入額は表Ⅲ-2のように増加し、都市経済は成長したのである。

しかし、ハンブルクが経済発展した理由はそれだけではなかった。リューベックがハンザの領袖として、常にオランダ、イギリスと対抗し、結果としてハンザと運命をともにしたのと異なり、ハンブルクはオランダ、イギリスからの移住を積極的に受け入れただけでなく、一五六七年にはイギリスに商館を確保し、関税特権を獲得し、他方、ハンザがオランダと敵対している時でもオランダとの通商を維持するなど、政情不安定の中でも一貫して通商関係の拡大をはかってきたのであった。それを可能にしたのは、ハンブルクが各地の商品の中継基地というだけでなく、ハンブルクには特産品に成長した優良なビールがあったからであり、その販路拡大がはかられてきたからであると思われるのである。すなわち、品質の向上・維持と安定的な生産量による無駄のない供給は、良質かつ低廉なハンブルクビールの販路を拡大し、それと連動して他の商品流通も活発化したと考えられるのである。

五．十八世紀におけるビール醸造業の変化

十七世紀にハンブルク市にもたらされた外地産ビールは十七の都市、地域からであったが、十八世紀には五五に増加し、そのうち二〇が市郊外のアルトナをはじめとする近隣地域からもたらされたものであった――アルトナは今では市の一部となり、長距離列車の起点となっている。十八世紀に入ると、旧来の規定にもとづいて生産されてきたハンブルクのビールは、積極的に新しい技術を取り入れて生産された安価で良質な近隣地域等のビールに敗北していったのである。さらに十八世紀

ハンブルクの醸造所兼ビアレストラン

初頭にはワイン、中頃からはコーヒー、茶など多様な嗜好品の大量の流入とともに、市のビール醸造業は明らかに衰退に向かいはじめたと考えられる。すなわち、一六七〇年代以降しだいに流入量を増してきたコーヒー、茶、ワイン、ブランデーは、それまで圧倒的にビールに依存してきた生活を、多様な飲料を消費する生活に変化させた。一六七七年には市内にコーヒーハウスが開店してもいる。

北ドイツではビールは「生活の潤いと糧」といわれ、市内の有力商品としてハンブルク市での生産も盛んであったが、もはや旧来からの限定された醸造業者による厳格な規定のもとでの生産がビールの品質向上や価格低下への弊害となるという状況に変化する中、市外各地からのビールが大量に流入するようになっただけでなく、こうした市民生活の変化が市のビール醸造業の急速な衰退をもたらしたのである。表Ⅲ-4のようにビールの消費税収入も、一七一一年から一七二〇年には、外地産ビールにかけられた市内産ビールの二倍の消費税を含めても十三万一〇〇〇マルクに減少している。

表Ⅲ-4：近世ハンブルクのビール消費税　（単位リューベック・マルク）

	1675-85年平均	1685年	1711-20年平均	1810年
ビール消費税額	197,000	270,000	131,000	50,000

［出典］W.Bing, Hamburg Bierbrauerei vom 14. bis 18. Jahrhundert. *Zeitschrift des Vereins für hamburgische Geschichte*. Bd.14.1908. S.315, 326. より作成

一七五一年にはついに旧来のビール醸造に関する厳しい規制は解除された。十九世紀に入ると、一八一〇年には十七の醸造所において、それぞれ近代的施設への転換がおこなわれ、規模も十八世紀のほぼ倍になったといわれるが、他の飲料消費の増加によりビールの消費は減少し、その消費税歳入は五万マルクから五万三〇〇〇マルクであり、一世紀前の半分にも満たなかった（表Ⅲ－4参照）。ヴィスマールでもビール醸造業の不振はハンブルクよりも早く訪れていた。十七世紀末以降、輸出用ビールの醸造回数は急速に減少し、ビール輸出も衰退して、それとともに市の参事会から醸造業者は消え去ったのである。

ハンブルクでは十七世紀末頃には以前にも増して醸造業はビール生産者主導というよりも、大商人のもとで展開されるようになったという。その大商人たちは、ビールよりもむしろ外国産のワインや植民地物産の茶、コーヒー、砂糖などに利益を求めるようになったのではないかと思われる。彼らの多くは不動産やその権利にも「投資」をしていたと思われるが、十七世紀後半以降不動産等への「投資」回数は減少し、十八世紀初頭には特に減少が著しい。植民地物産というより大きな利益の得られる「投資」機会があれば、収益率の劣る不動産への投資「資本」は容易に引き上げられたと思われるのである。

外洋からエルベ川を約一〇〇キロメートルも遡った河口の港ハンブルクが

植民地物産の集散地となったのは、ただ安全で、自由な港というだけでなく、外洋からはるかに内陸に入り込んだフランスワインの産地のボルドーに植民地物産が集まり、ワイン流通網が植民地物産の流通網として機能したように、ビールと関連して成長してきた流通網が、新大陸から流入する大量の新商品など多様な商品の流入に対応したものへと移行、拡大していったからではないかと考えられるのである。

おわりに

リューベック商人によってもたらされたリューネブルク塩は十五世紀以降フランス西部よりオランダ、イギリス商人によってもたらされるベイ塩の流入によってその占有率を低下させた。それは塩だけでなく、あらゆる商品のハンザ商人による独占的貿易体制が後退、敗退していくことを意味するとともに、バルト海内の貿易が大きな商業圏へ、そして世界貿易に組み込まれていく原点でもあった。それは、バルト海地域に生活する人々から見れば、生活に必要な物資の確保のために従属せざるをえなかったハンザ商業からの解放でもあった。

バルト海でビールは生活上必要なものとして自家醸造による自由な生産がおこなわれ、中世以降地域経済にとって重要な商品として各都市で生産されてきた。中世から近世にかけて税収が直接税から間接税へと重心移動する中で、ビールに関連した間接税は財政上大きな比重を占めるものへと成長し、特にビールの消費税は、課税強化とともに各都市の大きな財源となって財政安定をもたらしもした。その後の販売競争激化あるいは輸入商品への高関税といった厳しい社会環境の中で、一部の都市ではビールの市内消費の減少、輸出の停滞等の危機に対応した対策が、結果として、良好な品質の維持、需要に見合った生産、効率的な低コストでの生産を実現した。高関税下の販売競争に耐えうる低価格のビールは、輸出商品としても都市に利益をもたらした。さらに、エルベ川流域に広大な後背地を有するハンブルクでは、ビール醸造業はその発展と連動して他の商品の輸出入を促進し、近世の世界貿易の一端を担う商品流通網を育成して、以後流通基地として都市の発展を実現したと考えられるのである。逆にビール醸造の生産で劣る都市では、輸入ビールからの関税収入が都市に安定した歳入をもたらした。そうした都市の経済力の向上は都市が自立や都市域の安全に必要な諸権利等を封建権力者から買い取ることを可能にし、真の意味で貿易拠点の各都市が自立を強化することにもなったし、ハンザ都市が経済的になお繁栄を維持した一因にもなったであろう。

都市は都市周辺地域におけるビールの独占を通じて地域の中心としての性格を強める場合もあった。すなわち、リューベックでは、古くから地域内消費用の低品質のビールが周辺地域に供給されていたが、以後しだいに都市周辺地域での醸造が禁止され、市産ビールが独占的に販売されるようになった。それは、遠隔地商業の停滞の中で、市が都市周辺地域の商業の重要性を意識した結果であり、地域経済圏の囲い込みの強化でもあった。遠隔地貿易の拠点として、遠隔地貿易に経済基盤を置いたリューベックではあったが、地域内市場もまた都市経済の一翼を担う重要なものとなったのである。ハンザ都市の多くは、当時の北海・バルト海地域の「国際通貨」ともいうべきリューベック・マルクを使用していたが、ブラウンシュヴァイクの地域内では通貨がBマルクであったように、各都市は一定の経済圏を形成していた。それはリューベックでも同様であったのである。

そうした市を中心とした地域内での独占的な生産、販売体制の強化は、他都市と連帯して商業をおこなう旧来のハンザの体質を大きく変え、弱体化を促進したと考えられる。このようにハンザ都市におけるビール醸造業の展開からは、ハンザの停滞とハンザ都市の繁栄維持は同時に生じていたことが推測されるのである。

ビール輸出によって経済発展したヴィスマールやハンブルクではあったが、ヴィスマールでは十七世紀に、ハンブルクでも十八世紀には、旧来の規定に基づいて生産されたビールは、新しい技術によって自由に、安価に生産された良質のビールに敗北し、さらにコーヒー、紅茶などの飲み物が市民生活に浸透する中で、急速に生産量、販売量を減少させていった。ビールの消費量に反比例するかのように砂糖、コーヒー、紅茶などの植民地物産の流入が激増したのである。ハンブルクのビール醸造に関与した大商人の植民地貿易への以後の関与は明らかではないが、少なくともビール流通網は植民地物産の流通網として機能し、ハンブルクは植民地物産の集散地として以後急速に発展していったのではないかと思われるのである。

遠隔地商業を経済基盤とするハンザ都市ではあったが、一方で各都市ごとに都市圏内の経済を充実させ、他方で十五世紀以降北海、バルト海が一つの商業圏を形成し、さらにそれは大洋貿易と結びつき、そこに点在するハンザ都市もまた世界貿易の中に組み込まれていったのである。

参考文献

阿部謹也「中世ハンブルクのビール醸造業と職人」『一橋論叢』八三（三）、一九八〇年、四五～六二頁。

ハワード・サールマン、福川裕一訳『中世都市』井上書店、一九八三年。

高橋理『ハンザ同盟――中世都市と商人たち』教育社歴史新書、一九八〇年。

高橋理『ハンザ「同盟」の歴史――中世ヨーロッパの都市と商業』創元社、二〇一三年。

高村象平『ドイツ中世都市』一條書店、一九五九年。

高村象平『ドイツ・ハンザの研究』日本評論新社、一九五九年。

谷澤毅『北欧商業史の研究――世界経済の形成とハンザ商業』知泉書館、二〇一一年。

玉木俊明『北方ヨーロッパの商業と経済――一五五〇～一八一五年』知泉書館、二〇〇八年。

比較都市史研究会編『都市と共同体』上、下、名著出版、一九九一年。

マーク・カーランスキー、山本光伸訳『塩の世界史』扶桑社、二〇〇五年
ミシェル・モラ・ジュルダン、深沢克己訳『ヨーロッパと海』（叢書ヨーロッパ）平凡社、一九九六年。

ハインリヒ・ミッタイス、世良晃志郎訳『ドイツ法制史』創文社、一九五四年。

フリッツ・レーリヒ、魚住昌良・小倉欣一訳『中世ヨーロッパの都市と市民文化』創文社歴史学叢書、一九七八年。

斯波照雄『中世ハンザ都市の研究――ドイツ中世都市の社会経済構造と商業』勁草書房、一九九七年。

斯波照雄『ハンザ都市とは何か――中近世北ドイツ都市に関する一考察』中央大学出版部、二〇一〇年。

斯波照雄『西洋の都市と日本の都市　どこが違うのか――比較都市史入門』学文社、二〇一五年。

Philippe Dollinger, translated and edited by D. S. Ault and S. H. Steinberg, *The German Hansa*, London 1970.

IV

交渉するヴァイキング商人

――10世紀におけるビザンツ帝国とルーシの交易協定の検討から――

小澤　実

はじめに

九世紀から十一世紀半ばにかけて、ヨーロッパ半島の北東部に位置するスカンディナヴィアから、数多くの集団が海外遠征をこころみた。彼ら（そして彼女）らは、遠征先の社会に、スカンディナヴィアの文化を接ぎ木し、ヨーロッパ史に新しい段階をもたらした。わたしたちはこのスカンディナヴィア出身の集団を総じてヴァイキングと呼んでいる。

十九世紀以来、このヴァイキングは、ヨーロッパ各地を略奪する海賊としてイメージされてきた。突如海の彼方から上陸しては、ツノの付いたいかつい兜をかぶり、手斧を振り上げて現地住民を虐殺し、キリスト教信仰の中心地である修道院や教会を略奪し、貨幣、宝物そして奴隷をもちかえるヴァイキング。実際にツノ付き兜をかぶるヴァイキングはいないとはいえ、修道院や教会に残る年代記は、いかにこの時期のスカンディナヴィア出身者が引き起こした略奪の結果が酷いものであったのかを、詳細に書き記している。史料に忠実な歴史家たちは、史料中「デーン人」「北方人」「野蛮人」「異教徒」などとよばれる集団が刻印した前代未聞の荒廃ぶりに驚いたことにより、略奪者ヴァイキングというイメージを再現したのである。時あたかもロマン主義と重なる時代であり、文学者も芸術家も、このキリスト教徒ならざる蛮族の姿を、畏怖を孕みつつもヨーロッパの原型を伝える集団として、そして我々とは異なる「他者」として、文芸作品や絵画作品に残している。

しかしながら二〇世紀にはいり、彼らの活動のうち略奪ならざる別の側面が強調されるようになった。ヴァイキングは商人であった、という理解である。ヴァイキング＝商人説の根拠のひとつは、スカンディナヴィア各地で発掘された都市的集落の存在である。ユトランド半島の付け根にあったヘゼビュー（現在はドイツ領）、スウェーデンのメーラレン湖に浮かぶビルカ、ノルウェーのオスロ湾近郊のスキリングサルなどが代表的な例である。そこでは、住居群とともに、さまざまな商品の痕跡や、交換に用いられたと思われるイングランド、大陸、ビザンツ、イスラームの貨幣などが発掘された。その後、スカンディナヴィア内部だけではなく、イングランド北部のヨークやアイリッシュ海周辺のダブリンやウォーターフォードのように、ヴァイキングが主体となって形成した都市的集落や、ポーランドのヴォリン、イングランドのロンドン、ノルマンディのルアンなど、ヴァイキングの活動により活性化した都市が北ヨーロッパ各地で確認されるようになった。初期中世から盛期中世へと移行する紀元千年前後の北ヨーロッパにおいて、ヴァイキングは、単なる略奪者ではなく、商人として、当時の経済ネットワークの形成に大きな影響を与える存在であったことが、いまや認められつつある。

しかしながら、わたしたちはヴァイキング商人を具体的にどのような存在として理解しているだろうか？　北欧特産の毛皮や戦利品としての奴隷を積載量の多いカーゴシップに載せ、集落のマーケットで売買する。幸村誠氏によるマンガ『ヴィンランドサガ』やマイケル・ハースト監督による歴史ドラマ『ヴァイキング　海の覇者たち』でも描かれた、そのような姿を思い浮かべるのではないだろうか。もちろん、この姿は決して間違いではない。現実に残された史資料は、そうしたヴァイキング商人の姿をたしかに復元させるのだ。

しかしここで立ち止まって欲しい。わたしたちがヨーロッパ中世の商人として思い起こすのは、ヴェネツィアやジェノヴァなどの都市国家を出自とするイタリア商人や、リューベックに代表される北ドイツ都市を拠点とするハンザ商人である。彼らは文字を駆使し、帳簿をつけ、君主から商業特権を獲得し、独占的なネットワークを作り、商社を結ぶ、読み書きし、交渉する存在である。それに比べれば、一般に描かれるヴァイキングなど、ロマン主義時代の文芸が表現したように、商人と言っても野蛮で原始的な存在であると理解する向きが多いのではないだろうか。商業と言いつつも、条件交渉がうまくいかなかった場合には暴力に訴え、略奪者へと転じる非文明的な集団である、と。

確かにそういった局面が生じたであろうことは否定できないが、実のところ、ヴァイキング商人は、その場その場の刹那的判断のみで商業をおこなっていたわけではない。利益を最大限にするのが商業の精神であるならば、ヴァイキングもまた、彼ら独自のやりかたでそうしていたはずである。そうでなければ、彼らが北ヨーロッパを支配する持続的な商業ネットワークを作ることなどできはしなかったであろう。暴力もまた、このようなネットワークを利用し、利益を得るためのひとつの手段である。この時代の北ヨーロッパ世界に政治秩序を与えたのはヴァイキングであるという「ヴァイキングの秩序」という見方をわたしは『辺境のダイナミズム』で提示したが、その政治秩序と並行して形成されてきたはずである商業ネットワークにもやはり「ヴァイキングの秩序」を想定しなければならない。とりわけカロリング帝国の解体期から中世国家の形成期にいたるまでの二五〇年間に、デンマーク・ノルウェー・スウェーデンというスカンディナヴィア三国の形成ならびにスカンディナヴィア世界の拡大と歩調を合わせながら、北ヨーロッパの経済構造に、紀元千年前後という時代の転換期に特有のあり方で秩序を与えたのが、ヴァイキングという海民集団である。

現段階で、このような「ヴァイキングの秩序」は十分に解明されていない。その理由はなぜか。ひとつはヴァイキングの残した痕跡が余りにも少なすぎるからである。もうひとつは文字コミュニケーションという情報伝達手段ですら十分とは言えないヴァイキングが歴史の動向を規定する秩序形成などできたはずもなかろうという偏見である。しかし三つ目の問題はさらに大きい。すなわちヴァイキングの活動範囲が広大であり、われわれが西ヨーロッパとして想定するラテン・カトリック圏のみにとどまらないことである。スカンディナヴィアは西や南こそローマを中心とするキリス

地図Ⅳ-1：ルーシ関連地図　［出典］Shepard (2008), pp. 506-07 より作成

ト教世界と境を接しているが、バルト海を挟んだ東は、南ロシア平原や複数の水系をへて、ユーラシア世界へと開かれている。ヴァイキングの活動範囲を考慮するならば、ただ北海やバルト海にとどまるのではなく、ビザンツ帝国、アッバース朝などのイスラーム勢力、そして中央アジアから到来する遊牧諸民族などの動向も「ヴァイキングの秩序」と直接関わりあってくるはずである。

ヨーロッパ世界の形成を理解するためにも、この「ヴァイキングの秩序」を総体的に解明しなければならない。その一端を明らかにする手続きとして、本稿では、ヴァイキングが拡大したロシアを事例とし、当該地域における「ヴァイキングの秩序」がどのように形成されていったのかを再現してみたい。

一．ヴァイキングの拡大と北西ユーラシア

ヴァイキングの拡大

最初に、ヴァイキングの拡大について簡単に振り返っておこう。

八世紀の最末期以降、ヴァイキングの拡大とそれに伴う定住は、主として三つの方向に展開した。イングランドと北フランスに向かう南の道、北ブリテン・アイルランド沿岸部と北大西洋諸島に向

かう西の道、そしてバルト海東岸部からロシア平原へと向かう東の道である。非常に大まかな言い方をすれば、それぞれデンマーク・ヴァイキング、ノルウェー・ヴァイキング、スウェーデン・ヴァイキングが中心的な担い手となった。

南の道をすすんだヴァイキングは、ラテン・カトリック圏の先進地であり、豊かな穀倉を有するイングランドと北フランスに広がった。長年にわたる両者の激しい戦いを経た九世紀末、ウェセックス王アルフレッドとヴァイキングの首領団が締結した協定により、ハンバー川より北のイースト・アングリアとノーサンブリアはヴァイキングの法慣習が優先される「デーンロー」(デーン人の法)と呼ばれる地域に策定された。また一〇世紀の初頭、西フランク王シャルル単純よりヴァイキングの首領ロロが封土を与えられたことにより、北フランスをつらぬくセーヌ川沿いにあるルアンを中心とするフランス北部は、ノルマンディ(ノルマン人の土地)と呼ばれる地域となった。テレビドラマ『ヴァイキング』の歴史的背景であり、わたしたちがヴァイキングの活動として想定するのは、およそこの西ヨーロッパでの出来事である。

他方、西の道を進んだヴァイキングは、当初、スコットランドなどブリテンの外縁部に小さなコミュニティをつくりながら、オークニー諸島を起点として、一方はアイリッシュ海に、もう一方は北大西洋の島嶼へと向かった。アイリッシュ海では、マン島を一大ヴァイキング・コミュニティと化し、アイルランド、ウェールズ、ヨークを中心とするイングランド北部を繋ぐスカンディナヴィア文化圏域が成立した。オークニー諸島から北へ向かったヴァイキングは、フェロー諸島をへてほとんど無人の地であったアイスランドにたどり着き、そこに王無き共同体を成立させた。そしてこのアイスランドを出発した一部集団は、さらにグリーンランドを経てアメリカ大陸へと向かうルートを開拓した。

東へ向かったヴァイキングは、バルト海をこえ、フィンランド湾からラドガ湖畔にある都市的集落スタラヤ・ラドガをこえて、ヴォルホフ川からロシア平原へ入った。ヴォルホフ川河畔のゴロディシチェ（のちのノヴゴロド）から下ってドニエプル川へと移り、そのドニエプル川とデスナ川の交差点にあるキエフをへて黒海へといたる。東スラヴ人がすでに定住し、遊牧民族がたびたび侵入するこの空間にヴァイキングは展開したのである。

いずれの地域においても彼らは、進出した地域に、いったん彼ら自身のコミュニティを形成し、その後、しだいに現地社会と同化するというプロセスをたどった。定住といっても、先住する現地住民が圧倒的多数であったことをわたしたちは忘れてはならないが、そうであったとしてもヴァイキングが持ち込んだスカンディナヴィア故国の言語、慣習、文化などは、程度の差はあれ現地のそれらと融合し（現地語の語源や人名・地名の固有名詞として様々な資料上で確認できる）、独特の空間が生み出された。こうしたスカンディナヴィア人の海外コミュニティは、多くの場合、本国との交通が必ずしも絶えることなく、長年にわたり、両世界の人・モノ・カネ・文化は双方向的に往来しつづけたのである。その結果として拡大スカンディナヴィア空間とでもよぶべき地域が、紀元千年前後の北ヨーロッパに広がった。

ヴァイキングの展開により変化が起こったのはスカンディナヴィア側だけではない。ブリテン、大陸、東方世界の既存の王国や諸侯領もまた、こうしたヴァイキングへの対応で対外政策や国内制度のあり方を変化させざるを得なくなった。歴代のフランク諸王やアルフレッド王を代表とするウェセックス諸王の生涯の記述からヴァイキングとの関わりを削除したとするならば、かなり単調なものとなるだろう。九世紀から十一世紀にかけてのヨーロッパ世界の君主たちの脳裏には、常にスカンディナヴィア人の存在があり、彼らの政策決定に背景には、常にスカンディアヴィア人への対処が見え隠れしていた。ヴァイキングの拡大は、紀元千年前後の北ヨーロッパ世界に、それ以前ともそれ以後とも異なる政治秩序を生み出した。イングランド王位をえて北海世界を席巻することになるデンマーク・ヴァイキングのクヌートは、一〇二七年、ローマのサン・ピエトロ教会において、教皇ヨハネス十九世の手になるコンラート二世の神聖ローマ皇帝としての戴冠式に臨席し、そして彼の息子で次期皇帝であるハインリヒ（のちの三世）と自身の娘をめあわせる約束までするにいたった。ここにおいてついにヴァイキングは、ラテン・カトリック圏のハイポリティクスにおいて直接カードを握る立場に立ったのである。

北西ユーラシアの世界

本稿でのわたしたちの舞台であるロシアへと目を向けよう。

現在のロシアそしてウクライナの起源は、九世紀に成立したキエフ・ルーシにある。キエフ・ルーシとは、ルーシと史料上呼ばれる民族集団が、ロシア平原に位置する都市的集落キエフを中心につくりあげた、その後のロシアの展開をささえることになる原初的国家である。そのキエフ・ルーシの成立に大きな関与をしたのがスカンディナヴィア出身者、つまりヴァイキングであったことはいまや広く認められている。この時代のロシアの状況を最も詳細に伝える『原初年代記』の八六二年の項目をみると、現地の政治が乱れていたために、現地の利害とは必ずしも関係の無い「バルト海のむこう」から指導者を呼び寄せたという、ヴァリャーギ招致伝説が記録されている。ヴァリャーギとはロシア世界でスカンディナヴィア出身者を指す用語である。この伝説の内容が真実かどうかはさしあたり措くとして、ロシアの起源を証言する唯一の記述史料である『原初年代記』に、ロシアの起源はスカンディナヴィアであると示唆されていたために、十九世紀以来、激しい論争が戦わされてきた。つまり、ロシアは東スラブ系言語をもちいるスラブ人の一派が作り上げたとする説と、『原初年代記』にあるように、スカンディナヴィア人の移住によって創られた国家であるとする説である。

しかし、かりにスカンディナヴィア人がキエフ・ルーシの成立に深く関与していたとして、彼らが到来する九世紀以前、キエフが成立する南ロシア平原は、無人の地であったわけではない。この地は、無人であるどころか、遙か以前より、様々な民族が往来し文化を蓄積してきた交渉空間であったことをわたしたちは認識しなければならない。つまり、紀元前七世紀には、イラン系の遊牧騎馬民族であるスキタイがこの地を覆い、続く前六世紀から五世紀にかけては、イラン系のサルマタイ人、トルコ系のタタール人、モンゴル系の諸部族が拡大していた。四世紀にはフン人が、六世紀にはアヴァール人が、七世紀にはブルガール人やハザール人が、九世紀にはマジャール人がこの地をひとつの通過点としてヨーロッパ半島へとなだれ込み、十三世紀にはモンゴル帝国の支配下に入ることになった。一見何もないように見える南ロシア平原は、ユーラシアの遊牧諸民族とヨーロッパ半島をつなぐ歴史の一大幹線路であった、ということができる。

いま、南ロシア平原には遊牧諸民族が織りなす歴史があると述べた。しかし、南ロシア平原は、ただ東方にのみ開かれているわけではない。キエフをドニエプル川沿いに南に下れば黒海へと出るが、その黒海を越えれば、複数の一神教の世界が広がっていた。本稿が対象とする九世紀から一〇世紀であれば、南西にはコンスタンティノープルを中心とするビザンツ帝国が、南東にはバグダードを首都とするアッバース朝が展開していた。この二つの都市は、当時のキリスト教世界とイスラーム世界において、もっとも高度に文明化された都市であった。

わたしたちがここで問題とするキエフ・ルーシの成立は、こうした諸民族の交渉空間である南ロシア平原でおこなわれたことを想起せねばならない。九世紀、現地には確かに東スラブ人のつくる共同体が散在していたかもしれないし、西方からスカンディナヴィア人が定期的に来訪したかもしれない。いずれも考古学的遺物を見る限りそれは正しくもある。しかしながら、この地がキエフ・ルーシの首邑として選択され、その後ロシアやウクライナの基礎として大きな発展を見ることになったのは、それが立地した南ロシア平原が、諸要素の交渉空間として、多民族が交錯する場たらしめていたからという理由を抜きにしては考えられない。わたしはこの諸民族が寄り集まり、モスクワ国家成立以前のロシアの中核部をなす地を、ユーラシア世界の中でもとくに「北西ユーラシア」として切り出すことに歴史学的な意味があると考えている。

エトノジェネシスとキエフ・ルーシ

ここで再度キエフ・ルーシの成立に立ち戻りたい。『年代記』第二章の八五九年の項目を確認しよう（なお『年代記』は邦訳版を用いたが、一般書という本書の性格を考えて、その表記は一部あらためてある）。

海の向こうのヴァリャーギがチュジとスロヴェネ、メリャとすべてのクリヴィチに貢ぎ物を課した。またハザールはポリャネやセヴェルやヴャチチに貢物を課し、一戸より銀貨とリスの毛皮を取り立てた。

ここでは「海の向こうのヴァリャーギ」、つまりバルト海を隔てたスカンディナヴィア出身者が、現地スラブ人に貢納を求めたことが記されている。これがヴァリャーギの初出である。問題はそれに引き続く八六二年の項目である。

人々はヴァリャーギを海の向こうに追い払い、彼らに貢物を納めず自分たちで自分たちの統治を始めた。彼らには正義がなく、氏族は氏族に向かって立ち、彼らの間に内紛が起こって、互いに戦いを始めた。彼らは互いに「私たちを統治し、法によって裁くような公を、自分たちのために探し求めよう」と言い合った。彼らはヴァリャーギのルーシのもとに行った。このようにそのヴァリャーギは自らをルーシと呼んでいたからである。ある者がスヴェイと、ある者がウルマネ、アグニャネと呼ばれ、ある者がゴートと呼ばれているように、これらもルーシと呼ばれていたのである。チュジ、スロヴェネとクリヴィチがルーシに「私たちの国の全体は大きく豊かですが、その中には秩序がありません。公となって私たちを統治するために来て下さい」と言った。

そこで三人の兄弟が自分たちの氏族と共に選び出され、ルーシのすべてをつれて到着した。長兄リュリクはノヴゴロドに、次のシネウスはベロオゼロに、三番目のトルヴォルはイズボルスクにそれぞれ座した。これらの者から、ルーシの国が呼び名を得たのである。ノヴゴロドの人々――これらはヴァリャーギの氏族から出たノヴゴロドの住民であり、ノヴゴロドの住民は以前はスロヴェネだったのである。

ここがルーシの起源としてヴァリャーギ招致伝説の根拠となる箇所である。現地スラヴ人が、いったんは追放したヴァリャーギすなわちスカンディナヴィア人のなかで、自らをルーシと呼ぶ集団を招致し、混乱した現地社会に秩序がもたらされる、という話である。この記述をめぐって長年にわたって、キエフ・ルーシの建国はスラブ人かスカンディナヴィア人かという議論が戦わされてきたことはすでに確認した通りである。

しかしながらアッバース朝の使節であるイブン・ファドラーンが一〇世紀初頭に書き残した『旅行記』に基づいて別稿で述べたように、現在において、その背後に強烈な十九世紀的ナショナリズムが透けて見えるこの二者択一的な論争に意味を求める研究者は、いまや少ない。その理由の一つは、ヴォルガ水系とドニエプル水系の各地でスカンディナヴィア人の生活を証言する遺構や遺物が次々に発見されていることである。もう一つは現在の民族指標を過去のそれに当てはめようとする、史料上の文言の内実を考慮しない遡及的な概念理解が、学問的妥当性を失ったことが理由である。北西ユーラシアに展開したスカンディナヴィア人は、世代を重ねるにつれ、現地の諸要素を取り込みながら、出身地であるスカンディナヴィア半島の人々とは異なる新しいエスニシティを築き上げた。社会学者が言うエトノジェネシス（エスニシティ創生）である。

さらに言うならば、ルーシのエスニシティは、スカンディナヴィアやスラブだけを考慮していれば良いというわけではない。フランク王国の正史でもある『サン・ベルタン編年誌』の八三九年の項目をみてみよう。ビザンツ皇帝テオフィロスが、当時インゲルハイムに滞在していたフランク皇帝ルートヴィヒ敬虔帝のもとに、カルケドン総主教テオドシオスと近臣であるテオファニオスを派遣してきたことに、以下の記述が続いている。

その使節派遣の目的は、永遠の約定ならびに和平、そして両皇帝とその臣民との間での永遠の友誼と慈愛の締結であった。彼らはまた、我らが皇帝が外民族に対して行った戦いで神のご加護により得ることのできた勝利に関して、祝福と主に対する顕揚を行った。そこにおいて皇帝と彼の臣民はあらゆる勝利の授与者に対し心より感謝を献げることが求められた。そして皇帝は、彼らとともに、そこに属する、自らをロース（Rhos）と呼ぶものたちをも派遣した。カガヌス（Chaganus）と呼ばれる彼らの王は、彼らに対する友誼のために彼らを率い、テオフィロスはすでに述べた書簡を通じて以下のことを要求した。すなわちルートヴィヒは彼らにたいし、その帝国を旅するに際して安全を保証し、帰還するのに必要となる実質的な援助を与えるようにと。なぜならば、彼らがコンスタンティノープルに至る経路は、きわめて野蛮で粗野で命を奪う未開部族を通じなければ達しなかったからである。ルートヴィヒは彼らがこの地に来た理由をより詳しく調査すると、彼らロースはスヴェーア人に属していることが分かった。（拙訳）

「ロース」と呼称されている集団がルーシと考えられる。フランク帝国とユーラシア世界との接点を考えるにあたって大変興味深い記事であるが、ここで重要なのは次の三点である。第一に、ここでロース（ルーシ）と呼称される集団はスヴェーア人、つまりおそらくはメーラレン湖周辺を拠点とするスカンディナヴィア人（スウェーデン・ヴァイキング）に従属していることである。すでに確認したように、ルーシの成立にスカンディナヴィア人が関わっていたことは間違いないが、さりとて、ルーシもまた、多様なアイデンティティ構成要素を持つ集団でありえただろう。われわれは便宜的に「ルーシ」という集団呼称を用いているが、九世紀の『サン・ベルタン編年誌』の編者が理解した「ロース」（ルーシ）、一〇世紀のアラブ知識人のイブン・ファドラーンの認識した「ルース人」、十二世紀の『ロシア原初年代記』の編者が記述した「ルーシ」は、その時間的懸隔も手伝って、同一集団を指していると考えることは困難である。それは、同じ空間に住んでいるからといって平安時代の京都人と二一世紀の京都人を、同じ国籍を持っているからといって北海道から沖縄に至るまでの住民を「日本人」の一言で等視する行為と同義である。

第二に、フランク帝国からビザンツ帝国の首都コンスタンティノープルに至る通行の安全を求めていることである。次章の問題と関わる点であるが、これはほぼ間違いなく危険の少ない商業路の確立を欲していたためであろう。フランク帝国とビザンツ帝国をつなぐルートは、通常、地中海ルートを想定するが、九世紀初頭の地中海はなおイスラーム勢力が拡大と占領を継続しつつある時期であり、そうだとした場合、「きわめて野蛮で粗野で命を奪う未開部族を通じなければ達しな」いルートであったとしても、「ロース」の在居する、黒海からバルト海へとぬける北方ルートを選択する必要があった。九世紀であるならば、ハザールなどがなお当該ルートで勢威を得ていたであろうし、必ずしも上級権威に従わない現地スラヴ人もいたことであろう。当該箇所は、ヴァイキングの拡大時期にあって、ビザンツ帝国側にも北方ルートを開拓する必然性があったことの証言でもある。

そして、エトノジェネシスという観点から最も重要な点が、彼らの「王」は「カガヌス」と呼ばれていた点である。このカガヌスとはおそらく遊牧民族の支配者を意味する称号「汗（カン）」の音をラテン表記したものである。証言は八三九年であるのでキエフ・ルーシ成立以前の時代であるが、すくなくとも九世紀半ばの段階でルーシの支配者が遊牧民族の称号で呼ばれる存在であったことは、ルーシの中に、スカンディナヴィアでもスラブでもなく、遊牧民族としての要素も包み込まれていたことが想起される。いずれも自らをヨーロッパ世界の構成員と信じるノルマニストもスラヴィストもあえて避けていた観点かもしれないが、ルーシが北西ユーラシア世界のなかで生成したエトノスであるとするならば、遊牧民族のアイデンティティがその構成要素となるのはなかば必然であり、その必然が、フランク帝国の正史のなかに偶然（本当に偶然だろうか）記録されたことは、興味深い事実でもある。

二　ビザンツとの交渉

キエフ・ルーシにとっての東方、ビザンツにとっての北方

ヴァイキングは商人である。本論の冒頭でわたしたちはそう確認した。そうであるとするならば、

そのヴァイキングがエトノジェネシスを経て創生されたキエフ・ルーシもまた商人である。

商人は、富を求め、その利益が最大限になるように活動する。ルーシにとって、バルト海の西側にあるスカンディナヴィアもまた取引の相手であったが、より重要な目的地は幹線流路の南そして黒海の向こう側にあるビザンツ帝国の首都コンスタンティノープルであった。

九世紀にあって人口数十万に達するコンスタンティノープルは、ローマ帝国の権威を継承し続ける都市として光り輝くばかりの地位を保持していた。テマ管区に分割され現地の有力者に権力が分散されたかのように見えるこの時代のビザンツ帝国においても、古代以来の徴税システムはコンスタンティノープルに帝国の富を集中させ、ノミスマ金貨を基軸通貨とする地中海商業システムは様々な民族をこの都市に引き寄せた。ヴァイキングも例外ではない。彼らはコンスタンティノープルを古アイスランド語で「ミクラガルズ」すなわち「大都市」と呼ぶ。それは、ヴァイキングにとって、故郷のヘゼビューやビルカなどと比べ物にならない都市の中の都市であった。

総主教フォティオスの記録によれば、八六〇年六月、ヴォルガを南下したルーシ集団は、コンスタンティノープルを襲撃した。さきほどの『サン・ベルタン編年誌』の記録から二〇年も経っていない年であり、なおかつ、『原初年代記』の記録にしたがうならば、招致伝説と呼ばれる出来事の二年前の事件であることを忘れてはならない。加えて言おう。ロマン・コヴァレフによる、ユーラシア世界におけるイスラーム貨幣の出された状況をまとめた一覧表を見るならば、九世紀半ばという時期が、イスラーム世界から北方世界に対してイスラーム銀が大量に流通しつつあるまさにその時期に当たっていることが良くわかる（【表Ⅳ－1】）。

貨幣流通量とその埋蔵量の増加はそれだけで流通の活性化を証言し、さらに言えば、表Ⅳ－1が示すように、マクロな観点からは、近東からブリテン島まで漸次的にイスラーム銀が伝達している状況もまた想定しても良いかもしれない。そうであるとするならば、この八六〇年前後の南ロシア平原では、少なくともユーラシア西方規模の経済システムの大きな構造転換を背景として、局所的な政治的・経済的変化が引き起こされていたことが予想される。ルーシとビザンツの関係も、このような構造的変化のなかでおこった一つの状況であると考えるのが自然である。両者にとっての接点は黒海であり、ルーシは徐々に河川沿いに拠点を築きこの内海へと勢力を広げてきていた。

それではビザンツ帝国にとって、ルーシとの交錯点となる黒海より北の地域はどのような空間であったのか。ビザンツ帝国にとっての北方にあたるドナウ川下流域から北カフカースに至る黒海北部沿岸地帯は、まさに諸民族の回廊であった。そしてその接点となるのが黒海沿岸部に建設されたケルソン（Cherson）であった。ビザンツ帝国の北方との交渉は、主としてこのケルソンを拠点として展開される。

ビザンツ史家の中谷功治によれば、このケルソンをどのように利用したかによって、ビザンツ帝国の北方外交のあり方の変遷が推測できる、という。彼は三つの局面を想定している。第一局面は、ハザール汗国が黒海沿岸に勢力を拡大する七～八世紀であり、ビザンツ帝国は流刑地であったケルソンを、この遊牧民族国家と争っていた時期である。第二局面は、われわれの対象とするルー

スウェーデン	フィンランド	バルト諸国	ポーランド	北ドイツ・低地地方	デンマーク	ノルウェー	ブリテン諸島
x	x	x	x	x	x	x	x
x	x	x	x	x	x	x	x
x	x	x	x	x	x	x	x
x	x	x	x	x	x	x	x
x	x	x	x	x	x	x	x
x	x	x	x	x	x	x	x
x	x	x	x	x	x	x	x
x	x	x	x	x	x	x	x
x	x	x	x	x	x	x	x
x	x	x	x	x	x	x	x
x	x	x	x	x	x	x	x
9/1	x	x	x	x	x	x	x
x	x	x	x	x	x	x	x
8/1	x	x	18/1	58/1	7/1	x	x
63/5	x	x	251/6	19/2	x	x	x
126/2	x	x	336/1	x	x	x	x
319/5	112/2	500/1	119/3	x	x	x	x
659/3	x	x	6/1	2103/1	93/1	x	x
2347/9	157/1	6/1	x	152/1	13/1	10/1	x
2997/13	x	126/3	143/1	450/2	11/1	7/1	x
1751/7	893/2	38/1	x	147/2	x	x	x
515/6	x	x	766/1	x	x	x	x
1289/6	x	x	308/1	x	x	x	x
621/9	x	6/1	940/2	x	5/1	x	36/1
3456/20	x	349/4	1064/3	37/2	302/3	x	46/4
2011/20	x	x	x	432/3	183/4	105/3	40/2
4276/30	8/1	59/3	757/5	1281/1	294/2	18/1	x
4404/23	27/2	533/6	145/3	x	1169/3	39/1	18/1
15,401/68	194/3	1280/5	620/12	x	521/5	61/1	19/1
4186/23	x	1335/2	79/3	259/2	1856/4	x	x
5424/18	10/2	590/4	5030/7	x	255/4	x	x
2460/4	5/1	440/3	164/3	x	118/1	x	x
7410/50	11/1	x	979/17	1136/2	x	11/1	x
800/24	x	91/2	1205/10	46/3	22/2	20/3	x
551/20	13/2	347/4	197/6	983/1	335/3	9/1	x
928/23	15/1	699/1	409/6	359/3	11/1	6/1	x
424/10	x	22/1	198/7	x	10/1	8/1	x
556/15	31/1	x	12/1	13/2	x	x	x
956/9	x	x	30/3	60/1	7/1	x	x
58/3	x	x	2/1	x	x	x	x
37/3	x	4/1	x	x	x	x	x
228/8	x	x	2/1	21/2	x	x	x
88/2	43/2	14/2	x	x	x	x	x
64,358/430	357/21	6439/45	13,780/105	7556/31	5205/39	294/15	159/9

年代	近東	カフカース	中央アジア	イベリア	北アフリカ・イベリア	バルカン・中欧	ロシア・ウクライナ・ベラルーシ
670s	14/1	x	x	x	x	x	x
680s	2/1	x	x	x	x	x	x
690s	142/2	x	x	x	x	x	x
700s	x	x	x	x	x	x	x
710s	x	10/1	x	x	x	x	x
720s	280/2	89/1	x	x	x	x	x
730s	287/4	13/1	12/1	26/1	x	x	x
740s	6893/10	x	93/1	413/2	231/1	x	x
750s	3337/5	x	x	87/1	79/1	x	x
760s	x	x	x	x	x	x	x
770s	506/3	187/1	110/2	x	7/1	x	x
780s	867/4	135/4	428/3	x	x	x	31/1
790s	2363/5	x	x	119/1	28/2	x	x
800s	729/4	316/6	x	x	x	x	409/7
810s	14,514/8	1722/4	843/1	170/1	x	x	1644/13
820s	3748/5	219/2	x	x	370/1	x	2092/9
830s	295/1	429/3	247/1	50/1	x	x	1004/4
840s	952/1	236/2	271/2	x	x	x	3957/8
850s	x	154/3	x	x	x	x	75/3
860s	425/1	9/1	181/1	542/2	x	x	3836/13
870s	1782/2	40/1	x	1599/4	x	x	5050/6
880s	1040/4	x	4/1	405/3	x	x	100/1
890s	224/2	x	x	x	x	x	340/2
900s	224/1	114/1	x	165/1	x	x	3851/7
910s	462/2	x	x	x	x	21/3	3388/8
920s	21/1	x	981/2	x	x	x	1172/9
930s	1467/5	23/1	150/2	x	x	x	14,067/11
940s	1306/7	112/1	x	x	x	x	8588/8
950s	458/4	609/3	x	430/3	x	x	6713/21
960s	1005/5	x	380/3	122/1	671/1	x	2222/4
970s	306/4	5/1	257/3	821/3	x	x	37,997/23
980s	126/3	x	100/4	x	x	x	2927/14
990s	721/5	x	76/2	20,838/3	x	786/1	1822/12
1000s	187/2	x	678/6	6422/10	x	x	8477/11
1010s	142/3	57/1	595/8	4200/17	x	x	4276/1
1020s	283/3	434/1	3777/9	1052/2	x	x	x
1030s	96/2	x	985/9	54/1	x	x	313/2
1040s	x	x	5057/6	138/2	x	x	105/3
1050s	8/1	x	11,215/7	234/3	x	x	137/2
1060s	x	x	85/2	x	x	x	x
1070s	x	x	263/2	1000/1	x	x	9/1
1080s	x	x	6/1	190/2	x	x	x
1090s	9/1	x	1343/3	x	x	x	332/1
合計 332,604/1212	45,207/114	4908/39	28,137/82	39,077/65	1386/7	807/4	114,934/205

表Ⅳ-1：アフロ・ユーラシア世界におけるディルハム貨幣の出土構成（数値は貨幣数／埋蔵箇所数）

［出典］Kovalev & Kaelin（2007），table 3 より作成

シと、そしてマジャール人が広がる九世紀であり、帝国はケルソンをテマならびに布教橋頭堡として位置付けた時期である。この時点において帝国は、黒海を含めたケルソンをもビザンツ共同体（Byzantine Commonwealth）に内包する方向へかじを切っていたことがわかる。そして第三局面は、ルーシの興隆と遊牧民族ペチェネーグの活動が活性化する一〇世紀であり、ビザンツ帝国全体が、多方面より外民族と対峙する困難な時代に入る時期である。

中谷はこのように段階的分類をしたうえで、ウォズニアックによるビザンツ帝国の北方外交政策を提示する。つまり、全方位を外民族に囲まれるビザンツ帝国は、西のブルガリア帝国や南のイスラーム勢力に軍事力を割く一方で、北方に対しては外交で対処したとする。より具体的には、北方諸民族や諸国家の内政事情を詳しく探り、その上で諸勢力を相互に対立させ、君主を買収して軍事支援を勝ち取る（帝国への攻撃阻止のために年金を支払う）という手続きをとるのだ、という。いずれにせよここからは、ルーシにとっての東方つまりビザンツ帝国とは対照的に、ビザンツ帝国にとっての北方は厄介者の集団との境域であるという以外の意味を読み取ることはできない。その当否はさしあたり措くとして、ルーシとビザンツ帝国との交渉の現実を確認していきたい。

ビザンツとの交渉１：九〇七年の協定

ルーシという新しい脅威を前にしたビザンツ皇帝は、彼らの連続する攻撃を緩和するために、交渉の末、ルーシが求める交易の成立条件を、三度にわたって提示することになった。『原初年代記』

には、この協定内容がほぼ全文記されている。
最初の協定は九〇七年であり、ルーシの首長はオレーグ、ビザンツ帝国の皇帝はレオーン六世、そしてその弟にして共同皇帝アレクサンドロス三世であった。
『原初年代記』によれば、オレーグは、「大スキタイ」とよばれる集団を率い、二千隻の船でコンスタンティノープルを襲った。艦隊の数は誇張であるとしても、「大スキタイ」とよばれる、おそらくルーシと提携関係にあった遊牧民族集団とともに襲撃した点は注目すべきだろう。これが事実であるとすれば、ルーシ自体の遊牧諸民族との関係を示唆している。この襲撃によりビザンツ帝国を降伏させた結果、オレーグは次の協定を引き出した。

ルーシを来させ、望むだけの食糧を取るようにさせよ。商人として来るものには六ヶ月に対して月極め糧目、すなわちパンも酒も肉も魚も果物も取るようにさせよ。また彼らに望むだけ入浴をさせよ。またルーシに帰るときには、お前たちの皇帝から旅のための食糧および錨も綱も帆も、必要なものは何でも取るようにさせよ。

ここでは滞在中の食糧、居住、入浴（！　イブン・ファドラーンはルーシの不潔さを強調している）を用意させることを記している。興味深いのは、商人の場合、六ヶ月以内という制限を設けている点と、船に必要である艤装具を準備させている点である。後者からはルーシが船団でコンスタンティ

ノープルを訪れること、前者からは定住は望まれていないことが予想される。協定内容はさらに続き、

「もしルーシが商品を持たずに来たときは、月極め糧目を取り立てないように、公は自分の言葉をもってここに来るルーシに、わが国の村落で悪事をしてはならないと禁令すべきである。到着するルーシは聖母教会のそばに居住するように。我々の帝国は使者をおくり彼らの名を書き上げさせる。そのとき、まずキエフの町の出身者、ついでチェルニゴフの出身者、またペレヤスラヴリの出身者、その他の町々の出身者が自分の月極め糧目を取るように。一つの門を通って皇帝の家臣とともに、武器を携えないで、一度に五〇人が町へ入るように。何事によらず、取引税を支払わずに彼らの必要に応じて商いをおこなえるように」と言った。

ルーシの居住を金角湾近くに立つ聖母教会の近くに限定し、居住者のリストを作成し、皇帝の家臣の監視下で五〇人まで入城可能とするのは、帝国側が、ルーシのコンスタンティノープル内活動を管理しようとしていると読める。また、帝国側は、ルーシをただ単一集団として理解していたのではなく、キエフ、チェルニゴフ、ペレヤスラヴリその他と都市名が列挙されていることから、複数の出自を持つ集団であると把握していたことも推測できる。協定の締結主体がキエフ・ルーシのオレーグであるため、列挙された都市の中でもキエフが中心であることは想定しても良かろうが、

ルーシ内の政治的分立状況についてもビザンツ側が情報を有していたことは、ビザンツの北方理解を知るためには興味深い事実である。

ビザンツとの交渉2：九一二年の協定

次の協定は五年後に九一二年に、皇帝レオーン六世と共治帝アレクサンドロス三世の二人の皇帝とキエフ公オレーグとの間で締結されている。ただしオレーグは自らではなく、十五人からなる家臣団を派遣することで、締結を進めている。前回よりたった五年で同一人物同士による取り決めがより詳細なかたちで再締結されることになったのは、その背景に、九〇七年の協定を取り交わしてきた時よりも、より具体的な問題が浮上してきたためであろう。以下の点が明らかとなるように思われる。

第一に、コンスタンティノープル内でギリシャ人とルーシ人が接触した際に、殺人や窃盗のような問題が生じていたことである。

【第四条】
もしもルーシ人がキリスト教徒を、あるいはキリスト教徒がルーシ人を殺すならば、彼は殺害を行なったその場で死ぬべきである。もしも殺害を行った者が逃亡し、もし彼に資産があるならば、彼の資産の一部、すなわち掟によって彼のものとなるであろうものを殺された者の近親者がとり、さらに殺した者の妻は、掟に従って定められただけをとるべきである。もしも殺害を行なったものが無資産であり、逃亡したならば、見出されるまで裁判にかけたままにされ、見出されたときは死ぬべきである。

ルーシ側の粗暴さが一つの要因であることは確実だが、それを助長していたのは両者における商業慣行の相違やコンスタンティノープル内でルーシが置かれていた制限的生活状況であったかもしれない。

第二に、第八条にあるように、船の安全保障を確認していることである。

【第八条】

もしも船が大風によって外国に打ち上げられ、そこに我々ルーシ人の誰かが居合わせるならば、そしてもしその船に自分の荷物を積み、再びキリスト教徒の国へ送るために行くものがあれば、その船が安全な場所に着くまで、あらゆる種類の危険な場所を我々は導くであろう。

もしもこのような船が嵐や地上の障害によって妨げられ、己が故郷に戻ることができないならば、しかもそれがギリシア人の国（ビザンツ帝国）の近くに起こるならば、我々ルーシ人はその船の漕ぎ手たちに協力し、彼らを商品と共に無事に送り届けるだろう。もしも同じくルーシの邦の近くで船に災難が起こるならば、我々はその船をルーシの国へ導き、その船の積荷を売らせ、もしも船の積荷の中で何か売ることのできるものがあれば、我々ルーシ人は彼らのために陸揚げするだろう。もしも我々があるいは商品を持ち、あるいは使者としてギリシャ人なる汝らの皇帝のもとへ行くときには、それら、すなわち彼らの船の売却された積荷の代価を、正直に送り届けよう。

もしその船の誰かが船の中で我々ルーシ人に殺されるか、あるいは叩かれるか、あるいはなんであれ奪われることが起こるならば、それをなした者たちは前述の罰によって罰せられるであろう。

ここでは商品の保護に重点がおかれている。

第三に、捕虜の存在が大きくなってきたことである。

【第十一条】

ルーシ人によって捕えられた捕虜について。しばしば起こるようにいずれの国からにもせよルーシの国に来て、キリスト教徒の国へ売られる者たち、なおまたキリスト教徒であって捕えられ、しばしば起こるようにいずれの国からにもせよルーシの国に来る者たち、これらのものは二〇ゾロトで買い戻され、ギリシア人の国に帰り着かせるべきである。

この時点においてはキリスト教徒ならざるルーシが、戦争等で発生した捕虜などを商品としての奴隷として売買することはありえたことであるが、それらがキリスト教徒であることが判明した場合、ビザンツ側はキリスト教君主として、買い戻しを行なうことを定めている。ここで重要なのは、ルーシに対価を支払って買い戻すという点である。あくまで商品であるというルーシ側の理解を尊重するという態度を、この条文ではうたっている。

ビザンツとの交渉3：九四五年の協定

九四四年、キエフ公イーゴリは、コンスタンティノープルを包囲した。その結果、翌九四五年、皇帝ロマノス一世とコンスタンティノス七世ならびにステファノスの三皇族との間に十六条の協定を締結した。父オレーグが前回の協定を締結して以来三三年ぶりの帝国との間の協定である。幾つかの条項は前回の協定の確認であるが、さらに進められた論点もある。

ひとつはクリミア半島に位置するケルソンにかかわる条項である。

【第八条】

ケルソンの国について。その領内にいかほどの町があろうとも、ルーシの公はこれらの国々において戦う権利を持つべきではない。またその国も汝らに従わないであろう。一方もしもルーシの公が戦いをするために我々に軍勢を請うならば、我々は必要なだけを彼に与えるであろう。

【第一〇条】
もしもドニエプルの河口においてルーシ人が、ケルソンのひとの魚を捕らえているのを見つけたならば、彼らにいかなる害をも加えてはならない。またルーシ人はドニエプル河口のベロベレジエにおいても、聖アイテリオスのあたりにおいても、越冬する権利を持つべきではなく、秋が来ればルーシの自分の家に帰るべきである。

【第十一条】
もしもチェルニイ・ボルガリがやって来てケルソンの国で戦うならば、その国に害を加えることを彼らに許さないよう、我々はルーシの公に命じよう。

すでに中谷の見解をひきながらビザンツ帝国にとってのケルソンの意義は確認したが、協定内のこの三条項で具体的にビザンツ帝国とルーシとの間でのケルソンの取り扱いについて規定している。帝国は、ケルソンが自国領であることを主張しつつも、現実には当該地においてルーシが実効的に活動していることを認識し、その上で彼らの活動に対する規制を試みようとしていることを読み取ることができる。

もう一点は国家間の軍事関係の規定である。

【第十五条】

もしも我が帝国が我々に敵対する者に対して汝らの軍隊の助力を望むならば、汝らの公に書き送らせよう。そうすれば公は我々の欲するだけの軍隊を我々に送るべきである。このことによって他の国々は、ギリシャ人の国がルーシの国といかなる友好を保持しているかを知るであろう。

ここではビザンツ帝国側が、軍事的活動が必要となった場合に、ルーシの助力を得ることができることを述べている。ビザンツ帝国の軍隊の一部がヴァリャーギとよばれるスカンディナヴィア系戦士層であることはよく知られた事実である。十一世紀、ノルウェー王となったハーラル苛烈がビザンツ皇帝に近侍していたことは代表的事例である。ビザンツ側の史料にもスカンディナヴィア側の史料でも、このヴァリャーギの具体的な活動について触れられているが、本条項を見る限り、キエフ・ルーシという集団を束ねる支配者を通じて、ビザンツ皇帝は、ルーシの軍事力を利用し得ることができたということができる。これは、ビザンツ帝国とルーシとの関係が新しい段階に入っていたことを示すものでもあろう。

協定締結の仕方

以上、三度にわたるルーシとビザンツ帝国との間の交易を目的とした協定を検討してきた。『サン・ベルタン編年誌』で求められていたフランク帝国からビザンツ帝国へと至る交易ルートは、この三度にわたる協定内容を信じるならば、段階を踏んで形成されつつあった。最後に、この協定がどのように記録され後世に伝達されたのかを検討しておきたい。九一二年の協定の【十五条】には次のようにある。

汝らキリスト教徒およびルーシの間のかつての和平があるべきことの確認と保全のために、眼前にある唯一の真の汝らの神の聖なる十字架と聖なる分かち難い三位一体にかけて、二つの羊皮紙にイヴァンが書き、汝らの皇帝が自らの手で署名を記すことにより、これを我々の使者に伝え与えるものである。

そして九四五年の協定の【十六条】には以下のようにある。

我々は合意の結果、二枚の羊皮紙にすべてを書き記し、一枚の羊皮紙は我が帝国におく。「その一方には十字架と我々の名が書かれているが、他の羊皮紙には汝らの使者と汝らの商人の名が書いてある。ところで我が帝国の使者と共に出発する」ルーシの使者は、ルーシの大公イーゴリと彼の民のもとにその羊皮紙を送り届けるべきである。そしてこの羊皮紙を受け取るルーシ人は、我々の名が書かれているこの羊皮紙に我々が同意して書いたことを、真実として守るように誓うべきである。

この両条項に記されていることを額面通りに受け取ると、協定が文書として認められ、法的認証を受けて、ルーシとビザンツ側それぞれで保管されていたことになる。ただし、長年にわたる論争にしたがうならば、以上の協定は、そもそも法律文書が現状に対する願望を記した規範史料であること、そして『原初年代記』が、三つの協定の同時代ではなく、それから二世紀後の十二世紀に編纂された作品であることから、全面的に信用のたる内容であるとはいえない。事実、先ほど見た協定の記録保存のやり方は、一〇世紀当時のものではないという批判もあり、そうであるとするならば、当該協定それ自体の信憑性に対しても疑義を呈することも可能かもしれない。

しかしながら一〇世紀のヴァイキングが、ヨーロッパ各地の文書主義的キリスト教国家の支配者と協定を結ぶことは、今回検討したルーシが唯一の事例ではない。たとえば、最初に確認したように、九世紀末にアルフレッド王との間に結ばれたイングランド慣習と北欧慣習の優先的境界策定（いわゆるデーンローの創出）や、西フランク王シャルル単純によるノルマンディ地方のルアンにおけるヴァイキング君主に対する伯領の授封（ノルマンディ公領、正確にはこの時点ではルアン伯領の成立）もまた、同時代の出来事なのである。これらの法的行為は、ほぼ間違いなく文書を伴った形式で行なわれている。ヴァイキング自体に文書で記録を残すという慣習が未だ普及していなかったとしても

（ただしルーン石碑への文字記録は一般的であった）、文書主義国家との法的交渉においては、文書主義国家のやりかたにある程度は準じていたことを推測させる。文書システムの尖兵である司教座が史料上デンマークに初めてその痕跡を見せるのは九四八年であり、このデンマークを起点として、およそ半世紀をかけてノルウェーやスウェーデン各地にも徐々に司教座が形成されるようになる。かくして外部との交渉と内部への浸透をつうじて、スカンディナヴィアも文書による記憶と契約という古代地中海世界の伝統を身につけてゆくのである。それはデンマーク・ノルウェー・スウェーデンにまさに国家が成立するその時期である。このような同時代の歴史背景を考慮するならば、協定の締結方法に対する疑念は残るとしても、一〇世紀のキエフ・ルーシがビザンツ帝国との間に結んだ交易協定それ自体には一定の信頼性を認めてもよいように思われる。

商人としてのヴァイキングは、素朴で原初的な存在でもなければ、ただ粗暴に振る舞う集団でもない。商業慣行の異なる文書主義国家の政策決定権限保持者と交渉することで自らの利益の拡大を図り、ラテン・カトリック圏とギリシア正教圏の間をつなぎつつあった、知性ある集団であった。

おわりに

最後に話をもう一歩進めておこう。デーンローにせよノルマンディにせよ、常々契約を通じた土地の授受という法的問題と当該地域におけるスカンディナヴィア系住民の割合が取りざたされる。それはそれで重要な問題であるに違いないが、わたしたちは、この二つの空間が、北ヨーロッパ経済システムにとっても、極めて重要な意味を持ちうる、もう少し踏み込んで言えば、ヴァイキングによって重要な意味を与えられることになった空間であることを想起しても良いかもしれない。具体的に言えば、デーンローの場合、ノーサンブリアのヨークをひとつの中心として、当時のマーシア地方に位置するファイブ・バラと呼ばれるダービー、レスター、リンカン、ノッティンガム、スタンフォードを含んでいた。これらは貨幣の製造所を含むイングランド内の経済ネットワークの拠点でもあった。しかし、既に述べたように、ヴァイキングのブリテン諸島襲来は、イングランドのみならずアイリッシュ海も含めた経済ネットワークの活性化を促進することになった。ノルマンディの中心地であるルアンもまた、北海の経済ネットワークの一大拠点として以前より機能していたが、ヴァイキングがこのルアンを支配したことで、スカンディナヴィアとの交易も促進されることになった。さらに言えば、英仏海峡の先にあるブリテン諸島との交易も射程に入っていただろう。八世紀半ば以降、ウェセックス王権とフランク王権という二つの強大な権力が主導的に作り上げてきた経済システムに刺激を与え、改変し、そして場合によっては乗っ取るにまでいたった。

このようなカロリング秩序解体以後の、ブリテン・大陸・スカンディナヴィアに囲繞された環北海経済ネットワークについては徐々に調査が進みつつあるが、もう一歩進めて言えば、本稿で私たちが見てきたように、ユーラシア西部における経済構造の変動とそこにおけるヴァイキング集団の活動と連動して考えていく必要があるのではないだろうか。ビザンツ帝国とキエフ・ルーシとの関係もまた、ただロシア史の前史としてのみならず、北西ユーラシアの枠組みのなかに置き直し、「ヴァイキングの秩序」を見出していかねばならない。商人としてのヴァイキングという理解は、単に略奪者ヴァイキングという理解の代替イメージではなく、実のところ、ユーラシア史や世界史の問題でもありうるのだ。

参考文献

史料

イブン・ファドラーン、家島彦一訳注『ヴォルガ・ブルガール旅行記』平凡社、二〇〇九年。

国本哲男他訳『ロシア原初年代記』名古屋大学出版会、一九八七年。

研究文献

小澤実「カロリング諸王とオットー朝皇帝に対するスカンディナヴィア人のコミュニケーション手法」佐藤彰一編『歴史テクストの解釈学針路、解釈実践、新たな諸問題「テクスト布置の解釈学的研究と教育」第六回国際研究集会報告書』名古屋大学大学院文学研究科、二〇〇九年、二〇一～二一一頁。

小澤実・薩摩秀登・林邦夫『辺境のダイナミズム』岩波書店、二〇〇九年。

小澤実・長縄宣博編『北西ユーラシア歴史空間の再構築』北海道大学出版会、近刊。

栗生澤猛夫『『ロシア原初年代記』を読む　キエフ・ルーシとヨーロッパ、あるいは「ロシアとヨーロッパ」についての覚書』成文社、二〇一五年。
鶴島博和「ヨーロッパ形成期におけるイングランドと環海峡世界の「構造」と展開」『史苑』七五（二）、二〇一五年、五～一〇四頁。
中谷功治「中期ビザンツ時代のケルソン　帝国北方外交の展開」井上浩一・根津由喜夫編『ビザンツ　交流と共生の千年帝国』昭和堂、二〇一三年、七一～九二頁。
マッツ・G・ラーション、荒川明久訳『ヴァリャーギ　ビザンツの北欧人親衛隊』国際語学社、二〇〇八年。
Fedir Androshchuk, *Vikings in the East. Essays on Contacts along the Road to Byzantium (800-1100)*, Uppsala 2013.
Simon Franklin & Jonathan Shepard, *The Emergence of Rus 750-1200*, London & New York 1996.
Roman Kovalev & Alexis Kaelin, 'Circulation of Arab Silver in Medieval Afro-Eurasia: Preliminary Observation', *History Compass* 5-2 (2007), pp. 560-580.
Jonathan Shepard, 'The Viking Rus and Byzantium' in *The Viking World*, ed. by Stefan Brink in collaboration with Neil Price, New York & London 2008, pp. 496-516.

＊本研究はＪＳＰＳ科研費25704012の助成を受けたものです。

V

中世アイスランドの商業

――羊毛布と女性――

松本　涼

はじめに

紀元一〇〇〇年の少し前のアイスランドに、ひとりの青年がいた。彼の名はオーラーヴ。十八歳になった彼はいま、母親から海外への渡航を強く薦められていた。大海に浮かぶ孤島アイスランドに生まれた男としては、一生に一度は海外に出たいと思うのは当然のことだった。しかし、彼の場合は彼自身よりも、母メルコルカの方がそれに熱心だった。というのも、メルコルカはアイルランドの元王女であり、幼い頃ヴァイキングの捕囚となったのち、アイスランドの豪農ホスクルドに購入され、愛妾としてこの地で生きている身だったからだ。彼女にしてみれば、高貴なアイルランド王の血筋を引く自分とその息子がアイスランドのような辺境で暮らさねばならないこと、とりわけ心ない人びとがメルコルカの出自を信じず、息子オーラーヴを「女奴隷の子」と呼ぶことが耐え難い屈辱だったのだ。

「オーラーヴ、あなたはアイルランドへ行って、あなたの高貴な出自を証明しなければならないわ。前から何度も言っているでしょう」

「母さん、そのことは父さん（ホスクルド）にも話したんだけど、父さんは乗り気じゃないんだ。養父には財産は多いけど土地と家畜がほとんどで、アイスランド産の〈商品〉は少ないし、海外へ行く費用なんてとても出せないよ」

オーラーヴは実父ホスクルドの計らいで、幼い頃に資産家のソールズという人物の養子になっており、ソールズの財産は自由に使える状況にあった。ただ、養父ソールズの財産には〈商品〉が少ない。そこで母メルコルカはこんな提案をする。

「〈商品〉ならなんとかなるわ。あなたが本当に海外へ行く気があるなら、私はあの資産家と結婚してもいいのよ。彼なら〈商品〉には困っていないんだから、私と結婚できると知ったらいくらでも出してくれるわよ」

こうしてメルコルカは以前から彼女に求婚していたある資産家と結婚し、オーラーヴは新しい父の財産の中から好きなだけ〈商品〉を手に入れることができた。それをもって彼は近くの港へ行き、そこに碇泊していた船の乗船権を買った。こうして、オーラーヴは生まれて初めてこの最果ての島を出て、大海へと乗り出してゆくことになる。

以上は、「ラックスデーラ・サガ（鮭川谷の人びとのサガ）」（二〇章）を元にした筆者による再話である。「サガ」とは、十二〜十四世紀のアイスランドで書かれた散文物語の総称であり、現在まで二〇〇篇以上の物語が伝えられている。この「ラックスデーラ・サガ」は「アイスランド人のサガ」と呼ばれるジャンルに分類されるが、このジャンルに含まれるサガは執筆された時代から二、三〇〇年以上遡ったヴァイキング時代（八〇〇〜一〇五〇年頃）のアイスランドや北欧を舞台としている。そのため、ヴァイキング時代に起こった歴史的事実の証言とは考えられない記述も多々あるが、それでもサガの中には過去から伝えられる伝承や、過去に対するアイスランド人の記憶が想像と混じり合いながら存在している。北欧全体でもヴァイキング時代にかんする同時代の文献史料は少ないため、史料としてのサガの役割は近年再評価されてきた。「ラックスデーラ・サガ」のエピソードについても、アイルランド王女メルコルカの存在やその息子オーラーヴの冒険譚のすべてが歴史的事実とは考えられないが、ヴァイキング時代のアイスランドにオーラーヴのように若くして海外へ旅立っていった青年たちが多く存在し、彼らの実際の経験が物語の核となっていった可能性は十分に考えられるのである。

さて、本章は中世アイスランドの商業、とくに一〇〜十三世紀の状況について解説することを目的としている。そこで注目したいのは、オーラーヴが船に積み込んだ「商品」である。彼が母親とその新しい夫の協力を得て、ようやく入手したこの「商品」とは何だったのだろうか。アイスランド産の商品といえば、現在は海産物が有名だが、十四世紀以前のアイスランド人が海を隔てたヨーロッパで最も多く売ったモノは、アイスランド語で「ヴァズマール」と呼ばれる羊毛布であった。

本章では、とくにこの羊毛布ヴァズマールとそれを生産し男性に手渡す女性の立場に注目し、中世アイスランドにおける商業の特性、ならびに商業をめぐる歴史像の変遷について考察する。そのためにまずは、アイスランドという極北の小社会の自然・社会環境について確認したい。

一．中世アイスランドの環境と商業

アイスランドは大西洋の北の果てに位置し、島の北端が北極圏に接している。無人島だったこの島に大規模な移住がおこなわれたのは、ヴァイキング時代の最中、八七〇年頃から九三〇年頃と伝えられている。移住者の主体となったのはノルウェー西岸部出身の人びとだった。彼らはアイスランドへの移住前に、当時ノルウェー系ヴァイキングの勢力圏となっていたアイルランドやスコットランドの島嶼部で掠奪や交易をおこなっていた場合も多く、現地の住民（とくに女性や子ども）をともなってアイスランドへ渡ることも多かった。

アイスランドで十二世紀以降に書き継がれた『植民の書』は、四〇〇人以上の植民者の家族や農場についての情報を伝えている。それによれば、最初の植民者たちはアイルランド人のキリスト教の修道士に出会ったが、俗世を離れ修行に励むために来ていた彼らは異教徒の北欧人たちとの共生を避け、早々に立ち去ったという。たしかに、現在でも炎と氷の島と呼ばれるように、噴火を繰り返す火山や氷河、流氷に囲まれ、強風が吹きすさぶアイスランドという土地は、精神の修行には適した場所だったのだろう。では、そのような場所に果敢にも移り住んだ人びとは、どのような環境で、どのような社会を作っていったのだろうか。

一―1　環境と農場生活

アイスランドの総面積は一〇万三〇〇〇平方キロメートルで、アイルランド島の約一・五倍である。人口については研究者によって見解に差があるが、中世には三～六万人程度だったと推測されている（二〇一四年現在の人口は三二万人強）。内陸部は氷河もあり気候が厳しいため、人口の大半は暖流の影響で比較的暖かい沿岸部やフィヨルド、川沿いの谷に集中していた。

アイスランドへの植民者たちは、慣れ親しんだノルウェーやブリテン諸島での経験を下敷きとしながらも、アイスランドの自然環境に即した生活様式や社会制度を徐々に確立させていった。中世アイスランドでの生活を理解するため、一人の植民者の場合を観察してみよう。

スカッラグリームは非常に勤勉な男だった。彼は近くにあり、人びとを養うのに必要な食糧をいつも多くの人びとを連れて探させた。というのは彼らは、はじめはそこにいた多数の人びとが必要とするものに比べ僅かの家畜しかもっていなかったからだ。家畜という家畜は冬じゅう自分で草を求めて森に入った。スカッラグリームはすぐれた船の建造者だった。そして「沼地」の西部には流木がたくさん流れ着いた。彼はアールプタネスに屋敷を作らせ、そこに第二の農場をもった。そこから彼は魚取りや海豹狩や卵集めに行かせたが、みな夥しい収穫があった。また持ち帰ることのできる流木もたくさんあった。大きな鯨も到来し、思うままに射ることができた。動物たちはみな猟場でおとなしかった。人間を知っていなかったから。第三の農場を、彼は「沼地」の西の海沿いにもった。そこは流木を待ちうけるのにいっそう適していた。そして彼はそこに種を蒔かせ、そこをアクラルと呼んだ。……スカッラグリームは部下たちを川に鮭をとりにやらせた。彼は隠者オッドをグリューヴラーのほとりで鮭とりに従事させた。……ところでスカッラグリームの家畜は大変殖えたので、全部夏じゅう、山に放たれた。彼は山の草原に行った家畜の方がよく肥えるという大きな相違に気がついた。さらに、山から駆り立てられなかった羊が、山で冬を越せることにも気づいた。その後、スカッラグリームは山に屋敷を建てさせ、そこにも農場をもった。そこで自分の家畜を監視させた。

（「エギルのサガ」二九章、谷口幸男訳『アイスランド　サガ』四四頁を一部改訳）

以上の描写からは、アイスランドの農場生活についてさまざまな特徴が読み取れる。スカッラグリームはノルウェー中部出身の豪族であり、家族や友人、使用人など大勢の人びとを引き連れてアイスランドへ渡ってきた。彼は西岸部の「沼地」と呼ばれた地域に入植し、大農場のリーダーとして複合的な農場経営をおこなっている。その中心は牧畜であった。スカッラグリームが入植した当時は森があったので、家畜は自由に森で草を食むことができた。アイスランドは約二千万年前の火山噴火で生まれた島で全体的に土壌が薄いが、植民時代の当初は島全体の二五〜四〇％が森林に覆われていたと推察されている。しかし、植民後に人間が牧草地を作るために森を切り拓き、建築材や燃料として木材を大量に消費した上に、家畜が根を食べ尽くした結果、遅くとも一一〇〇年頃までには島全体で森林が姿を消してしまった。この中世初期の森林破壊の跡は、現在のアイスランドの植生にも影響を及ぼし続けている。

スカッラグリームがアクラル（「畑」という意）と呼んだ農場で種を蒔かせたように、アイスランドでも大麦を中心に穀物の栽培は試みられたが、生産の中心をになうほどの成果はなく、農業の中心は牧畜となった。家畜はすべて植民者たちが故郷から連れてきたものだが、船に乗せて運ぶことのできる家畜の数には限りがあったため、植民後の数年間は植民者たちはみな家畜の数を殖やすことに努めたと考えられる。牛、羊、馬、豚、山羊、家禽などが飼育されていたが、時を経るにつれて羊の比重が増してゆく。スカッラグリームの羊が、夏が過ぎても山の放牧地で冬を生き延びたように、アイスランドの環境には寒さに強い羊がもっとも適合したのである。

また、狩猟採集も牧畜と平行しておこなわれた。アイスランドには陸生動物は少ないが（自生していた哺乳類はホッキョクギツネだけ）、代わりに豊富な海産物が期待できた。タラに代表される海水魚、毎夏遡流する鮭などの魚は大量に捕獲でき、干し魚に加工されて主要な保存食となった。アザラシや鯨も貴重な食糧である。現代のアイスランドは捕鯨国として知られているが、中世には沖合に出て鯨を捕獲する技術はなく、もっぱら嵐の後に海岸に打ち上げられた鯨を捕っていた。また、多種多様な海鳥や、その卵も重要な食糧だった。アザラシも海鳥もそれまで人間に遭遇したことがなく、警戒心が低かったので容易に捕獲できたのである。

海岸には鯨のほかにもさまざまなモノが漂着したが、とくに重要なのは流木である。森が消滅した後のアイスランドでは、木材を手に入れるには流木を集めるか海外から輸入するしかない。スカッラグリームのように流木のよく流れ着く海岸を所有できた場合や、海外とのコネクションをもつ裕福な農民は、スカンディナヴィアと同様の木造のロングハウスを建てることができたが、それでも芝土で補う必要があったし、貧しい住民はわずかな木と石で作った骨組みを芝土で固めた家屋に住んでいた。鯨の骨を建築材として使うこともあった。

このような資源の限られた環境において、人びとは基本的に散在する農場に居住しており、アイスランドには十八世紀半ばにいたるまで都市も村も発展しなかった。とはいえ、スカッラグリームが第二、第三の農場を作らせたように、地域のリーダー格の農民が住む大農場はその配下に漁業や放牧に特化させた小農場を従えて、複合的な生産活動をおこなっていた。それに対し、狭い谷やフィヨルドのような、多様な資源へのアクセスが難しい地域にはより小規模の農場が散在し、中世末までには大規模農場の管理下へ統合されてゆく場合が多い。

以上のようなアイスランドの生産活動の特徴は、サガだけではなく、近年進展が著しい農場遺構の発掘調査からも明らかにされている。アイスランドは牧畜、とくに羊の成育に適しており、豊富な海産物にも恵まれていた。しかしそれでも、大陸ヨーロッパと比べれば、人びとは非常に限られた資源しか利用することができず、その資源へのアクセスを制御することが政治的影響力に直結しやすい社会であった。そのような環境において、「商業」はどのような形をとったのだろうか。

一―2　島内の商業

まず、集住の発達しなかったアイスランドでは職業の分化も進まず、商業利益を主な収入源として生活するような、専業の商人は存在しなかった。農場間を渡り歩き、モノを売って回る行商人はいたが、農場に生活する者が農場仕事の合間に余剰生産物や工芸品を売りに行ったり、居住する農場をもたない貧しい者が生計を立てるためにおこなう一時的なものだった。

行商の例として、「ニャールのサガ」（四八～四九章）をみてみよう。このサガにはグンナルという英雄的な男性が登場し、ハルゲルズという女性と結婚する。ハルゲルズはあるとき、夫が留守の間に、奴隷に命じてある農場から馬二頭分のバターとチーズを盗ませた上、食糧小屋に火を付けて逃亡させる。何も知らないグンナルは帰宅すると仲間たちとともに食卓に着くが、食事の中に見覚えのないチーズとバターを見つけ、不審に思う。グンナルはこのチーズとバターはどこから来たのかと妻を問い詰めるが、ハルゲルズは「料理のことを心配するなんて男らしくない」とグンナルに反論する。一方、食糧を盗まれた農場の主は、犯人を突き止めるため、女性たちに小間物をもたせ近隣の農場に行商に行かせることにした。なぜなら、「誰でも盗品をもっている時には、まずそれから先に人にやる傾向があるから」。すると、行商から帰った女性たちは、予想通りハルゲルズから代金としてたくさんのチーズの切れを受け取っていた。それらをすべて合わせてみると、盗みに遭った農場で使われていたチーズ型にぴったりと合った。こうして、ハルゲルズの悪行は露見することになる。

この話では行商が盗みの証拠を入手するための手段として使われているが、各農場で消費しきれない余剰の食糧や小間物などの売り買いは日常的におこなわれていたと考えられる。農場では主人である男性だけでなく、主婦も主体的に取引をおこない、とくに食べ物や料理の管理は女性の仕事と考えられていた。農場間の交換が活発だったことは発掘調査によっても明らかになっている。たとえば、農場のゴミ捨て場に動物の骨がどのような割合で含まれているのかを調査すると、その農場で暮らした人びとが何を食べていたのかを知ることができる。このような研究は動物考古学と呼ばれるが、その調査によれば、海岸から遠く離れた農場跡からも海水魚の骨が多数見つかっている。地域差はあるものの、アイスランド全島において、内陸部と沿岸部で日常的に食糧の交換がおこなわれていた可能性は高い。

以上のような日常の取引のほかに、重要な商売の場として港と集会がある。中世アイスランドにもいくつか主要な港があったが、そこに都市が発達することはなく、夏に船が到着したときだけ活発な商売の場になった。港での取引については第二節でもふれるため、ここでは集会に注目する。

図V-1：貨幣商品の換算率。牝牛1頭＝雌羊6頭＝ヴァズマール120エル＝干し魚240尾

［出典］Sigurður Líndal ed., *Saga Íslands* IV, Reykjavík, 1989, p. 136.

集会は紛争の調停や裁判、そして法を定めることを目的に開催されたが、大勢が集まる数少ない機会だったため、さまざまな娯楽や交流の場となった。集会には主に、春と秋に地域ごとに開かれる地域集会と、毎年夏に開催される全島集会があった。夏になると、人びとは各地から、シングヴェトリル（原義は「集会平原」）という、北米プレートとユーラシアプレートが衝突し、地上に断崖絶壁を出現させている珍しい景観の場所に集まり、二週間の会期中、野外にテント小屋を建てて過ごした。この場では干し魚や乳製品、エールのような飲食物から海外由来の珍しい武具や装飾品までさまざまな商品が取引され、大工や研ぎ師、鍛冶仕事を請け負う者、物乞いなども集まった。島外からの旅人や商人が訪れ、海外のニュースが報告されるのもこの場であった。全島集会には一〇〇〇人近くが集まることもあり、その時だけはアイスランドの「首都」のような様相を呈していたのである。

また、商人のいないアイスランドの「商業史」を理解しようとするならば、商取引以外のモノの交換も無視できない。たとえば賠償金である。集会における裁判では、その場で殺人や傷害などの賠償金が支払われることも多かった。たとえば「ニャールのサガ」一二三章では、ある重要人物殺害の責を負ったニャール一家が、和解のための賠償金として銀六フンドラズ

(七二〇エイリル、約二〇kg)を遺族に支払うよう求められる。全額がその集会の場で支払われなければならないという条件だが、これは通常の自由人男性の賠償金額の三倍に当たり、相当の高額である。ニャール一家は手持ちの財産を出しあい、他の集会参加者たちの寄付も得て賠償金を集めるが、それでも足りない。そこで、不足分の埋め合わせのため、一家の主であるニャールはその場に積み上げられた賠償金の山の上に、自分の所持していた絹の長衣と長靴をおいた。このように、貨幣使用が浸透しなかったアイスランドにおいては、支払い手段としてあらゆるモノが充てられたのである。そのため法書の中には、さまざまな貨幣商品の価格の換算率が述べられている。たとえば、一三二〇年頃の価格改定後のアイスランドでは、牝牛一頭が雌羊六頭、ヴァズマール一二〇エル(約五八メートル)、干し魚二四〇尾に相当した(図V-1)。

モノの交換の機会としては、贈り物もまた重要である。アイスランドの人びとはことあるごとに互いに宴に招き合い、贈り物を交換することで、友情を確認し合っていた。この場合の友情とは、感情的な結びつきもないわけではないが、より実用的な、いざというときにお互い助け合うという契約である。一二六二年までのアイスランドには国王が支配者として立つことはなく、地域に勢力をもつ有力農民が複数存在し、互いに均衡を保っていた。中央権力がないため役人も警察も存在せず、訴訟を起こすのも判決を実行するのも紛争当事者自身の実力に任されていた。このような社会で、自分や家族の安全、財産を守るために、個々の農民はできるかぎり多くの有力者と友情を結ぶ必要があり、そのために宴や贈与が重要な意味をもっていたのである。

以上のように、アイスランドには都市もなく専業の商人もいなかったとはいえ、贈与や賠償支払いなども含め、活発な交換の機会があった。物理的な意味では、島内での生産活動と交換によって、アイスランドにおける自給自足は可能だった可能性が高い。しかし、実際には海外との交易は重視され続けた。それは生存のためというよりも、海の彼方からやってくる物品が、アイスランドという資源の限られた空間において社会的・文化的に特別な価値をもっていたからである。次節では、アイスランド社会における海外交易の意味について考察を進める。

二．アイスランドの海外交易

二―1　アイスランドの黄金時代と航海

アイスランドに商人はいないと述べたが、商人という言葉は存在する。中世アイスランドにおいて「商人 kaupmaðr」が指すのは、基本的に「海外交易者」のことである。絶海の孤島アイスランドの場合、大西洋を行き来する航海は、中世の住民にとっても近代以降のアイスランド国民の歴史観においても大きな意味をもっていた。

かつては、ヴァイキング時代の終わる十一世紀半ばまでアイスランド人自身が船を所有し、サガに描かれているように頻繁に海外へ旅をして交易や掠奪に従事し、王侯の宮廷で重んじられていたと考えられていた。しかし、その後ノルウェー商人の増加によってアイスランド人自身が航海を主導する必要は低下し、資源不足から船の建造も困難となり、一二〇〇年頃までにアイスランドの海外交易はノルウェー商人が独占するようになった。そのため、ノルウェー商人と彼らを統率するノルウェー王への経済的依存が主な要因となって、アイスランドは一二六二年〜六四年に「独立」を放棄し、ノルウェー王権の支配を受け容れたと解釈されてきた。

しかし一九九〇年頃から、このような見解は批判にさらされてきた。まず、アイスランド人自身による外航船の所有は、植民時代の終了後長くは続かず、一〇世紀後半にはすでに減少していた可能性が高い。植民当初のアイスランドでは移住に使った船も健在で修理も可能だったが、まもなく森林の消滅により木材の入手が困難になり、釘や鋲に使う鉄も不足するようになったためである。アイスランドでは沼鉄鉱から鉄を取り出す技術が知られていたが、その量は非常に限られていた。こうして、島外へ出る場合、アイスランドを訪れる外国商人から乗船権を購入し、その船に同乗するという手段が一般的になっていった。現在では、十三世紀のノルウェー商船への依存を衰退と捉える解釈は、近代以降のデンマーク王によるアイスランドの貿易独占を過去に反映した見方であり、中世の実情に即したものではないと指摘されている。このように、十二世紀までをアイスランド史上の「黄金時代」とし、十三世紀以降の王権支配下の時代と対立させる歴史観自体、十九世紀以降のアイスランドの独立運動（アイスランド共和国は一九四四年にデンマーク王権より完全独立）の影響を強く受けたものとして、とくに二〇〇〇年以降には再考が進められている。

ただし厳密にいえば、アイスランド人が完全に外航船の所有を放棄したわけではない。十三世紀でも、たとえばスカールホルト司教座は自前の船を保有して交易をおこなっていたし、裕福な首領がノルウェーで船を入手したり、ノルウェー人と船を分有して共同事業をおこなう場合もあった。しかしそれらは例外的であり、大半のアイスランド人はすでに一〇世紀後半から島外への交通手段を海外から訪れる船に依存していた。とはいえ、ノルウェーからアイスランドを訪れる船は決して少なくはなかった。十三世紀以前のアイスランド史については同時代の文献史料が極端に少なく、船舶数などのデータを算出することは困難だが、一二六四年〜一四三〇年については年間二〜一〇隻の船の訪問を確認できる。

以上のように、現在ではヴァイキング時代のアイスランド人による活発な航海と以後の衰退という歴史像は見直されており、アイスランド人の航海は一〇世紀後半から島外から訪れる船に頼る必要があったと考えられている。それでもアイスランド人が海外に出かける機会は決して少なくなかった。では、そのような海外への旅や交易は、アイスランド社会ではどのような意義をもっていたのだろうか。

二—2　海外交易の社会的意義

「自由国」時代のアイスランド人が海外へ行く動機には、移住や巡礼、追放刑などの場合もあったが、主要なものは若者による富と名誉を得るための冒険旅行と、農場主による物資獲得のための旅である。

まず、アイスランドで財産と地位のある家に生まれた男子にとって、海外へ出るのはキャリア形成上必須のことと考えられていた。たとえばここに、ソルレイクとボリという二人の兄弟がいる。兄のソルレイクは二〇歳になったとき、義父と母に向かってこういった。

「女のように家にいることに飽きたのです。旅行のための装備がほしい」

これに対し義父ソルケルは「お前がほかの国の人びとの習俗を知りたくてたまらないというのは私にもよくわかる」と答え、好きなだけの旅費をもたせてソルレイクを送り出す（「ラックスデーラ・サガ」七〇章、谷口訳）。ソルレイクはノルウェーでオーラヴ聖王（在位一〇一五〜二八年）の家臣となり、富と名誉を得て三年後にアイスランドに帰還する。そんな兄の姿を見て、弟のボリもこう訴える。「かねてから一度南の国々へ行ってみたいと思っていたのです。もしこのアイスランドのほか知らないのだったら井の中の蛙のように思えるのです」（「ラックスデーラ・サガ」七二章、谷口訳）。このときボリは兄が国外へ出たときと同じ二〇歳だが、すでにアイスランド内で結婚し一歳になる娘もいた。それにもかかわらず、兄とともに船出してゆく。

このソルレイクやボリの言動からは、アイスランドが世界の中心の文化や慣習から遠く離れているという危機感、そしてそれゆえの「男は海外に出なければ一人前ではない」という社会の期待が読み取れる。それは十三世紀のサガの聴衆や読者にも共有されていた価値観であろう。ボリはノルウェーからデンマーク、そして「ミクラガルズ」へと旅を続けた。「ミクラガルズ」は「大きな町」という意味で、ビザンツ帝国の首都コンスタンティノープル（現イスタンブル）を指している。コンスタンティノープルは人口数十万の大都会であり、ヴァイキングたちの憧れの都であった。ボリは長年コンスタンティノープルに滞在し、多くの財宝と王侯からの贈り物を携えてアイスランドへ帰還する。サガは、ボリ一行のきらびやかな衣装や武具について事細かに描写し、騎士のような彼らの華やかさに女性たちは目を奪われ、仕事が手につかなかったと述べている。

ヴァイキング時代のコンスタンティノープルでは、ビザンツ皇帝が実際に勇猛な北欧出身者からなる親衛隊「ヴァリャーギ」を従えていた。もし皇帝の下で活躍し、莫大な報酬を手に入れてアイスランドへ戻ることができれば、一躍英雄になれたのである。さらに、海外での経験には富の獲得だけではなく、宮廷生活で文化的に洗練された振る舞いを身につけることも期待された。これは、ヴァイキング時代だけではなく、中世後期以降のアイスランドの上層住民の子弟にも当てはまる傾向である。ただし、実際の海外への旅には遭難も多かったであろうし、大陸にたどり着いたとしても成功するとは限らない。そのような危険も前提とした上で、周囲を大海に囲まれたアイスランドでは、海外への旅が若者の「通過儀礼」として重視されていたのである。

一方、アイスランドで自分の農場を手に入れ定住した農場主が物資獲得のためにおこなう旅も、サガにはよく現れる。たとえばボリの義父ソルケルは、若い頃海外交易で成功したのち、アイスランドで裕福な未亡人グズルーンと結婚して農場主となった。あるとき彼は教会の建築を望み、建築用の木材を入手するためにノルウェーへやってくる。彼はオーラヴ聖王に迎えられ、一冬滞在する。王はソルケルの望み通りの木材に加え、純銀で一〇〇マルク以上の贈り物と、同行していたソルケルの息子にも豪華なマントを与えた。

このように、物資入手を目的とした旅の場合も、対価を払って商品を買うとは限らない。木材や食糧などの生活物資であっても、それを豊富にもつ王侯とのコネクションを通じて贈与として受け取るという手段も有効だったのである。そのため、アイスランド人の海外行きを商業旅行とそれ以外とに厳密にわけることはできない。また、輸入された品物にかんしても、生活必需品と威信材とにわけるのは難しい。大陸ではありふれた木材やワインであっても、自国で生産できないアイスランドの住民にとっては威信材となりうるからである。大量の木材を使用した屋敷に人びとを招き、宴会を開いてワインや果物をふるまい、帰りぎわには珍しい装飾品や武具を贈ることができる人物は、より広く同盟関係を形成することができ、より多くの庇護を求める追従者を引き付け、アイスランドという小さな政治空間においてより大きな力をもつことができるのである。海外交易は、そのような社会的地位の上昇を可能にする点で、とくに上層住民にとって必須であったといえる。

二―3　女性と海外交易

以上に述べてきた海外交易の特徴は、男性に限定されたものだった。それに対して、女性の交易者はいたのだろうか。まず、ソルレイクの「女のように家にいるのに飽きた」という言葉にも表われていたように、女性は基本的に家にとどまる存在で、海外の旅は一般的ではなかった。たとえば、ソルレイクとボリの母親グズルーンには、若い頃キャルタンという恋人がいた。あるときキャルタンは海外への旅に出ることを決め、グズルーンにそのことを告げる。自分に何の相談もなく決めたことに不満を示す彼女に、キャルタンはかわりに何かあなたの気に入ることをするので許してほしいと言う。それに対してグズルーンはこう答える。「では、あなたと一緒にこの夏海外に出たいのです。そうすれば、この急な決断も許してあげましょう。アイスランドが好きではないから」。しかしキャルタンはそれを拒絶し、こう答える。「あなたの兄弟はまだ経験が浅いし、お父上は年老いている。もしあなたが海外に出たら、彼らは途方に暮れてしまうだろう。どうか私のことを三年待っていてください。」グズルーンはそれは約束できないと言い、二人は意見が一致しないまま別れた。

（『ラックスデーラ・サガ』四〇章、拙訳）

ここには、海外への旅は男性の領域であり、女性の領域は「家の中の仕事」であるという性別役割分担の考え方が明確に示されている。ただし、女性が家庭内で男性家族に助言や嘆願、挑発や扇動をとおして影響を与え、間接的に重要な決定に関与することは珍しくなかった。

また、女性が海外への旅や交易に携わることが全くなかったわけではない。大西洋を渡るアイスランドへの植民航海を主導した女性も数例は確認でき、一〇〇〇年頃のキリスト教への改宗後には、ローマなどへの聖地巡礼の旅に女性も参加した。また、一二二〇年頃の編纂と推定されている『モルキンスキンナ』というノルウェー王のサガには、十二世紀半ばにノルウェーの港町ベルゲンを訪れたラグンヒルドという女性についての言及がある（『アイスランド古典叢書』二四巻、一〇五章）。彼女は高貴な身分で、夫がいるにもかかわらず、自分自身で船を所有し交易航海をおこなっていたと描写されている。ラグンヒルドの出自や背景は不明で、アイスランド人である可能性は低いが、中世ルーン文字の使用例として有名なベルゲン出土の木簡群の中にも、女性名が書かれた商品の荷札が数例見つかっており、十二〜十三世紀のベルゲンには商取引に携わっていた女性が複数存在したことがうかがえる。とはいえ、サガのラグンヒルドへの言及は、女性による交易船の指揮が大変珍しく、驚嘆すべきことであるためノルウェー王の関心を引いたという文脈で現れている。それは女性のアイスランド植民者の場合も同様で、女性が航海を主導するのは例外的であったために人びとの賞賛を集めたと述べられているのである。やはり、中世の北大西洋で女性が航海や交易に参加するのは困難だったと考えられるだろう。

ただし、自身で航海へ出る機会は少なくとも、アイスランドの女性たちの海外に対する関心が低かったわけではない。家族や親族の男性たちを通じて、また商取引によって海外由来の稀少品を獲得することは、女性にとっても社会的地位の形成において重要な意味をもっていたからである。たとえば、「エイルビュッギャ・サガ」五〇章には、あるときアイルランドのダブリンからの船が到着し、近隣の人びとが商取引のために港へ出かけるエピソードがある。その船にはソルグンナというヘブリディーズ諸島出身の女性がいた。船乗りたちの話によると、彼女はアイスランドではとても手に入らないような高価な品をもっているということだった。ある農場の主婦スリーズはとても派手好きだったので、ソルグンナに上等な女物の服をもっていないかと尋ねた。ソルグンナは「高価な品物で売る物はないが、宴会とか集会などで恥をかかないだけの品はもっている」と答えた。ソルグンナの所有する豪華な衣装に魅了されたスリーズはそれを買いたがるが、ソルグンナは売ろうとしない。そこでスリーズはソルグンナを自分の農場に滞在するよう招待する。冬を過ごすうちにソルグンナの気が変わり、商品を手に入れる機会があるかもしれないと思ったのである。アイスランドと大陸との航海に適する時期は夏季に限られており、天候にもよるが片道平均二～四週間かかったため、島外からアイスランドを訪れる船は通常アイスランドで越冬した。そのため、スリーズのように、商人を家に滞在させて冬の間に商取引をおこなうことは一般的だった。ソルグンナは衣装のほかにイングランド製のみごとな寝具も所有しており、これもスリーズの羨望の的になるのだが、このように海外からもたらされる珍しい品々は、女性にとっても自身の評判を高め、社会的地位を上昇させるための重要な手段だった。「宴会とか集会などで恥をかかないだけの品」というソルグンナの言葉も、そのことを示唆している。

また、本節冒頭に登場したグズルーンも、このような名誉の意味を十分に知る女性として描かれている。彼女の婚約者だったキャルタンは、ノルウェー滞在中に王妹インギビョルグと親密な関係になる。キャルタンがアイスランドへ帰還する際、インギビョルグは自分の持ち物の中から、婚約者のグズルーンに贈るようにと豪華な頭飾りをキャルタンに渡した。しかし、キャルタンがアイスランドに戻ったときには、すでにグズルーンは（本人の意志ではないが）別の男と結婚していた。行き場のなくなった頭飾りは、キャルタンの旅仲間だった男性の妹のフレヴナという別の女性に贈られ、キャルタンは後にこの女性と結婚することになる。結婚の宴で披露されたフレヴナのすばらしい頭飾りを人びとは賞賛するが、本来それを手にするはずだった元婚約者のグズルーンは、後日この頭飾りを密かに盗ませて焼いてしまう。このエピソードは、海外からもたらされる威信財、つまりアイスランドでは入手できない豪華な衣服や装飾品を手に入れることが、女性の社会的地位を左右し、それゆえに激しい競争の源となったことを暗示している。

以上、十三世紀までのアイスランドの海外交易事情を概観してきた。男性にとって、海外への旅とそこに期待される富と名誉と人脈は、アイスランド内で社会的地位を上昇させ、名誉ある人生を送る上で重要だった。一方で、女性が直接海外へ赴く機会は少なかったが、海外交易のもたらす品々は女性にとっても大きな価値をもっていた。そのような社会環境の中で、アイスランドから海外への主要輸出品であり、海外における「通貨」の役割を果たしていたのがヴァズマールと呼ばれた羊毛布である。次節では、このヴァズマールがアイスランドの商業史においてもつ意味を検討したい。

三．ヴァズマールと北海商業圏

三―1　ヴァズマール生産と女性

多くの初期社会でそうであるように、アイスランドにおいても糸を紡ぎ機を織るのは女性の仕事だった。まず羊の毛を刈り、洗浄し、糸に紡ぎ、そして織り上げる。最後に縮絨することで布に強度と暖かさを増す作業については男性がおこなったようであるが、それ以外の工程は女性によって担われていた。織り上がった布はアイスランドに自生する植物を使って染色されることもあったが、茶や黄色などが主で、鮮やかな色を出すのは難しかった。明るい色の衣服は外国製の輸入品であり、アイスランドにおいては貴重品である。

生産過程の中でもとくに織布については、ヨーロッパ全体でも、垂直型の織機が使用されている間は女性の仕事だったが、十二世紀にフランドルで足踏み式の水平型織機が導入されると、男性の専門職となっていった。しかしアイスランドでは、十八世紀の後半まで水平型織機は導入されず、垂直型が使われ続けたため、織布は女性の仕事であり続けたのである（図V-2）。中世後期までには織布を専門におこなう女性が現れ、各農場で雇われて働いたようだが、垂直型織機での織布が重労働だったにもかかわらず、織り手の賃金は決して高くなかった。十五世紀の法をみると、たとえば一週間で織るべきとされた二二エルのヴァズマールのうち、八エルが織り手の賃金とされている。

女性によって生産されたヴァズマールは、農場の主人である男性の管理下におかれ、さまざまな用途に使用された。まず世帯内では、衣服以外にも寝具や屋内の寒さを軽減するための壁掛け、物

図 V-2：垂直型の織機。ショールスアー谷で発見された遺物の再現模型。

［出典］Björn Þorsteinsson & Bergsteinn Jónsson, *Ísland til okkar dagar*, Reykjavík, 1991, p.

を持ち運ぶための袋、そして航海に欠かせない船の帆や天幕などに加工された。世帯内で使用する分を越えて生産されたヴァズマールは、多くの場合、裁断・染色される前の状態で持ち運ばれ、商取引や地代の支払い手段となる。そのため、ヴァズマールの大きさは規格化されていた。十三世紀まで主流だったタイプのヴァズマールは、幅二エル（約九六センチ）、長さ六エルで一エイリルの価値をもつ。基本的にはヴァズマール四エイリルが銀一エイリルに相当すると考えられるが、対銀換算率は時期と場所によって異なる。たとえば一三一〇年頃のベルゲンでは一マルク（八エイリル）の純銀に対し、一八〇エル（三〇エイリル）のヴァズマールが相当したが、銀の流通の少ないアイスランドでは二八八エル（四八エイリル）が必要だった。このように、ヴァズマールはアイスランドの内外で支払い手段として用いられたが、とくに海外に出る場合、運搬や保存が容

図V-3：ヴァズマールによる貢税の支払い。「あなたは王の代理人ですか？」という女性のセリフが書き込まれている。（G. Kgl. Saml. 3269b 4to.）［出典］Sigurður Líndal ed., *Saga Íslands* IV, p. 122.

易なヴァズマールが重宝されたのである。

植民時代直後のアイスランドには、交易や掠奪で手に入れた銀が豊富にあったため、当初は銀が価値基準として用いられていたと考えられる。やがて銀が不足するようになり、かわりにアイスランドで唯一豊富に生産できた羊毛が、遅くとも一一〇〇年頃から主要な価値基準として使われるようになった。たとえば、アイスランドの全住民が一二六二〜六四年にノルウェー王に臣従を誓った際、各農民が王へ支払うべきと定められた貢税の額は「二〇エル」である。図V-3の挿絵はアイスランドに一二八一年に施行された法典『ヨーンボーク』の十四世紀前半の写本に見られるものだが、おそらく、アイスランドの女性が王に対する貢税をヴァズマールによって支払い、国王役人がその長さを定規で測り確かめている光景を描いている。このように、アイスランド住民から国王への貢税も、主としてヴァズマールによって支払われた。それほど、十三世紀までにアイスランド人の支払い手段としてヴァズマールは定着していたといえる。

三―2　海外における需要

では、海外において、ヴァズマールにはどれほどの需要があったのだろうか。ヴァズマールは粗紡布のままで取引されることが多かったが、衣服の形で売られることもあった。なかでも特徴的なのは「羊毛外套 vararfeldr」で、これは毛皮に似せて作られた羊毛の外套である。アイスランド植民後、毛皮が手に入りにくくなったために、羊毛の房を生地に織り込むことで、外見を毛皮のようにみせかけた外套を作る技術が考案されたのではないかと考えられている。

この「羊毛外套」は中世アイスランドの商業史において特別な意味をもっている。従来は、「羊毛外套」がヴァイキング時代アイスランドの主要輸出品と考えられていたからである。この「羊毛外套」は、一二〇〇年頃までに海外における価格が下落した。その背景としては、ハンザ商人がロシア（ノヴゴロド）から毛皮の輸出を開始し、安価な（イミテーションではない）毛皮が入手しやすくなったため、アイスランドからの「羊毛外套」の価値が相対的に下がったという要因が挙げられている。旧説はこの「羊毛外套」の価格低下を、アイスランド産の羊毛製品全体への需要の低下と捉え、そのためにアイスランドを訪れるノルウェー商人も減少し、アイスランド住民は海外からの物資に窮乏するようになったと考えていた。このことは、前節で触れたアイスランド人自身の船舶所有の減少とともに、十三世紀のノルウェー王権受容の要因として挙げられていた。しかし、詳細な史料分析に基づけば、そもそも一二〇〇年以前の海外市場においてアイスランド産「羊毛外套」の需要があったという根拠は薄弱なのである。

たとえば、アイスランド産「羊毛外套」のノルウェーでの人気の証左としてしばしば引き合いに出されるエピソードに、「〈灰色マント〉のハーラル王のサガ」（七章）がある。あるとき、「羊毛外套」を積んだ船がアイスランドからノルウェーを訪れるが、全く売れなかった。そこで、アイスランド人の船長は、当時ノルウェーを支配していたハーラル王の知人だったため、王に自分たちの窮状を訴えた。ハーラル王は船長らに同情し、この問題を解決するために一枚の「羊毛外套」を贈り物として受け取り、身につけた。すると王の従士たちはこぞって「羊毛外套」を買うようになり、その後民衆たちもそれを求めるようになった。この事件にちなんで、その後、ハーラル王は〈灰色マント〉というあだ名で呼ばれるようになったという。〈灰色マント〉のハーラル王は、一〇世紀後半に兄弟たちとともにノルウェーの王位に就いていたといわれている。この話は一見、ハーラル王治世以降に「羊毛外套」がノルウェーで売れていたことを示すようにみえるが、サガ自体は十三世紀前半に書かれたもので、このエピソード自体が後世の創作の可能性も十分にある。現在では、製作に手間のかかる「羊毛外套」は一二〇〇年頃には生産も輸出も中止されたと考えられており、植民期から十三世紀までを通じてもっとも売れたアイスランドの輸出品は、「羊毛外套」ではなく粗紡布のヴァズマールだったと考えられている。つまり、一二〇〇年頃の「羊毛外套」の価格下落がアイスランドの輸出全体の衰退を招いたという解釈は成り立たない。

では、ヴァズマールはどれほどアイスランド外で需要があったのだろうか。十二世紀以降のヨーロッパでは、都市の成長の結果、都市住民の断食日用の食料として、干し魚の需要が増加していた。以前からヨーロッパへ干し魚（主にタラ）を輸出していたノルウェーにおいても漁業の比重が高まり、漁村や干し魚取引のための都市が増え、人口も増加した。そんな中で、アイスランド産のヴァズマールはフランドルなどの他国の繊維製品に比べ安価であったため、ベルゲンなどの都市部の貧しい住民や修道士の衣服、そして優れた防水・防寒性から漁民の防寒具として重宝したようである。ノルウェーの山間部の農場でも羊毛布の生産はおこなわれていたが、アイスランド産ほどの質・量は生産されなかった。これは、環境適応のために家畜の中でも羊に特化していったアイスランドに比べ、ノルウェーでは牛やヤギの比率が高く、また大麦生産もおこなわれており、相対的に羊の生産量が低かったためと考えられる。また、ノルウェーでは衣類の原料として亜麻の生産も可能だったため、羊毛に頼る必要がアイスランドよりは少なかった。そのため、アイスランドの寒冷・湿潤な気候と、外敵の不在という羊にとっての好環境が産み出した良質の羊毛は、とくにノルウェーで高い人気を誇っていたのである。

このような需要のため、ノルウェー商人は一二〇〇年以降も定期的にアイスランドを訪れていた。オークニー諸島やシェトランド諸島、スコットランドのケイスネスなど、ブリテン島北部からの商人も訪れていたが、主体はやはりベルゲンからのノルウェー商人だった。たとえば、一二一七年にアイスランドでベルゲン商人の船から没収されたヴァズマールは三〇〇フンドラズ（約一二・六トン）に上っている（「アイスランド人たちのサガ」三五章）。没収されなかった積荷も考慮すれば、数十トンのヴァズマールが取引されていたことになる。ちなみに冒頭で紹介した青年オーラーヴは、母親の戦略的結婚によってその結婚相手から海外行きのための「商品」、すなわちヴァズマールを手に入れたが、その量は三〇フンドラズだったとサガは語る。一人の海外旅行者が持参するヴァズマールの量としては一〇〜六〇フンドラズが相場であったと見積もられているので、若者の旅費としては十分な量であっただろう。

一三〇〇年頃になると、他の輸出品（とくに干し魚、バター等の食品）に対して、相対的にヴァズマールの価格低下がみられる。その要因として、十二世紀以降にハンザ商人が北欧にもたらすようになったフランドル地方の毛織物との競合があげられることが多い。しかし、ヴァズマールをめぐる海外市場と島内産業のあり方を精査したヘルギ・ソルラクソンによれば、一三〇〇年頃の価格低下は、アイスランド内部における度量衡の改定（地域によって変動していた牝牛価格の統一）と生産されるヴァズマールのタイプの変化（より織り目が細かく、高価なタイプが輸出の主流となったため、従来のタイプの価格が相対的に低下）という内的要因によるものである。つまり、一三〇〇年頃に海外市場においてヴァズマールの需要が低下したわけではない。

また、かつてはヴァズマールがノルウェーだけではなく、ベルゲンを経由してイングランドやドイツにも輸出されていたという主張もあった。しかしその背景には、十二世紀までのアイスランド人の活発な海外交流による「国際性」と、十三世紀以降の王権支配下における「文化的孤立」を対照させる意図があったことが指摘されており、イングランドやドイツに大規模なアイスランド産ヴァズマールの市場があったという根拠は薄い。現在では、ヴァズマールは主にノルウェー国内のみで消費されたと考えられている。

以上のように、アイスランドの女性たちによって生産されるヴァズマールには、十四世紀までノルウェーで高い需要があった。海外へ旅立つアイスランド人は「通貨」としてヴァズマールを大量に携えていたし、ノルウェーからの商人もヴァズマールを求めて頻繁にアイスランドを訪れていた。しかし、十四世紀半ば以降、アイスランドの北海商業圏における位置は一変する。干し魚の輸出が始まったためである。

三―3 「羊の国」から「魚の国」へ

タラを中心とした干し魚の生産は十四世紀以前から広くおこなわれており、保存に適した干し魚はアイスランド住民の食生活の要だった。しかし、それがアイスランドからの主要輸出品として、海外で大規模に取引されるようになったのは一三四〇年頃からのことである。この変化の背景には、ヨーロッパにおける都市の発展の結果、キリスト教徒である都市民の断食日用の食物として干し魚の需要が増したことがあると考えられている。同時に、鮫や鯨の油もアイスランドから積極的に輸出されるようになるが、これは都市の街灯の燃料として使われた。

十四世紀中は、アイスランドの干し魚はノルウェー商人たちによってベルゲンへ運ばれ、そこから大陸へと輸出されていた。しかし、十五世紀にはイングランド人が直接アイスランドへの航海を始め、商取引をおこなうだけでなく、アイスランド周辺の島や沿岸部に漁業基地をつくり、現地で越冬するようになってゆく。その後、一三八〇年のノルウェー＝デンマーク同君連合によりアイスランドの宗主権を引き継いだデンマーク王権、そしてハンザ諸都市の商人が、イングランド人とアイスランドへの航海と干し魚取引の権利をめぐり競合する。その結果、十六世紀になると、イングランド人は徐々にアイスランドから撤退し、その後はハンザ諸都市の中でもとくにハンブルクがアイスランドとの交易を一手に引き受けることになる。

一方で、動物考古学の成果によると、十四世紀以降にはアイスランド内においても魚の消費量が増加したことがわかる。島内外で干し魚に対する需要が高まった結果、アイスランドにおいて漁業が急速に拡大した。従来、農場単位で生活していたアイスランドにおいても、イングランド人に雇われたり、自ら簡易小屋を建て、年間を通して漁業に携わる人びとが現れた。漁業がさかんになるにつれ、漁民の衣服のためのヴァズマール需要も増大し、十四世紀後半にはヴァズマールは主にアイスランド内で消費されるようになり、ノルウェーへの輸出は減少してゆく。その後、フェロー諸島とシェトランド諸島が、アイスランドにかわってノルウェーへの羊毛布の供給を引き継いだようである。

「ラックスデーラ・サガ」の二章では、九世紀末にノルウェーからアイスランドへの移住を考えている〈平鼻の〉ケティルという人物の家族の会話が描かれている。息子たちは、アイスランドでは土地が容易く手に入り、鯨や鮭が豊富で年中漁業ができるという噂を挙げ、アイスランドへの移住を父に提案する。それに対し平鼻のケティルは「この老年になって、そんな漁師の地には行きたくない」とその提案を拒否する。ケティルのいうように、アイスランドが羊毛ではなく魚の土地として有名になるのは、むしろ十四世紀半ば以降のことだった。

以上のように、十四世紀以降には島内での消費用にも輸出用にも干し魚の需要が高まり、アイスランドの産業構造における漁業の比重が増していった。干し魚生産には女性も携わったが、基本的には男性が生産を主導した。こうして、海外における「通貨」生産の担い手は、女性から男性へと移行してゆくのである。

おわりに

以上、アイスランドの商業の特性として、海外交易とヴァズマール、そして女性の地位との関係を追ってきた。女性たちが生産するヴァズマールは、一三四〇年頃までアイスランドの海外輸出品の中心であり、貨幣を造らなかったアイスランド人にとって、海外における「通貨」として機能していた。女性自身が自ら海外への旅や交易に参加することは難しかったが、ヴァズマール生産を通じて間接的に男性の海外での活動に影響を及していた。冒頭で登場したメルコルカは、自身の結婚によって息子にヴァズマールという「通貨」を提供し、間接的にアイルランド王家の出自証明という自分自身の望みを果たさせた。このエピソードも、アイスランドの女性が「家の中の仕事」を通じて、どのように公の場における男性の行動に関与しえたのかを示す一例であろう。

しかし、十四世紀以降には干し魚輸出の拡大によって、海外における「通貨」はヴァズマールから干し魚へと変わり、生産から輸出の過程すべてが男性の管理下におかれることになった。ヴァズマールがアイスランド内の住民の衣服や調度として使われ続けたのはたしかだが、女性の仕事と海外とのつながりは弱まったといえる。このように、アイスランドという極北の孤島であっても、より広い海を越えた世界の変化と住民の生活は密接に結びついていたのである。

参考文献

熊野聰『北の農民ヴァイキング——実力と友情の社会』平凡社、一九八三年。

熊野聰『ヴァイキングの経済学——略奪・贈与・交易』山川出版社、二〇〇三年。

谷口幸男『アイスランド　サガ』新潮社、一九七九年。

松本涼「中世アイスランドと北大西洋の流通」山田雅彦編『伝統ヨーロッパとその周辺の市場の歴史（市場と流通の社会史Ⅰ）』清文堂出版、二〇一〇年、六九〜九三頁。

Anna Agnarsdóttir, ed., *Voyages and Exploration in the North Atlantic from The Middle Ages to the XVIIth Century*, Reykjavik 2000.

Gunnar Karlsson, *Iceland's 1100 Years: History of a Marginal Society*, London 2000.

Helgi Þorláksson, 'King and Commerce: The Foreign Trade of Iceland in Medieval Times and the Impact of Royal Authority', in Steinar Imsen, ed., *The Norwegian Domination and the Norse World c.1100 – c.1400*, Trondheim 2010.

Judith Jesch, 'Women and Ships in the Viking World', *Northern Studies*, 36, 2001.

Jenny Jochens, *Women in Old Norse Society*, Ithaca 1998.

Orri Vésteinsson, Thomas Howatt McGovern, and Christian Keller, 'Enduring Impacts: Social and Environmental Aspects of Viking Age Settlement in Iceland and Greenland,' *Archaeologia Islandica*, 2, 2002.

VI

中世ノルウェーの商業と経済

——北方のタラ、ハンザ商館、そして黒死病——

成川岳大

はじめに

一四三一年、地中海のクレタ島にヴェネツィア人が建設した植民市カンディアから、ワインを積みこんだ一隻の船が北ヨーロッパに向けて出港した。大西洋のカナリア諸島やイベリア半島を経由しつつ、低地地方のブルッへに向かったその船は、冬の嵐にまきこまれ難破したものの、乗組員が分乗したボートの一隻は翌一四三二年の年末年始にかけ北ノルウェー、ロフォーテン諸島のレスト島沖の岩礁に漂着する。高緯度帯の長い夜と飢えに耐えた後、乗組員は数週間後に島民に発見、救助され数カ月を同島で過ごすこととなった。生存者であり船主でもあったヴェネツィア人商人ピエトロ・クエリーニがこの体験を記録に残しているが、彼の筆が描く「世界のどんじり」ロフォーテン諸島の人びとの暮らしは、地上の楽園と一見それには似つかわしくない要素がない交ぜとなった、門外漢にとっては非常に意外なものである。

地理的にみてヨーロッパの最辺境に位置する十五世紀北ノルウェーの一漁村でありながら、住民たちにとってクエリーニたちははじめて目にする外国人ではなかった。それどころか、村の司牧を担当していたのはドイツ人の托鉢修道士であり、ラテン語に流暢な彼がイタリア人乗組員との通訳をつとめたのだ。そして、その地の住民はロンドンをはじめとする外国産の毛織物から作られた衣服を身にまとっていたという。辺境の一集落に、これら外部に由来する人やモノは、どのような形で持ちこまれたのだろうか。また、クエリーニら難破した船員たちは、数カ月後、どのような経緯で南方ヨーロッパへの帰路を辿ることが叶い、そしてどのような仲介を経てそれが実現したのだろうか。

本章以下では、北欧、それも北ノルウェーの外部ではこれまでほとんど注目されることがなかったこのクエリーニの記述を手掛かりに、中世半ばから後半期にかけてノルウェー社会・経済、そして南方ヨーロッパとの関係がどのような変容を遂げたか、さらにそれにどのような形で商業が関わることとなったのかをみていくこととしよう。

一．ベルゲンの発達と商業ネットワーク

現在二五万人あまりの人口を数えるノルウェー第二の都市ベルゲンは、数多くの外国人が訪れる国内随一の観光都市でもある。首都オスロからソグネフィヨルドをはじめとする風光明媚な中部ノルウェー縦断ルートの終点である事実がこれに大きく貢献していることは否定できないが、都市ベルゲンそのものが約千年の歴史を有するという古都であるという背景をもあわせて考慮に入れる必要があるだろう。

ベルゲンは天然の良港に恵まれるにとどまらず、西ノルウェーの北海沿岸に位置し、東西南北に水路でつながるいわば三叉路の交差点に発達した都市であった。西は海を介して南西のブリテン諸島、そして北西の北大西洋島嶼に浮かぶフェロー諸島、アイスランドを経て中世ヨーロッパ人の進出における最辺境であったグリーンランドへと至る。その一方で、南にはノルウェー南端を回りユトランド半島、さらにはバルト海というヴァイキング時代以降バルト海に向かうノルウェー人が辿った海路が開ける。また、北方へとスカンディナヴィア半島西縁を辿るなら、クエリーニが漂着したロフォーテン諸島、さらにはその彼方の北極圏へとやがて達する。

すでに十二世紀末までに、ベルゲンは時には海を隔てた各地から人やモノが集まる場となっていた。ノルウェー王スヴェッレ（一二〇二年没）の事績を死後間もなく記した『サガ』では、イングランド、オークニー、シェトランド、フェロー、アイスランドという北大西洋各地からの出身者、さらにはドイツ人が既に訪れ、各地の産物を持ち寄っていたことが王の口を借りて語られている。この『サガ』の記述を、聖地への十字軍行の同志を募るためにノルウェーを訪れ、スヴェッレその人とベルゲンで会見を持ったデンマーク人の記録が裏付ける。そこでは、上のリストに加え、さらにスウェーデン、そしてバルト海に浮かぶゴトランド島の名が挙がっており、同時代北ヨーロッパにおける広域ネットワークの結節点としてのベルゲンの機能がすでにこの段階で開花しつつあったことをうかがわせる。

それでは、海外の人びとをベルゲンへと引き寄せた、あるいは彼らがもたらしたものは何だったのだろうか。先述したふたつの史料は、口を揃えて干し魚、特に干しダラをベルゲンからの主要輸出品として言及している。そして、干しダラとベルゲンとの関わりでもうひとつ考慮に入れる必要があるのは、ノルウェーの中では比較的温暖で湿潤なベルゲン以南、そして同都市周辺の気候は、当時の技術による干し魚生産には適していなかったという点である。中世の終わりに塩を用いた干し魚の製法をドイツ人が伝えるまで、北欧では伝統的に二月から三月にかけての寒風にさらし水分を奪う形で干し魚を生産しており、タラの漁場が近くに存在するだけでなく、春先に冷涼な気候であることが大規模生産には不可欠であった。このふたつの条件を兼ね備えていたのが、クエリーニが漂着したロフォーテン諸島を中心とする北ノルウェー、あるいはアイスランドをはじめとする北大西洋に浮かぶ島々である。十二世紀はじめのノルウェー王が発布したとされる王令は、干し魚生産の中心拠点であった同諸島のヴォーガンをはじめとする北ノルウェーの住民に対し、漁獲した魚から年五匹を王に納入することを義務付ける。一方、中世以来ベルゲンの港が立地する入り江、ヴォーゲン周辺での発掘結果からは、その頃以降、とくに現在聖母教会が立地する一角を中心に非農業性の計画的な集住が広まったことがわかっている。ヴォーガンをはじめとする北ノルウェーで漁獲され、加工された干しダラの流入が本格化したことで、集散地としてのベルゲンの発展が促進されたのだろう。

十三世紀のベルゲンが、王権を頂点に中央集権化を進めるノルウェー王国のいわば最初の「首都」であると同時に、外国人を迎える玄関口となったのも、この王国内外とのつながりを背景としたものだった。一世紀以上にわたった王位継承をめぐる抗争の最終的な勝利者となった王ホーコン四世（在位一二一七〜六三年）は、ローマから招いた枢機卿から象徴的な戴冠を受けるかたわら、人びとが集まる都市ベルゲンへの穀物輸入にたずさわっていたドイツ人、とりわけリューベック商人との交渉を行なった。一二五〇年に彼の印璽付きで発行され、現在リューベック市の文書館に保管される文書は、リューベック商人とノルウェー王の間での自由な人や物資の往来を保証する両者間の協定を記録したものだ。ベルゲンを訪れるドイツ人商人の中心が、それまでのラインラント地方からリューベックなどヴェンド諸都市に移行しつつあったことがうかがわれる。同世紀にかけ、一年のうちに決まった時期にだけベルゲンを訪れるのではなく、ほぼ通年をベルゲンで過ごし、街区の区画の所有者となるドイツ出身の商人も少数ながら姿を見せるようになった。

ただし、後代のイメージとは対照的に、この段階ではベルゲンを中継地とする商業ネットワークでリューベックとのつながりのみが圧倒的優位を占めていたわけではない。少なくとも十四世紀初頭までは、ブリテン島、とりわけイングランド東部との商業・文化的紐帯は、少なく見積もっても南方のドイツ諸都市以上の意味をベルゲンとノルウェーに対して持っていた。ホーコンの治世晩年に同都市に落成した「ホーコン王の館」は同時代イングランドのものをモデルとした石造建築だ。また、イングランド王ヘンリ三世との間で一二一七年に結ばれた通商条約は、リューベック市参事会との間で結ばれたものよりも三〇年以上も時代を遡るノルウェー最古の条約である。十三世紀末のイングランド東岸の港に伝わる関税台帳の記録を合算しただけでも、イングランドにノルウェーからの船が積み出していた干しダラの量は少なくとも年間一五〇〇トンにのぼる。これはイングランドとノルウェー間での交易の価値に換算して八割を占める一方、当時のノルウェーから輸出された干しダラの半分以上がブリテン諸島向けだったことを意味する。リューベック商人は北海の東西をつなぐこの干しダラの輸出に参入し、十四世紀後半にはその主要な担い手としての地位を確保した。それでも、その時点の輸出先としてもなおイングランドは、リューベックをはじめとするハンザ諸都市よりも重要であり続けた。

十三世紀後半になると、ノルウェー王は外国人商人に対し、繰り返しノルウェーのベルゲン以北、あるいはノルウェー王の支配下に置かれたアイスランドやフェロー諸島、さらにはグリーンランドといった北大西洋の島々への渡航を禁じる王令を繰り返し発するようになった。逆に、南ノルウェーのノルウェー諸都市、あるいは交易地に対しては渡航と交易が認められている。この一連の王令の解釈は難しい部分があるが、少なくとも十四世紀前半までについて、中北部ノルウェーで外国出身の商人の活動を示唆する証拠が発見されていないことを鑑みるならば、おおむね規定は遵守されていたように思われる。北ノルウェー、そして法行政上の区分で王の「貢税地」とされた北大西洋の島々からの人やモノの流れが集約するステープルとしての機能を当時のベルゲンが果たし続けていたこと、そして王がベルゲンをおさえることでそれらのネットワークの統制を行なおうとしていたことは、十四世紀初頭における国王財務官（フェヒルデ）の管轄区区分からも明らかだ。ホーコン五世（在位一二九九〜一三一九年）治世に創設された同役職と管轄区分では王国全土が四つの財務管区に分割されたが、北ノルウェーを同地の大司教が管轄するトロンハイム（ニダロス）の財務官を差し置き、ベルゲンの財務官に北ノルウェー、さらには北大西洋からの国王収入を監督する権限が委ねられた。元来国王収入の管理のみを行なう役職であったベルゲンの財務官は、まもなく都市行政や都市周辺地域の役職にまで管掌領域を拡大させ、王とベルゲンとの関係全般の仲介者としてふるまいはじめることとなる。

十四世紀半ば以降に視点を転じ、ノルウェーと外部世界との関係の変化をたどる前に、ここで手短かに一三〇〇年前後、外国からの商人が訪れるようになった段階でのノルウェー都市の社会経済と後背地としての農村部との関係について簡単に述べておくこととしたい。

二．十三世紀の都市ベルゲンと後背地の社会・経済

政治史上の大事件が生じた際の散発的な言及を別とすれば、ベルゲンをはじめとする都市で営まれていた人びとの暮らしや経済生活について、多少なりとも幅がある史料から再構成できるようになるのも、この時期以降のことだ。

十三世紀後半のノルウェーでは、それまでいくつかの地方ごとに異なっていた法の統一に向けた

動きが加速した。内乱を終結させ、北大西洋の島々を臣従されたホーコンの息子であるマグヌスの治世に、この動きは『全国法（ランズロウ）』（一二七四年発布）として結実するが、その二年後にはノルウェー各地の都市に適用される『都市法』がそれを補完する存在として制定された。合計九部門から構成されるこの都市法には、ベルゲンを念頭に置いて定められたと思しき非常に具体的な規定が各所に見出される。一例を挙げるならば、十二世紀以降ベルゲンはたびたび大火に見舞われたが、それを反映して、街路の幅は地上では約二メートル、二階部分以上でも最低三エル（約一・七メートル）を確保すること、あるいは火災の警告を受け避難する際に持ち出すべきものが男女別に規定されている。ベルゲンの人びとにはヨーロッパの他の中世都市同様、非常に密集した区画に、職業別に分かれて住んでいた。だが、ノルウェーで特徴的なのは、十三世紀の段階で居住環境の統制にまで権力側が強い関心を示していることだ。現在のブリッゲン地区を含む入り江沿いの区画に交易商人が、そして中小手工業者は陸側の通りが居住区画として割り当てられた。これらの法規定がある程度遵守されていたことは、地方役人（法務官）が発行した建築許可状からも確かめることができる。

都市法はまた、外国人商人の寄港に際しても王の代官が管轄し、品物を優先して売買する権限が王およびその代理人にあると主張する。その一方で、一年以上都市に居住し、一定規模の区画を所有あるいは賃借している者に対しては代納金を含む軍役奉仕、そして教会に対する十分の一税支払いと引き換えに、ノルウェー人に限らず外国出身者に対しても都市共同体の一員と認めることに立法者側はやぶさかではなかったようだ。一三〇九年にベルゲン司教とドイツ人越冬者の間で十分の一税の支払いをめぐり紛争が起こるが、その紛争の関連文書からは、現在のブリッゲン地区に複数のドイツ人越冬者がすでに進出し、当初はノルウェー人などと混住していた一方、都市民への完全な同化をむしろ自ら避けていたことがわかる。

二〇世紀後半、都市法や文書とはまったく異なった角度から中世ベルゲンの都市民と社会に光を当ててくれる新たな史資料がベルゲンから見つかった。一九五五年七月四日に歴史街区ブリッゲン地区の一部が火事で焼失した後に行なわれた発掘調査の結果、六〇〇〇点以上のルーン文字が刻まれた木片が中世にまで遡る層位から発見され、その多くが十三世紀の都市民が記したものと年代同定されたのだ。取り引きされる品物の袋に名札代わりに付されたと考えられている所有者の名前が刻まれた木片が少なからぬ数含まれていたのに加え、少数ではあるものの、ビジネス上の協力者に現在の状況を伝えるような商業通信文的な内容のものさえ中には見出される。俗語（ノルド語）の詩とラテン語で記されたウェルギリウスの詩双方を引用したルーン文字のラブレターとあわせて考えるならば、ドイツ人商人が本格的に越冬・定着をはじめる前の十三世紀半ばの段階で、ベルゲンの都市を拠点としたノルウェー人の少なくとも一部は複数の文字文化に親しみ、かつそれを実際の商取引に活用していたことになる。

ベルゲンを結節点としてノルウェー王国内外を組織化した交易ネットワークが、後背地としてのノルウェー農村部、さらには輸出品としての干しダラの産地である北ノルウェーに十三世紀段階でどこまで影響を及ぼしていたかは評価が難しい。一三〇〇年頃にベルゲンやオスロといった都市に暮らしていたノルウェー人は人口の約五パーセントにすぎず、圧倒的多数の人びとは農村とそこを基盤とする社会経済の中で生活していた、都市法は都市を周辺の農村から切り離された法的空間として設定する一方、特に北欧では農民の存在が都市から排除されたわけではない。ヴァイキング時代以降、中世にかけての北欧の農民の社会経済的な役割の形容として、無分業的という形容が日本では定着している。そして、都市法の各種船舶の港湾利用料の区分からは、農民が自らの船で交易品を携え都市を訪れる、という事例が稀ではなかったような印象を受ける。

外部とのネットワークの接続が後背地の社会経済構造を変える一つの先触れを、この時期の北ノルウェーにみることができる。南方に位置するベルゲンやトロンハイムから商人が訪れたロフォーテン諸島極北のヴォーガンは、トロンハイム以北で都市的、言い換えるならば非農業的な性格を備えた集住が中世中期のノルウェーで行なわれた唯一の場所であり、イングランドやドイツからの奢侈品が持ち込まれた。一三三五年に同地で取り交わされたある裕福な男女の結婚式の契約では、花嫁側の持参財としてドイツ産、あるいはドイツ人風のマットレスやテーブルクロスが言及されている。周辺の「農民」と南方の商人が夏に干しダラを取引きし、南方へと積み出す中継地としての機能を果たしたと推定されるヴォーガンは、十三世紀後半以降北方への進出を活発化させた王とトロンハイム大司教、さらには同時代北ノルウェーで随一の影響力を誇った貴族、ビャルケー家門に代表される俗人有力者らと、トロンハイム大司教座付属参事会の聖職者の間での交渉や競合の舞台ともなった。そして、彼らの北方進出や争いの主たるきっかけとなったのが、輸出品として同地方の富の源泉となった干しダラだった。一二八二年にビャルケー家門の出身の貴族であり、ノルウェー王の顧問会の一員でもあったビャルネ・エルリングソンがこのヴォーガンで、船舶や干しダラに大司教が課した新税の無効を宣言した一方、一三一三年に北ノルウェーの役人、住民に宛てて王ホーコン五世が出した王令では、タラ漁と魚の乾燥の繁忙期であった二月から三月にかけ、犯罪の捜査でいたずらに漁業に従事する農民を煩わせないよう国王役人を戒めている。

あわせて、北ノルウェーでは人びとの定住パターンにも変化が生じていた。「ヴァイキング時代」から数世紀にわたり、ノルド語を話す北欧系住民の定住の北限はロフォーテン諸島からその東方、マーランゲン（現在のトロムソ南西）周辺で線が引かれていた。これは、暖流であるメキシコ湾流を背景としたスカンディナヴィア半島沿岸における耕作限界とほぼ一致する。この線より北東は、現在サーミとして知られる狩猟採集民、「フィン人」の住まう地とされた。その一方、線より南西に住まう北欧人農民は、農耕やトナカイを含む牧畜、あるいは漁業といった多角的経営に従事する一方、時にかれら狩猟採集民のもとに出かけ、かれらから毛皮や羽毛、セイウチの牙といった品々を交易、あるいは貢納の取り立てという形で入手していた。アイスランド人の遺した歴史記述「国王サガ」中は、この種の取引をノルウェー王が留保する特権「フィン税」として描くものの、実際にはロフォーテン諸島のビャルケーに拠点を置いたビャルケー家門など有力者が独自に行なうことも多かったようである。

しかし十三世紀半ば以降、それまで「フィン人」の住まう辺境、「フィンマルク」と呼ばれた耕作限界よりさらに北の地域にまで北欧人の進出がはじまる。新たに沿岸部に出現した集落はそれまでの多角的経営よりもさらに漁業に特化しており、外部から穀物をはじめとする物資を交換で手に入れる必要があった。この漁業集落の出現とベルゲンを中継地とする大規模な干しダラの生産・輸出規模の拡大との間に密接なつながりが存在するという点について、ほぼすべての研究者の意見が一致している。中世を通じて干しダラは高値で取引されており、ある統計によれば、十四世紀半ばのベルゲンでは干しダラと二倍の重さのライ麦を交換することができたという。ただ、穀物以外の必需品の入手について、単純に沿岸部の定住形態だけでなく、地域社会全体のあり方の変化を考察対象に含める必要がある。この問題については、次節および第五節で機会を改めて取り上げることにしたい。

三．黒死病と中世後期のノルウェーの社会経済

一三四七年から五二年にかけヨーロッパのほぼ全域を襲った黒死病（ペスト）の大流行は、約千年に及ぶ中世ヨーロッパ史の流れの中で一、二を争う災厄であると同時に、新たな時代に向けた転換点ともなった。スカンディナヴィア、特にノルウェーもその例外ではない。すでにみたように、ベル

ゲンへのハンザ商人の滞在、そしてベルゲンを窓口とした北ノルウェーを筆頭とするノルウェー辺境と南方ヨーロッパ市場との接続のふたつは黒死病のノルウェー到来以前にすでに生じていた。また、十四世紀以降ヨーロッパの各地を襲い、しばしば「小氷期」という文脈で語られる異常気象がノルウェー王国とそれに服属する北大西洋の島々に大きな影響を与えたことは否定できない。十五世紀初頭に記録から姿を消すグリーンランドの北欧人植民地の例が有名だが、一三四五年九月には、おそらくは大水を原因とし、ノルウェーで記録に残る中では最悪の土砂崩れが中部のガウルダールで生じ、谷の居住地の多くが押し流されて二五〇人以上の規模での人びとの犠牲者を出している。だが、クエリーニが目撃することとなった十五世紀の北ノルウェー沿岸社会の社会経済の成立に向けて時計の針を大幅に加速させたのが、黒死病の大流行であることに疑いの余地はない。

同時代人の記述から再構成される一三四〇年代の黒死病の流行は、当時のヨーロッパが内外で構築していた交易ネットワークをなぞる形で起こった。クリミア半島から地中海入りし、メッシーナ海峡を皮切りにヨーロッパ各地の交易都市に流行が先行して現れることから「一足飛びの伝播」と形容される黒死病の伝播過程は、一日数キロのペースで面的に広がる陸路での大流行に先行して、海上交易が黒死病の病原体であるペスト菌とその中間宿主であったノミ、そしてネズミを各地に広めたと考えられる。

ノルウェーへの黒死病到来の端緒を伝える国内の同時代史料は伝わっていない。当時ノルウェーに滞在していたアイスランド出身の船員や聖職者を情報源として書き記されたアイスランドの二つの編年誌が疫病のベルゲンへの到来を記しており、それは一三四九年夏のことであったとされる。ただし、ベルゲンに黒死病に犯された船員を乗せた船が入港した段階で、すでに南〜東ノルウェーでは疫病がオスロを経由してその前年秋ごろに上陸しており、大流行とみなしてよい段階に広がりをみせていたとの異説が近年出されている。黒死病の上陸地点がベルゲン一カ所かオスロも含む二カ所であったかに関係なく、伝播を仲介したのがイングランドとノルウェーの間の交易関係であったことにほぼ疑いの余地はない。ふたつの編年誌はともに、ドイツ・ハンザの拠点であったバルト海南岸ではなく、イングランドから訪れた船から黒死病がベルゲン市内に入り込んだこと、ノルウェー王に当時服属していた大西洋の島々の中で、アイスランドとグリーンランドを除くオークニー、シェトランド、加えてフェロー諸島もまた同時期に黒死病の流行にさらされたこと、さらにノルウェー本土の五つの司教座・大司教座のうちオスロを除く四つが、一時、司教の病死により空位を迎えるという非常事態におちいったという三点について共通する内容の記述を残している。また、オスロを起点に黒死病が南部・東部に広まりを見せていた一三四九年前半のノルウェーにおける流行の展開は、リューベックをはじめとする北ドイツでの大流行よりも時間的には前に起こっていた。これらの点を根拠として、南方ドイツから北方への伝播ではなく、逆にノルウェーからバルト海方面に疫病が伝わったとする研究者さえ存在する。イングランドで黒死病が猖獗を極めていた一三四九年五月でさえ、イングランド王エドワード三世はイングランド人商人に、二五〇トン（一〇〇〇クォーター）の穀物をノルウェーに輸出する許可を交付していた。あるいはイングランド島南部からその種の穀物を運搬する交易船のどれかに中間宿主のネズミやノミ、もしくはペストの保菌者が同乗したことでノルウェーに黒死病が伝わったのかもしれない。

黒死病到来以前、十四世紀初頭のノルウェーには約四十万人の人びとが暮らしていたと推定される。彼らは主として農業に従事し、国土の各地に幅広く入植していた。人口推計のもととなった古地名学研究のデータをもとに十四世紀前半と中世末の土地利用状況を比較するならば、一三〇〇年頃に農民が居住していたおよそ七五〇〇〇の農場のうち、十六世紀に入っても利用が存続していたものは三〇〇〇〇にすぎない。単純計算するならば、およそ六割の人口が失われたことになる。この被害の推計は、ノルウェー中で三分の一の人間しか生き残らなかったとする編年誌作者の記述におおむね沿ったものだ。過大評価とみなされることもあるが、北欧内他地域の農場の放棄状況と比較するなら、中長期的にみてノルウェーの社会経済に対して黒死病が最も深い爪痕を残したのは事実のようである。ただし、疫病の被害にはかなりの地域差と同時に、さまざまな社会層・集団の間でも差異が存在した。一見すると意外かもしれないが、貧民と並び最もノルウェーで死亡率が高かったことが具体的に史料から裏付けられる集団は聖職者だった。彼ら聖職者は、臨終の際に人びとに終油の秘跡をほどこすことが教会法の規定上定められていたのだ。大流行から約一世代後に大司教自らが残した記録によると、大司教本人の管区内で彼が管轄することとなっていた四〇〇名の司祭をはじめとする在俗聖職者中、生き残ったのはわずか三〇余名にすぎなかった。

この聖職者を代表とする伝統的なエリート層の壊滅は、二つの帰結を北欧社会にもたらすこととなる。一点目は、大司教が統括し、教会以外での形でもベルゲンを窓口としてノルウェー本土と交易などの形で結ばれていた北大西洋の島々とノルウェーとのつながりのさらなる弱体化である。すでにそれ以前に、一三一九年にホーコン五世が死去し、スウェーデンとの間に同君連合が成立したことで、ベルゲンに直接王が姿をあらわすことはほとんどなくなり、北大西洋の「貢税地」の人びとが政治上の交渉を王と行なう上でのハードルは高まっていた。黒死病の大流行は、本土における聖俗双方の権力中枢を機能不全におちいらせることで、大流行の被害を当初免れた北大西洋「貢税地」辺境全体に混乱をもたらした。

一例を挙げるなら、グリーンランドの北欧人植民地の司教として流行前に叙階され、出立を目前に控えていた〈禿頭の〉ヨーンは、上役の大司教や同僚の高位聖職者が次々と病に倒れる中、ただひとりの生き残りであったオスロ大司教とともにまずは本土の教会の運営代行に忙殺され、一〇年近く足止めを余儀なくされた。最終的にヨーンが北大西洋を渡る船に乗り込んだのは一三五六年のころだが、それも、グリーンランドではなく、より近場で司教不在となっていた北アイスランドのホゥラルの司教に派遣先を変えてのものだった。グリーンランドに正式に後任の司教が訪れるのはさらに一〇年以上を待たねばならない。この二〇年近くの間、上役が干渉することはほとんどなく、司教代理に現地の教会の実質的な運営が委ねられていたことになる。このような形で、黒死病は大西洋にまたがるノルウェー聖俗双方の広域支配体制が実効力を失うひとつの大きな転機となった。

あわせて、この時期からノルウェーでは文書の記述言語に大きな変化が起こる。旧来文字文化の担い手であった聖職者を中心とするエリート層が大打撃を受けた穴を埋める形で、十四世紀後半以降、政治上の中心が移行していたスカンディナヴィア南方、デンマークをはじめとした外国出身者がノルウェー王国内の役職を獲得し、あるいはノルウェー貴族との婚姻を通じた相続権の確保を通じてノルウェーに進出するが、行政および法文書上の言語の変化はこのエリート層の内訳の変化を反映してのものだ。この傾向は、カルマル連合の成立でさらに加速する。

社会経済の観点に視点を転じても、黒死病の大流行は人口減少にとどまらず、いくつかの大きな変化をノルウェー社会にもたらした。当時の土地台帳をひもとくならば、人びとの暮らす農場の帰趨は、単に存続、放棄のふたつの選択肢の枠におさまるものではなかった。中世中期以来の農場が存続した場合でも、そこから黒死病後に徴収されることとなっていた地代や税収入は、黒死病以前と比較して平均三割から四割前後の水準に留まっている。働き手の人数が絶対的に不足していたのである。この状況に対応すべく、ノルウェーの聖俗有力者層の多くは、分散する小所領を獲得するという伝統的な手法にかわり、より効率的な支配を可能とすべく所領経営状況の再把握と所領の地理的な集約を行なおうとした。黒死病の流行そのものとあいまって、この社会経済上の再編により、生業形態の多様化と耕作以外の形での経営形態の耕作に対する優位、という後代にまでつながる傾向がはっきりと顕在化する。牧畜や漁業といったそれぞれの地域の環境により適合した形態で生業を営むことが一般化し、北ノルウェーでの先駆の出現について前節ですでに述べた沿岸部に展開する漁村は、流行に前後してさらに北方のフィンマルク地方、あるいはロフォーテン諸島を含む中北部ノルウェーに広く展開することとなった。その一方で、土地台帳に記された地代額の劇的な減少は、所領経営の再編に成功したほんの一握りのエリートの関与するネットワークを除き、王国全体規模での交換活動を下支えする生産力そのものが大打撃をこうむったことを示唆している。これを受け、中世後期のノルウェー、特にその農村部では、貨幣経済から現物経済への回帰や小作農を主とする農民の立場の一時的な強化という形で、中世中期から続いてきた中長期的な傾向を一時的におしとどめ、逆転させる動きも生じた。また、経営集約化に向けた動きや人口減、所有関係の変化を背景に、各地の地域社会では農民と領主の間での紛争もみられるようになる。だが、この口承慣行と文書上の諸権利をめぐる闘争は、中世中期以来続く地域社会への文字文化の浸透に歯止めをかけたり、歯車を逆転させたりするものではなく、むしろその長期的な動きをさらに加速させた。

四．ベルゲンにおけるドイツ商人共同体の確立と都市社会

ベルゲンに滞在するリューベックをはじめとしたドイツ諸都市の出身者が現存する「商館」組織の形成に直接つながる動きを強めたのは黒死病大流行から程ない一三五〇年代のことである。対イングランドおよび北大西洋交易の玄関口であった同都市で、被害が軽微であったわけではない。お

そらくは彼らドイツ出身者の間でも多くの犠牲が出たことだろう。だが、ドイツ出身の商人たちは伝統的に中継交易、あるいは市政に関わってきたノルウェー人商人がこうむった打撃を利用し、その後継者としての立ち位置を確保することで、ベルゲンと王国内での重みを増した。黒死病の流行のいまだ最中であった一三五〇年、ベルゲンを訪問した国王夫妻に対し、都市内での穀物流通の円滑化を求める陳情を行なったのも彼らドイツ人商人だ。王は彼らの要請に応え、ドイツ人商人と売買契約を済ませた相手に対し、居住地や地位に関わりなく穀物の引き渡しを履行することを求める王令を発布している。これを足掛かりに、彼らは西ノルウェー、あるいは北ノルウェーに対してもやがて穀物を供給するようになる。

「商館」という語の初出、あるいは共同体内部で伝えられた規約の現物は十五世紀末までしか遡れないものの、十四世紀後半には、ベルゲンのドイツ人商人の共同体の中で少数の代表（十五世紀以降は一人に減員）と彼らの補佐役としての「十八人委員」（後に八人に削減）が運営にかかわる評議会を構成する指導体制が形作られた。彼らには、規約やハンザ総会での決議違反に対し、ノルウェー王国における裁判権とは独立して構成員を裁く権限が認められていた。十五世紀半ばには、大学で学問を修め、文書記録の引き継ぎにたずさわる職として書記が併設され、以後十八世紀後半に至るまでこれらの組織は大きな変更が加えられることなく存続する。特に初期の段階において、このベルゲンのハンザ商人共同体内部で指導的な役割を担ったのはリューベック出身者だった。港の北側を中心とする二〇～三〇区画がドイツ人商人の手にわたったのも、組織化と同じか、それよりもやや遅れる十四世紀後半から十五世紀前半のことである。言い換えるならば、この段階ではじめて現在のブリッゲンの街区に見られるような「ドイツ人区画」に代表されるドイツ人とノルウェー人の間の居住空間の分離体制が確立したのだ。

最盛期で約七〇〇〇人と見積もられる中世ベルゲンの人口のうち、ドイツ出身者が占めた割合は夏季の一時滞在者を含めるならば、最大で三〇〇〇人前後であったと推定される。ただし、信頼がおける統計資料によるなら、少なくとも中世の時点では定住者はさほど多くなかった可能性が高い。一五二二年の会計記録で納税対象者とされている、言い換えるならば一年を通じて滞在していた世帯主であるドイツ人商人の数は二二区画で計一五七名であった。同時期の記録によれば、ベルゲンでのドイツ人商人は約五名の補佐や見習いを世帯ごとに抱えていたと言われるが、そこから逆算するなら、ドイツ系商人の定住者は中世末の段階で一〇〇〇人前後であったことになる。関係者などを含めても、冬季の彼らの人口が二〇〇〇人に達することはなかったはずだ。

ドイツ商館とその他の都市共同体の構成員、あるいは商館とノルウェー王に代表される上位権力の間の関係を定めた公的な法規は存在しない。ノルウェー王の特権状は常にハンザ商人、あるいは外国人商人に宛て発行されたものであり、「商館」やその代表が共同体内部で行使する裁判権も、王による特権状で保証されたものではない。十三世紀末に王が外国人商人に宛て発行した特権状でいくつかの義務については免除されたものの、ベルゲンに滞在するドイツ人商人に対する王の公的な立場は、ノルウェー王国の都市法の適用対象となる他の都市民と何ら変わるものではなかった。

ホーコン六世（在位一三四三～八〇年）は、ドイツ人共同体が王権やその役人の干渉を受けることなく独自の法と裁判権を行使することにむしろ具体的に触れ、苦言を呈しさえしている。しかし、黒死病後のノルウェー王には商人共同体にこの意向を強制するだけの力はなく、王による共同体からの税（軍役代納金）の支払いも現実的には中世末までを通じて散発的なものにとどまった。カルマル連合の成立に伴い、ベルゲンの立地する西ノルウェー、さらに北ノルウェーに対する王権の関心と発言力はさらに低下することとなる。

中世末のベルゲンでは、ドイツ人商人の政治的影響力をはっきりと示す集団暴力事件が何度か起きている。その中でもとりわけ大規模だったのが、一四五五年に「海賊」取り締まりとそれに伴う物資の没収をめぐり対立したベルゲンフース（要塞）の長官オーラヴ・ニルソンとその随員を、代表の指揮下で武装したドイツ人商人の一団が、都市郊外に立地するムンカリブ修道院で襲撃して殺害した事件につながる一連の対立だ。ここで殺害されたオーラヴの随員の中には、ベルゲン司教も名を連ねていた。ある記録によれば、襲撃に加わったドイツ人の数は二〇〇〇名を数えたという。殺害されたオーラヴは襲撃時武器を帯びず、修道院への襲撃、かつ司教までが殺害されたとなると世俗と教会双方について明白な法違反だったが、スウェーデン内部の反連合勢力に対する同盟者を欲していた王は、五〇〇〇マルクの賠償金の支払いと引き換えにベルゲンの商館と和解する道を選んでいる。これに先立ちリューベック市参事会に送られた商館代表からの通信書簡は、オーラヴが自分たちより力を持ったならば、必ずや商人共同体を襲撃するに違いない、というむねの警告を含んだものだ。オーラヴが取り締まりの一環として商人の船舶に海賊行為を働いたとしてドイツ人側は非難しているものの、近年の史料の再検討によれば、彼の活動は少なくともノルウェー王国内の聖俗有力者で構成される王国参事会の意向に沿って、ノルウェー法に則って行なわれていた可能性が高い。この事件と件の書簡は、十五世紀ベルゲンにおいては、ドイツ人商人は社会・経済面にとどまらず、政治・軍事的な面でも相当な重きをなし、役人に代表される都市内の他集団との対立を実力行使で解決する選択肢を放棄していなかった、という事実を示している。

同時期、課税と商品流通の統制をめぐる在地権力との対立はベルゲンにとどまらず、少数のハンザ商人滞在者共同体が存在した東ノルウェーのオスロやテンスベルといった諸都市でも散発的に発生した。また、大規模な武力衝突に発展することはなかったものの、十五世紀のとくに後半にベルゲンに姿を見せるようになる低地地方出身者、あるいはイングランド人商人との間でも、生活上の問題をめぐって小競り合いが発生することがあった。

都市共同体の中にもうひとつの共同体を作り上げたベルゲンのハンザ商人だが、彼らがドイツの母港から持ちこんだ文化は、中世末のベルゲンで大きな争いを呼ぶことなく受容された。ホップを添加して醸造され、樽詰めされたビールのことだ。時代区分的には近世に入るが、ベルゲンに残存する最古の関税記録（一五七七／七八年次）では、毎年ベルゲンに輸入されたビールの数量は約一四〇〇〇樽にのぼり、取引額に換算するならば、総輸入額の実に半数を占めていた。これを一人頭にならしたある統計によれば、毎年約六〇リットルの輸入ビールをベルゲン市民は購入していたことになるという。また、量にとどまらず、取引されたビールの種類についても、ハンブルク、ブレーメン、ロストクなど北ドイツのさまざまな都市で生産されたものが輸入されており、さまざまなものが記録中に見出される。注目に値するのは、これら文字通り「舶来」のビールがノルウェーの地場産のものに比べ、安いものでも同額から二倍、高級品になると五倍以上と、価格競争力だけでみるならば全く優位でなかったにもかかわらず、都市内で人気を博していたという点だ。

実は地場産のビールとハンザ・ビールの間にはもう一つ、成分面での違いがあった。それは、風味づけに使われていたホップの存在である。ヴァイキング時代から伝統的に北欧人は麦芽を発酵させたエールを愛飲してきたが、ホップの栽培は、ハンザ商人の母港であるドイツから中世末になってはじめて伝わった。王や教会は農民にホップの作付けを奨励するが、輸入品に対抗できるホップの栽培は根付くことなく終わっている。ただし、ホップ・ビールの評価は、味だけで見るなら実はエールに比べて優位にあるわけではない。前者の後者に対する優位は、保存料として働くため原材料費を節約でき、遠距離を大量輸送できるという主として生産者側にとってのものだった。いいかえるなら、中世末のベルゲンに生きたノルウェー人は、ドイツ人に限らず、原材料費が安いはずなのに販売価格が高価であり、味についてもさして優れていなかったハンザ商人の輸入ビールを好んで受け入れていた、ということになる。おそらくは、彼らは単なる生活必需品でなく贅沢品・嗜好品としてビールを買い求め、そこに求めた付加価値には、単純な質だけでなく、ドイツ発の「舶来品」としてのブランド的なものが含まれていたのだろう。都市内の日常生活や商業で時に競合し、小競り合いを起こすことがあっても、ハンザ商人のお膝元からの「舶来品」を評価する価値観を共有することで、中世末ベルゲンのノルウェー人はハンザ商人が北海・バルト海に構築した商業・文化ネットワークの一員に紛れもなく組みこまれていたのだ。

五．クエリーニがみた北ノルウェー沿岸社会と外部世界

前節で紹介したベルゲンフースの長官、オーラヴ・ニルソンとベルゲンのハンザ商館構成員の間の対立の背景には、前者が体現するノルウェーの聖俗有力者が集うカルマル連合期の王国内最高意思決定機関、ノルウェー王国参事会の意向が存在していた。おそらく、ドイツ人商人に交易ネットワークの仲介者としての地位を奪われたベルゲンのノルウェー人都市民も前者寄りの態度を表明していただろう。だが、ノルウェー人一般にいわば「反ハンザ」的な空気が広く共有されていたわけではないし、有力者の中にもハンザ商人をノルウェー経済にとって有益と考える者もいた。例えば、本章冒頭で例を挙げた、一四三二年にロフォーテン諸島に難破して救助されたヴェネツィア人クエリーニを連れてベルゲンに向かったレスト島の漁民たちにとっては、ベルゲンのドイツ人商人は彼らの生計の手段である干しダラのまたとない取引相手であったに違いない。

クエリーニが残した漁民の生活サイクルの観察記録は、外部の目から見たロフォーテン諸島の漁村社会、そして中世末の極北で展開した交易の実相の一端を伝える非常に貴重なものだ。難破船の船員への救助と対応が遅れた理由は、一月で一二〇名の島民のほぼ全てが漁に出払ってしまっており、日曜日のミサに戻ってくるまで情報の伝達と人手の確保が難しかったからだった。その一方で、わずか一二〇名の島の漁業集落の農民には、十数名の成人男性から構成される難破船の乗組員を数カ月の間、一切外部社会と接触することなく養うだけの十分な蓄えがあった。クエリーニは後に手数料を要求したドイツ人聖職者に対する不快感を除き、島民の態度やそこでの待遇、食事について一切の不満を記していない。レスト島での耕作は不可能と明言されている以上、島民や乗組員が口にした食料をはじめとする必需物資の多くを、基本的にほぼ唯一の島での生業である漁業産品との外部との交換により入手していたことになる。外部社会から島にロンドンやフランドル産の毛織物が持ち込まれる一方で、島民は周辺の自然環境で利用可能な資源を活用して長い冬を過ごす工夫をこらしていた。家屋の窓には防寒対策として薄い魚の皮が張られ、貴重な陽光はそれを通して屋内に差しこんできた。また、家屋の周囲には牛が飼育されていたほか、野生の「ガン」（おそらくケワタガモと推定される）が多数営巣しており、島民が人を恐れないその巣から卵を採集することもあったという。クエリーニはさらに、島民がタラとカレイの類の主として二種類の魚を漁獲することと並んで、前者を塩抜きで天日に晒し乾燥させ、後者を切り分けて塩漬けにするという当時の水産物の加工手法や食べ方についても貴重な証言を残している。そして、復活祭を過ぎ五月を迎えると、島民は魚の加工品を満載した大型船を仕立て、約一〇〇〇キロ以上も離れたベルゲンへと救助した乗組員を連れ旅立った。

二節で簡単にまとめた十三世紀の北ノルウェー沿岸社会のあり方とこのクエリーニの記述を比較するなら、沿岸に立地する漁村を拠点とした大規模商業漁業という生産形態には連続性が見られるものの、そこから南方のヨーロッパ市場への接続のあり方について顕著な違いが生じていることがわかる。既に述べたように、ステープルであったベルゲンでは、十四世紀後半以降、リューベックをはじめとするハンザ商人が、穀物の輸入、あるいは干しダラの王国外への輸出の主要な担い手となった。だが同時に、ネットワークの北ノルウェー社会における伝統的な中継地点であったロフォーテン諸島のヴォーガンの地位に大きな変動が生じていたことを見逃すことはできない。クエリーニを救助した島民たちは地方の中心地に留まることなく、みずからスカンディナヴィア半島の北西岸を南下してベルゲンの商人と直接取引を行なっている。クエリーニが「ヴォーガン」という地名を自らの記述中で言及することもない。一三八四年、ノルウェー王オーラヴ（一三八七年没）の名で中部〜北部ノルウェーの各地方に発せられた王令では、ベルゲンからの商人にはヴォーガンまでの航行を義務付ける一方、北ノルウェーのホーロガランおよびフィンマルク地方の漁民には後背地での取引を禁じ、ヴォーガンで商人と会合を持った上で取引を行なうべしと定めている。このオーラヴの王令の基本路線は、十三世紀以来のノルウェーによるステープル政策を踏襲したものだ。その一方、同王令はヴォーガンをはじめとする各地の都市空間外部での漁民と商人の間での違法取引の横行を発布の背景として明言している。言い換えるならば、十四世紀後半に西ノルウェーから極北につながるネットワークは何らかの形で機能不全におちいっていたことになる。そして、この王令を最後に、中世北ノルウェーにおける輸出前提の大規模漁業の勃興と並行して栄えてきたヴォーガンでの同時代の経済活動の痕跡は文字史料から姿を消す。一見唐突に見えるこのヴォーガンの黒死病大流行後の没落について、近年の見解は、複数の要因の相互作用の所産としてもたらされたとしつつも、外部世界のネットワークの代理人としての外国人商人と漁民の間の直接取引、とりわけ信用取引経路の確立の重要性を強調している。

漁民とベルゲン滞在の商人の間の取引は、クエリーニによれば、現物交換の形をとる場合、銭貨が用いられる事例のふたつの形が存在したようだ。十六世紀初頭の徴税に関する会計記録も、クエリーニが記す貨幣と現物経済の混合形態を裏付ける。北ノルウェー、フィンマルク地方のある漁業集落では、十二名名が挙げられた納税者のうち九名が、少なくとも干しダラと銀納の併用、あるいは銀のみで税金を納めることとなっていた。

中世後期の漁民と外部世界の代理人としての外国人商人との関係の緊密化については、美術・文化史の分野からも傍証を得ることができる。十二世紀に創建されたトロムソ県のトロンデネス教会は、中世後期には数百キロ南方のトロンハイム大司教座付属聖堂参事会の管理下に置かれたが、十分の一税だけでなく周辺に数多くの所領を有し、そこから納められる干しダラとバターの地代とあわせて、大司教区内でも有数の富を蓄えていた。十五世紀の土地台帳をもとに再構成される同教会の収入は、教会一つの所領収入だけで。聖堂参事会全体の約七分の一、オスロ司教の所領全体からあがる収入の五分の一にのぼる。十五世紀半ばに半世紀近くにわたり同教会の聖職禄を保有したエーリク・イーヴァルソンは教会の大々的な改装を行なうが、その目玉としての主祭壇彫刻を、彼はリューベックに工房を構えるベルント・ノトケ（一五〇九年頃没）に発注した。ストックホルム大聖堂の「聖ゲオルギオス像」、あるいはレヴァル（現タリン／エストニア）の「死の舞踏」などを代表作とするノトケは、ハンザ商人が拠点を構えた北海・バルト海の各地に作品を納入した、芸術分野におけるドイツ・ハンザの代弁者というべき存在だ。王冠をかぶったタラを自らの紋章に用いたエーリクは、同教会に支払われた干しダラなどの富をつぎこみ、南方で流行の様式の芸術品を飾ることで、みずからと外部世界のつながりを誇示したのだろう。しかも、ノトケの関与が疑われる作品で北ノルウェー沿岸部に立地するものは、このトロンデネス教会の主祭壇彫刻ひとつにとどまらない。ノトケの作品をはじめとした南方起源の教会芸術の北ノルウェーでの広まりは、北海・バルト海世界の視覚芸術文化の流行が、エーリクという個人の一注文主の嗜好にとどまるものではなく、沿岸部の社会に広く受容されていたことを強く示唆している。

十五世紀極北ノルウェーの漁民に対し、ベルゲン在住のドイツ人商人さえもが、取引先、言い換えるならば外部世界との直接の接点としての独占的な地位を完全に維持することはできなかった。一四二〇年、カルマル連合の王エーリク・ア・ポンメルン（ノルウェー王としての在位一三八九〜一四四二年）に宛て北ノルウェーのホーロガランおよびフィンマルク地方の住民の名で送られた請願状では、白海方面からのロシア人、あるいは「異教徒」集団と並び、二隻のイングランド船が禁じられた商取引目的で北ノルウェーに姿を現したことへの対策を求めている。イングランド人は十五世紀の同時期に魚を求めアイスランドに姿を現し、しばしば島民と衝突しているが、フィンマルクでもそれと類似した状況が生じたようだ。コペンハーゲンのエーリクはこれを受け、一四二五年に外国人への渡航禁止令を再度発布する一方、一四三〇年代にかけてはイングランド王ヘンリ六世と交渉を行ない、後者にベルゲン以外への不法な渡航を取り締まらせることに成功している。もっとも、イングランド側の記録では数年に一度の割合で違反者の存在が認められるため、取り締まりが実効力を有したかは疑わしい。一四三一年にイングランド王の特使に手渡された抗議の書簡によれば、イングランド船により持ち出された干し魚の被害は二〇年で述べ約二五〇〇トンにものぼる。十五世紀半ばを迎える頃には、ヘンリ六世とクリストファの双方から、アイスランドおよびフィンマルクへの正式な渡航許可を時限付きながらも獲得したブリストルの有力市民さえ存在する。連合の政治の中心である南方のコペンハーゲンからは極北やアイスランドはあまりに遠く、十分な統制力を発揮できなかったことが現状の追認につながったと考えられる。

カルマル連合の所在地であるコペンハーゲンに政治行政の中心が移り、かつて王や大司教と北ノルウェー現地での政治的影響力を競ったビャルケー家門の所領の相続人も、南ノルウェーや他王国の貴族との通婚によってノルウェーからいなくなる中、北ノルウェーで最上級権力として君臨したのはトロンハイム大司教であった。フィンマルクにまで至る北ノルウェーは彼の大司教区に属し、大司教は各地の教会から十分の一税を取り立てるにとどまらず、大司教区内外に分散した所領を有する同地域有数の大土地所有者としての顔をも持ち合わせていた。そして、沿岸の漁業集落に立地する農場からは、バターや穀物ではなく、干しダラが税・地代として彼のもとに納入された。漁業資源が大司教の収入に占めた割合は、およそ半分にのぼるという。

北ノルウェー沿岸の社会にとって重要なのは、ヴォーガンに代表されるノルウェー人商人の南方、ベルゲンに向けたネットワークの仲介者としての機能が失われた中世後期にあって、大司教がこの仲介者としての機能、さらに沿岸漁村の現地社会におけるある程度の統制力の両者を兼ね備えていたことだ。大司教はベルゲンに商業活動のための区画に加え、みずからや随員用とは別に大洋を越えて商業活動を行なう交易船を代々所有していた。宗教改革直前、一五三六年に編まれた目録では、干しダラだけでも年に三五トン以上、ほかにも約四分の三トンのシロイトダラや四〇樽のマス、さらに二樽の最上級の魚油が、輸出用としてベルゲンの件の区画に搬入されている。さらに、大司教は在地社会における代理人として行政、経済、あるいは軍事上の職務を執行し、それと引き換えに大司教の裁治権に属する存在として免税特権を授与された俗人監督官（セーテスバイン）のネットワークを構築していた。彼らの多く（約四分の三）は北ノルウェー沿岸部の漁業集落に配置されており、それらの集落から干しダラを効率的に徴収する任務を担ったことが推定される。

クエリーニは南方に向かう途中、捕鯨用の二隻の大型船に二百人余の随員を分乗させ、北方への巡行に向かう途上であった時のトロンハイム大司教アスラーク・ボルト（在位一四二八〜五〇年）と出会い、彼と話をする機会を持った。難破者の境遇をあわれみ、トロンハイムまでの通行手形を彼らに対して発行した大司教を、クエリーニはその地のすべての土地と島々を管轄する監督者と形容している。彼が教会の管轄権のみを念頭に置いていたか記述からははっきりしないが、そう企図したかしないかに関わりなく、まさに大司教はヴェネツィア人が述べるとおり北ノルウェーの社会・経済の支配者であり、逆にこの北ノルウェーの海こそが中世末のトロンハイム大司教の富と権力の基盤そのものだったのだ。

おわりに

クエリーニも面会した大司教アスラーク・ボルトは、ベルゲンに滞在するドイツ人商人の存在を、北の果てのフィンマルク地方までのノルウェー人にとって経済と秩序の維持双方の面で有益であると述べている。十四世紀半ばを挟み、黒死病大流行や同君連合の成立などノルウェーを見舞ったさまざまな激動の中にあって、ドイツ人商人が維持し強化したヨーロッパとのつながりにより、北西ノルウェーの沿岸社会は商業漁業に特化することで影響を比較的軽微におさえることができた。この大司教のことばは、この社会の再編に乗じて中世末に力を増したその地方のノルウェー人の見解を代表するものだ。その一方で、この商業ネットワークを介し、直接ハンザ商人が顔を見せることがなかった極北の地にまで、北海・バルト海世界で共有される信用取引や視覚芸術といった有形・無形の文化が浸透していくこととなる。

極北の海で獲れた干しダラの富を背景として、中世後期のトロンハイム大司教は、王がノルウェー王国内部に不在のカルマル連合時代にノルウェー王国参事会の筆頭としてその権力を誇った。カトリック最後のトロンハイム大司教であるオーラヴ・エンゲルブレクトソン（大司教在位一五二三〜三七年）は、同君連合上の王国としての地位をノルウェーから奪い新教の導入を目論むデンマーク王とその代理人に対し、武力をもって抵抗することも辞さなかった人物として知られる。彼がよりどころとした中世ノルウェー最大規模の建築物のスタインヴィクホルム要塞や傭兵、武装従者の雇用を支えたのも、この北の海の富であった。ある伝承によれば、彼もまた北ノルウェー沿岸の豪農の出身であったという。オーラヴの追放後、北ノルウェー沿岸の経済もまた十六世紀後半における市場での干しダラの価格下落を受け衰退し、クエリーニが記した繁栄は過去のものとなった。

主要参考文献

小澤実・薩摩秀登・林邦夫『辺境のダイナミズム』岩波書店、二〇〇九年。
松本涼「中世アイスランドと北大西洋の流通」山田雅彦編『伝統ヨーロッパとその周辺の市場の歴史』清文堂、二〇一〇年、六九〜九三頁。

百瀬宏・熊野聡・村井誠人編『北欧史』山川出版社、一九九八年。
ジョン・ケリー、野中邦子訳『黒死病——ペストの中世史』中央公論新社、二〇〇八年。
Hanno Brando, ed., *Trade, Diplomacy and Cultural Exchange: Continuity and Change in the North Sea Area and the Baltic c. 1350-1750,* Hilversum 2005.
Rolf Danielsen, et al., *Norway: A History from the Vikings to Our Own Times*, Oslo 1995.
Arnved Nedkvitne, *The German Hansa and Bergen 1100-1600*, Köln 2014.
Alf Regnar Nielsen, 'Importance of the Hanseatic Trade for the Norwegian Settlement in Finnmark,' in Volker Henn & Arnved Nedkvitne, eds., *Norwegen und die Hanse*, Frankfurt a. M. 1994, pp. 19-30.
Przemysław Urbańczyk, *Medieval Arctic Norway*, Warsaw 1992.

VII

フランドルとハンザ、そしてフランスとハンザ

――ブルッヘの浮沈をめぐる一つの物語――

山田雅彦

はじめに

中世ヨーロッパの国際商業におけるブルッヘの位置は圧倒的である。商品市場としてだけでなく、金融市場として飛躍的な発展を見た十三～十五世紀のブルッヘには、ハンザに属したドイツ系商人に限らず、あらゆる地方の外国人商人が押し寄せ、彼らは利益の拡大を目指して活動を絶やすことがなかった。マレーの表現を借りれば、そこは「資本主義の揺籃地」であった。

以下では、ハンザ商人とブルッヘの関係を中心に、彼らのブルッヘでの定着のプロセス、彼らのブルッヘでの商業活動をまずは概観するが、その上で、フランスとの通商関係にも視野を広げていく。フランス西部との通商関係の実態、さらにそれ自体が動揺していくプロセス、そして最後は十五世紀のブルッヘ－ハンザ関係とフランス西部とハンザの交易関係相互の関わりへと論は及ぶ。

あえてハンザとブルッヘとの関係だけでなく、ハンザとフランスの通商問題に触れるのには意味がある。第一に、中世後期にフランスでも特に西部海岸地方が、バルト海地域に塩とワインを提供する重要な基地として機能したからであり、第二に、北海・バルト海地方とフランスの間の貿易の変遷が、その後のブルッヘやハンザの貿易構造の転換に関わっているからである。フランス各地との交易がハンザによってどのようにおこなわれ、ひるがえってそれがハンザとブルッヘの間に構築されていた堅固な関係にどのような影響をもたらしたのかが本章の重要な課題である。いわば、フランス西岸交易はハンザ商業の「枝葉部分」ではなく、地方的局面のみで考察されるべきではないこと、それどころかこの局面もまた、中世後期におけるハンザとブルッヘへの漸次的衰微という現象に深く関わっていたことを明らかにしていきたい。

一．ブルッヘに進出したハンザ商人

一二五二〜五三年、フランドル伯妃マルグリットはドイツ人商人に対し、ブルッヘに貿易のための居留とフランドル伯領全域における安全保護を含む通商の自由を保証する特権状を認めた。一般に、これがハンザ商人のブルッヘへ「商館」、そして彼らの対フランドル商業の公式の出発点と位置づけられている。しかし、この時の特権は全般的で規範的な内容を含んだもので、とりたてて珍しい大特権というものではなかった。低地地方全域を見渡せば、すでに一二四四年にはリューベックとハンブルクはユトレヒト司教領で通商特権を得ていたし、一二五七年にはブラバント公領でも同種の特権を獲得した。六六年にはドルドレヒトにおいてもブルッヘ同様の地位を占めるにいたった。対岸のイングランドでも、一二六六年にリューベック商人、翌年にはハンブルク商人が、ヘンリ三世から、ケルンの「ハンザ」にならって「ハンザ」を結成する権利を認められていた。「ドイツ人のロンドン・ハンザ」は、間もなくこれらのハンザが合同して成立したものである。

フランドル伯領の側からしても、何もこの種の通商特権はドイツ人のみに与えられたのではなかった。特にラ・ロシェルの商人など西フランスのワインを扱う商人にも、ブルッヘと反対側に位置するグラヴリーヌ港を拠点に自由に活動してよいとする特権が、一二六〇年代初めに与えられた。十三世紀末までには、さらに加えて、イタリア人、スペイン人と多種多様な外国人にブルッヘ等での特権は認められていった。

また、ドイツの商人たちは、当初から一つにまとまっていたわけではなく、またブルッヘ市内にのみ来ていたわけでもない。ケルンの商人は古くからブルッヘ市内に館などを持つ者もいたが、北ドイツの商人らはむしろ市外の別の場所を最初は選択した。ブルッヘより下流のライエ川・ズヴィン湾沿いでは、ダムのほかにも複数の小集落・小港が十三世紀以降発達していた。そのうち、ダムと河口部(一二九〇年代以降、その河口部右岸にはスライスが建設されていく)のちょうど中間あたり、流路の左岸に発達したのがフーケだが、ブルッヘを避けてズヴィン内に自身の恒久的な定住・交易地を設けようとするハンブルク人やブレーメン、リューベック人らは、当初この地に集中して居住しようとしていた。

この計画は一二五二年の伯妃マルグリットとの通商交渉で初めて話題に出たものである。北部の商人団はロンドンやノヴゴロドのような専用の商業コロニーの設置を求めていた。領地の譲渡と治外法権の認可は伯妃から断られたが、彼らはその後もフーケの地点から立ち去ることはなかった。彼らは一二八〇年そこに施療院を建造し、やがてダムの伯役人の会計記録が当地の住人としてドイツ人商人のみを挙げるまでになっていた。その頃になるとバルト海東部の商人もブルッヘに現れてくる。トルン、エルビングの商人が一二八〇年以降に確認され、さらにリガの商人も十三世紀末に登場してくる。

こうして、ブルッヘとその周辺のドイツ人商人の数は徐々に増え、出身地も多様になっていったと思われるが、果たしてどれだけのドイツ人商人がブルッヘとその近隣地域に居留・定住していたのであろうか。十五世紀のブルッヘへの年代記作者ニコラス・デスパルスは、一四三六〜三八年の都市反乱の後にブルッヘでおこなわれたブルゴーニュ公の入市式を叙述するにあたり、行列に多くの外国人商人が参加したことに触れている。ドイツ人が一三六名、イタリア人が一五〇名、そしてスペイン人が四八名であった。ただし、この比率がそのままブルッヘ在留外国人の比率を示すかとなると、話は微妙である。

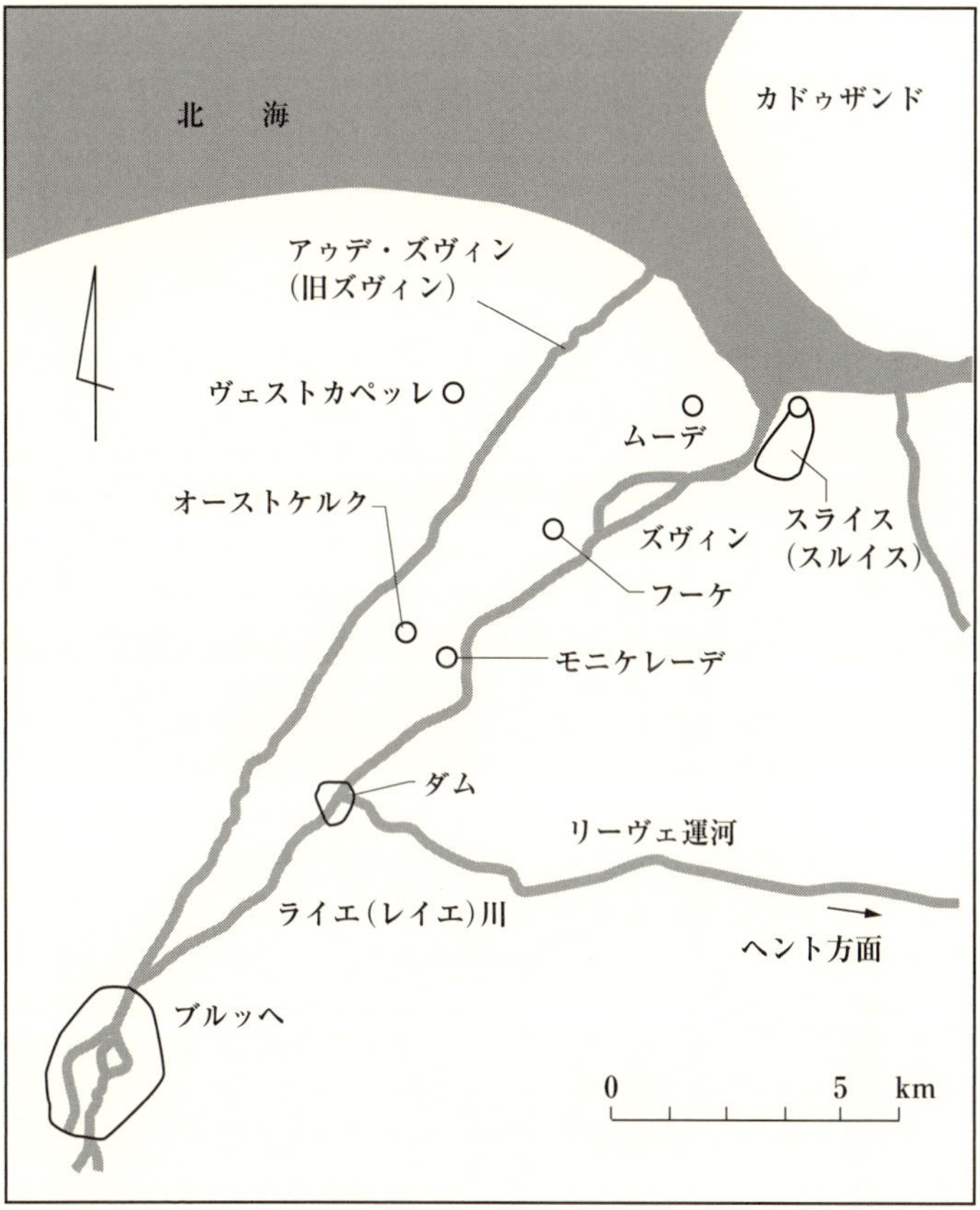

地図Ⅶ－1：ブルッヘからズヴィンを経て北海まで

［出典］J.M. Murray, *Bruges, Cradle of Capitalism, 1280-1390*, Cambridge, 2005 掲載の地図をもとに作成

マレーによれば、この行事がおこなわれた十二月はビジネスシーズンではなく、一時的にも外国人が本国に帰還する時期とされる。また、入市式の行進は高価な衣装が必要で、多大な出費を要したため、あらゆる階層の者が参加できたとは考えられないともいう。こうしてマレーは別系統の史料からブルッヘ在留ドイツ人の情報を補っている。

一つは、ハンザの商人がワイン物品税の半分とビール物品税の七〇％近くを免除されていたことに関するするもので、一三六〇年以降の一定期間の免除者の名前が都市会計簿に列挙されている。一年のうち最も多い時には二〇五名、少数時はわずか二名が記されるが、総計一、七〇〇の商人の名前があって、整理するとおおよそ九五〇名の人物が登場する。特にハンザ商人が多数言及されるのは、五月のブルッヘ年市の頃から六月にかけてである。前述の二〇五名は、一三七二年のこの時期に言及される人々である。このデータから、常時ブルッヘにいたハンザ商人はせいぜい四〇から五〇名、そして四月から初夏にかけてそれが二倍、三倍になったと推算されている。

もう一つの史料は、ブルッヘ都市文書館に収蔵される十四世紀の両替商コラール・ド・マルクの著名な会計簿であり、そこからも数百人に及ぶ外国人の情報を引き出すことができる。ただし、そこから割り出される「ドイツ人」の数はわずか十九名である。それに比してフランス王国の人々が二三三名、イングランドとスコットランドの人々が五二名、イタリア人が二〇名、イベリア半島住民が一二八名、ブラバントなどの他のネーデルラント出身者が一二五名、フランドル人が四一三名と、いずれもドイツ人の数値を上回る。マレーはこうした数値を根拠に、考えられてきたほどハンザ商人の居留者数は多くはないと改めて結論している。

これに従うならば、ブルッヘに常時いたハンザ商人の数は決して多くはない。むしろ、彼らは必要なとき、必要な人員を送っていたと考えた方が適切であろう。それはこの後見るように、彼らがブルッヘにロンドンやベルゲンのような組織全体に関わる建造物を長い間持たなかったことと関係しているように思われる。彼らは市内に分散して居住し、そしてその活動はあくまで「定期的」ではあっても、「恒常的」「常設的」なものとは言えなかったということである。この状況を考慮すると、ブルッヘの「商館」「コントーレ（コントール）」といった表現が、いかに概念的で後世の出来事の無批判な投影でしかないかがわかる。

それでもハンザ商人が、ブルッヘ市内にある程度まとまったコロニーを形成しようと考えていたことは看取できる。一二六三〜六五年、彼らはカルメル会修道会のブルッヘ進出に協力した。カルメル会には学校もあって、ヨーロッパ中から多くの学生＝修道士を引き寄せていたが、ハンザ圏出身の「ナティオ」（国民団）もあらゆる行事でカルメル会の食堂を借りて集会を開いた。十四世紀にはハンザ商人によって使用される公式の秤を較正するための標準器もまたこのカルメル会修道院に保管された。

ハンザは他の托鉢修道会とも連携を持っている。たとえば、アウグスティノ会からは構成員のための墓地を交渉して得ていた。ドミニコ会もフランシスコ会もハンザから寄付を受けている。教区教会においても、ステンドグラスの寄付、あるいは貧者救済の資金提供をハンザ組織およびその構成員個人から受け取っている。こうした歩みがハンザ商人とブルッヘ市民の両者の関係をより親密なものとしていった可能性は十分考えられる。一二八二年、ブルッヘに「リューベック通り」が、一三〇六年には「ハンブルク通り」の名が言及される。ブルッヘに外地の地名を冠した街路が登場した最初の事例である。

しかし、外国人にとってブルッヘ生活が常に順風満帆だったとは限らない。外国人に対する偏見や差別、そこから生じる不正な扱いはおそらく枚挙にいとまがなかったにちがいない。ハンザ商人をはじめ、多くの外国人商人が最も憤慨していたのが、ブルッヘ市当局の関税徴収業務における苛斂誅求、そして商品計量時における不正であった。一二七九年にまずスペイン人・南フランス人が伯に提訴し、ドイツ人もこれに加わった。一二八一年、ハンザはブルッヘを飛び出し、近隣都市アールデンブルフに商業拠点を移す策に出て、スペイン系もこれに倣った。最後はフランドル伯を味方に付けて、八二年には伯から新特権を得ることに成功した。以後、関税徴収の正確な実施が厳命されるとともに、先述のハンザの所持する公式の標準器はこの時認められたものであった。

不正や差別的対応に対するハンザの対抗措置は一三〇七〜〇九年にも繰り返された。一三〇九年に得た新特権では、初めてドイツ人らは一つの団体として認められ、集会を持ち、規約を定め、そして犯罪を取り締まる権能を獲得した。そして一三四七年には、コントーレ（コントール）の名称を備えた新たな制度がブルッヘへのドイツ人団体にも適用されるようになった。「ドイツの商人」として団結した彼らは、しばしば「オスターリンゲ」（東方の人）と呼ばれた。この時、ドイツ人の組織は三つの「ドリッテル」と呼ばれる下部組織を持つようになった。それぞれ一定の独立性を保ち、個々の倉庫を管理した。リューベック・ヴェンド・ザクセンのドリッテル、ヴェストファーレン・プロイセンのドリッテル、ゴトランド・リーフランドのドリッテルの三つである。各ドリッテルから二名ずつ、合計六名の長老の会議と、六名ずつ選出された十八人委員会によってコントーレは運営されることが爾後認められた。

一三五八年にはこの新たな組織力がものをいった。英仏間の百年戦争の影響で、ハンザ船がイングランド船により攻撃される事件が多発した。ハンザはハンザを守る責任がフランドルにあるとして、フランドル伯とブルッヘ市に損害の賠償を要求した。フランドル側はこれに応じず、リューベックの主唱によって、一三五八年、対フランドル全面経済封鎖が宣言された。そして、ドイツ人たちはブルッヘどころかフランドル伯領を去って、ブラバントのドルドレヒトを低地地方における貿易拠点とした。結局この時も折れたのはフランドル側であった。折しも低地地方が凶作に見舞われて、ハンザ商人のもたらすバルト海地方の穀物がフランドルには是非とも必要だったからでもあった。

一三六〇年にまず認められた新特権は、ブルッヘとフランドルにおけるハンザの商業活動がその規模と複雑さをいっそう拡大させていたことに対応するものであった。新特権では、彼ら商人がブルッヘにおいて宿泊先の宿屋経営者や両替人と交わす金の貸し借りに関する規定を含み、宿屋経営者や両替人側の責任で取引に損害が出た場合、契約を交わしたハンザ商人は損失分の全額保証を相手方から受けることができるようになった。しかも、必要ならば都市金庫からの出費をもってそれは実行されるとも定められたのである。これはブルッヘ市民とハンザ商人とを商契約において完全に対等に扱うことを定めた特権である。実はこれだけの対等な特権の認可は、ハンザ以外の他の外国人共同体に当時認められてはいなかった。一三五〇年頃までにハンザとの商業がブルッヘ市にとっていかに重要な位置を占めるようになっていたか、それを証左するものと言えよう。

さらに一三八〇年には平和条約が締結され、賠償金問題が主にフランドル伯が負担することで解決したばかりか、ハンザは既得特権に加えて小売取引の資格さえ得た。中世都市では市民の小売業を保護して、外国人の商人には卸取引しか認めないだけに、これも法外な特権であった。

ちなみに、ブルッヘでのハンザ商人の権利の改善と並行して生じたのが、ハンザ全体におけるリューベックの支配権の確立である。ハンザ商人のうちブルッヘ、そしてフランドルに出かけた一団は「フランドル旅団」Flandernfahrer と呼ばれたが、それは他の方面別商人団である「ベルゲン旅団」「ストックホルム旅団」などとは数点において異なっていた。まず、リューベックの都市上層部の参加率が他よりも高かったという点。さらに、彼ら以外では、リューベック在来民というよりも、商業で成功してリューベックでの居住を選択した商人たちが大多数を占めていた。この点に関して、移民環境としての心地よさという点でリューベックはブルッヘに似ていたとマレーは述べる。またアスムッセンは、フランドル旅団の大半が行き先および居住地としてブルッヘを選択していた実態を明らかにしている。

詳細なデータの分析結果によると、一三五八年から一四〇八年まで確認される二〇〇名のフランドル旅団員のうち、一六三名がブルッへに居住し、残りも二〇名が近隣ズヴィン湾内の小港都市にいた。いわば、リューベックとブルッへの人的社会的な結びつきが、両都市の関係を深めただけでなく、ハンザにおけるリューベックの地位の上昇をもたらしたと考えられる。

二 ブルッへのハンザ商業

それでは、ハンザ商人はブルッへでどのように商売をおこなったのか。国際商業都市ブルッへは、羊毛と毛織物を中心に多彩な物品が流れる商品市場、そして、それをめがけて多額の資金が動く金融市場という二つの側面を備えた国際中心地であった。

もともと毛織物業が中世盛期より発達し、在地羊毛に加えて高品質なイングランド羊毛が十三世紀には大量に輸入されていた。こうした情勢の中、一三一三年、イングランドのエドワード二世は羊毛の輸出を統制すべく、ブルッへをフランドル及び全ヨーロッパに輸出される羊毛の指定市場と定めた。その結果イングランドの羊毛はもっぱらブルッへに送られ、そこで各地に再分配される回路ができていった。むろん、それ以外の多様なルートが「違法に」あるいは「例外措置として」存続したことは言うまでもないが、この特例措置によってブルッヘは国際商業都市としての地位をさらに上昇させた。この独占的集荷機能はものをいって、一三二三年にはフランドル伯ルイ二世より、今度はズヴィン湾に到着した商品について、木材・穀物・塩等の必需品を除いて、すべていったんブルッヘに積み降ろし、市内での販売に供すべきことが定められた。これらが複合した制度が、いわゆるブルッヘ・ステープル（指定市場）である。

当然そこには各地の金融業者とその資本が集い、そこからヨーロッパ各地へと流れていた。なかでもイタリアの商人＝銀行家の抱える資金は膨大で、王侯貴族への貸付けや遠隔地貿易の融資や決済にはほぼ決まって彼らの関与があった。イタリアの商人＝銀行家がブルッヘで果たした役割の大きさははかりしれない。為替手形による手形決済も彼らの活動を通して普及した。ハンザの商人もイタリア人が織りなすこの信用システムに関わったが、彼らにとってもっと身近で、より重要な信用ネットワークは別に存在したことが、マレーによって明らかにされている。それは、両替商と宿屋経営者、および取引仲介人とのネットワークであり、これこそがブルッヘのハンザ商人にとって最大の融資元であった。

まず両替商だが、彼らはブルッヘに流れる多種多様な通貨を管理し、両替業務を遂行することで、支払い段階における便宜を図っていた。彼らは伯権力とブルッヘ市の認可のもとに営業していたが、伯や都市の下僚や役人というわけではなく、自由に銀行業務もおこなうようになっていた。商人から資金を預かりそれを運用（＝他の取引や土地購入などに投資）し、利潤の配分を受けることを主な生業とした。高利貸しのような危険負担を含んだ利子率の高い貸付けと異なり、事業の成功報酬から利益を得る仕組みであり、ハンザ商人だけでなく多くの外国人商人が両替商の融資を利用した。何より資金移動や決済の面で便利であったのが口座間取引であり、ハンザ商人は両替商の口座を持ち、口座間の預金の振替等によって面倒な現金払いを避け、より円滑に取引を進めることができた。

他方で、ブルッヘはステープル市場と定まっていただけに、ハンザ商人ら外国人同士は自由に相手を見つけ、自由な時間に相手と交渉するわけにはいかなかった。外国人商人はブルッヘ市当局が公認する取引仲介人を介してのみ、ブルッヘ市場の商品取引に与ることができた。そして、彼らが滞在する宿屋経営者も、この取引仲介人を介して紹介されたのである。

フランドルに来るドイツ人の多くは、ブルッヘ市内、特に港に近い北部の宿屋に宿泊することで、ブルッヘ発着の国際商業世界に結びついていった。たいてい決まった国の出身者を受け入れた宿屋経営者とそれを利用する商人の間には、さまざまな経済的・社会的関係が次第に形成されていった。十四世紀半ば以降のことではあるが、宿屋経営者はしばしば商人の弁護人としても活動した。一三五八年の事例では、ハンザ商人ニクラウス・ローデンが伯の法廷に出頭した際に、ブルッヘ駐在支店の参議と彼の宿泊する宿屋経営者が同伴している。さらに、宿主と経営者は宿泊商人の代理人として商品の保存や管理を引き受けただけでなく、商人に代わって両替商の元に口座を開くことまで代行した。商人は不在時も安心して資金・預金の運用・投資をこの経営者に委託することができた。そして先述したように、宿屋経営者はビジネスファクター（融資者、あるいは共同出資者）としても関わることがあった。ハンザがもともと決まった駐在支店施設を持たず、商人がブルッヘ市内の宿を借りて滞在したことが、かえってこうした人的ネットワークの形成に貢献したと見ることもできる。

フランドル産毛織物のバルト海地方、特にその東方エリアへの輸出は、十三世紀後半から本格化し十四世紀半ばに大きく成長した部門だが、この取引はブルッヘ在住者から出資を募らねば実現しないものであった。フランドル人はこれに応じて、信用貸しによって羊毛と毛織物の購入資金をハンザ商人に融通した。この資金の流れは十五世紀にかけても一般に見られるものであった。この提携・協同関係にもとづく事業では、まずハンザ商人に多額の資金が提供される。商人はそれをもとにイングランド羊毛を購入し、ブルッヘに持ち帰る、そして専門の高級毛織物製造業者にそれを引き渡し高級品の製造を委託する、そして出来上がった商品がハンザ商人に届けられ、しかるべき市場に向けて出荷されるという流れである。

ハンザ商人によるブルッヘ向けイングランド羊毛輸出は十四世紀を通して大きく増加するが、その重要度はイタリア人による同部門の取引量に次ぐものであった。イングランドの輸出商もハンザ商人と提携することで、百年戦争中も安定した海外販路を開拓できたわけだが、ブルッヘへの宿屋経営者（＝多額の資金の融資者）は、イングランド羊毛を原料に製造される高級毛織物という付加価値商品の販売にも同じハンザ商人を従事させることによって、投資に見合う利益配当を期待したのである。ちなみに、先述の両替商もまた同じような利害で資本提供をおこなっていたことが知られる。

ただし、常にはうまくはいかないのが商売である。一三八二年のメヘレンのある織物業者は、ハンザ商人から購入するイングランド羊毛の対価として、製造した高級毛織物をブルッヘ毛織物取引所に持ち込んだ。しかし、この後納品された高級品の売却が順調にいかなかったと思われる（それゆえに告発が起きて記録に残されることになった）。私掠、強盗、反乱、戦争、火事や難破など、理由はさまざまだが、期待通りの取引が完遂されない時、商人は多額の借金を融資者に負う仕組みであったのだ。

取引商品こそ羊毛や毛織物ではなく、南方の物産と異なっているが、その種の信用貸しが生んだ栄光と挫折の人生を一例見てみよう。ヴェッキンフーゼン家は、ブルッヘを拠点にハンザのビジネスをおこなった商家の一つであった。レーヴァル、リーガからリューベック、そしてドルトムント、ケルン、さらにブルッヘに及んで活動をおこなっていた商家だが、その活動実態が残された会計簿や書簡からある程度判明する。

一三九五年の時点で、彼らはブルッヘに家屋を一軒所有していた。その頃ジファートなる人物が営業をおこなっていたが、九五年から九八年にかけて彼の兄弟ヒルデブラントが商売に加わってきた。ヒルデブラントとその家族は一四〇一年にブルッヘに移り住み、翌〇二年に一軒の「館」hof を住宅兼事務所・倉庫として賃借した。彼がブルッヘで活動した時期は、彼の商売が最も成功した時期であった。

ところが一四一八年、彼は商業上のトラブルを引き起こす。債権者の執拗な要求に困りはて、リューベックに家族を移した。最大の債権者は宿屋経営者ヤーコプ・スクートゥラーレとジェノヴァ人の商人＝銀行家ヨリス・シピンヘル（元来の名はスピノラ）であった。ヒルデブラントはこのブルッへの有名な宿屋経営者とパートナー関係を構築し、ジェノヴァからの香辛料輸入貿易で利益を得ようとしていた。しかし事業は失敗に終わり、借金のみが残されたのである。債権者はヒルデブラントを告発し、結局彼は三年間服役した。リューベック市は手をつくして彼の釈放を求めたがかなわず、ようやく一四二五年に彼は自由の身となった。そして、釈放後まもなくリューベックに身を移したところで彼は亡くなったという。波瀾万丈の人生であったが、それこそが、中世ブルッへのハンザ商人の平均的な姿だったと考えられるのである

三　フランスに向かうハンザ商人

ハンザ商人はブルッへを拠点として、そこからさらに南へ、すなわちフランス王国に進出した。十三世紀後半にはハンブルク船がワインを求めてフランス西岸のラ・ロシェルを、リューベック人やケルン人がイタリア産物資の買い付けにシャンパーニュ大市を訪問している。ただしこうした活動は散発的なものにすぎなかった。ところが、十三世紀末以降、ハンザ商人は特にワインを求めて、

海路ラ・ロシェルに殺到しはじめた。一二九四年、フランス国王フィリップ四世美男王《ル・ベル》は、リューベック、リーガ、カンペン、ハンブルク、ヴィスマール、ロストック、シュトラールズント、エルビンク、そして「ドイツの海（バルト海）の船乗りのすべて」に対して、イングランド産品のフランスへの持ち込みを禁じるという条件をつけて、王国全域での自由な通商権を承認した。これがドイツ人のフランス王国における最初の商業特権である。これは、一三七五年に仏王シャルル五世のもとで確認され、ハンザ籍の船舶に損害を与えることの禁止が追加措置として付加された。これらの措置は、ほぼ同じインターバルを経て、シャルル七世のもとでも追認された（一四五二年）。この間、シャルル六世によって、一三九二年五月には別種の特権も与えられている。

当のラ・ロシェル市は、一四二〇年頃まで、小規模ながらもブルッヘ駐在支店の出先のごとき機能を担うこととなった。ラ・ロシェルの人々は、北海やバルト海との連絡の主導権をハンザ商人に委ね、自身でその方面まで遠洋航行に出かけることは少なかった。むしろラ・ロシェル市は、北方通商の面では完全な受動商業にしばらくは徹した。同市内にはハンザの商人や配達人が一時居留可能な駐在支店が存在した。ダンツィヒ市民のエラー・ラムジットは、一四一九年の攻撃で輸送中の財貨を奪われた際に、ラ・ロシェルに常駐する一人の人物と連絡を取ることができた。また、ハンザ商人たちは商業の便宜を図って、ラ・ロシェル人の協力をあてにすることもできた。たとえば、シュトラールズントのある商人は一四一九年に船の攻撃を受けた際、ラ・ロシェル市民ジャン・ビュシエの倉庫にワインを預け置くことができた。ほかにも、ラ・ロシェル市内には小規模ながらハンザ固有の顧問会が存在したことが知られ、それは駐留ハンザ商人に対してハンザ総会の決定を伝え、現地での紛争を解決する任務を担っていた。

十四世紀を中心にハンザがフランス西岸地方、特にラ・ロシェル市場で買い付けた第一の商品は、後背のポワトゥ地方で生産されるワインであった。ハンザ諸都市においては一般にケルン商人がもたらすライン産ワインの方が廉価ではあったが、彼らは南西フランスのポワトゥ産ワインも自ら費用を出して輸入していた。一四〇二年、ハンザの二人の商人は、ラ・ロシェルの船をチャーターし、九二樽分のワインをプロイセンまで輸送した。一四一九年に拿捕された船の中にも、リューベック人がダンツィヒ人、ケルン人と共同出資した船があり、そこには相当量のワインが積載されていた。

十四世紀後半になると、百年戦争の影響もあってかイングランドとフランスの間にハンザ商人が入り込むようになり、彼らはラ・ロシェルのワインをイングランドに出荷し搬入し始めた。一三八六年、一四二九年、一四五五年、その明白な事例が確認される。一四五五年の例では、プロイセンの船が自身の出費でラ・ロシェルにて一〇〇樽のワインを買い付け、イングランドのサンドウィチに向かっている。その五年後、ブルターニュ公はハンザに特権を与え、イングランドに商品を運ぶハンザ商人に対してブルターニュの諸港にも立ちよって販売をするよう促したが、それはこの流通回路が相当活発に展開していたことを暗示している。ところがこのような流通はイングランドの商人たちのボルドー産ワインの輸入に真っ向から対立するものであったため、イングランド人はたびたびハンザ船を襲うなどして彼らの活動を妨害した。

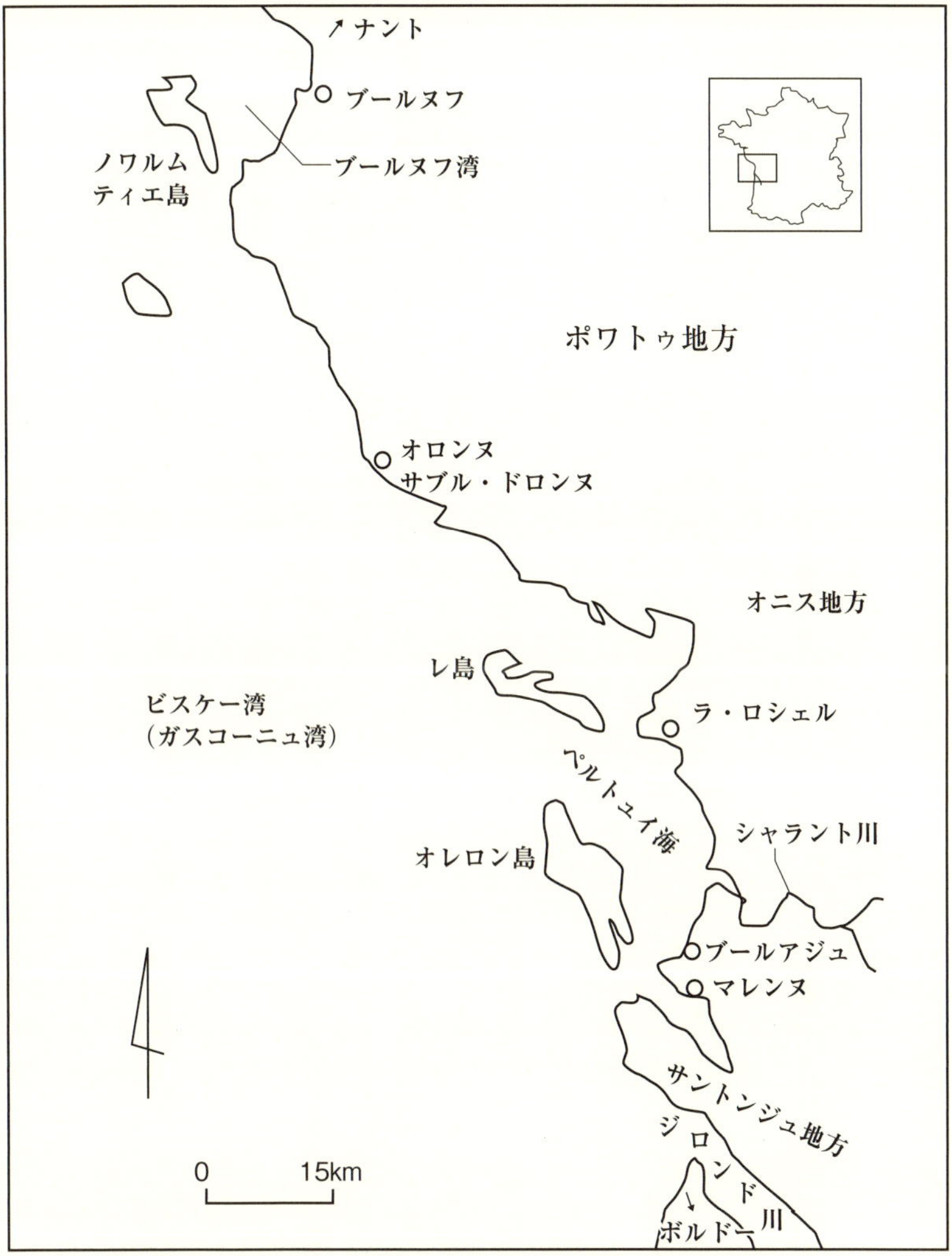

地図Ⅶ-2：ブールヌフ湾からペルトュイ海まで

［出典］M.Tranchant, *Le commerce maritime de La Rochelle à la fin du Moyen Âge*, Rennes, 2003 掲載の図をもとに作成

一四九一年、ハンザはイングランドに意見し、ボルドーとラ・ロシェルのワインの搬入の自由に関する特権が尊重されるよう求めている。実際、このルート上のワイン商業はイングランド商人との烈しい競合関係にあった。一四九二年のイングランド議会は、ハンザによるワイン輸入をイングランド在留民に限る旨の決定を出している。以後はこのハンザによる西南フランス産ワインのイングランド搬入は、表向きには難しくなっていったように思われる。

同じ十四世紀後半に、西フランスをめぐってはもう一つの流通が活発になろうとしていた。それはフランス西沿岸部で生産される海塩であった。十五世紀なると、ハンザは一〇〇艘を超える船団を組織して、ブールヌフ湾、ラ・ロシェル、ブールアジュ、ボルドーへと向かった様子が多くの史料から確認される。特にラ・ロシェルからおよそ一〇〇キロ北西に位置するブールヌフ湾とその内部のノワルムティエ島の塩はバルト地方で大変珍重されて、「ベイ塩」Baiensolt の名称が定着していく。そして、その輸送艦隊も一般に「湾船団」flotte de la Baie と呼ばれた。ブールヌフ湾の塩の取引は、ラ・ロシェルのワイン交易とならんで、十五世紀にかけてハンザの南進交易商品としての重要度を増していくのである。しかしひとまず十四世紀の頃はラ・ロシェル出荷の塩が主に取引されていた。一三五〇年、ハンザ船の船主であるシモン・ベール、ヴァルラント・リヒトフート、ヘルマン・デラバウフを一方の当事者とし、ジャン・ビゴーとジャン・ブランヴィルという在地の塩調達人をもう一方の当事者とする争いは、ラ・ロシェルに設置された塩倉の積み荷に関する契約をめぐるものであった。一三九五年、ラ・ロシェル市民アントワーヌ・シャステランは、ドイツ人とスペイン人の間のある争いに立ち会った人物だが、彼はラ・ロシェルにやってくるハンザ商人相手に塩の商売をおこなっていた。

塩は日常の食生活に欠かせないばかりか、肉屋、皮革工、皮なめし工らによっても大量に必要とされた。十四世紀前半まではリューネブルクの内陸塩をリューベックが独占していたが、しだいに他の都市は拡大する需要に応えうるだけの塩をバルト海地域の外に求めるようになっていた。フランス西部沿岸地域、さらにポルトガルのセトゥバルの塩に目をつけた最初のハンザ都市はハンブルクだが、すぐにプロイセン、リーフラントの諸都市、とりわけレーヴァルがこれに倣い、さらにヴェンド諸都市が追随した。ブルッヘはもともとこの海塩流通の非公式なステープルであり、当初ハンザ諸都市はブルッヘで海塩を買い付けていたとみられるが、十四世紀後半になると直接生産地へ出かけ、現地調達をすることを目指すようになったのである。

一三〇四年、フランス国王フィリップ四世はフランドルと戦争をはじめ、対フランドル禁輸制裁をおこなったが、その時も海塩だけは例外とした。デンマークとハンザの間でシュトラールズント平和条約が交わされた一三七〇年以後は、海峡通行の安全が確保されて、ブールヌフ湾およびラ・ロシェル沿岸のペルトュイ海域とバルト海地方との間の塩取引はいっそう盛んになっていった。十五世紀になると、一四一一年、一四二二年とリーフラントでペルトュイ海沿岸ブールアジュの塩が言及される。一四一九年、カスティリアによるハンザ船総攻撃という大事件が発生するが、その対象も「ブールヌフ湾船団」であった。ドイツ騎士団は、一四二六年にはラ・ロシェル行きの船の費用として、八分の一を提供することを決めている。

ハンザ商船隊のフランドル及びフランス沿岸部への航行は、明確に定められた方法に則って実施された。ニシン市場の解禁日である七月二五日、「ブールヌフ湾船団」の最初の中核部分の設置が定められる。まず、重量級のプロイセン、リーフラント系の船隊、主にホーク船、コッゲ船が、秋の頃ダンツィヒに集結する。西に向かっていく途上でリューベックの船隊が合流し、海峡を通過する。その後はノルウェー船隊、ハンブルク船隊が随時加わる。こうして冬の初めにはズヴィン湾に到達し、いったんブルッへに寄港する。十一月十一日から二月二二日の間、彼らはブルッへに滞在し、そこで商取引の一部をおこなう。この日以前の海上航行は禁止されていて、二月末にようやく航行は再開される。この時点での艦隊の船舶数はすでに一〇〇艘近くに達している。構成はハンザ船籍のものが半分、他の半分はフリースラント、ゼーラント、ホラント、フランドル、フランス、さらにスペインのそれさえも含まれる。一部はイングランド、その他の港にも寄港しつつ、ブールヌフ湾に到着するのは三月の頃である。そこから先は停泊することなく、行き先に応じて艦隊は分かれていく。ラ・ロシェルと近傍のブールアジュは、ブールヌフ湾からは一〇〇キロ近く離れていて、さらに数日を要した。

ハンザ商人はそこまでの旅程を空荷で来たわけではもちろんなく、木材、灰、松ヤニ（ピッチ）、タール、獣脂、毛皮、ロウ、ニシン、そして何よりも穀物を西フランスにもたらした。一三五一年、百年戦争初期のフランス国王軍がサン・ジャン・ダンジェリー奪還を目的としてラ・ロシェル郊外に集結した際、ラ・ロシェル市は国王軍に必要な小麦数樽の買い付けに資金を出している。これらは「フランドル、ドイツ、ブルターニュから来たものであった」。ちなみに戻り荷は、塩とワインの他に、ハチミツ酒、乾燥果実、さらに南方の香辛料類であった。

最後に、海路だけでなく陸路でも、十四〜五世紀のフランスとドイツの間にはもう一つの新しい商業関係が生まれていた。シャンパーニュ大市は十四世紀には規模も小さくなって往時の繁栄は見られなくなるが、それに代わってドイツ人商人が足繁く通ったのが、王国の都パリであった。一四〇〇年にはハンザの代表が常駐し、決済業務を取り仕切っていた。他方で一四〇五年、パリの商人＝金融業者であったある人物がプロイセン地方に直接出向いて為替手形を用いて毛皮を購入したが、ブルッヘ駐在支店が独占的な特権を侵害するものとしてこれを非難した。この事件からは、ハンザ空間とパリとの間の取引は、正式にはブルッヘを介してハンザ商人の手でなされるべきとする通念がある一方で、そうした中世古来の特権的枠組みを超えておこなわれる自由な取引がここでも生まれつつあった様子が垣間見える。

ドイツ人商人の中で、パリの商業界と最も取引のあったのはケルンの商人であった。彼らは革製品、鋼、他の金属加工品、武器・道具類をパリにもたらし、絹織物や他の布地類を持ち帰った。同類の商品流通がケルンとブルゴーニュ地方のディジョンの間でもフランシュ・コンテ、アルザスを経由しておこなわれたとドランジェは述べるが、詳細は不明である。ちなみに、ブルゴーニュ産ワインに言及する記録は北ドイツには確認されておらず、バルト海地方とブルゴーニュの間には直接の関係はなかったものと推察される。

四．苦悩する「南進」ハンザとラ・ロシェル――降伏から回復へ

十五世紀になるとハンザ商人の「南進」を抑制し、北へと押し返そうとする様々な動きが大きくなってくる。取引相手の地元民との間でのいざこざも絶えなかったが、何よりも反ハンザでの先鋒となっていたのはイングランド王国とスペインのカスティリア王国であり、そのもとで暗躍した私掠船であった。それはハンザがこれらの国の商人の活動範囲と重なるようにその営業エリアを拡大していったからであるし、さらには二国の商人がハンザの商業圏内に次第に深く入り込むようになったからでもある。一四三八年十二月にはナント及びブールアジュでプロイセン船の十八艘を襲ったのも、スペイン人とイングランド人であった。とりわけ、ハンザの南進に対して激烈に反応したのはカスティリア人であった。

ラ・ロシェルのある記録から、一四〇九年にハンザの商船団がカスティリア人によって襲われ、さらに一四一九年十一月中旬、ラ・ロシェルの港のすぐ前で今度はフランドル人も含むハンザの「ブールヌフ湾船団」が攻撃されたことがわかる。一四一九年の襲撃はその後のこの地方における

ハンザの活動にとって大きな転換となる事件であった。その時ハンザ商船四〇艘が被害に遭い、積載されていた商品はラ・ロシェルに運ばれて売却された。その後、カスティリア人とフランドル人の間でのみ、一四二一年と一四二八年に和平条約が結ばれたが、ハンザ同盟諸都市はかたくなな姿勢を崩さず、この条約に参加しなかった。結局、この部分的な和平条約では相互の信頼が回復されるはずもなく、私掠行為がとどまる気配はなかった。一四三〇年一月一日にリューベック市で開かれたハンザ総会は、公式にスペイン産羊毛のハンザ都市での取引を禁止する旨の決定を下した。

一四三五年、ハンザ同盟は、ラ・ロシェル市を介してフランス国王シャルル七世の仲裁を求めた。ラ・ロシェル市もまたハンザ駐在都市の一つとして、平和の実現に向けて尽力した。フランス国王もいったんは外交使節を送るなどして和平の条件を提示するまでにいたるが、交渉は首尾よく進まなかった。結局、ラ・ロシェル市は自らが両陣営に働きかけ、一つの和平案が提示された。これは一四三六年七月二一日に、ブールヌフ条約として結実する。ラ・ロシェル市の市民にして代表となったエリオ・デトレッフェリスとトマ・イティエの両名、この件に関するカスティリアの代理人、そしてハンザの連合艦隊長と四人の司令はこの和平協定に署名した。この協定は当座六年間継続するものとされた。締結内容は、トランシャンによると次の内容であった。

まず、スペイン人とハンザ商人は相互に安全護送と保護を保証しあうこと、そしてハンザ商人に属する財貨をめぐって犯罪をなすものは誰であれラ・ロシェル市がこれを訴追するが、同市はこの件についてカスティリア王の承認を得る義務があること。次に、ハンザの艦隊長は安全護送状を全ハンザ都市に報告する義務があり、その返答の一つ一つを復活祭前までにラ・ロシェル市に報告すること、そして安全護送状がハンザ諸都市で副署されるのを待つ間も、ハンザの艦隊長はいかなる戦争行為も起こさないこと、またカスティリア王国の財、商人、船舶のいかなるものにも手出しをしないと約束させられた。最後に、ハンザに属する誰かがこの約定を遵守しない場合は、ハンザの代表団が損害分の補償をおこなうこと、等が定められたのである。

カスティリアでは一四三六年の夏までには批准がなされた。しかし、相互の安全護送を保証するなど、貿易再開の条件は整ったかに見えたが、一四一九年の損害賠償に応えていない点がハンザ諸都市で問題視された。また、内容においてもハンザが負うべき義務のみが強調されている感があった。しかも、ハンザ内部で政治的な重きのないプロイセン代表団が関与し、スペイン人自体はラ・ロシェル居留の代理人の調印で済ましていることも古参のハンザ都市には不満であった。結局、この和平条約はハンザ諸都市からは不信の目で見られ、批准されることはなかった。

当然カスティリア私掠船とハンザ諸都市の間では報復合戦が続いた。一四四一年には、ハンザはカスティリアとの交易を全面禁止する決定を再びとった。それでも優位を占めたのはカスティリア人であった。それは、ハンザ同盟が同じ頃にフランドル、ホラント、さらにデンマークとの間でも不断の係争状態にあったからである。一四四二年、カスティリアの使節がドイツ騎士団長を説き伏せて、カスティリア国王とブルッヘで会合を持つように促したのも、四方八方における不安定な状況が災いしてのことであった。こうして、カスティリアの主導のもと和平が進められ、一四四三年八月、経済次元のみだけでなく、安定的な政治関係の構築という次元に関しても、三年間のブルッヘ休戦条約が結ばれた。これは、十二年間の更新を含みこむものでもあった。

興味深いのは、相互の通商の自由が実現したまではよいが、ハンザ諸都市はラ・ロシェルで購入したワイン、その他の商品を、もっぱらカスティリア人の家屋において積み込むことが義務づけられたのであり、カスティリアはこの約定において、ラ・ロシェルでのハンザに対する優越を明白に表明したといえる。ハンザは降伏したといってよい条約内容であった。それでもこの時定められた関係が、その後の両者の外交と通商の基本となった。一四四九年以降も私掠が頻発するものの、この協定は一四六〇年二月に更新され、六一年三月二六日にはさらに十六年間の延長が決定された。そして、再度の更新時であった一四七七年には、八月七日に一五〇〇年までの再延長が定められたのである。

一連の経緯から、十五世紀後半のハンザはすでに、少なくともこの地域においては自身のプレゼンスをある程度確保できて、貿易活動が保証されるのであれば、他人の優越性云々を大きく問題にしなくなっていたように思われる。とはいえ、そのような大幅な譲歩が可能であったのは、実際にハンザ勢力が南西フランス沿岸部から全面撤退するようなことがなかったからでもある。彼らはラ・ロシェルでの圧倒的な優位は失ったが、当該沿岸地帯での活動拠点として、ラ・ロシェルの北西に位置するブールヌフ湾の権益をその後も維持することができたのである。

しかも、休戦協約により、スペイン系の船を使用するという制約が付くものの、彼らはブールヌフ湾を越えて航行を継続することができた。ハンザは再び南進する機会を得て、「ペルトュイ海」の名称を持つブールアジュの沿海、シャラント河口部に広がる海域から再び大量の塩を輸送できるようになっていった。塩はバルト海域の各地ばかりか、リトアニア、ロシア市場へと再分配されていった。一四五〇年、ヨハン・リッツなる商人は、ダンツィヒでブールアジュ出荷の塩を数ロット分購入し搬出した。

十五世紀後半になると、ハンザはより組織的に南方、特にラ・ロシェル、ブールアジュへと向かうようになる。一四五三年六月、リューベック近傍出身のハインリヒという名の一人の商人は、ハンザのネフ船でブールアジュへ向かい、そのわずか南に位置するマレンヌの宿所に滞在している。ダンツィヒでは、一四六八、一四六九、一四七二年とブールアジュからの荷が到着している。同じく同地には、一四七四、一四七五、一四七六年と続けてサントンジュ産の塩が入港している。その数値はブールヌフ湾域の「ベイ塩」よりは劣るが、オニス・サントンジュ産海塩が定期的に取引されていたことがわかる。

フランス国王シャルル八世の寵臣であったトゥアール副伯ルイ二世・ド゠ラ゠トレモイユは、一四八八年国王に宛てて、八〇もしくは一〇〇艘の船がラ・ロシェル北西方のサブル・ドロンヌに姿を見せており、それがブールアジュ、レ島及びノワルムティエ島の塩を求めてやって来るハンザのハルク船であることを報告している。海賊の攻撃を受けても彼らはひるむことがなかった。一四九一年、ブールアジュに向かったハンザ船八艘のうち六艘が海賊の攻撃を受けたが、その四年後の一四九五年には、ダンツィヒの船隊が同地に到着しているのである。

一四一九年のカスティリア人による攻撃以降、一時大事な顧客を多く失ったラ・ロシェル市も、フランス国王に働きかけるなどして状況の打開に向けて常に動いていた。一四六三年、ラ・ロシェル市民ギヨーム・ドゥコンブは国王ルイ十一世の名代で、ラ・ロシェルでの特別な特権についてハンザと交渉した。翌六四年にルイ十一世によってこれは成文化され、その特権内容は、ノルマンディーのアルフルール（内陸地だが当時は海港が存在した。しかしその後堆積物で使用不能となり、十六世紀初期に現在のル・アーヴルが建設されてその機能を受け継いだ）、オンフルール、ディエップ、シェルブールにまで拡大して適用されることとなった。百年戦争の最終局面においてイングランド軍が次々と敗れ、一四五〇年にフランス王国軍がノルマンディー全域を取り戻していたことが、ハンザとフランス王の関係を再び近づけることとなったのである。そして次のシャルル八世は、ハンザに属する者達に対して、一四八三年、八七年、八九年、九〇年と相次いで公開免許状を発行し、王国内での財産獲得権とその継承権を認めさえした。また、彼らは戦争時の身柄の安全さえも保証された。そしてラ・ロシェルの国王総督は、同市におけるハンザ特権の管理者に任命された。

九〇年にはまた、同じ国王は臣下に対して、ドイツ人の船舶の自由な往来を妨げないよう通達を出している。その甲斐あってか、ハンザ商人はその後もラ・ロシェル市民とのコンタクトをある程度保っていったことがラ・ロシェルの公証人文書から読み取れる。ラ・ロシェル積み出しのワインはなおもハンザとの主要な取引商品であった。一四九〇年、二人のダンツィヒの商人は、ブールアジュの目方で三五〇トンの塩以外に、それぞれ一七二樽と六〇樽のワインを同じく前記のラ・ロシェル市民兄弟から購入していた。ちなみにその総額は、二八四八リーヴル・二スー・三ドゥニエという高額であった。ラ・ロシェル出荷ワインは、一四九〇～九一年にはダンツィヒからレーヴァル、そしてフィンランドのオーボ（トゥルク）にまで輸出されていたのである。

五．ブルッヘを回避するハンザと胎動する新興の商人たち

西洋経済史の概論では、十五世紀の低地地方はアントウェルペンの台頭とブルッヘの凋落とが対照的に生じたと言われる。しかし、本当のところブルッヘは打撃を被っていたのであろうか、それともいなかったのであろうか。ファン＝デル＝ヴェーによる近世アントウェルペン経済生成史を読む限りでは、相当の外国人商人が十五世紀を通じてそこを本拠とするようになっていた事実は動かしがたい。ブルッヘへの強力な競争相手が、新しい国際商業・金融都市として多くの顧客の心をつかみつつあったのである。アントウェルペンに拠点を移す商人も多数出はじめていた。その危機感からか、ブルッヘでもようやく十五世紀半ば以降になって、他の商館都市に倣ってコントーレのための自前の「商館」が建設されることになった。一四五七年に都市当局は、ハンザに対して今日「オー

スターリンヘン広場」と呼ばれる一帯の土地を譲渡した。そこには一四四二年からハンザが一軒の家屋を借りて商館機能を置いていたからである。その後、賦与された敷地は整備されて、一四七八〜八一年にブルッヘの建築家ヤン・ファン゠デン゠プールの設計で、新しい商館施設が建設された。また、絶えず砂が堆積していたライエ川とズヴィンの浚渫作業には、一定の経費が予算計上され、相応の手間が割かれもした。

その甲斐あってか、ブルッヘへの活発な商業は何とか十五世紀末までは維持されたようである。ドランジェのハンザ史概論によれば、ブルッヘ商館に属するゴットランド・ドリッテルの支出記録に言及された一三六九年の商品搬出搬入税（スホッス税＝当時は商品価値に対する七二〇分の一の拠出）から、同年の取引額が三八、六一〇グロ・リーヴル貨分、マルク換算で二二、〇〇〇リューベック・マルク分あったと推算される。ドランジェはこれが同年のリューベック港の総取引額の三九％分に当たると指摘する。一四一九年のリューベック・ドリッテルの会計記録からは、同年の取引額は一一八、二四〇グロ・リーヴル貨、もしくは六五一、〇〇〇リューベック・マルクと見積もられる。さらに、一四六七年、ケルンは六、〇〇〇フローリンと算定されたスホッス税の支払いを拒否したが、二四〇分の一という当時の税率から判断すると、その取引額は一、四四〇、〇〇〇フローリンと算定される。

また、ブルッヘで仕入れられる毛織物はフランドルから輸出される商品の四分の三を占めたともいう。ただし、その生産地は多数あり、製品の種類も多彩であった。一四〇〇年頃のケーニヒスベ

15 世紀後半ブルッヘに建設されたドイツ・ハンザのブルッヘ商館
［出典］A. Vandewalle (dir.), *Les marchands de la Hanse et la banque des Medicis*, Bruges, 2002

ルクの会計帳簿は、十六のフランドル都市、十二のブラバント都市、五つのエノー伯領内の都市、三つのホラント都市の名を挙げている。その中では、ポーペリンへ産のものは四種、メヘレン産が八種、ブリュッセル産が三つ確認される。一四六九年のリューベックからレーヴァルへと向かった船には二、四〇〇枚の織物が積載されたが、そのうち目立ったものは、フランドル産製品ではポーペリンへが三六〇枚、アールストが三〇〇、コミーヌが二〇〇、トゥールコワンが一〇〇、そしてホラント地方のものではナールデンが三〇〇、ライデンが一〇〇を数える。ちなみにこの取引ではイングランド産も二〇〇枚含まれるがそれ以上ではない。

当時最も高価だった毛織物は、「エカルラート」と呼ばれる光沢のある高級品で、主にイーペル、ブルッヘ、ヘント、メヘレンで製造された。中間クラスの商品は、後発の毛織物工業都市のホントスホーテ、コミーヌ、モーブージュ等で生産され、最も廉価でバルト海地方の庶民向けに出荷されたのが、イーペル近傍のポーペリンへの製品であった。ちなみに、ケルンやドイツ東南部ではしだいにブラバント産織物が優位を占めるようになるが、バルト海域では長くフランドル産の製品が好まれ続けた。

このように、ブルッヘとハンザの関係は十五世紀も変わらず維持されたかに見え、ドランジェは未だブルッヘへの優位性は保たれたとさえ述べている。しかし一方で、ハンザ内の各都市は旧来の貿易構造を少しずつ変えて多角化し、しだいにブルッヘ・ステープルを経由しない流れを作りつつあったのも確かである。これはブルッヘで活動してきた他の外国人商人についても確認できることで、しだいに彼らの思惑と行動が相互に影響し合いながら、外国商品と外国資本が、徐々にブルッへから離れて行くこととなった。

ハンザ側を見ると、早くも一四五一年、彼らはブルッヘ・ステープルの権限を侵害して、直接にナントとラ・ロシェルから大量の毛皮を輸送している。十五世紀後半、フランス王から新たな特権を得た時代には、ハンザ商人はブルッへを介すことなく、ピカルディー沿岸やノルマンディー地方の諸都市と取引をおこなっていた。また、一五〇八年のある訴訟によると、ラ・ロシェルへ向かうドイツ人の船団には、銅製品、銀皿、羊毛布地、他の繊維製品、さらにバターや豚脂などが積まれていたが、これはバルト海地方から直接輸送されたものであるはずもなく、しかもアントウェルペンで積載された商品がほとんどであった。もはやブルッへとハンザ商人の堅い関係は過去の遺物のようである。

これにはブルッへを含むフランドル地方が十五世紀にブルゴーニュ公家の支配下に入り、その後一四七七年に、ハプスブルク家によって継承されていったことで、ブルッへがフランス王家の敵国に位置する都市・港湾とされる時期が長期にわたって続いたことも深く関係した。十五世紀半ば、百年戦争を切り抜けたフランス王は、明らかにブルッへの独占的取引機能を侵害するべく、同世紀後半を通してハンザ商人に対して矢継ぎ早に通商特権を授け、その権益を守ろうとしたことはすでにふれたことである。ルイ十一世による一四六四年および七三年書状は一連の最初の特権であり、それは一四八三年に更新され内容も拡大された。次のシャルル八世も即位と同時にこれを承認し、ノルマンディーではこの訴状を出版して、内容遵守の徹底を図った。一四八八年に同国王は、オランダ北部のカンペンの商人の利益保全のために、ルーアンとコーの国王役人団に対して命令を出すことさえおこなった。

ハンザ商人を守るための同様の措置は八九年、九〇年と繰り返されている。一五〇七年にもルイ十二世がハンザ商人の安定した活動を援護するべく、当時スウェーデンで起きていた反デンマーク反乱（ハンザ商人がスウェーデン反乱軍を支持していた）の沈静化のための調停の役を買って出ている。一四八九年十月二一日に、ラ・ロシェルの公証人の前で交わされたある契約によると、先述のカンペンの商人とノルマンディーのディエップの商人とが、西フランス、サントンジュ地方のワインをピカルディー沿岸地方のクロトワまで搬送する内容で合意している。ハンザの商人はすでにブルッへの南で、じつに活き活きとした活動をおこなっていたのである。

他方で、見てきたところのラ・ロシェルの商人にも、バルト海域へ塩の販売に直接出向く能動的商人が現れていた。一四六二年、ラ・ロシェル船籍の大型カラベル船は、塩を積載してダンツィヒ港に到着した。航行中に嵐に襲われ、マストは破損しての入港であった。後にラ・ロシェル市長となるエマール・ブフがその船長であったが、その修理費の支払いをめぐって、その後大きな紛争が起きた。船の拿捕、賠償金問題、あるいは復讐とも思われる攻撃など、数々の出来事が連鎖して起きたが、その後もラ・ロシェル人はダンツィヒをはじめバルト地域へ赴くことを止めず、ある者は駐留さえした。むろん、何らかの商業特権を外地で享受するはずもないにもかかわらずであった。

それ以外にも、ノルマンディー地方の商人たちも十五世紀後半以降、積極的に低地地方やさらにバルト海地方に進出していった。特に、彼らを引きつけたのはアントウェルペンの年市であり、彼らは十五世紀末以降、そこでドイツ人との間で商契約をよく結んでいる。そこには新しい商業ネットワークの根が見え隠れしている。とりわけ、彼らフランス人の進出は、ハンザ商人と違って特権によらない自由な活動の広がりを意味していた。

また、この時代におこなわれたフランスと北海・バルト海の間の貿易で、しだいに主役となりつつあったのは、すでに名前を出した都市カンペンのように、低地地方北部の商人たちであった。彼らの一部はハンザにも属していたが、この時代になると、それに与さない勢力も活動を伸ばしていた。十五世紀末から十六世紀にかけては、彼ら新興商人こそが、ラ・ロシェルのワインやブールヌフ湾・ペルトュイ海の塩の輸送において重要な役割を担っていく次世代のスターだったのである。

おわりに

ハンザ専用の敷地が一四五七年に与えられたのは、もともとブルッヘ再興のためというよりは、ハンザをなだめるためでもあった。一四五三年、ハンザはブルッヘ市と争いになり、ブルッヘへの機能をユトレヒトに移した。従来から見られた商館移転の作戦であった。しかし、すでにそれぞれの利害を優先しはじめていたハンザ諸都市の結束は弱く、強硬派のリューベックは、特に反対するケルンとプロイセン、ドイツ騎士団に対して譲歩せざるを得なかった。つまりは通商停止の宣告までは踏み込めなかった。しかも、この時の相手はブルッヘ市ではなく、フランドル伯でもなく、広大な領地を統括するブルゴーニュ公であった。第三代ブルゴーニュ公フィリップ善良公《ル・ボン》は、中世的特権を制限する絶好の機会と見なし、硬軟両面でこれに対応した。五七年に屈したのはハンザであり、ハンザ商人は旧特権の保持を許されて、都市当局から敷地をいただく代わりに、ブルッヘに引き戻されたのである。

一四八二年、最後のブルゴーニュ公女マリーの死により、フランドルを含む広大な遺領はその夫であるハプスブルク家のマクシミリアンに継承された。これを機としてブルッヘでは反マクシミリアンの大反乱が起きるが、この事件は諸外国人団体のブルッヘ脱出の傾向を促進する効果しか持たなかった。反乱鎮圧後の一四九三年に和平を結んだハプスブルク家の公は、その後は都市当局ともに積極的に外国人の引き留め策をとった。ハンザに限らずブルッヘ在住外国人団体に対して、特権を更新し、壮麗な建物を新築する大盤ぶるまいをしたが、諸団体は政治的恩恵よりは経済趨勢を優先し、ほどなくしてアントウェルペンに商館機能を移していった。そもそも団体は一時的にはブルッヘへの施設を使用したが、個々人の経営を展開するようになっていた商人の多くはアントウェルペンへ移転を変更することなく、直ちに実行した。

一四八八年に喜望峰海路、一四九二年には新大陸が発見され、その後数々の探検によって新しい海路がもたらす可能性が広がっていくにつれ、ポルトガル人の果たす意義が大きくなっていったが、その彼らもまた一四九九年にブルッヘ商館を完全にたたんでアントウェルペンに本拠を移した。ヴェネツィア人がこれに従い、一五一五年には他のイタリア人諸団体もカール五世のブルッヘ入市式を最後の公式行事にして、この町を去った。

カール五世がカルロス一世としてスペイン国王を兼ねるようになったことで、唯一スペインの諸団体だけが十六世紀前半もブルッヘへの使用を続けた。しかし、それもスペイン産羊毛の輸入港としての指定を受けたからであり、スペイン人といえども、他の商品の取引はアントウェルペンでおこなうようになった。そもそもアントウェルペンもハプスブルク家の支配下にあったから、王＝公は両都市を公平に扱うことには何の抵抗もなかったといえよう。いずれにせよ、当のスペイン羊毛取引も低地地方ではしだいに後退していった。イングランドから原料や半加工品が大量にアントウェルペンに来るようになっただけでなく、十六世紀後半になると、スペイン羊毛の主要な販路はスペイン在地の新興毛織物工業、そしてイタリア北部の伝統的織物産業に切り替わっていったのである。

ブルッヘはほぼ完全にその息の根を絶たれた。ハンザもまたすでに一枚岩の組織ではなかった。諸都市の意向により、そして個々の商人や会社の意向によって、商取引の拠点はアントウェルペンへ移動し、そしてやがてはそこからも足早にたち去っていった。十六世紀後半、ブルッヘとハンザの蜜月の時代はまったく過去の出来事となっていたのである。

参考文献

岡村明美「中世盛期における大西洋ワイン商業の展開と西フランス都市」『史學研究』（広島史學研究会）二二〇、一九九八年五月、一〜十九頁。

河原温『ブリュージュ――フランドルの輝ける宝石』中公新書（中央公論新社）、二〇〇六年。

高橋理『ハンザ「同盟」の歴史――中世ヨーロッパの都市と商業』創元社、二〇一三年。

高村象平『ハンザの経済史的研究』筑摩書房、一九八〇年。

関谷清『ドイツ・ハンザ史研究序説』比叡書房、一九七三年。

ミシェル・モラ・デュ・ジュルダン、深沢克巳訳『ヨーロッパと海』平凡社、一九九六年。

Simonne Abraham-Thisse, ‘Le commerce des Hanséates de la Baltique à Bourgneuf,’ in *L'Europe et l'Océan au Moyen Age. Contribution à l'Histoire de la Navigation (Actes des congrès de la Société des historiens médiévistes de l'enseignement supérieur public. 17e congres)*, Nantes 1986, pp. 131-180.

Philippe Dollinger, *The German Hanza*, London 1964.

Robert Favreau, ‘La Rochelle, port français sur l'Atlantique au XIIIe siècle,’ in *L'Europe et l'Océan au Moyen Age. Contribution à l'Histoire de la Navigation (Actes des congrès de la Société des historiens médiévistes de l'enseignement supérieur public. 17e congres)*, Nantes 1986, pp. 49-76.

Michel Mollat, *Le commerce maritime normand à la fin du Moyen Âge*, Paris 1952.

James M. Murray, *Bruges, Cradle of Capitalism, 1280-1390*, Cambridge 2005.

James M. Murray, 'That Well-Grounded Error: Bruges as *Hansestadt*', in Justyna Wubs-Mrozewicz & Stuart Jenks eds., *The Hanse in Medieval and Early Modern Europe*, Leiden/Boston 2012, pp.181-190.

Terrence Henry Lloyd, *England and the German Hanse, 1157-1611: A Study of Their Trade and Commercial Diplomacy*, Cambridge 1991 (pbk 2002)

Mathias Tranchant, *Le commerce maritime de La Rochelle à la fin du Moyen Âge*, Rennes 2003.

André Vandewalle, dir., *Les marchands de la Hanse et la banquiers des Médicis*, Bruges 2002.

Herman Van der Wee, *The Growth of the Antwerp Market and the European Economy (Fourteenth–Sixteenth Centuries),* 3 vols., The Hague 1963.

VIII

中世ハンザ商人の世界

——リューベックを中心に——

柏倉知秀

はじめに

中世の北海・バルト海商業圏（以下では「ハンザ圏」と呼ぶ）で活躍した最大の商業勢力はハンザ（ドイツ・ハンザ、いわゆる「ハンザ同盟」）であった。このハンザの定義については、研究者のあいだでさまざまな見解がある。たとえば、一九六四年にハンザ史の最も定評のある概説書を発表したドランジェによれば、ハンザとは北ドイツ商人と都市の連合体であり、二〇〇〇年にハンザ史の概説書を執筆したハメル-キーゾウによれば、「ハンザとは、一方では低地ドイツの遠隔地商人からなる組織であり、他方ではこうした商人が市民権を得ていた約七〇の大都市と一〇〇から一三〇の小都市からなる組織」とされ、二〇一〇年に中世ハンザ史の入門書を出版したゼルツァーによれば、「中世のハンザは低地ドイツ遠隔地商人の組織」と定義されている。いずれにせよハンザとは、北海・バルト海とドイツ中級山岳地帯（ミッテルゲビルゲ）にはさまれた北ドイツ平野（北ヨーロッパ平野）に居住し、中世低地ドイツ語を話していた低地ドイツ商人が形成した超地域的な商業組織であり、このハンザを形成した低地ドイツ商人のことを「ハンザ商人」と呼んでいるのである。

低地ドイツ商人たちは、十二世紀以降、ケルンとリューベックを拠点として、それぞれ北海とバルト海へと進出し、商業活動の範囲を拡大していった。東方のバルト海沿岸では、単に商業活動を展開するだけではなく、バルト海南岸（メクレンブルク、ポメルン、プロイセン）や東岸（リーフラント、現在のラトヴィア・エストニアに該当する地域）に移住してドイツ法に基づいた都市を建設したり（東方植民）、バルト海北岸のスウェーデンの諸都市（たとえば、ヴィスビーやストックホルム）に移住したりして、その活動範囲を拡大していった。十三世紀末には、東は北西ロシア、北はスカンディナヴィア諸国、西はイギリスやフランドルにハンザの商業圏は拡大した。そして、その商業拠点として、ロシアのノヴゴロド、ノルウェーのベルゲン、イングランドのロンドン、フランドルのブルッヘ（ブリュージュ）に「四大商館」と呼ばれるハンザ商人の居留地が成立するのである。十四世紀後半になると、ハンザ商人たちが居住する諸都市は「ドイツ・ハンザの諸都市」を自称するようになり、名実共にハンザが成立したと言えるだろう。

ハンザは商人が形成した組織であったが、自都市で社会的にも経済的にも上層を形成していた裕福なハンザ商人の一部は市参事会員に選出され、自都市だけではなく、他のハンザ都市の上層市民

図 VIII-1　ヨハン・ヴィッテンボルクの処刑を描いたレーバイン年代記（1619年）の挿絵

［出典］Gisela Graichen, Rolf Hammel-Kiesow, unter Mitarbeit von Alexander Hesse, Die deutsche Hanse: Eine heimliche Supermacht, Reinbek bei Hamburg 2011, S. 152.

との間に血縁や地縁、姻戚関係によって人的ネットワークを形成し、ハンザ唯一の恒常的な機関である「ハンザ会議」に出席することで自分たちの利害を主張し、ハンザの外交政策や経済政策に関与していた。近年の研究では、このようなハンザ商人のことを「ハンザの支配者たち」と呼んでいる。

それでは、ハンザの指導者層を形成していたハンザ商人とはいかなる人びとであったのだろうか。本章では、「ハンザの首邑」と呼ばれたリューベックのある商人の生涯を通して、中世ハンザ商人の世界をかいま見てみよう。

一．断頭台上の市長――ヨハン・ヴィッテンボルク

一三六三年の夏、バルト海に面した北ドイツの海港都市リューベックの市場広場でひとりの商人が処刑された。その商人の名前はヨハン・ヴィッテンボルク。リューベックの上層市民を形成していた大商人のひとりであり、市参事会員および市長に選出された政治家でもあった。ヨハンの父ヘルマン・ヴィッテンボルクはリューベックの商人であったが、市参事会員に選出されることはなかった。ただ、ヨハンの母マルガレーテの実家グロペ家は市参事会員家系だったと推測されており、ヨハンの妻エリーザベトは市参事会員アルノルト・フォン・バルデヴィークの娘であった。ヴィッテンボルク家は、結婚相手の実家を通じてリューベックの上層市民と関係するようになった新興商人層に属していた。

処刑されたヴィッテンボルクが市長をしていたリューベックという都市は、一一四三年にホルシュタイン伯によってバルト海に注ぐトラーヴェ川沿岸に建設されたのを端緒に、一一五九年にはザクセン公ハインリヒ獅子公によって再建され、ハンザの中心都市にまで成長した海港都市である。北海とバルト海を分断するユトランド半島東部の付け根に位置したことから、地理的にリューベックは北海とバルト海の通商交通を接続するのに都合がよい場所にあった。また、バルト海西端に位置する低地ドイツ商人の都市として、彼らがバルト海に進出するための前線基地でもあった。

一二二六年には神聖ローマ皇帝フリードリヒ二世によって自由帝国都市に昇格され、また、ローマ・カトリック教会のリューベック司教が座する司教座都市でもあった。

ヴィッテンボルクが生きた十四世紀後半、リューベックの人口は約二万人と推計され、当時のバルト海沿岸の都市では最大の人口を有し、北ドイツではケルンに次いで二番目に人口が多い大都市であった。市壁内に住宅を所有することが市民権を獲得する条件であったため、市民の数は人口よりもかなり少なく、さらに約五〇〇人と推定される上層商人の中でも政治指導者層である市参事会員になれたのは、年平均わずか二十数名にすぎなかった。しかも、その中から十四世紀後半のリューベックで市長に選出されていたのは、年平均約五名のごく少数の人びとであった。つまり、ヴィッテンボルクは中世後期の北海・バルト海世界において、政治的・経済的に卓抜した都市エリートのひとりだったのである。

それでは、なぜヴィッテンボルクは処刑されなくてはならなかったのだろうか。実はその理由については、同時代史料の不足もあり、正確なことは判明していない。ただ、一三六二年にヴィッテンボルクが指揮していたハンザの艦隊が、当時敵対していたデンマーク王ヴァルデマー四世（在位一三四〇年～七五年）に敗北したことと関係があったようだ。

十四世紀後半の北海・バルト海世界は、社会的・経済的・政治的に激動の時代を迎えていた。当時ヨーロッパで猛威をふるっていた黒死病（ペスト）が、一三五〇年にはリューベックにも到達し、その後も一三五八年、一三六七年～六九年、一三七五年～七六年、一三八七年～八九年、一三九六

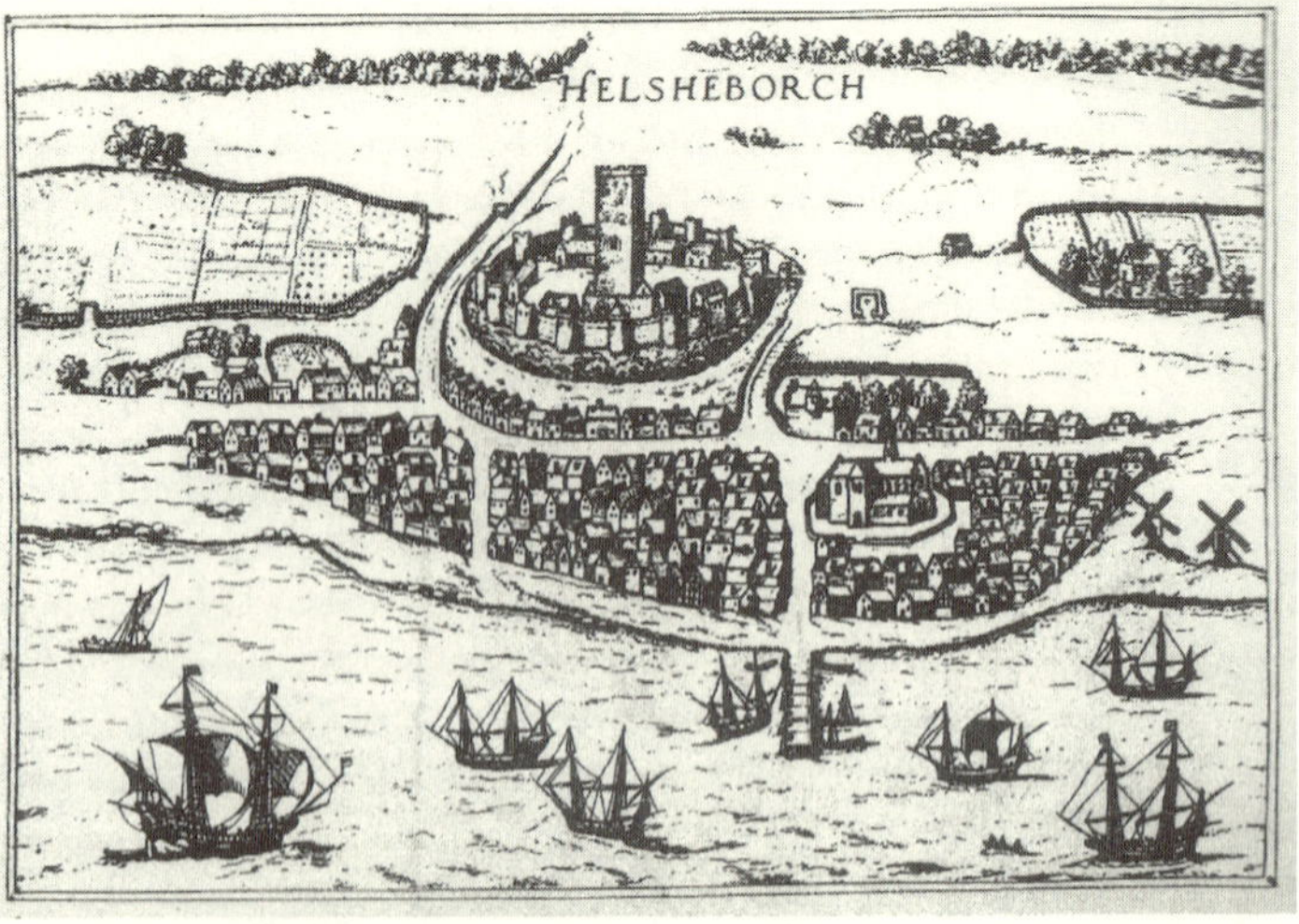

図 VIII−2　1590 年頃のヘルシンボリ
［出典］Gisela Graichen, Rolf Hammel-Kiesow, unter Mitarbeit von Alexander Hesse, Die deutsche Hanse: Eine heimliche Supermacht, Reinbek bei Hamburg 2011, S. 149.

年と断続的に流行していた。その結果、リューベックだけではなく、北海・バルト海沿岸諸国では多くの人口が失われ、それまで成長を続けてきた中世ヨーロッパ経済はしだいに停滞を迎えるようになった（「十四世紀の危機」、「中世後期の危機」）。同じ頃、デンマーク王ヴァルデマー四世はバルト海沿岸で対外拡張政策を押し進めており、一三六〇年には債務の抵当としてスウェーデン王の支配下に置かれていたスコーネ、ハッランド、ブレーキンゲ（いずれもスカンディナヴィア半島の西南端部の地方）を軍事力で回復し、翌年の一三六一年にはスウェーデン領のウーランド島とゴトランド島を征服した。スコーネを占領した後、ヴァルデマー四世は当地でハンザ商人から徴収していた税金を増税し、ゴトランド島を征服した際には、この地のハンザ都市ヴィスビーを占領してしまった。
このことが原因で、リューベックを筆頭としたハンザ諸都市は、一三六一年九月にグライフスヴァルトで開催されたハンザ会議において、デンマーク王国との通商停止と戦争を決議したのである。ハンザ諸都市は、スウェーデン王やノルウェー王、ホルシュタイン伯、ドイツ騎士修道会と同盟するとともに、独自に軍勢と艦隊を準備し、一三六二年にエーアソン海峡に面したデンマークの城塞ヘルシンボリを包囲した。ヘルシンボリを攻撃したハンザの艦隊は二七隻のコッゲ船（十三、十四世紀のハンザで使用されていた大型帆船）と二五隻の小型船から形成され、約二二四〇名の兵士（その多くは金で雇われた傭兵）が乗船していた。この艦隊の司令官がヨハン・ヴィッテンボルクであった。

しかし、ヴィッテンボルク率いるハンザ艦隊は、ヘルシンボリ沖でヴァルデマー四世に十二隻（六隻や十一隻だったと記述している史料もある）のコッゲ船を捕獲されるという大敗北を喫してしまった。ヘルシンボリの戦い後、ヴィッテンボルクは一三六二年の夏にリューベックに帰還したが、その後投獄され、翌年の一三六三年に処刑された。しかも、ヴィッテンボルクは、一三六二年に作成した遺言状で、死後はマリエン教会に埋葬して欲しいと希望していたにもかかわらず、市参事会はそれを拒絶した。リューベック市内には司教座聖堂（ザンクト・ニコライ教会）の他に四つの小教区教会（ザンクト・マリエン教会、ザンクト・ペトリ教会、ザンクト・ヤコビ教会、ザンクト・エギーディエン教会）が存在したが、マリエン教会は市の中心部に位置し、市庁舎に隣接して商人たちが建設したリューベック最大の教会である。市参事会は、そのマリエン教会ではなく、彼の亡骸を、市北端に位置するドミニコ会のブルク修道院に埋葬させた。さらに、代々の市参事会員の名前が記録された市参事会員名簿からも彼の名前は削除されている。

ヴィッテンボルクに死刑を求刑することになった罪状は、残念ながら史料が残されておらず、不明のままである。ただ、当時の市参事会がヴィッテンボルクの死後、ここまで徹底的な処分を下していることから推測すると、彼の罪状はリューベックにとってひどく不名誉なこと、すなわち、ヘルシンボリの戦いで敗北したことにあったと考えるのが自然ではないだろうか。

ヘルシンボリの戦いの後、しばらく小競り合いが続いたようだが、一三六五年にはハンザとデンマークとの間で平和条約が締結された。しかし、その後もデンマークとの関係は改善しなかった。そのため、一三六七年十一月にケルンでハンザ会議が開催され、集まったハンザ諸都市の使節が討議した結果、一三六七年十一月十九日に、対デンマークの軍事同盟、「ケルン同盟」が結成されることになった。ケルン同盟にはおよそ五七の都市が加盟し（後のオランダとなるホラントやゼーラントの都市も参加していた）、大型船十七隻と小型船二〇隻、約二〇〇〇人の兵力が集結することになった。一三六二年の時よりも少ない戦力であったにもかかわらず、ケルン同盟軍は、一三六八年の四月から六月にかけてエーアソン海峡沿岸にあったデンマーク領の城を次々と降伏させ、戦いを優勢に進めた。

この度の戦いを指揮していたのが、リューベック市長ブルーン・ヴァーレンドルプである。ヴァーレンドルプ家は、これまでも参事会員を輩出してきたリューベックの上層市民の家系であった。彼は、一三四〇年代後半にヴィッテンボルクと共にイングランドで商業取引に従事していた商人として確認された後、一三六二年にはヘルシンボリの戦いに参加した傭兵部隊の隊長として史料に登場している。その史料とは傭兵に支払われた給金の受領書であり、傭兵としてヴァーレンドルプに支払われた金額などが記録されている。このことから、当時のリューベックでは自市の市民も

図 VIII−3　ザンクト・マリエン教会内にあるブルーン・ヴァーレンドルプの墓石（C. J. Milde による素描）
［出典］Antjekathrin Graßmann (Hg.), Lübeckische Geschichte, 4., verb. und erg. Aufl., Lübeck 2008, S. 155.

傭兵として雇われていたことがわかる。その後ヴァーレンドルプは、一三六六年には市参事会員、一三六七年には市長へとスピード出世しているが、おそらく彼の軍事的経験がその要因だったのではないだろうか。実際、市長になった翌年、ヴァーレンドルプはケルン同盟軍の指揮官として戦い、デンマークに勝利を収めることになった。

ヴァーレンドルプが率いた軍勢は順調に勝利を続けていたが、しかし、唯一ヘルシンボリ城だけは一三六九年九月まで降伏しなかった。そして、ヘルシンボリ城の包囲が続いていた一三六九年八月二一日にヴァーレンドルプは戦死することになる。戦いで敗北したヴィッテンボルクとは対照的に、ケルン同盟勝利の立役者であったヴァーレンドルプはマリエン教会内に墓石が設置され、その業績が顕彰された。ヴァーレンドルプの墓石は現存しており、今日でもマリエン教会を訪れる人びとは、墓石に刻まれたヴァーレンドルプの姿を目にすることができる。墓碑銘には「一三六九年八月二一日、市参事会員ゴトシャルクの息子、当市の市長にして総司令官ヴァーレンドルプは、デンマーク王との戦争中にスコーネで死去した。彼の遺体はここに埋葬された。彼の冥福を祈りたまえ」と刻まれている。マリエン教会はリューベックの中心的な教会であり、そこに墓石を設置することで、当時の市参事会はヴァーレンドルプの偉業を後世に残そうとしたのだろう。

ヴァーレンドルプが戦死した一三六九年、デンマークとケルン同盟との間に休戦が成立した。最終的には一三七〇年五月二四日にハンザの三七都市とデンマークとの間でシュトラールズント条約が締結され、ヴァルデマー四世とハンザとの戦いはハンザ側の勝利で終結した。

このように、十四世紀後半のリューベックでは、単に商売で成功した裕福な商人が政治指導者層を形成するのではなく、神聖ローマ帝国内外の王侯君主と外交交渉をおこない、戦時には軍隊を指揮する能力を有した人物が市参事会員や市長に選出されていた。そもそも、戦争ともなれば、中世のハンザ商人も甲冑を身につけ、剣や弩といった武器を手にとり、戦場で戦ったのである。そして、ヴィッテンボルクやヴァーレンドルプのような政治指導者層は、戦時には艦隊や陸上部隊を指揮することを要求され、その結果、戦場で命を落とすこともあれば、戦いで敗北した場合は、その命でもって責任をとらされることもあったのである。

二. ハンザ商人の生涯

中世イタリア商人に比べると、中世ハンザ商人の生涯について判明することは少ない。というのも、中世のイタリアで作成された「家の年代記」や「覚書」のような類型の史料が、ハンザ圏ではほとんど存在しないからである。その数少ない例外として、ケルン商人ヨハン・スロースギン（一三八九年生まれ）、ダンツィヒ商人ヤーコプ・ルッベ（一四三〇年生まれ）、シュトラールズント市長フランツ・ヴェセル（一四八七年生まれ）の記述が存在する程度である。特にハンザ商人の幼年時代についてはわからないことが多く、ヨハン・ヴィッテンボルクの場合も、生まれた年は一三二〇年～二五年の間としか推測できない。

通常、中世ヨーロッパの子供は、母親が不在の中、生後数日で教会の洗礼を受けていた。乳児死亡率が高いため、未洗礼のまま子供が死亡するのを防ぐためである。出産後に母親が教会を訪れるのは約六週間後のことだった。生まれてくる子供の人数についても家族によって大きな差があるが、ヨハン・ヴィッテンボルク自身には二人の姉妹がおり、彼とエリーザベトの夫婦には二人の息子と四人の娘がいた。しかも六人の子供全員が父親のヨハンよりも長生きしているが、これは死亡率の高い中世社会では珍しいことである。一四一六年に二七歳で結婚したケルン商人ヨハン・スロースギンの場合、十二人の子供が生まれたが、その内の九人が結婚することなく死亡している。

六歳になると子供たちは小教区司祭の所か小教区学校に通いはじめ、読み、書き、算術、ラテン語などを学んだ。当初リューベックで学校と言えば司教座聖堂参事会付属学校しかなかったが、市参事会は一二六二年、ヤコビ教会のそばに市立の学校を設立し、市民の子弟に読み書き算盤を学ばせるようになった。さらに一三〇〇年になると、市参事会は市内の四小教区にそれぞれ学校を設置させた。十三世紀は中世ヨーロッパの商人たちの間に文書主義が広まった時代であるが、リューベックでもカトリック教会の聖職者によるリテラシーの独占を打破するべく、市民主導で学校が設立されたのである。なお、ダンツィヒ商人ヤーコプ・ルッベは、一四三〇年にマリエンブルクに隣接する農村で生まれた農民の息子であったが、彼は自分が生まれた村で読み書きを学ぶことができた。十五世紀になると、農民の子供であっても、読み書きを習得し、その知識をもとに商人へと転身することが可能だったようだ。学校で学ぶ期間はまちまちだったが、平均六年程度だったようである。十五世紀に市内の学校に通っていたケルン商人ヨハン・スロースギンの子供たちの場合、男の子は八年、女の子は四年、学校に通っていたという。

リューベック市民の子弟が学校で学んでいた内容については、ザンクト・ヤコビ教会のそばにあったヤコビ学校跡地の下水溝で発見された学用品から判明する。この下水溝では一八六六年、一九七九年、一九八一年～八二年に発掘調査がおこなわれ、五〇枚以上の書蠟板と四六本の尖筆、算盤で使用する計算用貨幣、子供を叩くのに使用した木製の打棒などが出土した。

特に興味深いのは書蠟板である。これは木の板に蜜蠟が薄く張られた一種のノートであり、蠟の表面に尖筆で文字を刻み、その表面を削り取ることで、繰り返し文字を書くことができた。書蠟板に文字を刻むための尖筆は、鉄、青銅、真鍮、動物の骨、象牙、木などで作られていた。五〇〇年近くたっているにもかかわらず、一八六六年の発掘調査の際に良好な保存状態で発見された書蠟板には、一三七〇年頃に生徒が学校で習っていた内容がそのまま残されていた。たとえば、文字の練習（同じアルファベットが何度も書かれていた）、ラテン語で書かれた商人書簡の文例（二頭の馬やワイン三一樽を送付したことを通知する内容だった）、さらには外交文書の文例（ある文例では四〇〇人の、別の文例では一〇〇人の援軍を依頼している）までもが記載されていた。市参事会は子供たちに、商人として必要な知識だけではなく、将来、市参事会員として政治に参与した際に必要な知識も学ばせていたことがよく分かる。

算術については、計算用貨幣が発掘調査で発見されているので、それを用いた算盤教育がおこなわれていたようだが、具体的な教育内容までは不明である。なお、リューベックで最初に算術の教科書が出版されたのは一五四五年、商業技術の書がハンブルクで出版されたのは一五四九年のことであり、この点でハンザ圏はイタリアに比べるとひどく遅れていた。

また、学校教育とは異なるが、商人たちは馬に乗るための馬術や、ヴィッテンボルクやヴァーレンドルプの事例からわかるように、戦時に備えた軍事訓練も受けていたに違いないが、その詳細については不明である。

十二歳を過ぎる頃になると、商人の子供たちは見習いとして修行に出た。たいていは生まれ故郷とは別の都市で商売をしていた親戚の商人のもとで、簿記、会計、商品についての知識、仕入や販売、信用の技術を学んでいった。二、三年後に修行期間が終わると、それまで世話になっていた主人の下で使用人として働きはじめるとともに、自分の勘定でも取引をはじめ、その後、独立するのが常であった。また、修行期間中は外国で商売をするのに必要な外国語、たとえば、ロシア語、英語、フランス語、イタリア語などが学ばれていた。ヴィッテンボルクの場合は、一三三九年から一三四三年の間、どうやらフランドルで修行していたらしい。なお、使用人の給料は、一部は現金で、もう一部は衣服で支払われていた。たとえば、ブルッへで活動していたリューベック商人ヒルデブラント・フェッキンクーゼンが一四〇三年に使用人を雇った際に支払った給料は、年額十六シリングの現金と上下そろいの衣服二着であった。

当時の商人の家は、住居と仕事場・倉庫を兼ねた建物であり、商売を本格的にはじめようとするなら、賃貸でもいいので家が必要となった。親や親類から家を相続しない場合、若い商人は家を賃貸していたが、裕福になると市内で家を購入するのが常だった。リューベックでは市内に家を所有していることが市民権獲得の条件であったから、社会的身分上昇を志していた商人は必ず家を購入しなければならなかった。また、交易で獲得した商業資本の再投資先として不動産が選ばれることも多く、有力商人は市内に数件の家屋を所有していた。ヨハン・ヴィッテンボルクは、父ヘルマンの死後、市東部のヨハネ通り（現在のドクター・ユリウス・レーバー通り）にあった生家を相続し、亡くなる数年前には五軒の不動産を所有していたことが遺言状から判明する。その一方、十六世紀のリューベックには、ヴォルター・フォン・ホルステンのように、死ぬまで家を購入せずに、つまり、市民権を獲得することなく、他の商人の使用人として人生を全うする選択をした商人も存在した。ホルステンは、十六世紀後半にリューベックとリーフラント間の商業取引で財を成した商人だったが、その人生のキャリアの途中で病魔に倒れて死亡したためか、結婚もせず、家も購入しないまま、使用人として人生を終えている。

建築史の研究によれば、リューベック市内で建設された建物の建築様式は、十二世紀後半のロマネスク様式を皮切りに、ゴシック（十三世紀後半〜十五世紀）、ルネサンス（十六世紀）、バロック（十七世紀）、ロココ（十八世紀）、そして、十九世紀以降の新古典派、ネオゴシック、歴史主義へと変化していった。初期の市民の家は木造だったが、十三世紀の大火で市街が大きな被害を受けたことをきっかけに、石造やレンガ造の家に建て替わっていった。そして、ヴィッテンボルクが生活していた十四世紀後半頃には市民の家から教会まで、リューベック市内のほとんどの建物はゴシック様式の外観を示すようになった。

ゴシック様式で建てられた商人の家はディーレンハウス（建物の中央部に広間ディーレがあった）と呼ばれ、階段状の破風とファサード（建物の正面部分）を飾る垂直方向に伸びた窓型装飾が外観上の特徴であった。地下には倉庫として使用された地下室があり、一階には帳場を備えた仕事場（そこで商人たちは他の都市で働いている取引相手や仕事仲間に手紙を書いたり、帳簿を付けたりしていた）とかまどが置かれたキッチンがあった。二階の通りに面した手前側と三階より上の階は倉庫として、二階の奥側（中庭に面した部分）は商人の居住空間となっていた。建物の屋根裏には巻き揚げ機《ウィンチ》が設置され、家の内部で荷物を上下に移動できるようになっていた。商人の家は二階より上の階が倉庫になっていたので、巻き揚げ機は必需品であり、近代に至るまで利用され続けた。リューベックには現在、中世までさかのぼる屋根や梁を持った建物が一一五軒、十六世紀と十七世紀初頭の建物は一五〇軒確認されているが、その中には巻き揚げ機が現存する家屋も存在する。

ある程度裕福となり、経済的に自立した商人の次のステップは結婚であった。中世の都市民にとって結婚とは、有力な家系出身の娘や寡婦と結婚することができれば、社会的身分上昇のチャンスであった。また、有力市民同士、あるいは、古くからの名家と新興商人との結び付きも、商人にとっては経済的・政治的上昇には必須の要素だっただろう。十四世紀のハンザ商人の世界では、家族や姻族といった親族が商業ネットワークの基礎を形成しており、自分の父親や義父、兄弟や義兄弟、叔父・伯父などが商業活動の中核を構成していた。そのため、経済的に成功した商人や政治的支配者層である市参事会員の家系と姻戚関係を結ぶことが、商人の経済的成功に結びついたのである。しかも、商人が裕福な商人家系から妻を娶った場合、高額な妻の持参金を当てにすることができた。ただ、一三四五年に結婚したヨハン・ヴィッテンボルクの場合は、妻の実家バルデヴィーク家が当時、経済的な苦境に陥っていたため（ヨハンの義理の父アルノルトは一三四七年に自宅を売却している）、持参金を当てにすることはできなかっただろう。

家族の中で妻は、生活の上だけではなく仕事の上でも、商人である夫を一番身近でサポートする存在だった。妻が夫の取引の場に同席したり、夫の不在時に夫の代わりに取引に関与したり、取引の内容を自分で帳簿に記入することもあった。一三三七年に父ヘルマンが死去してから息子のヨハンが一三四六年に商業帳簿を引き継ぐまでの期間、ヴィッテンボルク家の商業帳簿を管理していたのは寡婦のマルガレーテであった。事例は決して多くはないが、ハンザ圏では商人である夫の死去などにより、必要に迫られた女性が商業活動に従事する事例が散見される。そのために必要な読み書きの能力を、十四世紀のリューベック商人の妻や娘たちは習得していたようだ。

経済的な成功を収め、婚姻などを通じて上層市民の仲間入りをはたした商人の中には、さらなる社会的身分の上昇を目指す者もいた。ヴィッテンボルクもそのひとりである。彼は一三五〇年の春、市参事会員に選出された（最初に確認されるのは同年の五月二六日）。その数ヶ月後の一三五〇年九月二一日、彼の義理の父アルノルトはおそらくペストが原因で死去したが、アルノルトの息子は市参事会員に選出されることはなかった。つまり、新興商人家系であるヴィッテンボルク家が、経済的に没落したバルデヴィーク家と姻戚関係で結び付き、バルデヴィーク家に替わって参事会家系へと上昇したのである。

市参事会員となったヴィッテンボルクは、外交使節団の一員としてリューベックの外交政策に関与していった。一三五三年にはラウエンブルク公エーリヒからリューベック市を代表してデーミッツ城を受領するという任務を遂行し（エルベ川沿いにあるデーミッツ城は当時、盗賊騎士の根城になっていたため）、一三五八年にはロストクで開催されたハンザ会議に使節団のひとりとして出席している。そして、一三五九年に市長に選出されると、一三六〇年五月と一三六一年三月の二度にわたり、ヴィッテンボルクはリューベック側の代表のひとりとして、ラウエンブルク公エーリヒとの間で不可侵条約を締結した。ラウエンブルク公エーリヒは、戦時にはデンマーク王に対する軍役義務を負っていたことから、リューベック市参事会はすでに一三六〇年の時点から、デンマーク王と敵対することを予想して外交交渉を進めていた可能性がある。一三六一年九月、デンマークとの戦争を決議したグライフスヴァルトのハンザ会議にヴィッテンボルクは出席した。そして、同年のスウェーデン王およびノルウェー王の使節との交渉にも参加していたようだ。つまり、ハンザとデンマーク王ヴァルデマー四世との戦争が今まさに始まろうとした時期に、ヴィッテンボルクはその外交政策に関与していた可能性が高いのである。

ヴィッテンボルクのその後の運命についてはすでに述べたとおりである。ハンザと同盟を結んだスウェーデン王とノルウェー王は、エーアソン海峡に面したヘルシンボリ城を攻略すべく、軍勢の派遣を約束していた。それにもかかわらず、二人の王が約束した軍勢がヘルシンボリにやってくることはなかった。そのために、ハンザの軍勢だけで攻撃を開始することになったのが、ヘルシンボリの戦いでハンザ艦隊が敗北した要因のひとつである。ヴィッテンボルク自身にも責任の一端があるスウェーデン王やノルウェー王と同盟してヘルシンボリ城を攻略するという戦略が、結果として失敗に終わり、ヴィッテンボルクの命を奪うことになったのだった。

ヨハン・ヴィッテンボルクの死後、ヴィッテンボルク家の子供たちのうち、息子のヘルマンとヨハンの消息は不明である。三人の娘のうち、アルハイト（現代風の表記にするとアーデルハイト）は一三八〇年頃にリューベックの商人と結婚、アグネタは一三六二年の時点で未婚、マルガレータは市内にある聖ヨハネ修道院の修道女になっていた。ヨハンの代に上層市民の仲間入りどころか、市長という政治的頂点にまで到達したヴィッテンボルク家であったが、結局その社会的地位を次の世代には失うことになってしまったのである。

三．ハンザ商人の商業技術

中世ハンザの歴史上、ヨハン・ヴィッテンボルクはその悲劇的な最後で有名なだけではなく、経済史的にも注目をあびる存在である。というのも、ヘルマンとヨハンの父子は、親子二代にわたって同じ商業帳簿を利用しており、それがリューベック市立文書館に現存しているからである。中世のハンザ圏で商人の経営史料が現存する例は非常に少ない。商人が取引の内容を記録した商業帳簿に関していえば、一二八〇年代にリューベックとキールで無名の毛織物商人が残した断片が二点伝来しているのが最古の事例である。十四世紀になると現存する史料件数が増えるとはいえ、ヴィッテンボルク家の商業帳簿（一三三八年～五九年）の他に、リューベック商人ヘルマン・ヴァーレンドルプとヨハン・クリンゲンベルクの帳簿（一三三〇年～三六年）、ロストク商人ヨハン・テルナーの帳簿（一三四五年～五〇年）、ハンブルク商人フィコ・ファン・ゲルダーセンの帳簿（一三六七～九二年）、リューベック商人だがその生涯のほとんどをブルッヘで過ごしたヒルデブラント・フェッキンクーゼンの史料群（一三九九年から一四二〇年にかけて十一冊の帳簿と約四五〇通の書簡を残し、「アルプス以北のダティーニ文書」と呼ばれる）の五件しか存在しないが、そのうちの貴重な一件がヴィッテンボルク家の帳簿なのである。

二〇世紀前半のハンザ史研究者フリッツ・レーリヒは、十三世紀以降、ハンザ圏では文書主義が普及し、商業取引のありかたが変化したと主張した。都市では行政管理や商人の経済活動を保護するために、さまざまな帳簿を利用しはじめるようになり、商人も自分たちの取引記録を、それまでの記憶ではなく、記録として残すようになった。その結果、それまでの商人の取引のやり方が、商品と一緒に移動する遍歴商業であったのが、事業主である商人自身はもはや商売のために遍歴する必要のない、定着商業に変わったのである。定着商業時代の商人は、自分の家の帳場に座り、羽ペンで羊皮紙に書簡を書き、外国で活動している自分の取引相手や商人見習い、社員や使用人、代理人に指示を出すようになった。このように商業活動の仕組みが大きく変化した現象は、「十三世紀の商業革命」や「中世の商業革命」と呼ばれている。

ところで、中世イタリア商業と比較すると、その後進性が目立つハンザ商業の特徴として、銀行が発達しなかったこと（十五世紀にリューベックではふたつの銀行が設立されるが、ひとつはイタリア商人の設立による）、複式簿記と海上保険の普及が遅かったこと（リューベックでは十六世紀になってようやく複式簿記の利用が確認され、ハンザ圏で最古の海上保険証券も十六世紀にならないと現存しない）、為替手形の利用が活発でなかったこと、フィレンツェのメディチ家や南ドイツのフッガー家など、中央集権的で長期間存続した大企業が存在しなかったこと、などがこれまで指摘されてきた。かつてはそれがハンザ商業の後進性を示す特徴であり、近世以降にハンザが衰退した原因とされることもあった。しかし、近年になってハンザ史研究者の間では、中世イタリア商人が活躍した地中海沿岸と比較して人口の少ないハンザ圏では、原始的なハンザの商業技術は現地の状況に合致し、むしろ効率的であったという指摘がされている。

ハンザ商人の取引形態は、自営商業、商事会社、委託販売の三種類に分類されている。まず、自営商業とは、商人がひとりで資金を調達し、自分自身か使用人や見習いを使って取引する形態である。ただ、自営商業の場合に多かったのが、「相互商取引」と呼ばれるものである。この取引の形態は、まず、商人Aが遠隔地にいる取引パートナーの商人Bに商品を発送する。その商品を商人Bは商人Aの代わりに売却し、その売上金で別の商品を購入して商人Aに発送する。商人Aはそれを転売して利益を得る。その際、取引契約は結ばれず、商人Aと商人Bとの取引は両者の信頼関係に依存していた。しかも、商人Bは商人Aから対価として賃金等は受け取らず、その代わりに商人Aは商人Bのために無給で同じ業務を執行するのである。

このような会社契約にもとづかない、商人相互の信頼と名声に依存する相互商取引にもとづいたハンザの商業ネットワークは、南ドイツのフッガー家のような中央集権的で垂直統合された商事会社とは異なり、お互いの関係が分散的で水平的に結びついたハンザ特有の商取引のあり方であり、それがハンザ商業の取引費用を削減する上で効果があったとされている。

次に商事会社だが、ハンザ圏の会社は三つに分類されている。ハンザ圏で最初に、十三世紀から普及したハンザの商事会社が、ヴィダーレーグング（Widerlegung、中世低地ドイツ語では wedderlegginge、その他に societas, vera societas, kumpanie と表記される）である。ヴィダーレーグングでは、二人のパートナーが、一対一あるいは一対二の比率で資本を出資し、二人のうちの一人のみが業務を執行する。その際、利益の配分は出資比率によるが、損失の配分については特に規定はなかった。ヴィダーレーグングは、遍歴商業の時代からハンザ圏で設立されていた会社であり、文書主義到来以前の原始的な会社形態であったが、十五世紀までハンザの商事会社において主流を占めていた。

その後、ゼルショップ（selschop）とヴレ・マスコペイ（vulle mascopei）という新しい名称の商事会社が登場する。十五世紀初頭に姿を現したゼルショップの場合、二名以上のパートナーが出資し、全員で業務を執行する点が、ヴィダーレーグングとは異なっていた。利益と損失は出資額に応じて配分されることになっていた。十五世紀末に登場したヴレ・マスコペイは、社員全員が全財産を出資し、第三者に対して責任を負う、リスクの高い会社形態であった。この会社は、現在の合名会社の形態に近いと言われており、リューベック―ベルゲン間の交易で設立されることが多かった。

最後に、委託販売であるが、これはゼンデーヴェ（sendeve）と呼ばれ、かつては会社の一形態であると考えられていた。ゼンデーヴェは、十三世紀以降のハンザ圏で確認されるが、資本提供者が業務執行者に「送付した商品」（Sendegut）が語源とされ、史料上ではヴィダーレーグングと関連して登場する場合がほとんどである。そのため、委託販売するために、資本提供者の利益と損失にもとづいて業務執行者に送付された財貨であった考えられている。中世ハンザ圏の会社取引を分析したアルブレヒト・コルデスにいたっては、センデーヴェはヴィダーレーグングに対する追加出資にすぎないとさえ主張している。

ヨハン・ヴィッテンボルクが従事していた商業活動で登場するのは、上述のヴィダーレーグングとゼンデーヴェである。彼は一三四六年から一三五九年まで、父親から引き継いだ商業帳簿を利用していた。それはもちろん複式簿記ではなく、単式簿記であり、現金取引は記入されず、信用取引しか記録されていない。取引の全容を知るには不完全なものだった。彼の商業技術には取り立てて注目すべき点はなく、ある意味、当時のハンザ商業の実態を知るには都合の良いサンプルである。

ヴィッテンボルクの商業ネットワークは、ハンザ圏のほとんどの地域、すなわち、西方ではフランドルとイングランド、北方ではスコーネ、東方ではプロイセン、リーフラント、ロシアにまで広がっていた。すでに定着商業の時代ではあったが、ヴィッテンボルクは三回、大きな旅行をしている。一回目は一三四八年頃でイングランドに滞在し、二回目は一三五四年で渡航先は不明だった。三回目は一三五六年にアーヘンへ巡礼し、おそらくその後ブルッヘへ向かったと思われる。三回の旅行のうち二回は西ヨーロッパであり、彼の取引の重心も西ヨーロッパにあったようだ。

ヴィッテンボルクの取引商品を見てみると、フランドル産の毛織物が首位を占めており、毛織物取引だけで三〇八反、金額にして二六二〇リューベック・マルクに達することもあった。リーフラントからリューベックに輸入された毛皮は一三五八年に一三〇〇リューベック・マルク、蜜蠟は一三五六年に七二七リューベック・マルクに達していた。ヴィッテンボルクはリューベックにビール醸造所を所有しており、原料となる大麦と麦芽をプロイセンのダンツィヒ（現ポーランドのグダニスク）から輸入し、醸造したビールをスコーネへ輸出していた。ヴィッテンボルクの取引総額については不明だが、一三五七年と一三五八年の二年間については試算がされており、売買されていた毛織物、穀物、麦芽、毛皮、蜜蠟の合計金額は六七七六リューベック・マルクに達していた。

彼の商業取引で特徴的なのは、商品をフランドルやリーフラントで仕入れているにもかかわらず、購入した商品を売却する場所はもっぱらリューベックだったという点である。そのため、たとえば、リーフラントで仕入れた毛皮をフランドルへ輸出したり、フランドルで買い入れた毛織物をリーフラントへ輸出したりすることはせず、取引の拠点であるリューベックで売りさばいていた。そのため、購入代金を支払うために現金が必要となり、銀の地金をブルッへやドルパト（現エストニアのタルト）へ頻繁に輸送していた。ヴィッテンボルクの商業ネットワークはハンザ圏の東西に広がっていたが、その中核は常にリューベックだったのである。

おわりに

一三六二年三月十四日にヨハン・ヴィッテンボルクは遺言状を作成した。ヘルシンボリへ出征するにあたって自分が戦死する可能性を考慮したのだろう。その遺言状によると、妻のエリーザベトと五人の子供たちが主たる相続人とされ、それぞれが相続すべき遺産について取り決めてあった。

リューベック都市法によれば、父祖から相続した遺産は相続法に従って配分することになっており、自分の意志で遺産相続を指定できるのは、自分で獲得した動産のみとなっていた。そのため、父親から相続したヨハニス通りの家は言及されず、彼が自分で購入した四軒の家屋が動産として妻と子供たちに等分されていた。妻のエリーザベトは、再婚したり、子供たちを捨てたりしない限り、遺言執行人の後見のもとで子供たちと共に夫の財産を所有し続けることになっていた。娘のひとりには婚資が、修道女の娘には終身レンテが、息子のひとりには金のブローチと全ての装身具が特別に贈与されていたが、なぜか他のふたりの子供たちには言及がなかった。

この遺言状で特に注目すべきは、遺言執行人に指名された人びとである。遺言状の末尾には六人の遺言執行人の名前が挙げられている。死の可能性を前にしたヴィッテンボルクが、財産管理を含んだ遺言状の執行をまかせられると信頼した人物が、そこには記載されている。二人の市参事会員ホルト・ファン・アレンとヨハン・シェニングを筆頭に四人のリューベック市民、市参事会員ヘルマン・ヴァーレンドルプの息子ヘルマン、市参事会員ヴェデキン・クリンゲンベルクの息子ヘネケ、データルト・ファン・ダーメ、アルノルト・ファン・バルデヴィーク（遺言状に記載はないが、ヴィッテンボルクの義兄弟、同名の父は市参事会員）の名前が続いている。六人の遺言執行人のうち、現役の市参事会員二名と市参事会員家系の市民三名、合計五名の上層市民がそこに名前をつらねていた。十四世紀後半のリューベックでは、新興商人出身のヨハン・ヴィッテンボルクであっても、参事会員を出していた有力市民家系と密接に結びついた人的ネットワークを形成していたことを、この遺言執行人のリストは示しているのである。

参考文献

フランツ・イルジーグラー「中世における商人の心性」、コルト・メクゼーパー、エリーザベト・シュラウト編、瀬原義生監訳『ドイツ中世の日常生活――騎士・農民・都市民』刀水書房、一九九五年、六七〜九四頁、一七六〜一八一頁。

影山久人「盛時のドイツ・ハンザ商人について」『研究論叢』（京都外国語大学）四五、一九九五年、五〇三〜五一〇頁。

影山久人「ドイツ・ハンザ貿易における共同企業組織について」『Brücke』（京都外国語大学ドイツ語学科）八、二〇〇五年、一〇三〜一〇八頁。

柏倉知秀「コッゲ・ホルク・クラヴェール――中世ハンザの船舶と海運」『立正西洋史』一六、二〇〇〇年、二一〜四〇頁。

柏倉知秀「一三世紀末ハンザ商人の商業帳簿と商業通信文」『立正西洋史』二二、二〇〇六年、一〜一〇頁。

斯波照雄「中世末期のハンザ商人像の検討」『北陸史学』四四、一九九五年、五四〜七〇頁。

関谷清『ドイツ・ハンザ史序説』比叡書房、一九七三年。

高橋理『ハンザ「同盟」の歴史――中世ヨーロッパの都市と商業』創元社、二〇一三年。

高村象平『ハンザの経済史的研究』筑摩書房、一九八〇年。

谷澤毅『北欧商業史の研究——世界経済の形成とハンザ商業』知泉書館、二〇一一年。
ジャン・ファヴィエ、内田日出海訳『金と香辛料——中世における実業家の誕生』春秋社、一九九七年。
山瀬善一「十四世紀末頃迄のリューベックを中心とする商人活動」『国民経済雑誌』八四（四）、一九五一年、三三～四八頁。
フリッツ・レーリヒ、瀬原義生訳『中世の世界経済——一つの世界経済時代の繁栄と終末』未来社、一九六九年。
フリッツ・レーリヒ、魚住昌良・小倉欣一訳『中世ヨーロッパ都市と市民文化』創文社、一九七八年。
Philippe Dollinger, tr. by D. S. Ault and S. H. Steinberg, *The German Hansa*, London 1970 (Philippe Dollinger, *La Hanse (XIIe-XVIIe siècles)*, Paris 1964 の英訳。なお、ドイツでは次の改訂版が出版されている。Philippe Dollinger, *Die Hanse*, neu bearbeitet von Volker Henn und Nils Jörn, 6., vollständig überarbeitete und aktualisierte Auflage, Stuttgart 2012.)
Johhanes Schildhauer, *The Hansa: history and culture*, Leipzig 1985.
Peter Spufford, *Power and Profit. The Merchant in Medival Europe*, New York 2002.
Justyna Wubs-Mrozewicz and Stuart Jenks (eds.), *The Hanse in Medival and Early Modern Europe*, Leiden 2013

IX

近世スウェーデンの都市計画と商業政策

――グスタヴ・アドルフとストックホルムの首都化構想――

根本 聡

グスタヴ２世アドルフ王の騎乗像と宰相アクセル・オクセンシェーナの銅像（筆者撮影） 1796年に建立されたスウェーデン最初の騎乗像。王の眼前には王宮が、左手にはオペラ座が立つ。フランス人彫刻家ピエール・ユベール・ラーシュベクの作。その弟子ヨハン・トビアス・セリエルは、台座の東西側面にある三十年戦争で王に尽力した４名の名将の肖像メダルを製作した。同じくセリエル作の歴史の女神クリオと宰相の彫像群で台座の南面が補完されたのは1906年のことである。ストックホルム市内のこの場所を「グスタヴ・アドルフ広場」という。

はじめに

十六世紀の中頃から十八世紀の初頭にかけて、スウェーデンの都市計画は、これまでにない規模となり、同時代のヨーロッパにも匹敵するものは見られないほどの大きさと広がりをしめした。しかも、それまで王国内に存立していた中世都市の上に、新たに城や館が建設されていき、町並みが改変されていったのであるが、その姿は現在にも色濃く痕跡をとどめている。新設都市が多数出現したのもこの時期であり、都市計画の動きはバルト海南岸の占領地にまで波及した。従来の諸都市には大々的な都市改造がなされ、都市の周囲には大規模な要塞がめぐらされ、最新の築城術がほどこされた場合も数多く見られた。スウェーデンは、都市計画の野心も拡張の意思も旺盛で、北アメリカ（デラウェア川河口一帯のニュー・スウェーデン）やアフリカ（現ガーナのカーボ・コルソ）にも植民地をつくった。

このような都市計画と都市改造の動きは、そのままスウェーデン「大国時代《ストールマークツティーデン》」の特徴となっている。同国の伝統的な時代区分によれば、大国時代とは、一六一一年のグスタヴ二世アドルフが王位に就任した年から一七一八年のカール十二世が死去した年までをいう。なかでも大国時代は、ヴァイキング時代同様、最も話題にのぼる時代であり、賞賛に値する模範となる時代とされ、しばしば「栄光の時代」と評される。この時代にスウェーデンは、ロシア、ポーランド、デンマーク等の隣国との数々の戦争を成功にみちびいただけでなく、三十年戦争（一六一八～四八年）に参戦し、ヴェストファーレン条約によって列強の仲間入りをはたすと、デンマークとのバルト海支配をめぐる闘争にも勝ち抜き、通称「バルト海帝国」を築き上げるにいたった。さらに、軍事機構のみならず、中央と地方の行政機構の改革をはかり、当時のヨーロッパで最も近代的で効率的であるといわれる国づくりにも成功した。

このような軍事面と政治面の成功を影で支えたのが、都市計画と都市建設の分野での刷新であったことは見逃せない側面である。本稿では、スウェーデンがヨーロッパの大国に躍進する前後の時期における、都市の改造・建設と、国家の建設およびその拡張政策との不可分の関係を概観していくことにする。

一　都市改造・都市計画の波

都市づくりの思想

この当時、都市がいかにつくられるべきかという都市計画の思想は、ヨーロッパのなかでは基本的には共通であった。しかし、北欧世界、すなわち「ノルデン」といわれるデンマーク・ノルウェーとスウェーデン・フィンランドの二つの王国、なかんずく後者のスウェーデン王国においては、都市計画の規模が大きかったのが特色である。それは、都市計画の余地が大きく残されていたからである。いいかえれば、都市化があまり進んでおらず、農村部や未開発地が大きく広がっていたからであった。

都市づくりの理論そのものは、ルネサンス期のイタリアが発祥の地で、その後ヨーロッパじゅうに広まった。それが十六世紀末にはネーデルラントに達し、都市計画と築城技術の分野で指導的な立場をとることになる。スウェーデンでも最新の技術を学ばせるために、オランダのレイデン大学に人材が派遣された。

もし都市計画という部面においてスウェーデン王国が隣国より積極的であったとすれば、その理由は、北欧世界内の先進国で宿敵のデンマーク王国を凌駕しようと努力したからであったといえよう。そして、その努力こそが、スウェーデンが大国を築き上げることができた原動力であったと考えられる。さらに、この努力は、国王をはじめとする政治指導部の発案であり、都市計画の背後にある大きな要素であった。スウェーデンの場合、後述するように、都市化を進展させ、新都市計画を実施することは国策なのであり、それをグスタヴ二世アドルフ（一五九四〜一六三二、在位一六一一〜三二年）とその片腕の王国宰相アクセル・オクセンシェーナ（一五八三〜一六五四年）の二人が推進した。

このような都市化と国家建設のあいだの密接な関係を例証するスウェーデン大国時代を考察する

ことがなぜ意義深いのかといえば、このような都市計画の波が、十六世紀末にネーデルラントに端を発し、十七世紀のスウェーデンをへて、十八世紀初頭にロシアに伝わったという、北方ヨーロッパ世界における都市化の伝播を体現しているからでもある。このような波及現象を都市の名で時代順にたどるとすれば、「アムステルダム→ストックホルム→サンクト・ペテルブルク」ということになるであろう。

総じて、スウェーデンは三十年戦争での軍事的成功をつうじて、北方ヨーロッパ世界で指導的地位を確保していくにつれて、都市制度の拡大、すなわち都市計画と都市改造が、大国の役割をみたすための前提条件と考えられるようになっていった。それはもちろん、大国を管理運営するための行政上の必要ではあった。だが、大国の威信と偉容を誇示するためにも、都市計画の推進が重要な政策課題となったのである。

中世末のスウェーデン王国における都市

都市建設がスウェーデン王国内でなぜ大きな規模となるにいたったかといえば、それは都市が必要とされたからにほかならない。第一に、国家を統治するため、いいかえれば行政のためであり、第二に、商業を発展させるため、すなわち経済のためであり、第三に、新興の「ナショナル・ステイト」を築き上げるためであった。さらに、これらの三つにくわえて無視できない第四の理由は、スウェーデン・フィンランドにおいては、都市があまりに少なすぎたから、数を多くする必要があったからである。これは課税対象の範囲を広げるという王権の努力のあらわれなのであるが、都市で商業を統制して税や手数料を課すほうが、都市でないところで土地や人間に課税するより容易であったからなのである。

コロンブスが新大陸を発見した一四九二年の時点のスウェーデンを見るならば、都市制度の発達が遅れているというよりも弱かったし、フィンランドにおいてはほとんど発達が見られなかった。一五〇〇年において、パリの人口約二二万に対し、ヴェネツィア一〇万、ダンツィヒ三万、ヴィルニウス二・五万、コペンハーゲン一万であり、ストックホルムはわずかに〇・七万人、すなわち七〇〇〇人しかいなかった。

都市人口が過少なだけではない。当時のスウェーデン本土の境界内には三八都市、フィンランドにはわずかに六都市しかなかった。スウェーデン諸都市は、メーラレン湖沿岸と東西ヨータランドに存在するばかりで、残りは東海岸に散在するだけであり、銅山開発で有名なダーラナ州のファールンも、ようやく一六二四年に新都市特権を得たにすぎなかった。フィンランドでは沿岸部にしか都市はなく、南西隅に位置するオーボ（フィンランド語名はトゥルク）が、スウェーデンの首都ストックホルムと同じ役割を王国東半分ではたしていることが目に入るほかは、ヴィボリがロシアとの東部国境に存在するくらいである。

以上から判明することは、中世末にスウェーデン王国内の都市を結ぶ主要な交通幹線としては、北海への唯一の窓口でヨータ川河口の狭隘な地片を守るエルヴスボリの要塞を前哨地とするレードエーセーからストックホルムまで内陸路が走り、ストックホルムからはオーボをへてヴィボリにいたる海路が存在していたにすぎない、ということである。たしかに、西ヨーロッパ、あるいは北ドイツなどの大陸とはバルト海をつうじて結ばれてはいた。しかし、もしデンマークが掌握するエーアソン海峡の通行が拒絶されてしまうと、このヨータ川の河口域を死守しないかぎり北海方面との連絡はできなくなる、という危険があった。スウェーデン側にとってみれば、この危険は、スカンディナヴィア半島南西部の諸州ブレーキンゲ、スコーネ、ハランドがデンマーク領下にあり、ボヒュースレーン州もノルウェー領下にあったため、なおさら強く意識された。だからこそ、スウェーデンはこのヨータ川河口にエルヴスボリの要塞を建てて、ここがデンマーク領下に入らないように必死に防衛したのであり、デンマークの側では、繰り返しこの要塞を攻撃したのである。よって、スウェーデンとしては眼前にバルト海が広がっていても、デンマークによってこの海の出入り口の海峡がふさがれるならば、他のヨーロッパ諸国との連絡は、バルト海南岸の諸都市をいったん経由しなければならない、ということになるわけである。

このような地政学的な状況下にくわえて、中世スウェーデン王国の大半の諸都市は、規模や人口が小さく、内部に立地する教会も木造であり、石造の居住空間などは、ストックホルムでしか見られなかった。ハンザとの中継貿易で栄えたゴトランド島のヴィスビーもデンマーク領下にあり、都市壁があるのはヴィスビーを除けば、ストックホルムとヴィボリとカルマルにおいてであるといっても過言ではない状態であった。十七世紀中葉にスウェーデン領に併合されたデンマーク・

ノルウェーの諸州には三一の諸都市が存在し、それらはほとんど沿岸都市であったが、それらがスウェーデン領内に入ったあとは、存続をやめるか、移転してしまった例も少なくない。

なお、現ロシア領内のヴィボリをくわえた、現在のスウェーデンとフィンランドの国境内における中世都市の総数は、合計七五と数えられることを付記しておく。

バルト海南岸の都市

スウェーデンの地以上に、ドイツやポーランドやバルティクムの地は、包括的な都市網をもっていた。その網は、とりわけバルト海の南岸に、しかも河口域から水系沿いに広がっていた。西からエルベ川にハンブルクが、トラーヴェ川にリューベックが、オーデル川にシュチェチンが、ヴィスワ川にダンツィヒが、ネマン川周辺にはケーニヒスベルクやメメルが、ダウガヴァ（西ドヴィナ）川にはリーガが、リヴォニアのペルナウやエストニアのレーヴァル（タリン）をへて、ナルヴァ川のナルヴァが点々と存在し、将来にはフィンランド湾内奥のネヴァ川にサンクトペテルブルクが建てられることになる。これらの河口都市ないし海港都市はドイツ人の東方植民の痕跡であり、それと同時に、とくにレーヴァルに見られるように、デンマーク人の影響力がおよんだところでもある。これらの諸都市においてはハンザやドイツ騎士団といったドイツ人の影響力が強く残り、農村部においてもドイツ人貴族が特権を有し、しかも多くの諸都市は強力な都市壁に囲まれていた。

このような諸々の河川の海への出口を掌握することこそが、スウェーデンがバルト海帝国を築き上げるさいの主要な政策目標であった。なぜならば、これらは西ヨーロッパが希求してやまないロシア産物が運び出される海港であったからである。とりわけ帆船時代が到来し、海軍が強化される十六世紀以降、蜜蠟や毛皮のみならず、亜麻や大麻といった船舶必需品を目当てにロシア市場が注目されてからは、ヨーロッパ諸列強のバルト海支配をめぐる闘争は熾烈をきわめた。このバルト海に対する支配権を請求したのが、第一にデンマークであり、第二にスウェーデンであった。バルト海に対しては北欧両王国のみが覇を唱えるべきだという「ドミニウム・マリス・バルティキ」(バルト海支配という意味のラテン語)が争点となったのが十七世紀前半のことであり、ここにオランダが勢力均衡のために自由海論を唱える理由があった。

二 近世スウェーデンの都市計画

スウェーデン王国における都市計画事業は、十六世紀中頃においてはまだ慎重なものであった。しかも、それは、その世紀の後半においても遅々として進まなかったが、グスタヴ二世アドルフの登極(一六一一年)とともに一気にその基礎がおかれ、一六四〇~五〇年代に絶頂期を迎えることになる。その後この事業は逓減し、八〇年代には中断してしまう。

しかし、ニルス・アールベリによる体系的な研究によると、一五二一年から一七二一年の二百年間に、占領地を含めたスウェーデン王国全体で、都市計画は全部で三三八件を数え、そのうち新設都市は一〇〇件、都市改造は一六九件、要塞建設は六九件であった。なお、これらの内訳を記せば、新設都市一〇〇件のうち、二四件は移転であるが、これを差し引いた七六件の新設都市のうち、スウェーデンは四三件、フィンランドは十八件、占領地すなわち属州は十五件を数える。都市改造は、区画整理五〇件、拡張四一件、郊外の設置十六件、これらの組み合わせが六二件である。要塞建設は取り壊しが五件、築城が六四件、となる。

グスタヴ・ヴァーサと都市問題

カルマル連合からスウェーデン王国を独立にみちびいた建国の父グスタヴ・ヴァーサ（一四九六？～一五六〇、在位一五二三～六〇年。グスタヴ二世アドルフの祖父にあたる）にとっては、都市建設とは、第一に経済問題であり、商業政策の問題であった。ヴァーサは都市の存立に配慮し、商業のための条件づくりに精を出した。したがって、都市を適切なところに立地させ、諸々の都市をうまく分散させて、この国で古くからおこなわれている「ランズシェープ」と呼ばれる非都市部での売買慣行と、「ボンデ・セグラション」と呼ばれる農民航行の慣行を阻止することが、ヴァーサの目標であったのである。

通常ヨーロッパでは、商業や取引売買は、都市の市壁の内部でなされなければならなかったが、スウェーデンでは都市の発達が貧弱であったこともあり、非都市部で交易がおこなわれてしまっていた。もっとも、市は立った。しかし、週市や年市などの大市が開催される市日以外にも、生活者にとっては物の交換は必要である。それが、スウェーデンではしばしば農村部で、行商や呼び売り、あるいは訪問取引その他の方式で、交換がおこなわれていたのである。ここで非都市部のことを農村部とは表現したが、村といっても農家が数戸見られるだけの散居形態が国土を広くおおっていた。このような取引慣行に対して、ヴァーサ王は繰り返し禁令を発布したが、「ランズシェープは森のなかの狼の根絶より難しい」という同王の慨嘆がスウェーデン経済史の大家エリ・F・ヘクシャーによって取り上げられているように、かかる状態が常態であったのである。

もう一方の農民航行とは、農民がストックホルムまでみずからの生産物を小舟で運搬し、売買する慣行のことにほかならない。これを当時の現実に即していうと、ストックホルムの群島海域に住む農民やボスニア海域沿岸に住む農民は、最寄りに町や都市がなかったために、王国内最大の港町ストックホルムに海路で自己の産物を直接もっていくほうが有利であった、ということになる。

この現象をさして、王権がストックホルムのみに航行するように規制した、よって一港への集中化策が成功した、という点を強調して、「ボスニア海域商業強制」という中世以来の伝統的な商業政策が実施されていた、とされる。が、実態は、上からの強制というよりも、民衆の自由な選択の結果であったともいえよう。「自由な」交易というのは、政府や王権が禁令を出しても、統制をはかることができない、つまり権力による海賊一般の撲滅が困難であるという事態をさすというよりも、権力側が民衆交易を禁止しようとしても、やむをえない事情で交易がなされてしまうという、自由にまかせるよりしかたのない事情をさしているといったほうがよいと考えられる。むしろ、農民航行を許して、ストックホルムに来訪させて、そこで課税するほうが、為政者からみれば得策であったわけである。

農村部での売買取引にしても同じことであり、都市内の所定の場所で商いをしなさいといくら命令しても、そのとおりにならないか、逸れていってしまう結果となりやすかった。あるいは、祭日や行事に関係した慣行にしたがって、人びとがよく集まる場所で交換がおこなわれてしまうことになりかねなかった。このことに対する厳罰規定も、大目に見られていたともいわれている。取り締まる当局の役人や貴族も、物流あっての生活であるから、農村交易がないとじつは困るのである。

ヴァーサは治世最後の十六年間には、一〇にのぼる都市計画に着手した。なかでも、一五五〇年のヘルシングフォシュ（現在のフィンランドの首都ヘルシンキ）の設立が最大の投資であり、この都市の新設によって、ロシア商業をめぐるレーヴァルとの競争を意識的に追求したわけである。しかし、ヴァーサの大きな関心は、王国の安全のための城ないし要塞の建設であり、一五三七年に修道院であったグリープスホルムに築城したり、一五四九年にウップサーラ城を要塞として建設しはじめたほか、ストックホルム城、カルマル城、ヴァードステーナ城を再建したりした。これらに対しては、ドイツ人やネーデルラント人の築城家を招聘して、技術援助を求めたのである。

ヴァーサの晩年に、ドイツ騎士団の崩壊とハンザの凋落によって、ポーランドやモスクワ大公国がバルト海に進出してくると、スウェーデンはヴァイキング時代以来のロシア市場をめぐる争いに多大な関心をしめすようになった。そこへ、デンマークも拡張主義的東方政策を打ち出し、十二世紀末から十三世紀初頭に「デーン人の要塞」という名に由来するタリン（ドイツ式にはレーヴァルという）を拠点とするエストニアの沿岸部にもっていた支配権を再主張しはじめた。

さらに、フィンランドとロシアの国境が確定されていなかったので、これをめぐって、対外政治には慎重を期してきたグスタヴ・ヴァーサもたまりかねて、ロシアのイヴァン雷帝と戦争をおこなうはめになり、一五五七年に和議を結んだものの、ナルヴァはロシア人に征服されてしまった。

三人の王子の時代

ヴァーサの死後、王位についた長男のエーリク十四世の治世（一五三三〜七七、在位一五六〇〜六八年）は、デンマーク、ロシア、ポーランドとの長期の戦争をみちびく序章となった。それゆえ、都市への投資はなくなった。一五六一年にレーヴァルがスウェーデンの保護下に入り、エストニアがスウェーデンに併合されると、デンマークはスウェーデンに宣戦、近隣諸国を巻き込むいわゆる北欧七年戦争（一五六三〜七〇年）が勃発、スウェーデンだけでなくデンマーク・ノルウェーのかなりの諸都市は掠奪・焼尽された。

つづくエーリク十四世の弟のヨハン三世（一五三七〜九二、在位一五六八〜九二年）は、北欧七年戦争を終結させたシュチェチンの和議（一五七〇年）の結果、エルヴスボリの要塞をデンマークから取り戻すために、賠償金を支払わなければならなくなった。先述したように、この要塞こそが、スウェーデンの西方への唯一の窓口、ヨータ川河口域の狭い地片を守っていたからである。ニイア・レードエーセーの再建やノルシェーピングの移転計画を除けば、ヨハン三世の治世期から、その死後に実質的なスウェーデン王国の統治者となったカール公（ヨハン三世の弟でのちにカール九世となる。グスタヴ・アドルフの父。一五五〇〜一六一一、在位一六〇四〜一一年）までの時期には、都市建設事業はほとんどなかった。

しかし、ヨハンもカールも、都市問題に対して一貫して関心をそそいだのも事実である。一五八〇年代には新しい七都市の建設が着手された。それらは、ノルランド沿岸部とヴェーネルン湖（ヨータ川の水源）周辺部に位置した。ここにすべてはあげないが、前者には一五八八年にウメオーが、後者には一五八四年にカールスタードが設立された。その後カール公は、都市建設事業に対する十五年の沈黙のあと、すなわちヨハン三世の息子のシギスムンドとの対決に勝利した一五九九年以降に、スウェーデンにさらに五つ、フィンランドに二つの新都市を建設した。そのなかで最も注目すべき都市が、ヨーテボリなのである。

ヨーテボリとカール九世の産業政策

ヨーテボリは、大国時代のすべての都市設立のなかで最も重要であった。それは、国際商業の中心地になることを願って、ネーデルラント人を誘致する目的で設立されただけでなく、スウェーデン中西部のための輸出港としても、スウェーデンにとっての西方への唯一の窓口としても、重要な役割を担うように、明確な意図をもって設立された。

そもそもスウェーデンは古来、「ヤーンベーラランド（鉄を産む国）」と呼ばれるほど、高品質の鉄を産出する国であり、鉄は広く外国から希求されていた。しかし、中央スウェーデンの大鉱山地帯「ベリイスラーゲン」の鉄は、もっぱらストックホルムへ運ばれていたのである。これをもし、内陸部を横断して直接西方の海へと搬出できたなら、ストックホルムからバルト海経由でエーアソン海峡を通過する必要はなくなる。カール公は、父王ヴァーサから、自己の扶養のためにセーデルマンランド、ネルケ、ヴァルムランド等の諸州にまたがる公領を授封した。したがって、鉄の産地ベリイスラーゲンの一部やヴェーネルン湖が自己の公領にあったため、ヨーテボリまでの鉄を搬出する内陸水路、すなわちヴェーネルン湖—ヨータ川—エルヴスボリという、西方にいたるルートを知悉していたことになる。したがって、この地にヨーテボリの設立を企画したのであった。

「最初のヨーテボリ」は、ヒーシンゲンという地区の、エルヴスボリ要塞のちょうど真向かいに建設され、それはこんにちの都市中核部の対岸にあった。一六〇三年、暫定的に都市特権が発布され、一六〇七年に正式な都市特権がオランダ人とむすばれ、翌年あらたな都市計画が発足した。すでに一五八〇年代の他の都市計画のときから、碁盤の目のごとくに都市の図面が直線的に引かれるようになってはいたが、この「最初のヨーテボリ」、いいかえれば「カール九世のヨーテボリ」こそは、碁盤の目の区画を有する、スウェーデンの都市計画における最初の理想的な要塞都市であった。このように装いあらたにこの新都市をスタートさせたのは、オランダ人商人の定住を誘引する意図があったからである。ようするに、外国人商人にとって魅力のある都市づくりが、スウェーデン唯一の西方への窓口でなされたのである。

しかし、その後カール九世がデンマークとの「カルマル戦争」（一六一一～一三年）に突入するなかで、一六一一年七月十二日、この新都市は完膚無きまでに焼き払われた。同年十月三十日、自身も無念の死を遂げた。このあと十七歳にすぎなかった息子のグスタヴ・アドルフは、父王から王位だけでなく戦争も引き継ぎ、後始末に奔走することになる。また、カルマル戦争下には、建設中のヨーテボリのほかにも、重要な国境都市、東海岸南端のカルマルと、ヴェッテルン湖南岸のイエンシェーピングも焼かれた。一六一三年のクネーリードの和議で、スウェーデンはエルヴスボリ要塞の奪回のために、銀貨にして百万リークスダーレルという巨額の賠償金を課され、このことが将来の対デンマーク政策に大きな意味をもつことになる。

なお、カール九世の最後の仕事となる都市建設が、一六一一年のフィリップスタードでおこなわれたが、これはスウェーデンで最初の鉱山都市で、ヴァルムランド州ヴェーネルン湖の北にある。ヨーテボリとフィリップスタードの設立によって、いまやカール九世の都市政策は明らかであろう。すなわち、基幹産業を振興させ、僻遠の地を活性化させ、王室収入を増大させる、という明瞭な意図があった、ということになる。なかでも、鉄商工業の促進に眼目があり、西方すなわち北海への交通路がもっと利用されるようになれば、当時のスウェーデンにとって枢要な国際商業への道が確保されることになり、国境都市の防衛もまた強化されるという、同王が描いた未来へのビジョンが見えてくる。

カール九世の死後は、十七世紀中葉にいたるまでの新設都市のほとんどが、ボスニア海域沿岸と、中央スウェーデンよりさらに北方の地域、すなわちベリイスラーゲンとヴェーネルン湖からヨータ川の水路沿いに建設されることになる。つまり、中世都市がすでに存在していたスウェーデン中南部（スヴェアランドとヨータランド）の外にある北部（ノルランド）と、さらに東部（フィンランド）方面に新都市建設のラッシュが起こったのである。鉱山業の振興をつうじた鉄・銀・銅の生産と輸出が増大しただけでなく、ボスニア海域沿岸、とくにフィンランド側のエステルボッテン州では、建艦ブームにのって、タールの生産と輸出が盛んになってくるが、こうした産物の需要の高まりにおうじて、スウェーデン王権は時宜を逃さず都市政策を展開していくことになる。すなわち、ボスニア海域沿岸の新都市建設推進と、ストックホルムの首都化および諸都市の階層化、ならびにそれを支える海港都市と内陸都市の峻別によるステープル都市政策の徹底である。

三　グスタヴ二世アドルフとアクセル・オクセンシェーナの都市政策

商業令の発布

グスタヴ二世アドルフは、父王のカール九世から英才教育をほどこされた。それは多岐にわたり、都市建設や築城術の分野もその例外ではなかった。アドルフはよどみなく六言語を操り、さらに五つの言語についての知識をもっていたといわれる。しかも同王は、都市計画の分野におけるヨーロッパの名だたる専門家と接触したり、専門文献にも目を通すことができたりしたという。

そして、グスタヴ・アドルフは、行政および法律規則体系を効率化し拡充するだけではなく、都市政策をつうじて経済が発展することを心中より望んでいたので、王が深く信頼する王国宰相アクセル・オクセンシェーナの助勢を得て、一六一四年には第一次『商業令』を、そして一六一七年には第二次『商業令』を発布した。これら二つの『商業令』をもって、スウェーデン王国の諸都市がステープル都市（海港都市）と内陸都市に分類されることになる。

『商業令』の背後にあるステープル都市体系の構想は、すでにカール九世によって提案されていた。このように諸都市を二つに峻別するという考え方の原則は、二つある。第一の原則とは、外国貿易は数カ所の海港都市、いわゆるステープル（特定市場）に集中されるべし、第二の原則とは、ステープル都市と他の内陸都市とのあいだには分業が打ち立てられるべし、というものである。

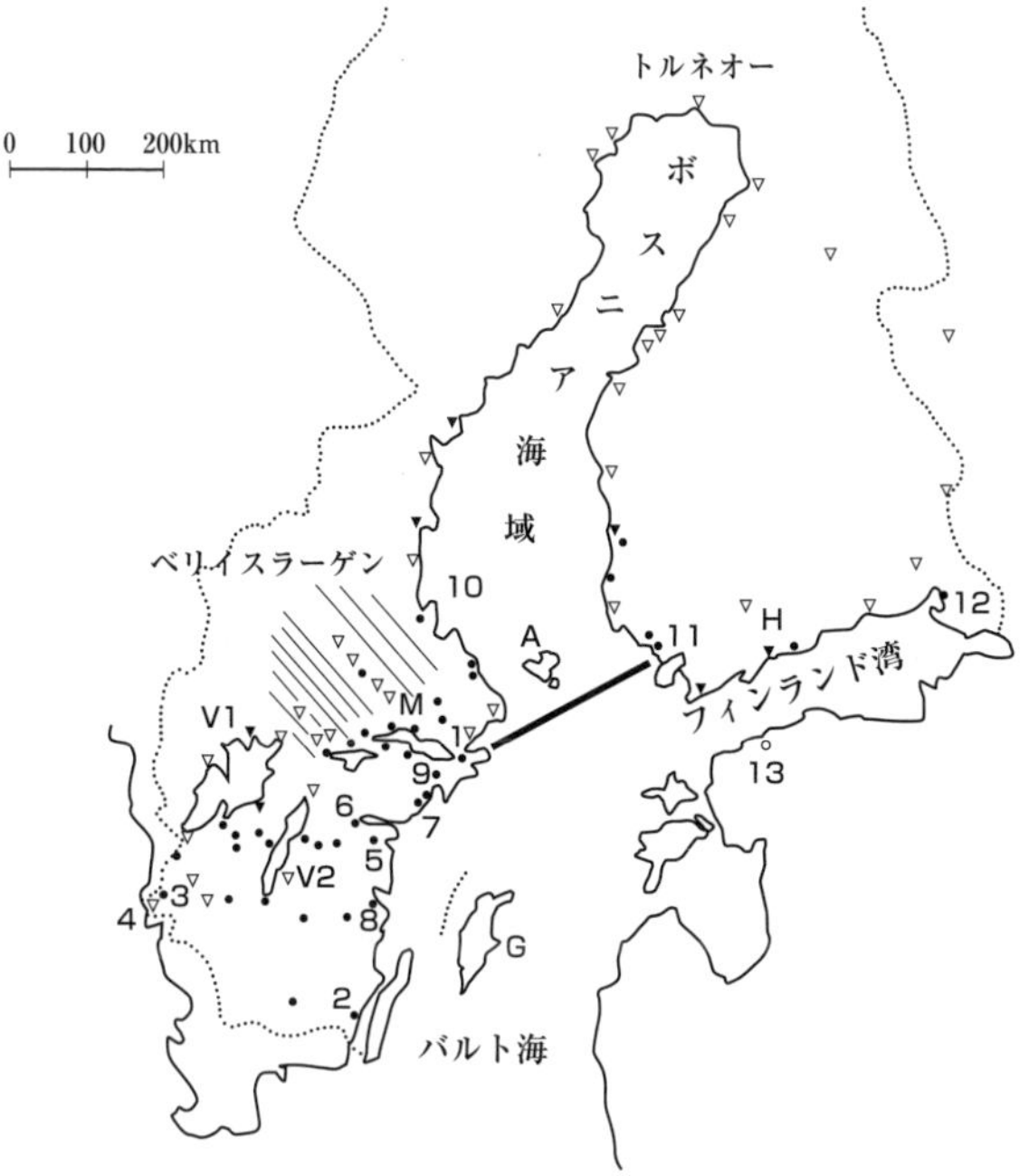

1. ストックホルム Stockholm
2. カルマル Kalmar
3. ニイア・レードエーセー Nya Lödöse
4. ヨーテボリ Göteborg
5. セーデルシェーピング Söderköping
6. ノルシェーピング Norrköping
7. ニイシェーピング Nyköping
8. ヴェステルヴィーク Västervik
9. セーデルテリエ (Söder-) Tälje
10. イエヴレ Gävle
11. オーボ Åbo
12. ヴィボリ Viborg
13. レーヴァル Reval

（1 ～ 13 は本文の数字と一致する）

凡例

━━━ ストックホルム－オーボ線

A オーランド諸島

M メーラレン湖

G ゴトランド島

V1 ヴェーネルン湖

V2 ヴェッテルン湖

H ヘルシンキ

● 中世都市

▼ 16 世紀に設立された都市

▽ 1600 ～ 54 年に設立された都市

地図Ⅸ−1：1654 年時点のスウェーデン・フィンランドの諸都市

［ただし点線は 1617 年以前の国境線とする］

［出典］Robert Sandberg, *I slottets skugga: Stockholm och kronan 1599-1620*, Stockholm, 1991, p.48 の図 13 より加筆して作成（ビルカとヴィスビーを除く 36 の中世都市が●で記入されている）。

簡単にまとめれば、第一次『商業令』で、次の二点が規制された。すなわち、第一に、外国人のスウェーデン王国への航行権については、次の十三の海港都市にのみ訪れることが許されることになり、第二に、諸々の内陸都市の外国航行権は禁じられたのである。指定された十三の海港都市を列挙すれば、1．ストックホルム、2．カルマル、3．ニイア・レードエーセー、4．ヨーテボリ、5．セーデルシェーピング、6．ノルシェーピング、7．ニイシェーピング、8．ヴェステルヴィーク、9．セーデルテリエ、10．イエヴレ、11．オーボ、12．ヴィボリ、13．レーヴァル、である。以上の海港都市は、無制限の外国貿易権を得た。これを能動的外国航行権というが、その要点は、みずからの船で外国に直接赴いてよい、という点にある（地図Ⅸ-1をみよ）。

その後さらに、第三次『商業令』が、グスタヴ・アドルフの死後になって、一六三六年に発布されたが、そのさいには、ストックホルムとオーボ以北のいかなる諸都市からも、外国への航行が禁じられるとともに、ストックホルムとオーボ以北への外国人の航行も禁じられることになる。ストックホルムとオーボを結ぶ線を引くと、オーランド諸島をふくめて、ボスニア海域およびその沿岸地方には立ち入れないことになる。この線以北のボスニア海域沿岸部への外国船の立ち入り（受動的航行権）および同沿岸部からの航行（能動的航行権）の禁止のことを「ボスニア海域商業強制」といい、一三五〇年頃成立した『マグヌス・エーリクソンの都市法』でも謳われていたこの原則は、グスタヴ・アドルフ治世期に確固とした制度として確立を見ることになり、一七六五年に廃止が決定されるまで効力を有することになった。

このような規制をつうじたステープル都市政策が実現されるならば、外国からの貿易、すなわち輸入については、いったん海港都市に集中し、そこから内国貿易として内陸都市へ商品が分散し、そしてまた輸出についてはその逆で、内陸都市から海港都市へと商品が集積されていくという、諸都市間の秩序とヒエラルキーがつくられていき、それと同時に内陸都市に立ち入りを禁じられた外国人商人に対して自国の商人を保護育成することが可能となるであろう。そうなれば、外国貿易は海港都市に集中され、次項に述べるような輸出入関税といった課税も容易になるであろう。

はたしてこのように、スウェーデン政府関係者の思惑どおりに商業全般がまわり、取引からあがる関税と物品税が王室収入を潤沢にしていったかどうかは、ただちには判断できないし、規制には例外はあったが、ストックホルムはこれによって確実に優遇され、十七世紀初頭と同世紀中葉をくらべると、板鉄を中心に輸出は四倍になり、輸入も五倍にふくらんだ。こうして、ストックホルムは国際的な競争力をもつステープル都市へと成長していった。

関税制度

一方で、グスタヴ・アドルフ治下の一六二二年に「小関税」が導入され、諸々の都市の周囲に関所がもうけられるようになった。

他方で、これと並行して、「大関税」あるいは「大海関税」と呼ばれる、輸入品や輸出品にかける関税については、その会計台帳が、一五三三年にハンザ商人の免税権を撤廃した関係で、すでに一五三〇年代には記録されていた。ただし、一五三六年に関税令がはじめて発布され、塩とホップを除く輸入品の額面に五%の関税率が定められてはいた。しかし実際には、カール九世が、一方で輸出関税を三〇%以上にいたるまでさまざまに、他方で輸入関税を五%に設定したのが重要な一歩である。グスタヴ・アドルフ治下になって、輸出関税は一〇〜十五%に安定し、輸入関税は最高四%までとなり、いま述べた小関税の導入によって、諸都市に搬入される全商品に内国関税がかけられるようになった。そして、一六三六年に、関税制度は改革されることになる。

ここで、スウェーデン関税制度についてごく簡単にふれるならば、以下のようになる。スウェーデンにおける関税の導入は、ストックホルムが都市として誕生する十三世紀中葉以前の、十二世紀末にまでさかぼることはできるが、ここにあげた十七世紀初頭までは初期的形態にとどまっていた。国家財政に影響をおよぼすまでに関税制度が再編されたのは一六三六年のことであり、その内容は、第一に、関税局が中央政府官庁の一部門となり、関税長官が任命されたこと、第二に、『商業令』が一連の海港都市に外国貿易を制限したこと、第三に、こんにちにまで残る関税手続きが導入されたこと、である。

この手続きの特徴とは、海港都市に到達する以前の群島海域に税関をもうけて遮断のうえで関税をとる方法にある。税関所は、ダーラルエーというバルト海に面した島につくられた。この島は、ストックホルムの旧市街（ガムラ・スタン）がある「都　島《スターズホルメン》」の東岸にある「シェップスブローン」（「船橋」の意）と呼ばれる波止場から直線で南東へ三〇キロ離れた沿岸にあり、まさにストック

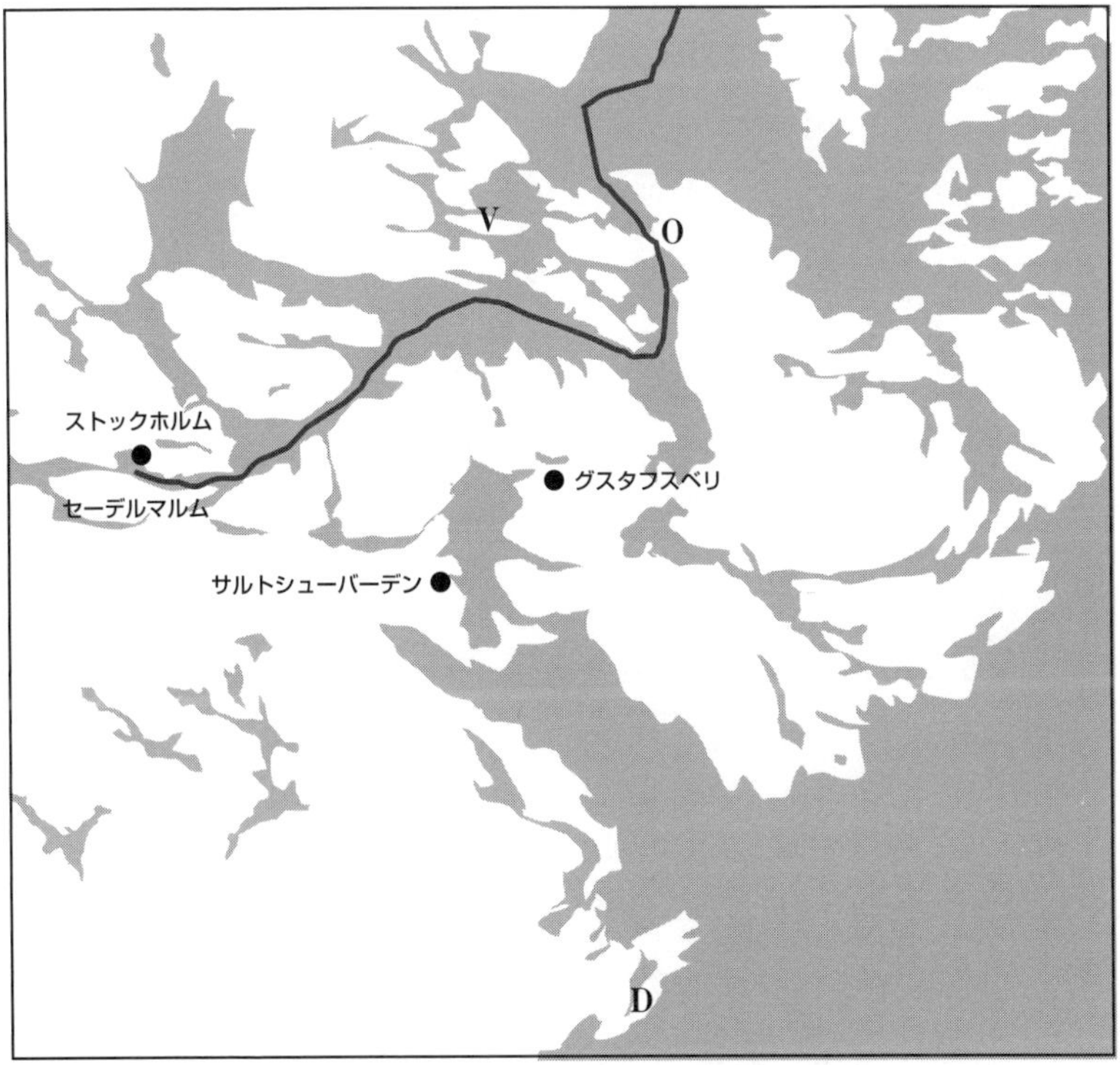

地図 IX-2：ストックホルム付近の水域と防衛

〰 公海、バルト海への航路（「船橋」からノルテリエ沖へ）
D　ダーラルエー Dalarö の税関所
O　オックスユッペット Oxdjupet（「牛深」）海峡
V　ヴァックスホルム島 Vaxholm の城塞

ホルムへ進入する、はるか手前で統制するわけである。

このほかに、同波止場の「船橋」から北東へ直線距離で二〇キロほどのところにあるヴァックスホルム島にも税関所がおかれた。このヴァックスホルム島は、古来、ストックホルムの水上防衛の要衝であったが、グスタヴ・ヴァーサが一五四四年に要塞建設を命じたところである。中世ストックホルムの「都島」にある都市壁が、中世末期のデンマーク人の侵入の教訓からよくわかるように、もはや外敵防衛のための用をなさなくなり、取り壊されていくにおうじて、「都島」より東方のバルト海上水域の外郭に、防御施設を建設する必要がでてきたのである。しかし、ヴァックスホルム島で「都島」への侵入者を阻止するためには、さらに東側のもう一つの海峡、すなわち「オックスユッペット」(和訳するなら「牛深」)と名づけられていた海峡が封鎖される必要があった。グスタヴ・ヴァーサは一五四八年に、この「牛深」海峡を石で埋めるように命じ、この作業が完遂するまでに、なんと三百年の歳月を要したのである。しかも、その数年後には投げ入れられた石をすべて、百年以上かけて引き揚げなければならなくなったのだから、民間海運のための平和な時代の要請とはいえ、感慨深いものがある。

さて、国家の防衛はそれとして、国家の収入という意味でも、ストックホルム城下の波止場、「船橋」に入るはるか手前の外郭水域の税関所で関税をとるという方法は、元来は密輸対策のためにオランダで考案されたものを応用したということができるが、スウェーデンでもストックホルムだけに限らない方法になった。つまり、外国貿易が許された諸々の海港都市に、このような税関所がもうけられたのである。無数の入江や瀬戸や小島がある群島海域沿岸へは事実上どこからでも上陸可能であるわけだから、沿岸警備などは悪夢そのものであったことは容易に想像できよう。なお、関税行政とは、第一に関税を徴収することであるが、海運に対する警備も重要であった。内国関税はさまざまな種類があるが、国際商業については、十七世紀には、先にあげた「大海関税」と「国境関税」の二種類があった。前者は海運に対して、後者は陸路の越境に対して関税がかけられた。

中央行政制度の充実と商業政策

以上の点を整理すると、次のようにいうことができよう。現在になっても根本的な重要性をもっている、中央行政機構と県知事体制を有する王国行政の組織化が、グスタヴ・アドルフの死後まもなくして、一六三四年の『政体書』において確定された。このような行政改革が進展するなか、都市政策と経済の分野においても、三次にわたる『商業令』と関税制度の導入によって、外国貿易と内国貿易の峻別を徹底しようとし、農村部に新都市を次々に建設することによって、かねてから懸案の都市と農村の分業を実現させようとし、王国経済の秩序ある発展をうながそうと試みた。これらの政策の推進役を王国宰相アクセル・オクセンシェーナがつとめ、グスタヴ・アドルフの死後は、クリスティーナ女王の摂政団政府における重鎮として、全面的に王国行政の仕事を担っていくことになるのである。

さらにいえば、王国の地図作製や都市計画の分野でも、測量局が一六二八年に、築城局が一六三五年に、立ち上がることになる。これらは、軍事・国防のための組織である。この時期には、当該分野で、ネーデルラント人が指導的な役割をはたす。レイデン大学とその付属学校は、こんにちでいうところの国際的な工学センターであったが、シモン・ステーヴンという有名な教師をかかえていた。この人物は数学者であり、築城家であり、オランダ独立戦争を指揮するオラニエ公マウリッツのもとでオランダ軍の主計総監をつとめていた。グスタヴ・アドルフはマウリッツを戦法の師匠とあおぎ、ステーヴンとは書簡を交換したといわれている。アドルフは王位に就任するや、オランダ人を積極的に採用し、またスウェーデン人を陸続とオランダに留学させた。

グスタヴ・アドルフが王位に登極した一六一一年から、ドイツ三十年戦争に参戦し、リュッツェンで戦死する一六三二年までの時期は、大国時代の都市建設という文脈でも最も重要な期間であるといえよう。というのは、その頂点に達するのは王の死後であったけれども、この時期に基礎がしかれたからである。

ところで、商業政策の分野において、グスタヴ・アドルフの死後かなりたって、アクセル・オクセンシェーナの晩年になって、商業省の設立を見た（一六五一年）。かかる官庁の創設は、戦争事業を遂行していくために、国内での各種の課税だけでなく、外国の占領地での関税収入をますます必要とするようになったことへの対応という側面があった。三十年戦争の進展とともに、即座に換金可能な資源をつよく求めるようになったのは、至極当然のことである。戦争事業は、オクセンシェーナを第一の奨励者として、より多くの関税（これをスウェーデン語では「リセント」という。英語のライセンスと同じ語である）収入を獲得する目的で遂行されるようになった。バルト海をスウェーデンの内海とする構想の全体は、豊富な物品が運ばれる河口に接する地帯と都市を、関税を課すために占拠することにつきる。たとえば、グスタヴ二世アドルフの一六二〇年代末のプロイセン行軍を助けたのは、ダンツィヒとピラウ（現ロシアのバルティスク）の海関税であった。

四　ストックホルムの首都化構想に見る国家行政

首都機能がなかった中世ストックホルム

ストックホルムは、十三世紀中葉に時の支配者ビリエル・ヤールが、内海メーラレン湖から外海バルト海への出入り口に、舶来品の積み換えのための港町として建設を命じた都市であるが、それ以来、スウェーデン第一の人口を保ちつづけて七五〇年余りが経過した。最大の人口を維持しつづけたとはいうものの、同市には、グスタヴ・アドルフが王位についたときには一万人を数えるほどしか居住しておらず、一六〇〇年時点におけるパリの三〇万や、ロンドンの二〇万の人口にくらべるまでもなく、隣国のダンツィヒの八万人や、コペンハーゲンの四万人とくらべても、貧弱きわまりない人数であった。ここで、一六〇〇年頃のスウェーデン王国の人口を述べておこう。フィンランドを含むスウェーデンの総人口は約一二五万人、大国スウェーデンが崩壊した一七一八年頃の総人口は約一八〇万人とされ、この間に、五〇万人のスウェーデン人とフィンランド人が戦死したと推定されている。

さて、中世後期になっても、王国の中心的行政機能の一部は、ストックホルムの外におかれていた。王自身も、その宮廷も、年間の大部分を移動していた。ストックホルム城に住まうときもあったが、中央スウェーデン一円のほかの城に住まうときも多かった。つまり、王の仕事とは、王国内の各地に姿を現わすことであり、王とは、みずからが支配する領域を巡って食いつなぐ「旅する王」であったのである。中世にとどまらず、一六〇〇年頃になっても、王が諸州を旅して回った理由を端的にいえば、交通事情が劣悪だったからである。つまり、王および宮廷が諸州を定期的に巡回したほうが、物資を一定の居城に集めるよりも楽であったからにほかならない。

他方で、ストックホルムが王の御所の所在地ではないのに、すでに中世後期になぜ重要であったのかといえば、都市参事会をもち、統治機関が集中的にあったということよりも、実際にはそのような機関はたいへんに小さなものであったのであるから、むしろストックホルムが有する軍事戦略上の位置と商業政策上の要となる地位のためだ、といわなければなるまい。

ストックホルムがもつ商業上の吸引力のなかには、同都市に当時のヨーロッパ最北の辺境地帯であるフィンランド湾やボスニア海域の沿岸で産する魚類（鮭や鰊）、畜産物（肉、バター、皮革）、狩猟産物（毛皮や海獣油）などの珍稀な物産が集まったということがある。しかも、それ以上に、ベリイスラーゲンが産する金属（主に鉄、そして銅）が、メーラレン湖盆地帯の天然の水系に恵まれて、ここへと運び込まれたということが重要である。そこに、ドイツ・ハンザ商人が目をつけたわけである。なお、サーラの銀山開発は十五世紀に見られるものの、十六世紀前半より本格化した。

　ハンザによって経済的には半植民地状態におかれていたとは、現代人がよく下す評価ではあるが、実際問題として、当時において、ストックホルム以北の海に立ち入っても、海のリスクをかんがみれば、甲斐はないというのが本当のところであろう。つまり、この港町が、コッゲ船にのってハンザ商人が訪れることのできるヨーロッパの北限なのである。そして、内国物産と舶来品とが、あの現代ストックホルムの旧市街である「都島」で積み換えられた。それはまるでデポ（倉庫）であり、しかもステープル（特定市場）を約束されているかのようであり、スキュータ船という小型の帆掛け船からコッゲ船という名の国際大船へと積み換えるのに適した（というよりも積み換えざるをえない）地理的制約条件が、類例のない長所なのである。だからこそ、建国の父グスタヴ・ヴァーサは、慧眼にも、ストックホルムのことを「全土のための頭であり、鍵である」と形容したのである。

　しかし、このヴァーサとその王子たちの時代である十六世紀は、「都島」にめぐらしていた杭による柵や橋、「三王冠《トレー・クローノル》」と呼ばれる塔をもつ城や、市壁などの軍事機能が意味を失いはじめ、またなによりも都市参事会による古き良き自治が、高まる王権の意思によって圧迫を受け、ストックホルムの歴史にとっては、概して栄光からは程遠い時期であった。

グスタヴ・アドルフ治世期と王国行政の刷新

ところが、グスタヴ・アドルフをもって風向きが変わった。国家権力、すなわち国王グスタヴ・アドルフと王国宰相のアクセル・オクセンシェーナは、ストックホルムに在留することを好むようになったのである。宮廷は移動をやめ、中心的な国家行政機構である尚書府《カンスリー》と財務府《カンマー》が、グスタヴ・アドルフ王位就任以来二〇年を費やして、しだいに形づくられるようになった。

さらに、一六二〇〜三〇年代にかけて、王と、五省およびその長官、すなわち大臣による合議制の政府が形成されるようになった。これを混合王政《モナーキア・ミクスタ》と呼ぶ。一六一四年にスヴェア高等法院が、一六一八年に財務省が、一六二六年に国務省が、一六三四年に陸軍省および海軍省が、創設ないし再編された。これらの五省を司るのが、それぞれ「王国の」という意味の「リークス」という語が冠せられる、大法官《ドロッツ》、財務大臣《スカットメスタレ》、宰相《カンスラー》、陸軍大臣《マルスク》、海軍大臣《アミラール》であった。その後、中央官庁の発展がつづき、国家業務がストックホルム城内におかれるようになった。

実際には、グスタヴ・アドルフ自身は、なによりも軍事に忙しく、中世の諸王以上に、また父王のカール九世以上に、旅する王ではあった。遠征につぐ遠征で、ストックホルムにいないことは多かったが、長期的にみるならば、政府権力が自己に従うように懸命に努力したといえる。アドルフの治世初期の頃は、正式の本国政府が確立されていたわけではないし、王も若く、遠く戦地にあった。そのような場合、緊急の重要文書は、王国宰相や財務府参事や王国参議《リークスロード》によってしばしば署名された。そしてまさに王の全権委任の代理をつとめたのが、王国宰相アクセル・オクセンシェーナであったのである。

グスタヴ・アドルフは即位と同時に、これまで空位であった王国宰相職をみたすべく、アクセル・オクセンシェーナを呼び寄せた。端的にいえば、この王によるアクセル・オクセンシェーナの任命こそが、スウェーデンの政府をつくることになり、もっといえば国制を変えることになるのである。この国制転換が最終的に完成をみるのは、一六三四年に『政体書』と呼ばれる憲法が確定されたときであるが、それはグスタヴ・アドルフの死後のことであった。このような改革は、アクセル・オクセンシェーナの個人的見解を映し出しているのであり、かれ個人の業績とはいえるが、かれが一生をかけて成し遂げたことは、現在のスウェーデン国家行政の土台を築いたことにある、といっても過言ではないのである。

このようなアクセル・オクセンシェーナの王国行政の刷新を一言でまとめれば、王権の代表派遣、手続きの規則化、行政の中央集権化という三大原則にもとづかれるようになった、ということになるであろう。げんにアドルフ治下に、全権委任代表、現代風にいえば、外交官あるいは外交使節がうまれてくるのである。王の不在時における一時的対処法が全権委任状ということではあるが、王自身ももはや王室の利害すべてに逐一対応することができなくなっていたのである。

それにしても、このような行政改革に一六一一年から三四年までという二二年もの長い歳月が費やされたのは、国家官吏の再教育に時間がかかったからである。つまり、行政改革を押し進めるには、教育の問題が重くのしかかった。一四七七年創設のウップサーラ大学の再興を筆頭にした教育改革も、アドルフの手がけた大きな事業であったことを、ここに追記しておこう。

とまれ、王国宰相と尚書府が、勃興する官僚制の中枢に座りはじめた。換言するならば、これまでの王国参議会《リークスロード》を構成する一握りの王国最有力貴族の手で運営されていた国政が、グスタヴ・ヴァーサ王より三代かけて王権が強化されるなかで、これらの名門高級貴族による寡頭制支配から、王による信任を受けた勤務貴族による官僚制へと転換する途上にあったといえよう。しかも、そのような行政機構のストックホルム城への集中が起こっているときに、グスタヴ・アドルフは戦死したのであった。

グスタヴ・アドルフ治下の都市計画

第一に、一六一三年のカルマル戦争終結の和議によって、全面的に破壊された南部国境の重要な要塞であるイエンシェーピングとカルマルの復興が企てられた。

第二に、東部国境の要塞、ヴィボリの拡充計画が開始された。

第三に、父王によってヨータ川河口に新しく建設されたヨーテボリがデンマーク人によって破壊されたため、この地の要塞エルヴスボリを取り戻すために、巨額の賠償金百万リークスダーレルを完済した一六一九年一月のあとただちに、すなわち同年三月に、グスタヴ・アドルフはヨーテボリを査察し、どこが適地かいま一度吟味し直し、「第二のヨーテボリ」の再建に着手した。

いまやネーデルラントを範にしたスウェーデン都市建設が本格化したわけである。

それだけではない。一六一三年、ノルシェーピングの非軍事都市としての拡充、いいかえれば東海岸のこの海港都市を産業の振興のための拠点に仕立てる計画も開始された。

さらに、一六一九〜二四年には、スウェーデンで十都市、フィンランドで二都市の設立が企てられた。とくに、銅と鉄の輸出が王室にとってますます重要となってきたことから、意識的な投資が鉱山業の分野に下された。とくに銅山の開発は、デンマークへの賠償金を支払うための手段を獲得するために死活にかかわる重要性をもっていた。全国に多数の鉄山があり、多数の製鉄所がある鉄の生産とは異なり、銅は、「ストーラ・コッパーベリエット」という大銅山地帯のみから産出される。そこにファールンの都市計画を進めたのであり、一六二四年に新特権状を発給した（現在は、世界遺産に指定されている）。銀山で有名なサーラの特権状も同じ年のことである。グスタヴ・アドルフは鉱山業の振興を都市計画と絡ませて、精力的におこなったわけである。

ほかにも、西スウェーデンのアーリングソースとボロースといった繊維産業のための小都市の育成や、ストックホルムのガムラ・スタンの西部が一六二五年に火災にあったときの対応など、細かな計画にも余念がなかったことをつけくわえるべきであろう。しかし、この火災は、都市ストックホルムの側からみるならば、これまで都市参事会がもっていた自律的な行政を手放すことになったともいえる。なぜならば、都市計画を規制するために、王権の介入する余地を残してしまったからである。

現代のストックホルム（筆者撮影）　手前に広がるのがメーラレン湖、そこに騎士島、聖霊院島、都島が浮かび、左にノルマルム、右奥にセーデルマルム、そして最後方にバルト海が見える。

0　メーラレン湖
1　ノルマルム（「北都」があった）
2　セーデルマルム
3　ヘリゲアンズホルメン（国会議事堂がある「聖霊院島」）
4　リッダールホルメン（「騎士島」）
5　ガムラ・スタン、またはスターズホルメン（「都島」）
6　ノルストレーム（「北流」）
7　セーデルストレーム（「南流」）
8　バルト海（サルトシューン）
9　ストックホルム城

二つの都市があった十七世紀前半のストックホルム

王権によるストックホルムへの介入という問題を考えるさい、十七世紀初頭のストックホルムには二つの異なる都市があったということは、忘れてはならない象徴的な事実である。

一つは、発足以来、都市社会が形成された「都島」であり、現在ガムラ・スタン（旧市街）と呼ばれるあの小島である。

もう一つの都市とは、「都島」の北側の海峡ノルストレーム（「北流」）に浮かぶ「聖霊院島」（ヘリゲアンズホルメンといい、国会議事堂がある）を渡って、本土のノルマルムに創設された、「北都《ノッレ・フェスターデン》」と呼ばれる地区であった。ここは、「ドロットニングスガータン」（クリスティーナ女王にちなんで名づけられた「女王通り」が南北に走り、ストックホルム駅や、通称「NK」などの百貨店が林立する、セリエルス・トリエット（セリエル広場）を中心とした、現在で最も繁華な地区である。このノルマルムに、一六〇二〜三五年にかけて、「北都」という名のもとに、ノルマルム広場に固有の都市参事会館を有する、市長と参事が自立的な統治をおこなう都市形成が見られたのであった。その発端は一六〇二年に、ノルマルム住民がさまざまな賦課、たとえば軍隊宿営義務、王の役人のための護送義務などを課そうとする「都島」と王権の双方に対して、異議申し立てをしたことにはじまる。そのため時の統治者カール公が、ノルマルムを「都島」の都市部から分離させた。これによって急遽、北流をはさんで二つの都市が対峙することになったのである。そのとき「北都」の人口は、ストックホルムの全人口約一万人のうち、三〜四〇〇〇人をしめたという。

ところで「都島」の南側に目を向けて、セーデルストレーム（「南流」）（ここは陸地隆起のため、「スリュッセン」と呼ばれる閘門がつくられて湖内への交通が統制されている）を渡ると、セーデルマルムという大きめの島がある。こちらは、ノルマルムとは発展が異なり、職人・職工の労働者が住む新興の町といえる。十七世紀後半より、その世紀初めにくらべてストックホルムの人口が六倍となるにつれて、居住地が広がっていったところである。

さて、「都島」の中心には、ストーラ・トリエットという「大広場」がある。ここは、一五二〇年に「ストックホルムの虐殺」が起こったところで、九二名といわれるスウェーデン貴族がデンマーク王クリスチャン二世によって処刑された場所である（その生き残りがグスタヴ・ヴァーサである）。この「大広場」に従来からある都市参事会館で、四名の市長と十二〜十六名の参事が、ストックホルムの生活全般に対して多大な影響力を行使していた。かれらの参与なくしては、王権といえども、改革計画の貫徹を望むことはできなかったほどである。

ところが、一六二〇年代になると、「都島」の一角をしめるストックホルム城の「三王冠」と呼ばれる塔を中心点に、ノルマルム全体にまで放射線状に広げた多角形稜郭建設の計画を、グスタヴ二世アドルフはもっていたという興味深い説を、M・ローベリが提起している。その動かぬ証拠がないので、疑念を呈する者もいるものの、アドルフが首都の発展のために並々ならぬ関心をいだいていたことについての議論自体は、当時もあったと主張されている。アドルフは父王カール九世と違って、貴族の子孫との宥和につとめ、都市ストックホルムに対してもあからさまな敵意をしめさなかった。アクセル・オクセンシェーナも首都改造の計画をアドルフ王の存命中から練っていたという。とにかく、王権が一六一〇年代より大国にふさわしいヨーロッパ式の首都をつくろうと努力していたのは確実であろう。ただ隣国との戦争がそれに集中させてくれなかったのである。

一六二〇代末には、中世の都市壁の取り壊しを推進し、更地になった敷地が売られ、壮麗な石造館が建築されはじめた。一六三〇年には、「都島」のバルト海側で、中世ではコッゲ船が錨を下ろした波止場、すなわち「船橋」に沿って道路がつくられ、最初の石造館が落成する。この「船橋通り」は、バルト海側からやって来る訪問客の目に、新しい大国の偉容を誇示するために、この頃建設された家並みなのである。そしてこれと同じ通りに、十八世紀になると、一握りの外国人出自の大商家に属する「船橋貴族《シェップスブローアーデルン》」が軒をつらねることになる。アドルフの死後の一六三〇年代末になると、ノルマルムにおいて、大規模な道路敷設計画が着工され、数年のうちには古い都市の地面は削り取られ、それにかわって、瀟洒な石造建築物が立ち並ぶ直線道路に沿って、まったく新しい都市景観ができあがっていくことになる。先にあげた「女王通り」や、内閣官邸ローセンバードの前をとおってグスタヴ・アドルフ広場につながる東西の道路、すなわち「平和通り《フレーズガータン》」が、このとき建設された道路である。

しかしながら、「北流」をはさんで二つの競合する都市があるという事態は、非実際的であった。一六三六年、時の海軍提督で、容赦なき専制者と怖れられた辣腕のクラース・フレーミングが、ストックホルムの大総督となって、これら二つの都市の果てしない紛争に解決をもたらした。そのかわり、都市参事は余暇に政治を片手間でおこなう市民商人では通用しなくなり、都市行政に専念する大学教育を受けた官吏に取って代わった。

このように二つの都市が一つに融合されたときはじめて、ストックホルムの継続的な発展にとって最も強力な桎梏が除去されることになった。隆盛なストックホルム商人の力を減じるための方策として、王権が海軍基地や軍需工場を設置することによって創建された「北都」は、いまや首都づくりという新しい課題に挑むために、同じ国家権力によって廃止に追い込まれたといえよう。

エーリク・ダールベリによる17世紀のストックホルム城の銅板画
東（バルト海）側からみた「三王冠」（ストックホルム古城）

おわりに

「都市ストックホルムは、到着してみると、まったく灰色に装いしているように見えた」とは、オランダ人使節アントニス・ゲーテーリスの言であり、一六一六年五月末に海路でストックホルムに近づいて、その貧相な様子を次のように書いている。「なぜならば家屋はみな、白樺の樹皮と青々とした芝土で覆われた平らな屋根をつけ、まるでロシアの農民小屋のようである。屋根は農園として使われ、一部は羊に草を食ませている。ときには、羊が街路におりて家々を飛び歩いてはまた戻ってくるという有様である。飢饉のときには、パン用の穀物の必要をみたすために屋根に種をまくことができるというのは重宝かもしれない。屋根の上には、たいていの場合、白い煙突が立っているが、遠くからみると非常に奇妙なたたずまいをみせており、それがそれとはわからないほどである。」

ゲーテーリスの随行者による印象的な評言も付け加えておこう。「ストックホルムは非常に美しく海にたたずみ、素晴らしい波止場をもっている。波止場には毎日多くの船舶が往来している。狭く曲がりくねった街路をもつこの都市は、島と岩の上に建設されている。そのため絶えず坂を上り下りしなければならない。教会、塔、城は、銅で覆われているが、銅はここでは有り余るほどある。」また、一六三五年のフランス人大使シャルル・オギエの驚愕も有名である。「我々が当都市を見回したとき、多大な諸州のメトロポールである一つの広大な王国におけるかかる首都が、かくの如くに幾つかの裸の丘に繋ぎ止められているのを見て、不思議に思った。」

このような印象が、一六六〇年代には一転した。いまやスウェーデンは拡張の道の頂点にある。国王カール十世グスタヴは、隣国に対する成功を収めた戦争のあとの和平交渉の最中に、まさに崩御したところである。葬儀は荘厳なる示威行為であった。芸術家にして建築家で軍人であったそのとき三五歳のエーリク・ダールベリは、摂政団政府より、ストックホルムを描写するとともに王の葬儀を不滅のものにするよう命を受けた。ダールベリは有名な建築物や名所を描き、それらの写生図はその後、『スウェーデン今と昔』と題する銅版画集に収録された。

グスタヴ・アドルフが三七歳の若さで戦死したあと、葬儀に各国の来賓を招待しなければならなくなると、国家指導部、すなわち王国参議会は頭をかかえた。「駄目でございます。彼らの使節がこの地に来ましたなら、我々の貧窮ぶりを見ることになりまするぞ。彼らのあいだに気高き力を見せつけなければなりますまい。」この瞬間、ストックホルム都市改造計画は、急ピッチで進められることになった。

いま、ストックホルムの町を歩くならば、いやがおうでも、グスタヴ二世アドルフ王とその腹心の王国宰相アクセル・オクセンシェーナの事績がこだまし、二人の面影を追憶することになるだろう。

参考文献

デヴィド・カービー、メルヤ＝リーサ・ヒンカネン、玉木俊明他訳『ヨーロッパの北の海――北海・バルト海の歴史』刀水書房、二〇一一年。

玉木俊明『北方ヨーロッパの商業と経済――一五五〇～一八一五年』知泉書館、二〇〇八年。

根本聡「海峡都市ストックホルムの成立と展開――メーラレン湖とバルト海のあいだで」歴史学研究会、村井章介編『シリーズ港町の世界史① 港町と海域世界』青木書店、二〇〇五年、三六五～九七頁。

根本聡「近世スウェーデン王国のステープル都市体系とストックホルムの首都化過程」『市場史研究』二七、二〇〇七年、三三～五五頁。

レオス・ミュラー、玉木俊明・根本聡・入江幸二訳『近世スウェーデンの貿易と商人』嵯峨野書院、二〇〇六年。

Nils Ahlberg, *Svenska stadsplanering. Arvet från stormaktstiden, resurs i dagens stadsutveckling*, Stockholm

2012.
Eli F. Heckscher, *An Economic History of Sweden*, Cambridge and Massachusetts 1954.
Thomas Hall, *Stockholm, The Making of a Metropolis*, London 2009.
Marianne Råberg, *Visioner och verklighet. En studie kring Stockholms 1600-talsstadsplan, I-II*, Monografier utgivna av Stockholms stad 54, Stockholm 1987.

X

知られざる海洋帝国の姿

——近世デンマークの海峡支配と国際商業——

井上光子

はじめに

コペンハーゲンという都市はデンマークの首都であるが、実際にデンマーク国のどこに位置するか知っている人は意外と少ない。

ヨーロッパの地図を開いてドイツの北部に突き出たユトランド（ユラン）半島あたりにデンマークを見つけ、さてその首都はどこにあるかと指さすとき、その半島からさらに東にあるシェラン島の一番東端、いわば最も隣国スウェーデンに近い位置にコペンハーゲンを見つけて少々驚く人は、歴史研究者の間でもめずらしくない。もっと東のバルト海上にはボーンホルムという小さな美しい島がデンマーク領として浮かぶが、同国最大都市の首都が国土のほとんど最東端にあるのはなぜか。政治的や経済的または軍事的に歴史上何らかの重要性をもっていたからこそそこが首都として発展しえたはずだ、とその答えを模索し始めた人は、実はまさしく「北海・バルト海の世界」を知る手がかりを探り始めたといえる。

ではその前提となる手がかりとは何であるか、まず主なものをいくつか考えてみたいと思う。北海およびバルト海は、一般に北欧諸国やスカンディナヴィア諸国が想起される際にそれらを縁取る、あるいは結びつける海である。そしてデンマークはその二つの海のつなぎ目であり、地中海以上に固く陸地に囲まれたバルト海が、外洋へと抜けるための出入り口であるという地理的条件をもつのである。バルト海の唯一の玄関口にあって、人や物の往来を統括しやすい交通の要所にコペンハーゲンは発展したのであった。バルト海に関わるすべての国や地域は、デンマークの存在、つまりはその中心たるコペンハーゲンの存在を常に意識せざるをえなかったといえる。

本来そのデンマーク語名が示すとおり「商人の港」として栄えたコペンハーゲンは、玄関口とはいえバルト海の内側にあり、ハンザの盟主リューベックをはじめロストクやシュトラールズントらハンザ諸都市と向かい合う位置にある。ハンザの主要な商館をもつノルウェーや、ハンザ経済ネットワークに組み込まれたスウェーデンとは違い、ハンザ勢力を牽制する立場を貫いたデンマークは、王権を盾にバルト海の東へと勢力を伸ばし、十七世紀初頭までは、現在バルト三国として知られるエストニア方面にまで制海権を求めるなどしていた。中世から近世を通じてずっと、デンマークはバルト海を我が海とすることを目論み続けたのであり、首都がバルト海に臨む自国の東端に栄えたのはむしろ自然な経緯でもあろう。

さらに加えて重要な観点がある。コペンハーゲンが発展の過程をたどったカルマル連合の時代から十七世紀前半まで、その対岸にあたるスカンディナヴィア半島最南端部はスウェーデン領ではなくデンマーク領であったことである。現在はスウェーデンに属するその地域は、古来スコーネおよびブレーキンゲと呼ばれる二つの地方によって成り立ち、その時点までデンマーク領であった。よって本国の支配領域で考えると、ユトランド半島の西端からブレーキンゲ地方の東端までの東西の幅において、コペンハーゲンはむしろ中央に位置していたことになる。デンマークの観点からすれば、スカンディナヴィア半島南部を含む領域をもってこそ、バルト海の玄関口としての体裁が整うのであり、コペンハーゲンはその中央の要衝たる位置にあったのである。デンマークが十八世紀中もずっとこだわり続けたスカンディナヴィア半島の領土奪還は、単に国力増強に向けた支配領域の拡張というだけではなく、デンマークが従来から描いてきた海域支配の構図そのものの回復を意味していたのである。

またそうした東西軸の視座だけでなく、実は南北の視座からもコペンハーゲンの位置は、他の北欧諸国と異なる前提条件を認めることが出来る。つまり、北欧諸国のなかでデンマークだけが西欧圏と地理的に直結しているのであり、コペンハーゲンは北欧諸都市のなかでも特に南に位置している点である。ヨーロッパ大陸の最大帝国を成していたドイツから直接的な影響を受けやすいという条件は、時代によってデンマークに功罪さまざまに働くこととなるが、北欧の側から見れば西・中欧勢力の北上あるいは東進を阻止する最前線がデンマークとなる。大陸に地続きではなく海に浮か

図X−1：バルト海の玄関口を支配するデンマーク

ぶシェラン島沿岸に首都を構えるデンマークは、それゆえ第一に北部ドイツ勢力を凌ぐだけの海軍勢力を、首都の守備のためにも確保しておくことが肝要であった。生業に後押しされた海洋の国というよりも、戦略的に海洋国家を目指す運命にあったのである。

以上、ほんの少しバルト海とデンマークについて触れただけでも、海域と国家の関係には複雑な歴史模様があることがわかる。そして、それらが活発に連結されることによって独特な文化が形成されていくことは、近年様々な海の視点からの歴史研究によって多く語られるようになった。そうした意味で、まさしく海域の結節点であるデンマークは、北海・バルト海の世界というものを一方で創出し、また一方で客観的に投影する役目をつねに担っているといえよう。

そこで本章では、北海とバルト海という海域が交差する条件が何を生み、一つの海洋帝国がその条件のもとに何を成しえたかという問題意識をもとに、北海とバルト海の複層的な構造の理解を目指してみたい。具体的にはまず、バルト海貿易の玄関口となる海峡のデンマークによる支配について、そしてさらに、デンマーク海洋帝国の諸相と国際商業について考えてみたい。

一.「デンマーク王家の金山」——エーアソン海峡

北海とバルト海がデンマークのもとでつながり、デンマークがバルト海にとっては唯一の出入り口を押さえているという地理的な条件は、一般に想像されるよりはるかに多彩なエピソードを生んできた。

まずもって、イギリスやオランダ、北部ドイツの沿岸地域が形成する北海の海域世界と交流するのか断絶するのか、海のネットワークがデンマークのスイッチで入れ替わるとなると、ただでは済まない話であろう。実際、バイキングの歴史を持つデンマークはほとんどの領地が海と結びつきの深い海洋民族の国であり、バイキング時代からハンザの時代にあっても、デンマークは海上での勢力拡大ひいては覇権を求め続け、海洋世界の歴史的展開に積極的な役割を演じてきた。その動向に大きな危惧や苛立ちを覚えたのは、イギリスやオランダら北海沿岸の商業大国、および長らく経済支配を握っていたハンザ諸都市だけではない。もっと強烈にそれを感じていたのは恐らく、近世に大国への道を歩み始めて以来、西への出口を開拓することに苦労したスウェーデンであったろう。

スウェーデンにとって、十四世紀末期から十九世紀初期まで続くデンマークによるノルウェー支配の構図は、バルト海中部に位置する首都ストックホルムから西への威勢を常に遮るものであった。また十七世紀半ばまでは、前述の通りスカンディナヴィア半島最南端のスコーネとブレーキンゲ両地方がデンマーク領に属しただけでなく、そこから西海岸線に細長く北向きに伸びるハッランド地方、さらにその北に伸びるノルウェーのボーフユースレーン地方までもがデンマークの支配下にあったのである。ノルウェーから南の西海岸線は、イエーテボリのあるイエータ川河口付近を残してすべて、デンマーク・ノルウェー同君連合の支配領が続いていたのである。スウェーデンにとってはまさに西の壁という以外の何物でもない。よって、スウェーデンが強国へと成長するにつれ、デンマークが牛耳るバルト海の出入り口を自国の領土にせんとする戦略を組んだことは、必然的であったともいえる。

一六六〇年前後の時期、デンマークが対スウェーデン戦で王国存亡の危機に立ったとき、スウェーデンにとって北海側への西進戦略は実現可能と映ったはずであるが、バルト海と北海を結ぶ細い諸海峡は依然としてデンマークの領域内にとどまりえた。その理由は、それら海域に関与するその他の大国勢力らがその状況を望んだからであった。その時期にはもはや弱体化したデンマークがバルト海の往来を守る門番となる方が、軍事勢力高まる新興国スウェーデンに任せるよりは都合が良いと、西欧中心の国際社会が判断を下した結果なのである。デンマークは、その海域世界に関わる諸勢力が利害を複雑に交錯させる舞台でもあったのだ。

デンマークは現在でも大小五〇〇もの島々をもつと言われていて、バルト海の最西部では多くの島々が水路を複雑に入り組ませている。そのためバルト海の玄関口をすり抜けるのも容易ではなく、ほぼ南北に西から小ベルト海峡、大ベルト海峡、エーアソン海峡（主にオランダ史やドイツ史では旧来「ズンド海峡」と呼称されたきたが、デンマーク語の原語に近い日本語表記としてあえて「エーアソン」とする）という三つのルートがあるが、北海以西の船乗り達にとっては、エーアソン海峡が唯一安全確実に航行できるルートとして利用された。南北約一一八キロメートルに及ぶエーアソン海峡は現在のデンマークとスウェーデンを隔てる国境の海峡で、最も幅が狭まる地点ではわずか四キロメートルの距離となり、互いに対岸がはっきりと見渡せるほどである。幅は狭いが座礁の恐れは少なく、外洋からの大型船にとっても航行がしやすい水道であったため、十八世紀に行き交う船舶が急増しだしても、バルト海域内交易専用ではない外国船のほとんどがエーアソン海峡を航行していた。シェラン島沿岸の人々は季節の良い時期にはきっと、各国の大型帆船が頻繁に行き交うという北の海域では珍しい眺めを楽しむことができたはずである。

細い海の街道といえるエーアソン海峡は、十七世紀中葉にデンマークの完全支配から解放され通行の自由が約束されたものの、近代までデンマーク支配領域として黙認され続けた。そのことを象徴するのがデンマークによるエーアソン海峡通行税の徴収である。海峡を通過するすべての船舶をデンマークの監視下に置き、航行の安全の対価として海峡通行税を全ての船舶から徴収したのである。エーアソン海峡が最も細くなる地点は、コペンハーゲンから沿岸に沿って北上すること約四〇キロメートルの所にあるヘルシンエアという町に当たるが、そこに城塞（シェークスピアの『ハムレット』の舞台として有名なクロンボー城）を構えて海上交通の関所を整え、一四二九年以降デンマーク国王の直接財源となる通行税を課すという仕組みが営まれたのである。海を封じて実行するそのような徴税の仕組みは世界各地を見渡しても珍しく、仕組み自体の変遷はあっても延々と一八五七年の廃止まで続いたことは驚きに値する。

この海峡通行税は往来する船舶に課されるものであり、海峡がハンザ諸都市はもとよりバルト海沿岸諸国、さらには北海以西の諸外国によって利用される以上、課税の対象は多くが外国の船長や荷主となる。自国の船舶も課税の対象ではあったが、他国船に比べて数も限られ、また近海を知る船乗りにとってはエーアソン以外の海峡も十分に利用できるため、自国の経済活動にさほど大きな負担とならず、確実に収入が見込まれる財源として大きな利点があった。しかも、この徴税はデンマーク国王の采配に委ねられ、税収はすべて王室金庫に入るものとして定められたのであるか

図Ⅹ-2：エーアソン海峡に臨む「クロンボー城」　左にデンマークによる海峡支配のシンボル「クロンボー城」、右にデンマークによる海峡通行税徴収を表す風刺画

［出典］O. Degn og E. Gøbel "*Dansk søfarts historie 2*" Gyldendal, København, 1997, s.44

ら、絶対王政以前（一六六〇年以前）の国王にとってはまさしく宝の源であった。特に、絶対王政になる前の十七世紀前半を統治したクリスチャン四世（在位一五八八〜一六四八年）は、三十年戦争時の財政危機を回避するために海峡通行税の極端な増税を行ない、同時代の地誌作家の目には通行税徴収の町ヘルシンエアは「王家の金山」と映ったほどである。

クリスチャン四世は近世以降のデンマーク史において最も人気のある国王として描かれる。六〇年におよぶ在位期は、デンマークがまだ北欧の雄として振る舞いえた最後の時代であり、スウェーデンの強大化と対照的に、弱小国へと転落する栄枯盛衰が繰り広げられた時代となった。生涯を通じて栄華の幻想にとらわれ続けたクリスチャン四世は、海の覇権を強く意識して首都を発展させ、さらにヘルシンエアの要塞クロンボー城を堅固なものに再建して、他国の船乗り達に睨みをきかせた。首都近郊にある狩猟用の王領地に壮麗なフレゼリクスボー城を建てたことで知られる同国王は、首都にも意匠を凝らした宮殿や教会ほか様々な建物を造らせたことで、「建築王」と呼ばれている。彼の抱いた幻想においては、今や世界一の商業帝国となったオランダが理想の国家像であり、オランダの様式や手法を真似てでも海軍と商船の活力に満ちた国をつくることが目標であった。それゆえ、彼は多くの模倣の中でも、最もその時代を象徴する東インド会社の設立を、イギリスやオランダらに次ぐ一六一六年という早い時期に実現させ、商業帝国への道を邁進しようとしたのである。

一五三六年に宗教改革を果たしたデンマークは、クリスチャン四世のもとでプロテスタント国として一六二五年に三十年戦争に参戦するが、翌年すぐに敗退してしまう。それによってデンマークの弱体ぶりが露わになる一方、一六三〇年に満を持して参戦した同じくプロテスタント国のスウェーデンは次々と勝利をあげ、プロテスタントの救世主として軍事強国の一員となる。スウェーデンはもともと、一三九七年に成立したカルマル連合のもとでデンマーク君主の支配下にあるとされてきたが、苦難の末に完全な独立を果たした一五二三年以降は、宿敵としてデンマークの脅威となる存在に成長していた。そのため、クリスチャン四世は早くからその勢力を牽制しようと努めており、デンマークの優位およびバルト海の覇権を守るためにも、三十年戦争という大舞台での勝利に命運を懸けたのである。しかし、その野望は惨敗で挫かれ、着々と軍備拡張するスウェーデンの傍らで、一刻も早く自国の立て直しに焦りを感じたクリスチャン四世は、一六二八年以降の一〇年間に、エーアソン海峡通行税の税率を大幅に上げ、その税収入は一〇年間で約三倍に増加したと言われる。

エーアソン海峡通行税は、そもそもは航行する船舶ごとに一律に徴収されてきたものであったが、一五六七年には積み荷の量に応じた課税制度が開始され、それによってすでにその時点でも税収は一挙に三倍以上に増加していた。その頃には年平均二〇〇〇隻近くの船が海峡を通過するようになっていて、しかもその半数以上がオランダ船であったことから、海峡通行税の増額はおもにオランダ商船への大きな負担とならざるをえない。クリスチャン四世の時代にさらに大幅な増税が行なわれたとき、オランダはその状況を嫌って国際社会に働きかけ、デンマークがスウェーデンと戦争（一六四三年から四五年のトシュテンソン戦争）になった機会をとらえてスウェーデンに味方し、デンマークによる極端な海峡支配を崩してしまった。その結果となる一六四五年の条約により、勝者となったスウェーデンが海峡通行税の免税対象国となったうえ、オランダ船などは課税率をかなり下げられることとなり、一六三九年当時に比べて税収は四分の一以下に激減してしまった。

エーアソン海峡を利用する商船の六割ちかくを占めていたオランダ船は、海峡通行税の大幅な削減を認めさせたことで、バルト海貿易の優位を確実にした。一方、デンマーク国王の財政基盤は縮小されたのであるが、皮肉にもそれによって通行税徴収の可否は、以後ほとんど国際社会で取りざたされることなく、十九世紀中葉までの存続が可能になったと考えられるのである。

二　七つの海をめざすデンマーク

エーアソン海峡通行税については、それ自体が大変珍しいかたちの徴税であるだけでなく、その記録が通行税台帳として長期にわたって残存していることが研究者の注目を惹いてきた。一四二九年の開始から一八五七年の終了までの間で、少なくとも一五七四年以降は継続して記録が残存するため、エーアソン通行税台帳は膨大な情報をもつ西洋経済史研究の主要史料の一つとなったのである。その記録は当然ながらデンマーク語で記されているのだが、デンマーク初の女性大臣となった歴史学者のニナ・バングが中心となって、二〇世紀初頭から台帳のデータを活字化し、統計的分析をまとめる作業が始まった。その結果、一九〇六年から五三年までという半世紀に及ぶ期間をかけて、一七八三年分までがまず刊行史料として公刊された。そして近年では、通行税台帳原簿の記録そのものがデジタルアーカイブ化され、一七八四年以降のデジタルな統計的分析作業もかなり進められている。そうした分析により、エーアソン海峡を東西に行き来し、ヨーロッパの様々な港を結びつけた船の足跡が容易にたどれるようになり、どのような貨物がどこへどれだけ輸送されたのかが以前にも増して解明されており、研究者にとってもエーアソン海峡はまさに情報の宝庫といえよう。

しかし、公刊当初から通行税台帳の史料としての問題点が経済史研究者らの間で様々に指摘され、その膨大な情報の分析結果は、たとえば他の史料との照合を行なうなどして慎重に扱うべきだということが判明した。一つの史料の記述が、実際にはどうであったかという歴史的事実をどのように反映しているのか、歴史研究の要となるその問題点はすべての史料につきまとうが、税の記録に関わる通行税台帳の記述にも、当然ながら様々な事情が影響を与えており、研究者を悩ませ続ける。

とはいえ、圧倒的な情報量をもつエーアソン海峡通行税台帳の記録は、近世ヨーロッパ沿岸諸港が関わる国際商業の諸相を映し出す手がかりとして、重要なものであることは間違いない。というのも、各船舶について、船長の出身地、出港地や到着予定地、十六世紀後期以後は積荷の内容についての記録が明らかであって、それが十七世紀末には年平均四〇〇〇隻分に達し、さらに船舶数が急増した一七八〇年代には年平均八〇〇〇隻分、十九世紀に向けて年平均一〇〇〇〇隻分におよぶ情報となっているからである。北方ヨーロッパの国際商業の研究にとって、まずもって看過しがたいそうした情報の蓄積がデンマークにおいて可能であったことは、そのままデンマークのもつ特殊な地理的条件を描写し、デンマークが国際商業という分野において驚くほど積極的だった要因を暗示してくれる。

経済規模の貧弱な近世のデンマークが、なぜそれほど積極的に世界を覆う国際商業に挑んだのか、その足跡をたどることは躍動感あふれるデンマーク史の一面を繙くことになる。だがしかし、近代デンマークの産業革命が西洋史でほとんど話題にならないのと同様、近世デンマークの国際商業も西洋史のなかではほとんど語られることがない。それはオランダ、イギリス、フランスらの国際商業に比べて圧倒的に小規模であったため、それら大国の傍らでほとんど重要性を認めることが出来

表 X-1：デンマークの貿易会社と商業圏

①アジア	東インド会社 東インド会社 暫定インド会社 インド会社	1616 ～ 1650 年 1670 ～ 1729 年 1729 ～ 1732 年 1732 ～ 1843 年
②ギニア湾・西インド	アフリカ会社（グリュックシュタット） 西インド・ギニア会社 ギニア会社 バルト海・ギニア貿易協会	1656 ～ 1672 年 1671 ～ 1754 年 1765 ～ 1775 年 1781 ～ 1786 年
③北大西洋	アイスランド会社 ベルゲン・フィンマルク会社 グリーンランド会社 アイスランド会社 アイスランド会社	1619 ～ 1662 年 1702 ～ 1715 年 1721 ～ 1726 年 1733 ～ 1742 年 1743 ～ 1758 年
④その他	総合貿易会社 アフリカ会社 西インド貿易会社 貿易・運河会社	1747 ～ 1774 年 1755 ～ 1768 年 1778 ～ 1816 年 1782 ～ 1788 年

［出典］O. Feldbæk "*Danske Handelskompagnier 1616-1843*" København, 1986 より作成

なかったためである。小国ゆえに看過される悲しさであるが、デンマークが現代に世界最高の高度社会福祉国家を築いたこと、十九世紀の敗戦の後に産業構造の大転換を行なって、第一次世界大戦前夜には西洋屈指の経済成長を遂げたこと、そして帆船の時代に世界のあらゆる海に商業ネットワークを張り巡らせ、グローバル経済の発展を補完しえたことは、どれをとっても非常に刺激的なトピックといえよう。

そこでまず、デンマークの国際商業がどのように展開されていたのか、その全体像を把握してみたい。一般に言う重商主義の時代にあって、デンマークもアジアやカリブ海、アフリカといった遠隔地との国際貿易を追求する重商主義国家であったのだが、そうした高額の資本投資を要する商業活動

は特定の貿易会社を中心に推進された。しかもそれらの貿易会社はすべて、国王が与える特許状によって貿易の独占が認可された特権会社であった。商業国としては非常に規模が小さいにもかかわらず、デンマークは特に十八世紀中、多くの特権貿易会社を設立させており、それらのうち商業活動の実状が把握できるものを貿易活動圏ごとにまとめると表X-1の通りとなる。

表中の①にはインド洋と南シナ海、②にはギニア湾とカリブ海、③には北大西洋、そして「④その他」に属する会社の主な活動圏には、ヨーロッパ近海であるバルト海や地中海がそれぞれ含まれている。単純に数えて七つの海、まさしく世界のあらゆる海域とも言えるほど多方面へ、デンマーク国旗を翻した船が進出していったのである。

①や②の海域は東西インドとしてお馴染みとも言えるが、③の北大西洋はデンマークに突出した重要性をもつ海域である。ノルウェーを擁するデンマークにとって伝統的な経済海域である北大西洋圏において、アイスランドとその手前に位置するフェロー諸島は旧来から重要な交易先であり、漁場拡大をもくろむオランダやイギリスらを遮って支配権を堅守すべき領土であった。それゆえに、島々に必要な品々を供給し、地元産の魚類や羊肉、毛織物、毛糸製品などを買い取るという地道な交易が根気よく営まれ続けたのである。また、ノルウェー最北部を成すスカンディナヴィア半島最北沿岸線のフィンマルク地方は、わずかな加工魚類や皮革が取り引きされる程度であったが、国境線が不確定な時代にスウェーデンやロシアの進出を防ぐためにも、定期的な交易の必要性は強く意識されていた。

さらに、信仰復興運動の高まりを受けて海外伝道が盛んになっていた一七二一年には、伝道活動と相まってグリーンランドの植民地化が開始され、すでにその近海で盛んになっていたオランダやイギリスによる捕鯨を牽制することとなった。中世末期までは、主にノルウェーからグリーンランドまでの渡航が続いていたため、北欧系の子孫が残っているのではと考えられもしたが、長期の交流断絶を経て現地で出会ったのは、イヌイットの人びとと異文化生活であった。原始的な生活や自然環境はデンマーク人らの好奇の対象となり、また商業的には捕鯨と鯨油市場への参入という新規開拓に期待が寄せられた。

アイスランドは独立運動を経て第二次大戦後に独立国家となるが、フェロー諸島とグリーンランドはデンマークの自治領となって現在に至る。それらすべてを合わせると北大西洋上の広範囲に及ぶ支配領域となり、ナポレオン戦争期まで続くノルウェーの支配も考えると、本来小国デンマークなどとは言えない、堂々とした海洋帝国のかたちが十八世紀にはあったことになる。このことは、他国の手が届きにくいほとんど不毛に見える寒冷な領土を、デンマークが治めていただけという解釈では済まない意味をもつのであるが、その意味を考えるにはデンマーク経済の構造的な特徴を把握する必要がある。

そもそもデンマークは十九世紀後期に至るまで、穀物生産と畜産業の、ほとんどモノカルチャー的な産業形態が主流であり、農産物以外には輸出商品として商品価値のあるものをほとんど産出できなかった。それゆえ、十八世紀には本格的な重商主義政策がとられたと言っても、政府が常に最も力点を置いたのは農業生産力向上のための政策であった。当時の人口の八割以上が農村部に住み、有力な富裕層はまずもって大地主であるから、国家財政の基盤は穀物輸出に完全に依存していたのである。そのため、国際市場の情勢に左右されるデンマークの穀物輸出を安定させるために、一七三〇年代からノルウェーによる穀物輸入をデンマークが独占するという政策が開始された。ちょうどその三〇年代とは、デンマークが一世紀に一度の経済危機を迎えていた時代であり、自国の農業保護のためにはあらゆる手段が講じられねばならなかった。農地の少ないノルウェーは穀物輸入をデンマークだけに依存することになり、その代わりとしてノルウェー産の鉄をデンマークが独占的に買い取るという極端な経済の保護主義は、一七八〇年代末までの半世紀間続けられた。つまり、ノルウェーにせよ北大西洋上の領土にせよ、まずもってデンマーク農産物の主要な輸出先、ならびに鉄や木材などデンマークが必要とする品々の輸入元でもあったことの意味は、当時のデンマークにとって非常に大きなものであったのだ。

また、経済大国に発展するイギリスのすぐ北の背後にある支配領は、たとえばデンマークによる中国茶のイギリスへの密輸が指摘される際にも、その輸送経由地として容易に想起されえるのである。そうした可能性の幅はデンマークだからこそ広げ得たのであり、デンマーク経済にとって欠くべからざる要件でもあったといえる。

以上の通り、北大西洋圏の経済支配の確保に交易が欠かせないものであることは明白であるが、表X-1でも窺えるように、非常に投機的な東西インド方面との貿易までもが、国家的事業として熱心に追求され続けたのはなぜであろうか。

まずもって、オランダやイギリスらが植民地貿易で莫大な富を築くという模範を間近で見ていたことがあげられようが、デンマークは富の源となる輸出用産品がごく限られていたため、植民地から無尽蔵に得られる高価な産品を、莫大な経費と危険を懸けても手にしたかったに違いない。もとより船舶の保有数はスウェーデンなどよりもずっと多く整っており、十八世紀のデンマークは海洋国家にふさわしい輸送量を有していた。ゆえに、オランダやイギリスによる輝かしい海外進出を模倣し、うまくいけばアムステルダム、ロンドンに次いで、コペンハーゲンをバルト海向け商品輸送の拠点にすることが可能だと展望を描いたのも頷ける。実際、一七三〇年代以降のデンマークは、それまで以上に北海とバルト海をつなぐ中継貿易の重要性を強く意識し、他国船を介さない自国船による商品輸送の徹底、コペンハーゲン港における商品の集散能力の増進を図る経済政策が提示された。そして、その経済政策を有効に統括、指揮するための専門機関として、一七三五年には新たな商務省が設置され、翌年にはその監督下でデンマーク初の発券銀行が創設されるなど、商工業の促進は本格的な政策運営に結びつけられていった。

これまで強調してきたように、デンマークは北海とバルト海の結節点にあって、バルト海の玄関口を担う地理的条件をもつ。しかもバルト海の内と外では供給できる商品が全く異種であるから、互いの需要と供給の内容が合致するという前提がある。つまりは、互いに必要な商品を中間地点で交換すれば最も効率の良い取引となるはずで、デンマークはそこに商機を見いだす絶好の位置にある。これまではオランダが握ってきたその商業活動、つまりはバルト海東西双方向の商品流通における海運業と中継貿易にこそ、近世デンマークの国際商業が拓くべき未来があったのである。デンマークはその希望のもとに、貪欲ともいえる商業的野心をあらゆる商業圏に向け続けたのであった。

三．商業的繁栄のゆくえ――東インド貿易

デンマークの国際商業を通じて掲げられた理想像はどの程度実現したのであろうか。その問いに簡潔に答えることはできないが、デンマーク史では一般に十八世紀後期を商業的な「繁栄期」ととらえている。正確には一七七五年に始まるアメリカ独立戦争期からフランス革命後の革命戦時期を指し、その活況は一時的な減退期をもちつつも、概ね一八〇七年のナポレオン戦争参戦まで続いたとされる。その時期の商業的繁栄は特に、東西インドからもたらされる植民地物産の取引が劇的に増加したことで印象づけられるものであり、その植民地物産こそがデンマークの海運業と中継貿易を発展させる鍵となった。

東インド貿易が開始して一五〇年以上、大西洋をめぐる西インド貿易でも開始以来一世紀以上が経過して初めて、十八世紀後期に夢に描いたような繁栄が現実となったのである。それ以前の時期

図Ⅹ−3：インドの居留地トランクェバル（図面上が東）　城壁で囲まれた居留地の南東端に城塞ダンスボーが構えられた

［出典］ O. Feldbæk "*Dansk søfarts historie 3* " Gyldendal, København, 1997, s.50

においては、もともと資金不足に苦しむどの特権貿易会社も、たびたび倒産寸前のごとき厳しい経営状況に耐えねばならず、十分な利益を上げることは出来なかった。特権貿易会社の苦難はどこでも同じような状況であったが、貿易の展開状況は東西インド貿易でそれぞれ違いがあった。そこでまず、最も古い遠隔地貿易圏であった東インドでの状況から見てみよう。

　東インド貿易は、オランダに次ぐ海の覇者を夢見たクリスチャン四世による最初の東インド会社が、完全なる失敗事業として始まって以来、一七二〇年代まではほとんどずっと低迷を続けていた。ただ、インド南東部のコロマンデル海岸にトランクェバルという良港を得て、わずかながらの居留地と商館を維持しえたことは、その後のアジア貿易を確実にする足がかりとなっていた。巨額の投資を行なって遠洋を航海し、植民地拠点を運営することが会社の最大の負担になるのは必然であった。にもかかわらずデンマークが本国に持ち帰れた商品は、質・量ともにオランダやイギリスのそれにほど遠く、商機があるのはそれら大国がヨーロッパで戦争当事国となっていた時期に限られていた。その好況は単に、中立国デンマークの港や商船が一時しのぎで利用されたから生じたに過ぎなかった。

そのデンマークも十七世紀中はたびたび戦渦の渦中にあり、さらに一七〇〇年からはバルト海が舞台となる大北方戦争（デンマークの参戦は一七〇〇年および一七〇九年から二〇年まで）の主要参戦国として、中断も含めるが二〇年間は戦時の経済的停滞を被った。この戦争は、軍事的強国に成長したスウェーデンを挫き、十七世紀に失ったエーアソン海峡対岸の旧地を回復する最後の試みとなったが、もはやエーアソン海峡の両岸支配は国際社会でも認められ得るものではないことが判然としただけであった。

大北方戦争は海上交通を麻痺させ、デンマークの海上貿易に直接的な打撃を与えたが、国内の農業にも疲弊と荒廃を招いた。終戦後は戦時不況からの脱却が急がれたが、一七三〇年代に向けては、先述の危機的な経済不況が特に農業を低迷の極みに追いやっていく。しかしその最中の一七二九年に、デンマークは西欧の列強が敵対しあう不安定な国際情勢の趨勢を読み、アジア圏での中立国としての利益を見込んで、いま一度アジア貿易を再興させる事業に打って出た。同年、暫定的に設立された「アジア会社」が、対外貿易を広州に限定していた海禁時代の中国との交易に参入し、二年後にはインドおよび中国の高価な物産を本国に持ち帰ったことで、アジア貿易への熱が再び高まったのであった。その結果、一七三二年には新規事業として本格的なアジア会社が設立され、十九世紀に至っても中国貿易を担う役割を果たしていくのである。

新しいアジア会社は四〇年間有効の定款のもとで独占貿易を続けたが、その間最も重視されたことは貿易を中断させないこと、すなわち毎年欠かさずコペンハーゲンでアジア物産の競売市を開き、首都をアジア物産の取引拠点として定着させることであった。しかし、南部インドは政情が不安定であり、インド貿易は中断の恐れが高かったため、トランクェバルの植民地府の防衛と貿易の継続には多額の経費が必要であった。一方の中国貿易は、現地の仲介商人との限定的な取引によるものであったから、そうした負担を免れ、取引も安定していた。インドからは主に綿織物、中国からは茶や陶磁器を輸入し、アジア会社の取引全体で見ると、最初の四〇年間は全収益の四分の三を中国物産が占めていた。中国貿易に参入することでアジア貿易は初めて安定し、コペンハーゲンをアジア物産の集散地とすることが実現したのである。

特権会社による独占貿易がもはや時代遅れとなりつつあった一七七二年、会社の定款が更新され、インド貿易の方は特権会社に属さない私的な貿易商人らにも解放された。そして、彼らの多くはインドだけではなく、オランダ領ジャワやフランス領モーリシャス島を中心とする域内交易にも活動を広げ、列強国が戦時の際には多くの利益を上げていた。その一方、中国貿易はあくまで継続が重視され、特権会社の独占貿易が十九世紀に入っても続くこととなるが、一七九〇年代にはたびたび中断し、アジア貿易全体の収益における割合も、三分の一程度までとその重要性を後退させた。以前は、茶の消費大国イギリスがその輸入に高い関税を課していたため、デンマークは大量の密輸も含めてイギリスに茶の再輸出を盛んに行い、それによって中国貿易は高利潤が見込めていたのだといえる。なお、密輸に関してはその実状は明らかになり得ないが、デンマークは国内消費を大幅に超える大量の茶を再輸出向けに輸入し、イギリスの方はデンマーク方面からの関税逸れの茶が流通することに苦慮していたことは明らかであった。

そうした状況の変遷はあったものの、最初の四〇年間にアジア会社が本国に持ち帰った商品の取引総額はおよそ四一〇〇リースダラー（当時の通貨単位）、さらにナポレオン戦争参戦（一八〇七年）による中断までの三五年間に会社と私的商人が持ち帰った商品の取引総額は、一億三〇〇〇万リースダラーを超えたとされ、その成長ぶりは劇的であった。

四．奴隷と植民地物産が生む富——西インド貿易

アジア貿易は航海距離の大変長い大型事業である分、国家的統制を受けやすく、その動向もかな

り把握しやすいのであるが、アフリカと西インドを結ぶ大西洋貿易の方はずいぶんと違った様相を呈していた。アフリカへの南下と大西洋横断はアジア航路に比してずっと短い航路であり、それゆえ航海自体は、規模や経費の点でアジア航路のように大がかりな事業とはならなかった。それにもかかわらず、デンマークで特権会社による事業形態が整うまでにより時間がかかったのは、アフリカに要塞を設け、西インドの海に拠点となる島を確保する必要があったからである。

アフリカのギニア湾で黒人奴隷を買い、それをカリブ海方面で売却し、植民地物産をヨーロッパに持ち帰るという、いわゆる三角貿易は以前より列強諸国の西インド進出によって定着しており、そのネットワークへの参入は、すでにデンマークの私的な商人や船主らにもいわば着手可能な事業となっていた。それを国益に通じる国家的事業に統括していくには、奴隷を収容しておく要塞を固め、貿易拠点となる西インドの植民地島を領有するという高額な経費を負担する準備が必要であった。あえてそれだけの投資をしてまで、特権会社が独占貿易を行なう必要性や利潤の見込みは不透明であったが、デンマーク王国の支配下にあったホルシュタイン公領のグリュックシュタットにおいて貿易会社の設立が試みられ、大西洋貿易への気運が高まっていた。その会社は、デンマークが一六五九年にアフリカの要塞を得て以降は貿易の独占を許可されており、その事業を足がかりに一六七一年には、本格的な西インド・ギニア会社がコペンハーゲンでようやく設立をみた。翌年には西インドの小島サンクト・トーマス島を獲得し、一六九〇年代以降はデンマークの奴隷貿易が本格化していった。

図 X-4：黄金海岸（ギニア湾の現ガーナ沿岸）での奴隷貿易　奴隷貿易を求めてギニア湾に進出したデンマークは、現地での複雑な対立関係を利用するために黒人の族長と同盟関係を結ぶなどする。デンマーク旗が立つ砦には大砲が海側に向けて並べられている。

［出典］O. Feldbæk "*Gyldendal og Politikens Danmarkshistorie Bd.9*" København, 1990, s.174

デンマークも他の重商主義国家と同様に、黒人奴隷を商品として西インド方面へ輸送する奴隷貿易に熱心に従事したのだが、デンマーク船でギニア湾から輸送された奴隷の数は、一七三三年から一八〇二年までの間で五万人を超えた。また、同期間にデンマークの西インド領から再輸出された奴隷は約七万人と数えられている。デンマークは最も早く一七九二年に奴隷貿易禁止を宣言したことで知られるが、その後一〇年間は猶予期間とされたためにかえって奴隷輸送が集中的に増加した。猶予期間を過ぎてもすぐには輸送は止まらなかったようで、奴隷の国際市場では活況が続いていたのである。奴隷貿易廃止を強力に推進していたデンマーク政府要人の認識は、奴隷輸入が禁止されれば、すでに自国植民地内にいる特に女性奴隷への処遇が人道的に改善されるなどし、奴隷人口は維持されるはずだというもので、奴隷貿易は禁止されても、奴隷制度自体の禁止にはほど遠い状況であった。

西インド貿易・ギニア会社はアジア会社よりもさらに資金不足に悩んだが、砂糖の生産と加工というアジア会社にはない製造業も推進することで、経営を改善する可能性をつかんだ。一七一八年にデンマークはサンクト・ヤン島を獲得し、さらに一七三三年には耕作可能なサント・クロワ（サンクト・クロイクス）島をフランスから買い受けたことがきっかけとなり、会社は砂糖の安定供給と精製業を独占的に展開していった。会社はすでに一七二九年にコペンハーゲンで砂糖の精製所を開設しており、その後首都における数少ない製造業の成功例として製糖業は定着していった。

粗糖の輸入と精製業の独占権をもつ西インド・ギニア会社はしかし、アフリカの要塞維持にかかる高額な経費に耐えるだけでなく、不利な情勢とも直面することになった。勢力をつけた植民地プランテーション農園主達と利害が対立するようになり、民間の製糖業者によるコストの低い砂糖製造への期待が高まるなか、会社の事業内容が疑問視され始めたのである。そうした状況下、特権会社による独占貿易の必要性がもはや無いと判断した政府は、一七五四年に会社を買い上げ、西インド・アフリカ貿易を私的な商人にも解放した。しかし、政府にとってもアフリカの要塞は過重な経費負担であり続け、その後一時的に設立された貿易会社に、独占権との引き替えとしてその負担を負わせるなどしたが、結局は一八五〇年の要塞売却まで、政府が重商主義時代の代償を担わされることとなった。

大西洋貿易では特に、特権貿易会社が時代遅れであると判断されたにもかかわらず、一七六五年の「ギニア会社」、さらにアメリカ独立戦争中である一七八一年の「バルト・ギニア会社」設立によって、アフリカの奴隷貿易が再三独占されるものの、それらはすぐに経営が行き詰まってしまった。デンマークによる奴隷貿易中心の三角貿易は、十八世紀中葉にはかなり減退し、一七四七年以降の六〇年間に従事した船舶数は一五〇隻ほどとされる。他方、西インドと本国を往復する形態の大西洋貿易は、同期間に三〇〇〇隻を数え、奴隷貿易よりも着手しやすい西インド貿易の方はますます盛況を迎えていった。

大西洋貿易が大きく発展する十八世紀後半には貿易が自由化され、私的な商人達による取引が中心となった結果、デンマーク全体でどれほど取引が伸長したかを具体的に数値化することは難しい。しかし、デンマークにおける大西洋貿易の発展を裏付けるものとして、政府による航行許可書の発給状況の推移があげられる。

スペイン北西部のフィニステレ岬以南の地中海諸港、さらには同岬沖合を経てアフリカや西インドに向かう船舶は、旧来から北アフリカのアルジェを拠点とする海賊による私掠行為の危険にさらされてきた。しかし一七四六年にデンマークはアルジェとの協定を成立させ、翌年から航行許可証を発給して商船の安全を保証できることとなった。それによって保険の負担は減り、貿易の確実性が高まるわけで、地中海方面および大西洋貿易に従事する船舶のほとんどがその発給を受けたとされる。

その「アルジェ航行許可書」を申請して西インド方面へ向かった船舶の発給数は、一七七七年以前は年間五〇部に満たない程度であったが、アメリカ独立戦争開始を受けて翌年から急激に増加し、ピークとなる一七八二年には二〇〇部を優に超えていた。そのような極端な数は同年のみであって、戦時の混乱が治まるとまた年間五〇部以下に下がるが、年間一〇〇部前後を数えることが、フランス革命後の革命戦争期にあたる一八九五年以降は頻繁にみられ、アジア貿易と同様に十八世紀後期の繁栄を裏づけている。

一般的な世界地図上では小さな点にもならない規模だが、三つの植民地島の獲得は、デンマークにプランテーション農業経営と製造業、そして西インドにおける奴隷貿易を可能にさせ、デンマーク国際商業の成長に大きく貢献するものであった。それら拠点をもつことで、西インド貿易に従事するデンマーク商船の海運業は安定的に成長し、他国領で産出される砂糖やコーヒーをも取り扱うことで、輸送量は一七八〇年以降急激に伸長した。アメリカ独立戦争は大西洋貿易で優位に立つイギリスの商業を麻痺させ、オランダやフランスらの植民地をも巻き込む国際戦争となったため、すぐ傍らで活動する中立国デンマークの商業ネットワークが、その空白部を補うべく絶好の機会をつかんだのである。

デンマークにとってアメリカ独立戦争時の好景気がいかに劇的であったかは、例のエーアソン海峡通行税台帳の分析からも顕著である。それによるとまず、十八世紀後期はバルト海に向かう植民地物産の輸送量が大幅に増大していくことが明らかである。たとえば、一七五〇年代の総輸送量は年平均で約一三〇〇万ポンド（重量ポンド）だったが、七〇年代には年平均約三二〇〇万ポンド、さらに八三年の最高時には約四三〇〇万ポンドに達したと計算される。その中でデンマーク船の占める割合は普段五％に満たないが、一七五六年に始まる七年戦争期に十三％、さらにアメリカ独立戦争期には急増した結果、一七八二年に二六％に達するまでに至った。また、ノルウェー船らも含む王国全体の輸送量では、ピーク時に三五％に達するまでになり、当時同じくバルト海で急成長を見せたプロイセンの港シュテティンの割合を超えて一位となっていた。

デンマーク王国の船がバルト海向けに運んだ砂糖やコーヒーといった植民地物産は、大半がコペンハーゲンを経由してさらに再輸出されたのであるが、その主な輸出先はオランダと、リューベックを含むバルト海地方であった。オランダは戦時期に輸送量を大幅に減らしたため、それを補う植民地物産の調達がコペンハーゲンでなされたと考えられる。また、以前はデンマークからの輸入品をほとんど持たなかったリューベックやその他のバルト海諸都市が、アメリカ独立戦争期を契機に大量の植民地物産をデンマークから輸入し出すようになり、デンマークが理想とするバルト海東西流通のための中継貿易は、ようやく実現の確かな手がかりをつかんだのであった。

すでに明らかなとおり、デンマークの商業的繁栄はアメリカ独立戦争期を契機に、輸送量が増大していた植民地物産を、戦争当事国の分まで輸送できた結果としてもたらされた。戦争状態がヨーロッパ域内だけでなく、そのまま東西の植民地領域をめぐってでも展開される状況にあって、すでに植民地物産抜きには語れない日常生活を享受する西洋世界は、様々な国際商業によって成り立っていたのである。そういった観点からいうと、戦争が頻発した十八世紀後半に、デンマーク王国のような中立国の商業ネットワークが完成していたことの意味は重要で、中立国による貿易の補完作用があったからこそ、西洋中心のグローバルな経済体系は継続性をもち得たのである。

デンマークは商業大国のすぐ傍らで、彼らとほとんど同じルート、同じ内容の貿易を根気よく営み、長らく耐えて商機をつかんだのであり、それだけのことが経済小国としても成し得たのは、強力な国家的主導と統制があったからだといえる。十八世紀中葉の七年戦争の頃から、デンマークの戦時好景気は熱を帯びたが、戦時以上に戦後も活動水準を保つための努力が続けられ、戦前の水準に逆戻りするのではなく、徐々に右肩上がりの緩やかな成長が続いた。その背景として忘れてはならないのは、つねにコペンハーゲンの中継貿易を集中的に促進させようとした重商主義政策の指針である。様々な特権貿易会社の設立は、そうした国家的な政策の手段となったのであり、植民地進出を図る海洋帝国の骨組みを支える働きを託されていたといえる。

ここで再びデンマーク海洋帝国の姿を検討したいと思うが、北大西洋圏の領土支配のなかでもとくに、ノルウェー支配がデンマーク経済にとって非常に重要であったことはすでに述べたとおりである。再三スウェーデンに支配権を狙われてきたノルウェーは、フランス側に与せざるをえなかったデンマークがナポレオン戦争で敗れた一八一四年、スウェーデンに割譲されてしまった。デンマークは一八〇七年にイギリス艦隊の攻撃を受け、すべての船舶が奪取されるか破壊されたために、それまで繁栄を謳歌した海上貿易は完全に終焉を迎えた。その状況に追い打ちをかけたのがノルウェーの喪失であり、それは木材や鉱山資源の供給源およびデンマーク農産物の市場喪失というだけではなく、デンマーク商人に劣らないほどの輸送力の喪失をも意味していた。

さらにデンマーク王国支配には、ドイツと国境を接するユトランド半島南部にスレースヴィ（ドイツ語表記ではシュレスヴィヒ）とホルシュタインという二つの有力な公領も含まれており、先述のとおり西インド・ギニア会社の設立を推進したのもホルシュタイン商人勢力であった。十八世紀後半に向けてデンマーク政府は、首都に国際商業を一極集中させるあまり、コペンハーゲン商人と競合すらするノルウェーや両公領の商人の活動を規制することもあったが、彼らの方もデンマーク海洋帝国の枠組みを利用して商業活動を着実に成長させていたのである。ハンザ都市の伝統を引き継ぐノルウェーと、ドイツ帝国の一部であるという複雑な歴史条件を抱えるホルシュタイン公領、そして海運業で栄えるフレンスブルクをもつスレースヴィ公領らの商船隊も、デンマーク王国の一部として重要な役割りを担っていた。その状況は一七八〇年代後期の段階で、王国全体の商船隊に占めるデンマーク商船の割合が三分の一、ノルウェー商船が三分の一強、両公領の商船が三分の一弱であったことにも表われている。

一般にデンマーク王国の国際商業の顔はコペンハーゲン商人と理解されているが、彼らとは別個に、ノルウェーと二つの公領の商人達もそれぞれ活発に発展を模索していたことで、当時のデンマーク商業にさらなる可能性が準備されたと考えられる。急激な国際情勢の変化によって商業活動が影響を受けた際、即座に各方面の輸送量を調整するなどといった、驚くほど柔軟な対応をとりえたのも、デンマーク王国内での複合的な輸送能力の存在が欠かせなかったはずである。

そしてそうした多角的な商業活動の発展を保護したのが、外交上の枠組み、つまりデンマーク王国の中立政策であったと総括できるだろう。戦争に明け暮れた十七世紀とは違い、十八世紀における大北方戦争終結後の八〇年間は、デンマークにとって中立外交が守られた長期の平和期となっていた。戦争による社会的な疲弊を免れ、国力の増進を図るという以上に、中立国としての商業活動を飛躍させる前提となった十八世紀の平和は、国際商業の発展に劇的な効果をもたらしたのである。

以上みてきたとおり、複合的な商業構造を内包した十八世紀のデンマークは、背後に北大西洋圏を擁してバルト海に臨み、東西インド植民地に両腕を伸ばしながら、海洋帝国として最大限の商業的利潤を追求していた。その結果、最終的には目標としてきたコペンハーゲン中継貿易の発展に到達しえたのである。

北海とバルト海の結節点にあるからこそ実現しえたデンマーク海洋帝国の姿は、想像される以上に多彩で活力に満ちあふれ、複合的構造ゆえに多角的な経済発展の可能性を秘めたものであったといえよう。

参考文献

深沢克己編『国際商業』（近代ヨーロッパの探究9）ミネルヴァ書房、二〇〇二年。

玉木俊明『北方ヨーロッパの商業と経済——一五五〇〜一八一五年』知泉書館、二〇〇八年。

デヴィッド・カービー、メルヤ=リーサ・ヒンカネン、玉木俊明他訳『ヨーロッパの北の海——北海・バルト海の歴史』刀水書房、二〇一一年。

井上光子「デンマークの国際商業と「海洋帝国」のかたち」『関学西洋史論集』三二、二〇〇九年、二一〜三一頁。

XI

中世後期から近世における陸上交易の発展と北海・バルト海の世界

菊池雄太

はじめに

カービーとヒンカネンが著書『ヨーロッパの北の海』で活写しているように、北海とバルト海は、ふたつでひとつの独特な海の世界を形成している。近年では、ヨーロッパの北に位置する両海を「きょうだいの海」と呼び、両者が一体となった北方世界の歴史を描き出すこともある。北海やバルト海に関する多くの著書や論文は、両地域でおこなわれる経済活動に注目してきたが、そのまなざしは当然ながら、おもに海域に向けられてきた。

本章では、目線を反対に向ける。つまり、あえて陸地での交易に注目してみようと思うのである。北海・バルト海交易は、船舶の上で終わるものではなく、積荷は港で積替えられ、陸上で運搬され、市場で取引された。これは当たり前のようなことであるが、この交易の流れを正面から扱った研究は驚くほどに少ない。したがって、海上交易と不可分に結びついた陸上交易の営みを描くことが、本章の目的になる。

北海やバルト海と内陸の交易関係を扱う場合、特有の論点がふたつある。まず、両海は陸上ルートでも結ばれていた。ユトランド半島の付け根を東西に横断する交易路がそれであるが、後述するように、このルートは中世ハンザ商業の基幹をなしていた。近世以降は主要ルートがエーアソン海峡を通過する海路に移行したと考えられているが、研究上、この陸上路の重要性をなおも評価する意見は根強い。しかし全体として、北海―バルト海間陸上路の近世における利用が具体的に描かれることは少ない。本章では、中世の終わりから近世にかけての陸上東西交易を、海上交易の動きとの関連からとらえてみたい。

もうひとつの論点は，ドイツ内陸部に向かう交易の流れである。上述したように、中世には北海とバルト海を結ぶハンザの東西陸上交易が隆盛を誇った。この交通路の北海側の出入口がハンブルクであったが、十六世紀くらいになると、北海（さらには大西洋）商業の流れが、同市を通じて内陸ドイツ・中欧の商業・手工業中心地とより強く結びついていく。これは、北海―バルト海を結ぶ東西交通ラインを通らない、北方ヨーロッパの新たな商業動脈の形成を意味している。それでは、この内陸交易はどのように発達していったのか。ハンブルクに焦点を当てながら、その姿に迫ってみたい（章末の地図も参照）。

以下ではまず、近代以前のヨーロッパの商品流通において、河川、運河、道路がいかなる役割を果たしていたのか、海上輸送との対比から概観してみたい。北海・バルト海に結びつく北ドイツ地域を念頭に置いた叙述がなされるが、他のドイツ地域の例も取り上げる。

一．河川・運河・道路が果たした役割

今日の感覚では，モノが輸送機に載せられて、希望する場所へ思いのままに輸送されるのは当たり前のことのようにとらえられる。インターネットで商品を注文すれば、国内であれば数日以内で、海外であっても遅くとも数週間以内に配達が完了する。

しかし、鉄道が登場する以前の社会において、モノの移動は容易ではなく、多くの時間と労苦を要した。それどころか、目的地まで商品が無事に送り届けられるかどうかさえ、定かではなかったのである。そのため、輸送費用は非常に高くつき、商人の悩みの種であった。商人は、できる限り早く、できる限り多くの商品を、できる限り確実に輸送するために、さまざまな配慮をした。

遠隔地との交易において中心的な役割を果たしたのは、海上輸送である。海船は川船より大型であり、より多くの商品を長距離輸送することが可能である。中世ハンザ商業においては、コッゲ船と呼ばれる船舶が活躍し、ハンザ躍進の要因のひとつに数えられている。

しかし、海上輸送における制約は少なからぬものがあった。たとえば、帆船の移動速度は風に大

きく左右される。航海が順調に進んだ場合、リューベックからダンツィヒまでは四日、リューベックからベルゲンまでは九日かかったとされているが、風に恵まれないと二週間から三週間は必要であった。商品がいつ送り届けられるのかは、正確にはまったく分からなかったのであり、そのことが円滑な取引業務を妨げた。また、航海には海難の危険が常につきまとっていた。とりわけ北海－バルト海の出入口となるユトランド半島を廻る航路は難所として知られ、強い風に押されて砂州に乗り上げることがあった。さらに、航海シーズンが限られていたことも指摘しなくてはならない。北海やバルト海の、とりわけ港周辺の水域は冬季に凍結し、航海は危険になる。そのため十四世紀末には、聖マルティンの日（十一月十一日）から翌年の聖ペトリの日（二月二二日）までの航海は禁止されるようになった。それに、危険は自然だけではない。価値ある商品を積載した船舶は、海賊の格好の標的であった。

このように、海上輸送にはさまざまな制約があった。そもそも、海船がたどりつけるのは海に接している地域で、接岸・停泊が可能な港のある所だけである。つまり、海上輸送が利用できる範囲は限られていた。そこで、海上船舶輸送の代わりとなり、また内地への商品流通で大きな輸送能力を発揮したのが、河川や運河を利用した舟運である。

北ドイツでは、北海に注ぐエルベ川やヴェーザー川、バルト海に注ぐオーデル川、さらにそれらの支流が、長大な河川ネットワークを成していた。ただし自然の河川の流れが常に目的地まで通じているとは限らず、部分的に陸路を用いなければならない場合も多かった。このように水上輸送が途切れるのを克服するために、ふたつの河川をつなぐ運河が重要な役割を果たした。北ドイツでは十四世紀末以降、運河開削が活発化する。とくにリューベックやハンブルク、さらにヴィスマールなどのハンザ都市が、それを積極的に推進した。十七世紀後半以降になると、領邦君主が精力的に運河を建設し、自領内の水上交通体系を整えていく。

中近世の交易において河川と運河がもっていた重要性は、疑いもなく大きい。海船には及ばないとはいえ、その輸送容量は大きく、たとえば十六世紀末にエルベ川を航行するハンブルク船舶は、二〇～二四ラスト（約四〇～四八トン）の積載量であった（バルト海とハンブルクの間を航海していた船舶は、一六二五年の記録によると、平均五〇ラスト）。そのため荷馬車で運ぶのには適さない重い物資を、川船によって遠隔地まで長距離輸送できた。

河川や運河は、都市の経済的発展に決定的に寄与した。多くの都市が川沿いに成立していることが、なによりの証拠である。リューネブルクの製塩業にとって、塩樽を運ぶイルメナウ川の舟運は不可欠であった。ハンブルクの中継貿易港としての発展は、エルベ川の存在なしには考えられない。ケルンにとってのライン川、ブレーメンにとってのヴェーザー川も同様である。

しかし、中近世の河川交通は、今日の観光船によるライン川下りのように快適なものではなく、大きな労苦を伴った。わが国でもよく知られているライン川のローレライ伝説は、船乗りを惑わし川船を沈める妖精の話であるが、これはローレライの岩場周辺の舟行が非常に危険であったために生まれた。そして、河川航行の危険は、ローレライに限ったものではなかった。十八世紀のエルべ川について書かれた地誌（Johann Hermann Diehelm, *Denkwürdiger und nützlicher Antiquarius des Elbstroms*, Frankfurt/Main, 1741）には、当時のエルベ川航行における困難がありありと描かれているので、以下でいくつかの記述を挙げてみよう。

エルベ川では、水流や水深が複雑に変化し、場所によっては大きく蛇行するために、船の操舵には細心の注意が必要であった。河床に溜まった石や流木にぶつかり、船が破損することがあったため、棹で障害物をどけ、船体を微妙にコントロールしつつ進まなければならなかった。下流へ向けた航行で、この危険はより高まった。また、砂州に乗り上げてしまうと、船を再び流れに乗せるのに多大な時間と労力を要した。人力や馬力で綱を引いて船を砂州から開放するのであるが、それがうまくいかない場合は、いったん積荷を陸に揚げ、船体を軽くする必要があった。夜間の舟行は、河床の状態が目視できないため、不可能であった。昼間であっても、風の強い日は、川面の波立ちによって河床や水流が見にくくなるため、舟行を中断せざるを得なかった。再び船を出発させるまで、八日間も同じ場所に留まらなくてはならないことがあったという。長雨で川が氾濫すれば、危険が大いに高まったことは当然であるが、さほど川が荒れていない場合でも、水量が増したことで棹が河床に届かなくなり、航行が困難になることがあった。

川船が上流へ遡行するには、曳舟が必要になる。川に沿う舟曳道から、ときに人力、ときに畜力によって船につないだ綱を引き、流れに逆らって船を曳くのである。これには多大な労力を必要とし、進む速度も緩慢であった。また、天候不順や氾濫により舟曳道が使い物にならなくなることも

曳船の様子　1596年の木版画

あった。

エルベ川は冬季にたびたび凍結した。バルト海に比べてエルベ川の凍結期間は短いが、それでも十二月の後半には舟行が減り、一月と二月にはまったく見られなくなるのが普通であった。三月になっても氷が解けないことも、稀ではなかった。

以上は自然を要因とした河川交通における制約であるが、人工物もスムーズな商品輸送を妨げていた。その代表が、川の上に設けられた橋である。橋脚の間を通過するためには、大きな労力と細心の注意を傾けなければならなかった。ときに百人以上に及ぶ曳き子が必要となり、作業は丸一日かかることもあった。橋のほかに、水車が通行の妨げになることもあった。船舶通過時に橋や水車に与えられた損傷をめぐって、各地の都市でたびたび係争が生じた。

通行税徴収の多さも、河川交通における特徴のひとつであった。その背景には、中・近世のドイツが数多くの領邦国家に分裂していたという状況が挙げられる。各地の君主、領主は、自己の領地に恣意的に通行税徴収所を設けていた。河川輸送では徴収所を迂回できるような代替ルートの選択肢が少ないために、格好の徴税対象となったのである。このようにして、船舶は目的地にたどり着くまでに幾度にもわたって通行税を徴収されたので、輸送費用は著しく増大した。

以上のように、水上交通に付きまとっていた制約は、少なくなかった。改善はごく緩慢にしか進まず、十八世紀になっても、これら制約が完全に除去されることはなかった。それでも、すでに述べたように、川や運河が果たした経済的役割が大きかったことは明白である。鉄道のない時代において、河川は内陸における唯一の大量輸送手段であった。

それでは、陸路を用いた輸送はどのようであったか。イングランドや低地地方、フランスに比べ、ドイツの道路は概して劣悪であった。道路整備は進まず、未舗装であることが普通で、十八世紀になっても大型馬車の通過に適さない狭隘な道路が至るところにあった。雨が降れば道はすぐにぬかるみ、荷馬車の通行を困難にした。

ヨーロッパ各国において、十八世紀中葉になるまでは、道路改良が進んでいたとは言えないが、とりわけドイツでは立ち遅れていた。これは、上にも述べたドイツの政治的分裂状態を背景とする。領邦君主にとって通りやすい道路は諸刃の剣であった。それは商品輸送を促進するが、同時に、戦時には敵国軍隊の進入を容易にした。そのため、各地の君主は道路整備に消極的であったという。

ドイツでも十八世紀には道路改良がなされるが、それはほんの一部地域に留まっていた。「ショセー」とフランス風に呼ばれる舗装された幹線道路がドイツに導入されたのは、一七二〇年のヘッセン、次いで一七三三年のバーデン・ドゥルラッハであり、一七七二年にはヴュルテンベルクに建設された。ドイツにおける道路の改善は中・南部を中心におこなわれたのであり、北ドイツは後進地域であった。道路建設のための石材が不足していたのが一因であると言われている。

荷馬車は船舶に比べ、重量のある積荷を大量に運ぶことはできないため、嵩高商品の輸送には適さない。道路状態が悪かったことも、馬車に重い荷物を積み込むことができない要因のひとつであった。

しかし、ドイツの一部地域においては、道路が商業発展において主要な役割を担うことがあった。ザクセン地方の大市都市ライプツィヒがその好例である。十七世紀、とりわけ十八世紀におけるライプツィヒ大市商業のめざましい発達を支えたのは、同市の西を流れるヴァイセ・エルスター川やプライセ川ではなく、同市から縦横に展開する道路網であった。道路の整備は十七世紀後半に着手され、十八世紀初頭以降に本格化した。

ライプツィヒの例からわかるように、内陸交通における陸路の役割を過小評価することはできない。それに陸路の有用性は、ライプツィヒのような特殊な例に限られたものではなかった。水路は、たとえ運河を建設しようとも、自然の川の流れに従わざるを得ない。そのため河川では目的地にたどり着くことができなかったり、大きな回り道をしなければならなかったりすることがあった。道路は、もちろん地形による影響はあったが、基本的にどこにでも通じていた。またより短いルートをとることで、河川輸送よりも速く商品を運べることもあった。さらに、水難をはじめとする上述の河川交通のトラブルがなかったため、到着時期が比較的容易に計算でき、より確実な商品輸送が可能であった。ただし、盗賊に襲われる危険はあった。

このように見ると、海上輸送、河川輸送、陸路輸送には、おのおの一長一短があり、商品流通においてそれぞれが独自の役割を担っていたと考えられる。そのことを踏まえながら、次節では、陸上交通（陸路と河川路）による北海‐バルト海の交易を見ていくことにしたい。

二．陸上交易が結ぶ北海‐バルト海

古来より、ユトランド半島は北海‐バルト海を結ぶ「陸橋」を成していた。半島を迂回する海路は、遠回りである上に危険であったからである。ただし、半島の自然条件は、陸上商品輸送にとって本来は理想的でなかった。氷河期に広く形成された沼沢地と砂地は、人畜の通行に適していなかった。雪解けのある春に、沼沢地を移動するのは困難であった。十八世紀になっても、この状況が根本的に改善されることはなかったという。

一方で、水運には恵まれていた。狭い半島内には無数の小さな川が流れ、それらを部分的に利用することで、北海とバルト海を結ぶ陸路と水路の網の目が形成されていた。

　このような地理的条件下、ユトランド半島には多くの港湾都市が生まれた。わけても北海―バルト海間の交易において卓越した位置を占めたのが、リューベックとハンブルクである。両都市を結ぶ陸上交易路は、中世ハンザ商業の基幹ルートであった。両都市間の距離は、直線にして約五六キロメートルである（海路をとった場合、一一〇〇キロメートル以上の航程になる）。両都市を結ぶ交易路は複数あるが、オルデスローという小都市を経由するルートがもっとも重要であった。ハンブルクからオルデスローまで陸路、オルデスローからリューベックまではトラーフェ川を利用する水路が利用された（本章ではこのルートを、水路のみで両都市を結ぶルートと区別するために「陸路」と呼ぶ）。

　オルデスローは、一一七五年に通行税徴収所として、一一八七年にリューベック商人の商品通過地として史料に記録されており、以来何百年にもわたり東西交易の中継地として利用され続ける。ハンザ時代のリューベックは、この交易路を要に東西交易を掌握し、「バルト海の女王」として隆盛を誇った。ハンブルクはリューベックに従属的な地位に甘んじていたため、研究上、「北海におけるリューベックの外港」と称されている。

　十四世紀末になると、運河の建設により、ハンブルクとリューベックがひとつながりの水路で結びつけられる。シュテクニッツ運河である。この人工水路の本来の建設目的は、内陸都市リューネブルクで生産された塩をリューベックへ運搬することであったが、ハンブルク―リューベック間の商品輸送にも用いられた。航行距離が一二〇キロメートル弱と、陸路に比べやや遠回りであるが、重

今日のシュテクニッツ運河

量のある商品を大量に輸送するのに適していた。

十五世紀中葉には、ハンブルクの北側を流れるアルスター川と、リューベックを流れるトラーフェ川を結びつける運河建設が、ハンブルクにより着手される。上述のシュテクニッツ運河よりも短い航行距離で両都市間を往来できるようにすることが意図されたと考えられる。しかし建設工事は技術的、財政的問題から一端頓挫する。ようやく一五二五年、ハンブルク、リューベック、デンマーク王が共同して工事が再開され、一五三〇年に完成する。この運河によって石灰、木材、泥炭（ピート）、さらに毛織物、毛皮、獣皮、バター、蜜蠟などが運搬されたが、一五五〇年ころには水路の管理・維持が技術的に難しくなったため、東西交易の主役となることはなかったようである。

さて、リューベックで荷揚げされたバルト海地方の商品は、ハンブルクへ陸上輸送され、そこから北海地方の各地へ再輸出された。中世における主要な再輸出地は、フランドル地方であった。ハンブルクから同地方への輸出のほとんどは海路を通じておこなわれたようである。西ヨーロッパの商品は、ハンブルクを経由しリューベックへもたらされ、そこからは海路のほか、陸路で再輸送された。リューベックからバルト海南岸に沿って伸びる陸上交易路は長大で、シュトラールズント、シュテティン、ダンツィヒにまで通じていた。中世バルト海地方の主要商品は、ハンザ初期の時代（十三世紀ころまで）にはロシアの毛皮が抜きんでて重要であったが、のちには蜜蠟、ニシン、銅、バターの取引が増加する。西ヨーロッパの商品では、毛織物が常に首位を占めていた。

ハンザ盛期には北海-バルト海間交易の基幹をなした陸上交易であったが、その地位は十五世紀になると脅かされるようになる。この頃、スペインやポルトガル、イングランド、オランダといったヨーロッパ諸国の経済が著しく発達し、ハンザ商人による商業活動の独占に対抗する動きが出てくる。その中でもとりわけ経済力を高め、航海技術を発達させたオランダ人が、航海の難所であったエーアソン海峡を克服し、陸上ルートを通過せずにバルト海の沿岸諸都市と直接取引をおこなうようになった。バルト海に現れるオランダ船舶は日増しに増大し、その海運力はハンザの船舶を圧倒した。

この状況にもっとも危機感を募らせたのはリューベックであった。西ヨーロッパと内陸後背地に交易関係を拡大することに成功したハンブルク（後述）とは異なり、同市の生命線は北海-バルト海間東西交易の中継にあったからである。リューベックは、バルト海地方におけるオランダ人の活動を制限することで、情勢を打開しようと試みる。ハンザ会議では、ロシアやリーフラントにおいて、オランダ人がハンザ商人（ハンザ都市の商人）の手を介さずに直接取引することが禁じられ、またハンザ都市におけるオランダ人の商業活動に制限が加えられた。しかしこれらの規定の成果は不十分であり、東西交易におけるオランダ海運業のプレゼンスは抑えようがなかった。

このような状況の中で、ハンブルクとリューベックの関係に隙間風が吹きはじめる。十六世紀以降のハンブルクの商業政策は、オランダ人の商業活動の排斥を進めていたリューベックと真っ向から対立したからである。すなわちハンブルクは十六世紀後半に、戦乱を避け移住してきた、おもに商人と手工業者から成る南ネーデルラントからの移民を受け入れ、彼らがもつ人的ネットワークを通じて、オランダとの商業関係を強めていったのである。ハンブルクの在地商人は、移住商人との取引関係を密接にした。こうして、北海とバルト海にまたがる商業活動の主導権は、リューベック商人の手から離れていった。ハンブルクは、独自の経済発展を遂げることで「リューベックの外港」たる地位から脱却し、近世における両者の立場はまったく逆転した。

そうなると、ハンブルクの商人がリューベックを経由してバルト海の商品を調達することも、問題視されるようになる。バルト海地方におけるリューベック商人の積極的役割が失われ、同市が単なる商品通過点の地位に落ちることが危惧された。そこでリューベックがとった措置は、バルト海商品の自由通過を制限することであった。すなわち、リューベック市民以外によって都市外で購入された特定商品が同市を通過する際は、市内で一定期間リューベック市民に対して売りに出されることが強制された。これら商品は、販売期間が経過した後か、リューベック商人から購入された場合のみ、通過が許可された。制限対象商品としてとくに挙げられたのは、スカンディナヴィアの食料品、銅、鉄、フィンランド産の皮革であった。

最初の通過制限は一六〇六年におこなわれた。当然ながら、ハンブルクはこの制限に強く反発した。以後、リューベックで商品の差し押さえは繰り返され、ハンブルクの参事会や商人から幾度となく抗議文書が提出されたが、リューベックは自らの主張を頑なに堅持し譲らなかった。

リューベックとハンブルクの対立は、ハンザ衰退の象徴としてとらえられている。たしかに、商業政策をめぐって、両市は鋭く対立していた。リューベックの通過制限は、円滑な商品流通を妨げたであろう。また、エーアソン海峡を通過する海上商品輸送が、北海-バルト海間交易において支配的になったことにも疑いはない。しかし、そのことをもって直ちに、両都市間の陸上交易が意義を失ったと断ずることはできない。近世のハンブルクでは、中継商業全体が大いに拡大するが、リューベックとの陸上交易はこの発展と不可分に結びついていた。

まず考慮すべきは、近世においては大規模な戦争がひっきりなしに繰り返され、商品輸送は大きな危険に晒されていたことである。そのような状況下にあって、商人はより安全な輸送ルートを常に模索していた。海上輸送は、交戦中の諸国海軍による拿捕の危険が高かった。一方、ハンブルク-リューベック間の陸上路の安全性は、商人に高く評価されていた。一六〇七年、イングランド商人ローストームは、カージー織をハンブルクからリューベック経由でダンツィヒに発送しようとした

図Ⅺ-1：ハンブルクからリューベックへの河川商品輸送規模の推移 1705 ～ 1730 年（エルベ川通行税徴収所エスリンゲンにおける徴収税額［単位：マルク］の推移より）

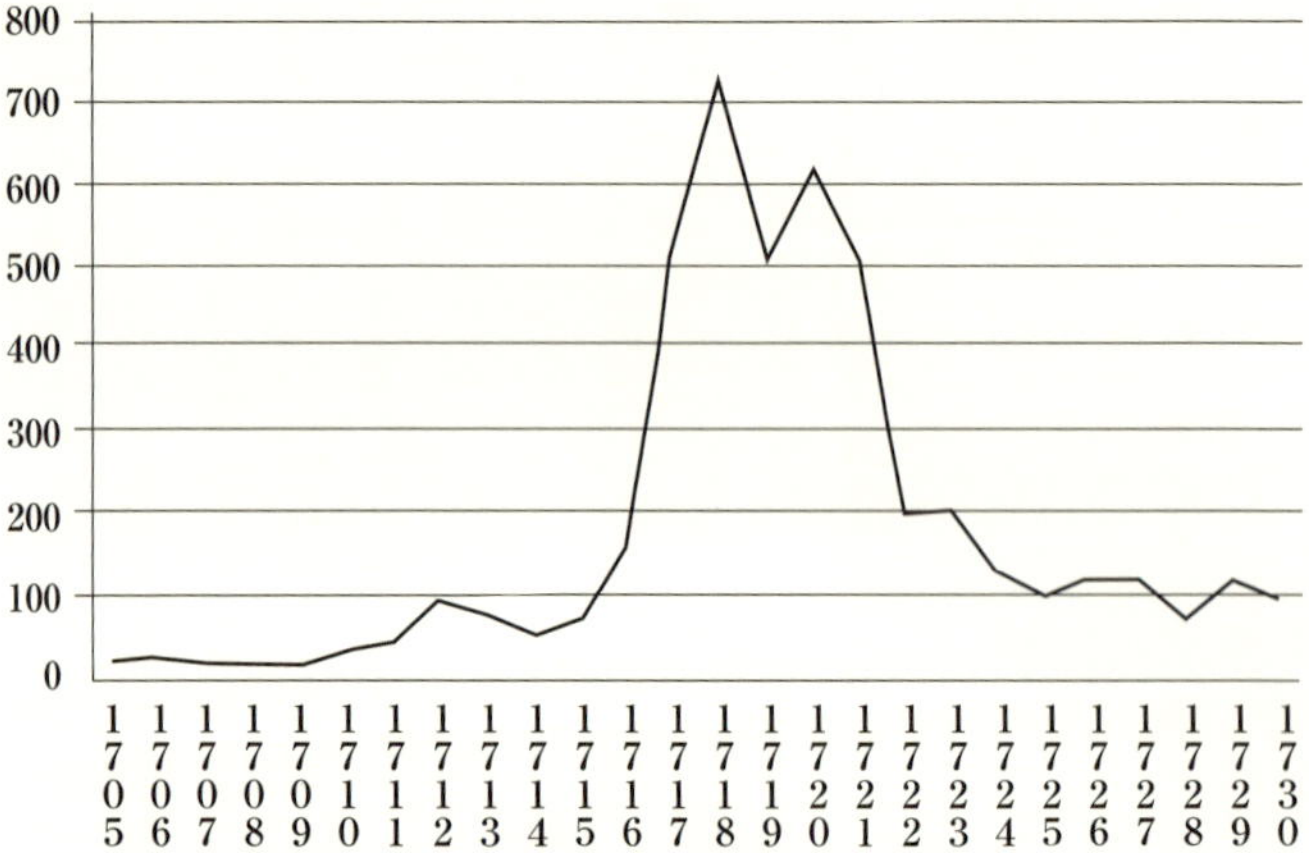

［出典］Staatsarchiv Hamburg, Amt Bergedorf, Pars. II, Sectio. III, Vol. 1f, Esslinger Elbzoll- Landzoll- und Fährgeldregister Fasc.1 Nr.10-25. 拙稿「ハンブルクの陸上貿易 1630 ～ 1806 年――内陸とバルト海地方への商品流通」『社会経済史学』第 78 巻 2 号（2012 年 8 月）、40 頁も参照。

際に、このルート選択の理由として「最も速く、危険がまったくない」ことを挙げている。

三十年戦争中（一六一八～三八年）、内陸ドイツの大部分は戦乱に巻き込まれ、物流がほぼ麻痺するという危機的状況に陥った。ところが、北海―バルト海の東西陸路交易は、この時期に隆盛をみた。ハンブルクやリューベック、バルト海南岸地域の一部は比較的戦争の被害が軽微であったからである。当時のハンブルクで陸路輸出商品から徴収された税の台帳をひもとくと、リューベックへの輸出が非常に多かったことがわかる。とくに重要な商品は毛織物であった。その中でも、「旧毛織物」と呼ばれる種類の厚手毛織物の輸出量は大きく、当時西ヨーロッパからエーアソン海峡を通過してバルト海地方へ海上輸出された量に匹敵するほどと見られる。毛織物の多くは、イングランドからハンブルクに輸入され、同市で染色・仕上げされ、再輸出されたものである。その他にも、ワインや砂糖、タバコ、香辛料、薬種等の、スペインやポルトガル、オランダ、フランスから輸入されたさまざまな商品が陸路で再輸出された。

シュテクニッツ運河を利用した水路交通では、ハンブルクからの積荷はさほど多くない。しかしリューベックからハンブルクへは、木材や船舶補強材であるタール、ピッチが輸送された。これら資材は非常に嵩高であったため、多少遠回りであっても水運が利用されたのであろう。それ以外のバルト海地方の商品は、史料が少ないために不明な部分が多いが、陸路で輸送されたと考えられる。たとえば一六三〇年に五六〇シップポンド（約七万六〇〇〇キログラム）のスウェーデン銅の輸送が、交渉の上でハンブルク商人に認められた記録が残る（銅はリューベックによる通過制限の対象であった）。

十八世紀になっても、陸上東西交易の価値は失われなかった。たとえば大北方戦争（一七〇〇〜二一年）の後半期に、主戦場がロシア、ポーランドからノルウェー、スウェーデンに移動し、バルト海海上交易の出入り口となる地域の情勢が不穏になった際、陸上交易が急速に活性化した（図XI-1）。戦後、このブームは沈静化するが、ハンブルクとリューベックの陸上交易はコンスタントに続けられた。十八世紀のハンブルクで扱われた最重要商品は、カリブ海からフランス（ボルドー）を経由し輸入される砂糖であったが、リューベックへ輸出される主要商品のひとつも、この砂糖であった。

ところで、アメリカ独立戦争期（一七七五〜八三年）には、砂糖の流通で興味深い動きが見られる。通常はリューベックへの主要輸出商品であった砂糖が、戦時のみリューベックからハンブルクへもたらされたのである（残存する史料によると、一七七八年から八三年にかけて年平均二二五二樽の砂糖が輸入された。以後の輸入はほぼ途絶える）。戦争の影響で、フランスからハンブルクへ輸入される砂糖の量が減少し、同市が砂糖の供給不足に見舞われたことが、直接の契機である。リューベックの史料からこの砂糖の出所を探ると、もっぱらコペンハーゲンから同市に輸入されていたことがわかる。コペンハーゲンはバルト海地方における植民地物産の流通中心地であったが、とりわけアメリカ独立戦争中に、ヨーロッパ諸大国が交戦する最中、中立国として植民地貿易を拡大させた。ハンブルク−リューベック間の陸上交易は、近世国際情勢・国際商業の展開に深く組み込まれていたのである。

リューベックからハンブルクへの商品流通も、決してやむことはなかった。十八世紀末のハンブルクにおける税徴収台帳には、穀物と木材の記録が欠けるが、リューベックからの活発な商品輸入が記されている。水路では、スウェーデンの鉄や、タール、ピッチなどの嵩高な商品が輸送された。陸路では、麻、亜麻、麻の種、ロシア革、毛皮、銅、麻織物、蜜蠟、帆布などのさまざまな商品が運搬されていた。

三．北海・大西洋経済と中欧内陸交易

前節でわれわれは、リューベックとハンブルクを結ぶ陸上交易が、十八世紀末に至るまで意義を保っていたことを見た。しかし、中世後期から近世にかけて、この東西交易路とは別に、新たな商品流通の大動脈が形成される。近世における北海・大西洋経済発展の恩恵にもっともあずかった北ドイツ都市はハンブルクであり、同市が引きつけた海上交易の流れは、東に位置する古くからの交易相手であるリューベック以上に、南に広がる内陸ドイツ・中欧の後背地へ向かったのである。

ハンブルクと内陸地域との商業関係は、近世に始まったものではない。証明され得る具体的な交易関係でもっとも古い事例は、ホルシュタイン伯アドルフがマルク・ブランデンブルク地方（ベルリンを中心とした地域）の商人との間で取り結んだ、ハンブルクにおける通行税に関する一二三六年の規定である。ここでは、同地方の商人が、ハンブルクを経由してフランドル地方と交易関係をもっていたことが示されている。彼らはエルベ川を利用して商品を輸送していたと考えられる。十三世紀中葉までには、リューネブルク、ブラウンシュヴァイク、マクデブルクなどとの結びつきも立証される。

中世内陸ドイツでは、手工業とともに遠隔地交易が徐々に発達していき、いくつかの都市はハンブルクの重要な取引相手となった。近世において国際的大市都市となるブラウンシュヴァイクやライプツィヒのほか、ハンブルク内陸交易の中継都市としてリューネブルクやマクデブルクが挙げら

れるが、その他にも数多くの都市が史料から検出される。これら内陸諸都市との取引が、中世後期にかけて重要性を増していったと考えられる。しかし、それがリューベックとの取引と比べてどの程度の比重を占めていたのかは、はっきりしない。十四、十五世紀の税台帳や商人帳簿に残された断片的な記録には、あるときはリューベックが、あるときは内陸諸都市が、ハンブルクのもっとも重要な取引地として現れるからである。

十六世紀になると、アウクスブルク商人やニュルンベルク商人の扱うハンガリー銅が、エルベ川を経由し内陸ドイツから、あるいはオーデル川とバルト海を経由しリューベックから、ハンブルクへ活発に輸入され、おもにスペインやポルトガルに再輸出された。ハンガリー銅は、貨幣鋳造や大砲・砲弾製造の原料となり、十六世紀のヨーロッパ経済・軍事において不可欠の意義をもつ。当時最大の国際商都アントウェルペンにおける主要取引商品のひとつであったが、ハンブルクも流通拠点であった。とくに世紀後半、ネーデルラント独立戦争の影響でアントウェルペンの商業機能が低下すると、ハンブルクが中心取引地となる。

この時代に特筆すべきは、南ドイツのニュルンベルクとの関係である。同市はドイツ経済史において、十六世紀の「世界都市」と称されるほどの燦然たる位置を占める、商業・手工業中心地であった。ハンブルクとニュルンベルクの関係は、とりわけ世紀後半に強まり、イングランド産毛織物が主要取引品目であった。それまでの取引中心地は、銅の場合と同じく、アントウェルペンであった。しかしネーデルラント独立戦争の混乱により、取引拠点はハンブルクに移動した。以来、ニュルンベルクはイングランド産の未仕上げ毛織物を同市から仕入れるようになった。ところで、南ドイツは繊維製品の一大生産地帯であり、ヨーロッパ市場へ輸出がおこなわれていたが、ハンブルクは主要な搬出口のひとつであった。ニュルンベルクのほか、アウクスブルクやウルムなどで生産されるバルヘント織（綿麻交織）がとりわけ重要で、イングランドやスペイン、ポルトガルへ再輸出されていた。

いまひとつ指摘すべきは、穀物交易である。バルト海商業に見られるように、穀物は当時のヨーロッパ経済における中心的商品のひとつであった。内陸ドイツからハンブルクを経由して輸出される流通ラインは、バルト海商業には及ばないとしても、穀物供給の基幹ルートのひとつであった。内陸における流通拠点はマクデブルクであった。一五三八年に、ハンブルクとマクデブルクの間で穀物交易に関する規約が締結された。交易は世紀末頃に隆盛する。エルベ川の水運によって輸送された穀物の多くは、北海からイベリア半島へ、さらに当時穀物不足に陥っていた地中海地方、とりわけリヴォルノへと海上輸出された。

以上のようにして、北海から内陸ドイツにかけて強い経済的紐帯が形成されていった。だがそれは、十七世紀前半に一度崩壊することになる。三十年戦争の嵐がドイツに荒れ狂い、それまで築き上げられてきた商業関係が灰燼に帰したのである。商人や参事会の書簡や報告は、戦乱とそれに伴う疫病の流行や盗賊の跳梁により、この時期の内陸ドイツにおける商品流通がほとんど麻痺してしまったことを伝えている。リューベックとの東西交易は前述したように活発であり、近隣のリューネブルクとの取引も維持されたが、それらは例外である。

しかし、戦争後の十七世紀後半、各地に再建の動きがゆっくりと見られてくる。戦争終結に際し約されたヴェストファーレン条約で領土主権を確定させた諸領邦の君主が、自領の経済復興に努めていく。彼らにより、いったん焦土と化したドイツの地に打ち立てられたのは、戦前とは異なる新たな商業構造であった。それまで経済的繁栄を誇っていた帝国直属都市ニュルンベルクやアウクスブルクは、明らかに後景に退いた。戦後内陸ドイツで興隆したのは、ライプツィヒ、ベルリン、ドレスデンといった、領邦君主の膝元で商工業の振興を享受した諸都市であった。これらドイツ都市は、中欧地域に後背地をもつとともに、ハンブルクとの商業関係を強めていった。三十年戦争を断絶期として、北海さらには大西洋地域と、内陸ドイツ・中欧地域をつなぐ新たな商業世界が形づくられていくのである。以下では、ハンブルクとの関わりを軸に、その商業関係を概観してみたい。

1. ライプツィヒ——大市が結ぶ商業世界

ライプツィヒは、三十年戦争の渦中で壊滅的な打撃を受けたが、戦後はザクセン公の支援のもとに立ち直り、十八世紀にはヨーロッパ随一の国際大市都市に成長する。発展の決定的要因のひとつは、第一節で述べたように、縦横にのびる交易路の存在である。ヨーロッパ大陸の中心部に位置し、西欧、南欧、中・東欧へとアクセスを有していたために、大市にはあらゆる地域から訪問者が集まり、さまざまな種類の商品が取引された。

ハンブルクとライプツィヒを結ぶルートは、大きく分けて二種類ある。ひとつは、マクデブルクを経由する、おもに水路を用いたルートである。ハンブルクとマクデブルクの間はエルベ川の水運が利用され、マクデブルクとライプツィヒの間では陸路により商品輸送がなされる。そのためマクデブルクは、積替河川港として経済発展を享受する。もうひとつのルートでは、リューネブルクを経由し、おもに陸路を用いる。ハンブルクとリューネブルクの間は陸路、水路両方が利用可能だが、リューネブルクとライプツィヒの長い行程では陸路が用いられる。

これらの複数のルートは、必要に応じて使い分けられた。ハンブルクから商品が輸出される場合、基本的には水路が用いられた。十八世紀の主要商品は、樽詰めの砂糖やコーヒー、タバコ、ニシン、鯨油などであり、これらは船舶で大量輸送するのに適していたからである。しかし、第一節で述べたように、冬季にエルベ川は凍結する。その際は、荷馬車が陸路で商品を運搬した。十八世紀の陸路税徴収台帳には、ハンブルクからライプツィヒに向かう荷馬車は、冬季にエルベ川が凍結した際に集中して記録されている。商人がライプツィヒ大市を訪問する際にも、馬車で移動していた。河川交通は危険な上に、到着までの日数が読みにくかったからであろう。一方で、ライプツィヒからハンブルクへの商品輸送には、おもに陸路が使われていたようである。主要商品である麻織物——中南米のヨーロッパ植民地へ出荷された——は、比較的軽量であった上に、河川輸送では湿気を帯び、品質が低下するおそれがあったからである。

ある研究者は、ハンブルクを「ライプツィヒの港」と呼んでいる。それほどまでに、両都市の商業関係は強固であった。また、ライプツィヒの大市は、ブラウンシュヴァイクやフランクフルト・アム・マインなどの、その他ドイツの国際的大市と密接に連関していた。すなわち、それぞれの年間開催時期をずらすことにより、商人がすべての大市を訪問できるようにしたのである。ハンブルクとブラウンシュヴァイク大市、またフランクフルト大市とは、直接の商品流通関係があった。それに加え、大市相互のネットワークによる間接的な結びつきが存在していたと考えられる。

2．ベルリン――マルク・ブランデンブルクの河川・運河体系

三十年戦争後、ベルリンを中心としたマルク・ブランデンブルク地方に新しい交通体系が形成されていく。ブランデンブルク選帝侯（一七〇一年以降プロイセン王）による積極的治水政策がそれである。

十五世紀以来、ホーエンツォレルン家はマルク・ブランデンブルク地方を中核として領土を拡大し、十六世紀にはポーランド宗主権下にあったプロイセンを相続、十七世紀に北ドイツの東西各地に勢力圏を伸ばしていった。一六六一年にはマクデブルクが獲得された。

領土獲得と並行して、十七世紀後半以降、河川・運河交通が体系的に整備されていく。ブランデンブルク・プロイセン領は水運に恵まれていた。ベルリンには西へ向けてエルベ川に注ぐハーフェル川、さらに東からはシュプレー川が流れる。それより東には、シュレジエン（当時ハプスブルク領）を通過しシュテティン（当時スウェーデン領）でバルト海に注ぐオーデル川が流れる。決定的に

図XI−2：ハンブルクからベルリンへの河川商品輸送規模の推移　1705～1800年
（エルベ川通行税徴収所エスリンゲンにおける徴収税額［単位：マルク］の推移より）

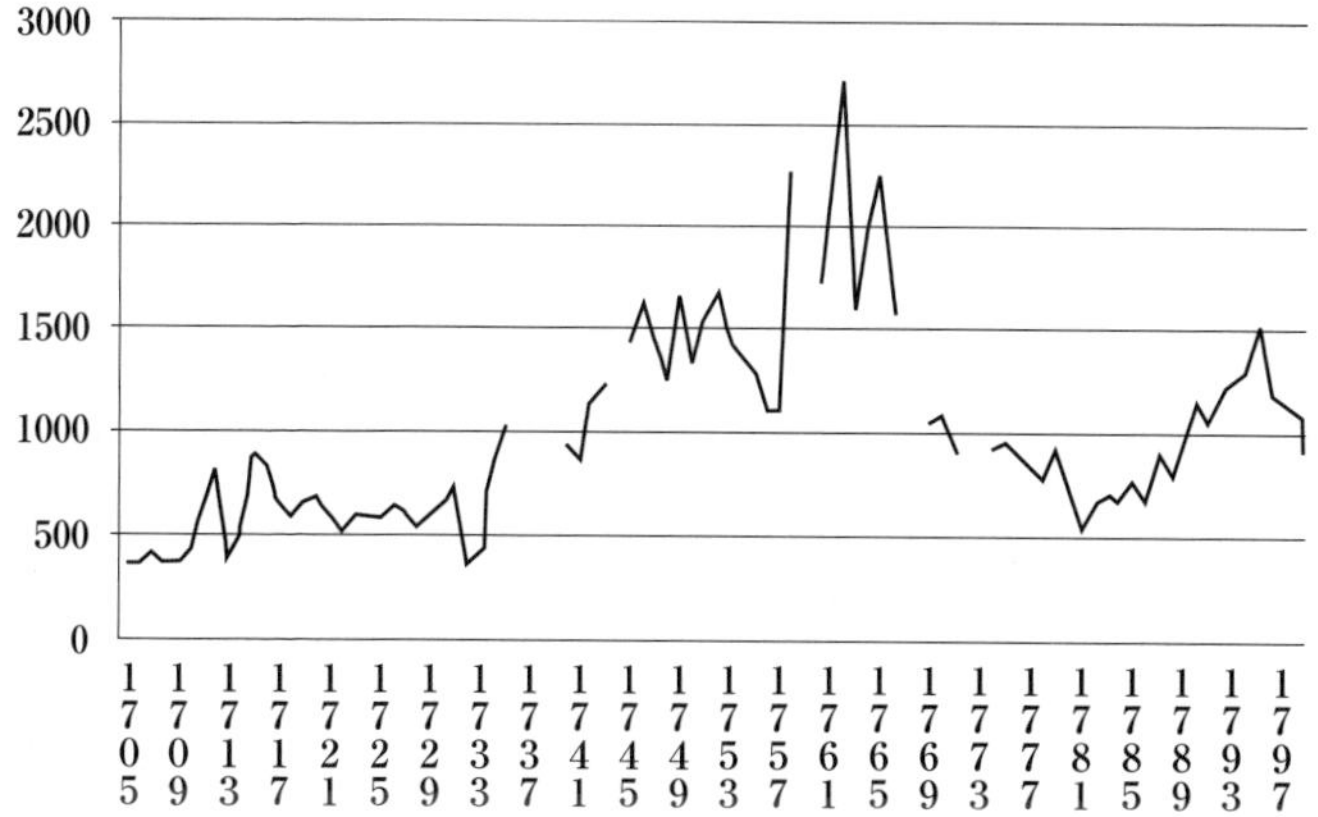

［出典］Staatsarchiv Hamburg, Amt Bergedorf, Pars. II, Sectio. III, Vol. 1f, Esslinger Elbzoll- Landzoll- und Fährgeldregister Fasc.1 Nr.10-28; Fasc.2 Nr.1-124; Fasc.3；拙稿「ハンブルクの陸上貿易」，40頁も参照。

重要な意義をもっていたのは、一六六八年に完成したフリードリヒ・ヴィルヘルム運河である。この運河の開通によりシュプレー川がオーデル川に接合したことで、エルベ、オーデル両河川がひとつながりの舟運で結びつけられた。

フリードリヒ・ヴィルヘルム運河の建設は、ハンブルクからベルリンを経由し、シュレジエンの中心都市ブレスラウに至る、巨大な河川流通ラインの形成を意味する。いまやマルク・ブランデンブルクとシュレジエンは、ハンブルクから再輸出される砂糖やタバコ、コーヒーなどの植民地物産、ワイン、ニシン、武器弾薬などの広大な販路となった。

しかし、ハンブルクからの商品流入が増大し、同市商人が流通を掌握しはじめると、それはプロイセンにとって経済的な軛に感じられるようになっていった。バルト海沿岸都市シュテティンが一七二〇年にプロイセン領となると、アイスランドの魚類輸入権益をめぐって両都市が対立した（シュテティンはオーデル川に接続しているため、ハンブルクと輸送経路や後背地が重なる）。プロイセンがハンブルクから輸入される魚類に対してハーフェル川とシュプレー川の通行税引上げを通告するに至り、ハンブルクは譲歩を余儀なくされた。

フリードリヒ大王が重商主義政策を強力に推し進めるようになると、ハンブルクに対抗する動きはいっそう強められる。オーストリア継承戦争（一七四〇〜四八年）でシュレジエンが獲得され、同地方からシュテティンまでの、オーデル川で結ばれる地域がプロイセン領になったことは、大きな転機であった。オーデル川の通行税を大幅に引き下げることで、シュテティン–シュレジエン間商業の育成が図られたのである。一七四一年、『プロイセンの通行税および商業に予定されている変化について』という覚書において、ハンブルク法律顧問官リプストルプは、「シュテティン商人の企図はもっとも危険である。現行の情勢において、プロイセン王はシュレジエンの支配者であるから、実現はいとも容易であろう」と述べている。

同時に大王は、ハンブルクから自領への輸入、とくに砂糖の輸入を制限した。砂糖は当時のヨーロッパ大西洋経済を代表する商品である。ハンブルクは精糖・流通の一大中心地として、ドイツや中・東欧市場において揺るぎない地位を占めていた。このハンブルクの支配から脱却するために、大王は自国内精糖業の保護・育成に努めた。一七五〇年、ベルリンにダヴィド・シュプリットゲルバーの精糖所が設立されると、大王はそれに独占的権利を認め、外地からの精糖輸入が禁止された。独占は貫徹されず、密輸がはびこっていたようであるが、ハンブルクとベルリンの取引量は一七五〇年代前半に減少した(図2)。輸入規制は、七年戦争中(一七五六〜六三年)の砂糖不足期や、フリードリヒ大王の死後(一七八六年〜)は緩められたため、シュテティン振興政策は大王の目標を達成するには至らず、十八世紀における大西洋・北海-ハンブルク-ベルリン-ブレスラウ(シュレジエン)の物流ラインは全体として維持されたと言える。

ドイツ・中欧内陸交易に関し、多くの研究は、前掲のハンブルク-ライプツィヒ商業の重要性を抜きん出たものとしてなかば自明視する傾向があった。しかし近年、ここで紹介したベルリン、ブレスラウとの河川・運河は、ライプツィヒとの商業に匹敵するか、ときにそれを上回る規模をもっていたことが指摘されている。

3. ドレスデン——ボヘミアからオーストリアまで

ドレスデンは十五世紀以降ザクセン選帝侯の居地として繁栄し、宮廷文化が華やいだ。同市はエルベ川に合流するヴルタヴァ川を介してボヘミアのプラハとつながる。交易関係はさらにオーストリアにも展開していく。

ハンブルクとドレスデンのあるエルベ上流地域との直接航行が、いつ頃にどの程度発達したのかについては、はっきりしたことはわかっていない。一二六二/六三年にホルシュタイン伯が公示したハンブルクにおける通行税の一覧には、マイセン辺境伯領（エルベ上流地域）の商人に対する項目を含んでいるため、かなり早い段階での交易関係はあったと考えられる。ただし多くの商品はマクデブルクで積替え、中継されたようである。十五世紀になる頃までは、ピルナという都市がエルベ上流域の商業中心地であったが、以後はドレスデンの重要性が増していく。

同地方と北海地方との間で交換された中世以来の主要商品は、エルベ下流に向けては穀物や木材、金属、麻織物、ガラス製品（ボヘミア・ガラス）、上流に向けては塩や魚であった。十六世紀後半には、ドレスデン商人がハンブルクからイングランド産毛織物を受け取った記録がある。十七世紀前半のハンブルクの税台帳、さらに世紀後半の船乗りの積荷記録によると、ドレスデン（あるいはさらに下流のピルナ）に河川輸送された商品の中心は魚類とワインであり、ドレスデンからの輸入の中心は麻織物、木材、石材であった。

ドレスデン、さらにプラハは、経済中心地であるとともに宮廷所在地であった。そのため、宮廷での消費は大きな経済的意味をもっていたであろう。販路はさらにオーストリアまで伸びていた。十八世紀前半のエルベ川通行税徴収台帳によると、ドレスデンへは魚類やワインが大規模に輸送されることがたびたびあった。さらに、この時代には植民地物産も重要であった。ある同時代人の報告によると、七年戦争前（おそらく一七五〇年代の前半と考えられる）にはハンブルクとリューベックからオーストリア世襲領に、年間三万～五万ツェントナー（約一六三万～二七二万キログラム）の砂糖、五万～六万ツェントナー（約二七二万～三二六万キログラム）のコーヒー、八〇〇〇～一万ロール（約三五万／七六万〜四五万／九五万キログラム）のタバコが輸入されたという。

ところが十八世紀中葉、プロイセンのフリードリヒ大王と同じように、ハプスブルク家のマリア・テレジアがハンブルクからの砂糖輸入に制限をかけはじめる。一七五三年にボヘミアへ輸入されるハンブルクの砂糖に高関税がかけられたことを皮切りに、一七五五年には上下オーストリアへの輸入・通過が禁止され、一七六三年には同様の禁止が内オーストリアに対してもなされた。同時にアドリア海のオーストリア領港湾都市フィウメで精糖業を振興し、ハンブルクと競合させた。

ただし、商品流通の規制はハンブルクとの商品交換を徹底的に排除する方向には向かわなかった。その代わりに、海外市場向けボヘミア産麻織物を、ハンブルク経由ではなくアドリア海の港湾都市トリエステから輸出しつつ、ハンブルクの砂糖は同港から輸入する、という方策がとられた。しかし、これら一連の政策にもかかわらず、ハンブルクからエルベ川を経由する商品流入を抑えきることはできなかったようである。

おわりに

陸上交易は、北海・バルト海の商業世界と不可分に結びついていた。海上で輸送された商品は、港で積替えられ、さまざまな交易路を通じて各地に再分配された。河川や運河の果たした役割は大きかったが、商品運搬における安全性、距離、時間、商品の性質、季節などを考慮して、陸路の利用が好まれることもあった。

中世後期から近世にかけて見られる、北海・バルト海商業の地殻変動の中で、陸上交易のあり方も変動していった。中世ハンザ時代の、ハンブルクとリューベックの間の陸路を通じた北海-バルト海交通に代わり、海上ルートの利用が飛躍的に増大した。さらに、西ヨーロッパの経済拡大により生み出された商業の流れが、ハンブルクを通じて内陸ドイツ・中欧方面へと向かうようになる。両者は、近世北方ヨーロッパに形成された物流の大動脈である。しかし、ハンブルク-リューベック陸上交易路は、何百年にわたる命脈を保っていた。注目すべきは、他の交易路に戦争などの不測の事態が生じた際に、取引量が増大したことである。周辺状況に応じた商人の柔軟な対応が、ここに表わされている。

戦争や略奪、流通規制による困難はたびたびあったため、商人は物流が途絶える危機に絶えずさらされていたと言える。しかし彼らは、さまざまな交易路の中から利用可能なものを選択し、ときには密輸を営むことによって、困難を切り抜けようとした。それだけではない。商人の書簡を読むと、彼らが利用可能な輸送手段と、より安い輸送運賃の兼ね合わせを鑑みながら、交易路や輸送先を臨機応変に変えていたことがわかる。すでに出荷された積荷の経路や目的地の変更が指示されることもあった。このようにして、海と陸の間では商品が絶え間なく還流し続ける。北海・バルト海は、海の世界にとどまらない、広大な商業圏を形成していたのである。

地図：北海・バルト海とドイツ・中欧内陸地域

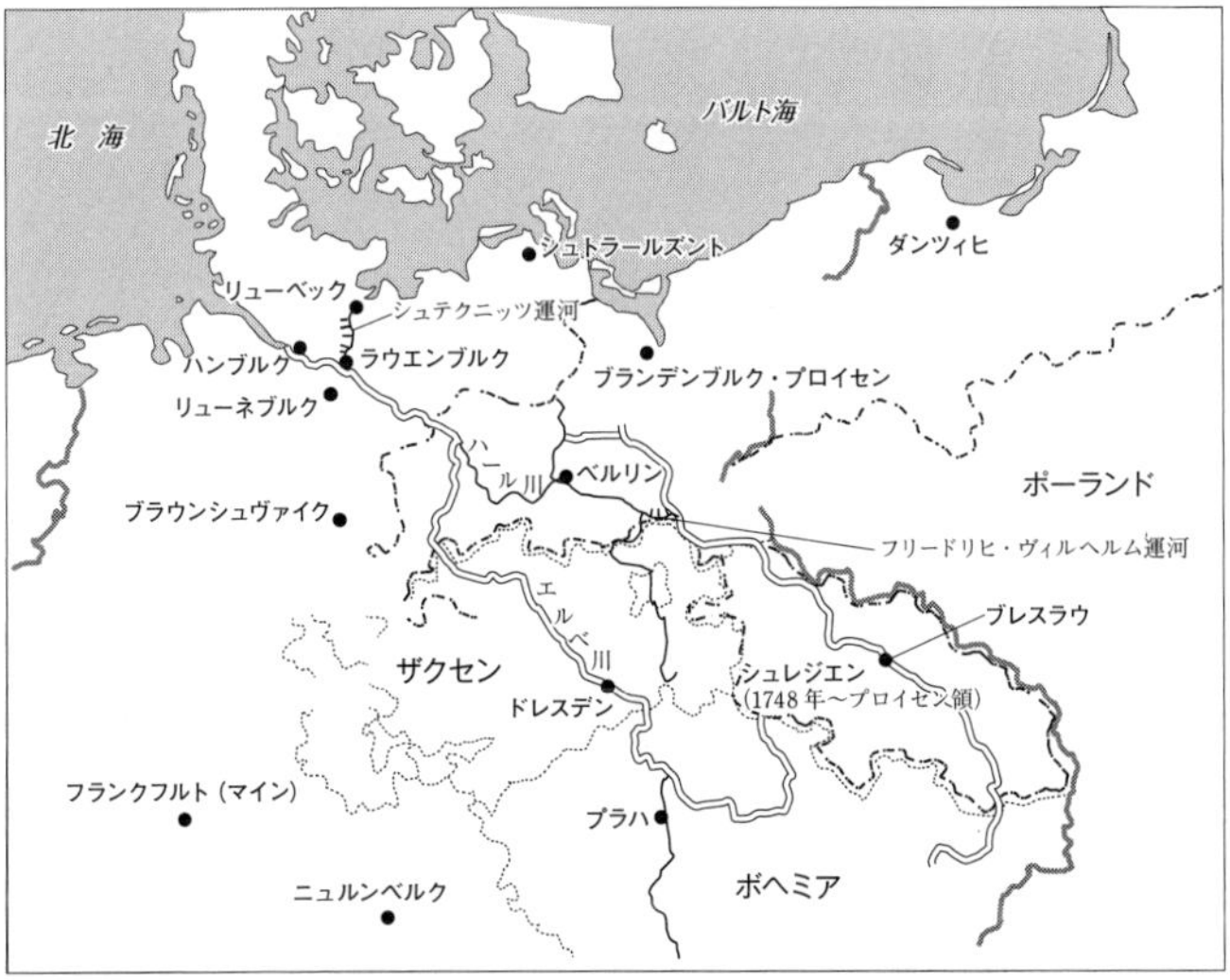

［出典］拙稿「ハンブルクの陸上貿易」32頁
（注）領域線、河川、運河は本稿と関係の深いもののみ記入した。
- - - - -　第1次ポーランド分割（1772年）までのプロイセン領
･･････････　その他の領域線
═══　神聖ローマ帝国領域

参考文献

サイモン・P・ヴィル、梶本元信・野上秀雄訳『ヨーロッパ交通史　一七五〇〜一九一八年』文沢社、二〇一二年。

デヴィッド・カービー、メルヤ=リーナ・ヒンカネン、玉木俊明他訳『ヨーロッパの北の海――北海・バルト海の歴史』刀水書房、二〇〇〇年。

菊池雄太「ハンブルクの陸上貿易一六三〇〜一八〇六年――内陸とバルト海地方への商品流通」『社会経済史学』七八（二）、二〇一二年、二七〜五一頁。

菊池雄太「近世ハンブルクのバルト海海上貿易――中継貿易都市の流通構造に関する一考察」『社会経済史学』七九（二）、二〇一三年、一〇九〜一二六頁。

斯波照雄『ハンザ都市とは何か――中近世北ドイツ都市に関する一考察』中央大学出版部、二〇一〇年。

関谷清『ドイツ・ハンザ史序説』比叡書房、一九七三年。

高橋理『ハンザ「同盟」の歴史――中世ヨーロッパの都市と商業』創元社、二〇一三年。

高橋清四郎『ドイツ商業史研究――一八世紀プロイセンにおける河川・運河交通』御茶の水書房、一九七七年。

高村象平『ハンザの経済史的研究』筑摩書房、一九八〇年。

谷澤毅「ライプツィヒの通商網――ドイツ・中欧における内陸商業の展開」、深沢克己編『国際商業』（近代ヨーロッパの探究9）ミネルヴァ書房、二〇〇二年、二一〜四九頁。

谷澤毅『北欧商業史の研究——世界経済の形成とハンザ商業』知泉書館、二〇一一年。

玉木俊明『北方ヨーロッパの商業と経済——一五五〇〜一八一五年』知泉書館、二〇〇八年。

中澤勝三『アントウェルペン国際商業の世界』同文館、一九九三年。

馬場哲『ドイツ農村工業史——プロト工業化・地域・世界市場』東京大学出版会、一九九三年。

XII

近世のイギリスと北海・バルト海・大西洋の商業関係

玉木俊明

はじめに

イギリス史における「帝国」は、他国のそれと比較してはるかに大きな意味をもっている。イギリス帝国British Empireは、スペインや、ポルトガル、さらにはフランスの「帝国」と比較するとずっと大きい。「帝国」が、国内だけではなく国外に与えたインパクトは、他国とは比べものにならないほど巨大であった。近世以降のイギリス史は、「帝国」を抜きにして語ることはできない。だからこそイギリスの大学には、「帝国史」という講座が多数設置されているのである。

とするならば本章も、イギリス帝国との関係から論じなければならないであろう。近世にも東インド会社があったとはいえ、イギリスにとってアジアの重要性が際立って大きくなるのは、現実には十九世紀のことであった。アジアがイギリスの植民地になるのはこの頃のことである。したがって、近世のイギリス帝国とは、北海・バルト海と大西洋から成り立っていたと考えるべきであろう。

本章の課題は、この三つの海とイギリスがどのような関係にあったのかを示すことにある。むろん本書は北海・バルト海の商業史を扱うのであるから、主役はあくまで、この二つの海である。

しかしまた同時に、とくに十八世紀のイギリスでは、大西洋貿易が急速に重要になって来たことも事実である。十九世紀以降のイギリスの世界におけるヘゲモニーの地位は、大西洋貿易の成功なしには考えられない。したがって、大西洋経済の拡大と、北海・バルト海との関係が、本章で論じるべきテーマになる。

一．概観

百年戦争で、イギリスはカレー市を除いて大陸側領土を失う。さらに一五五八年、そのカレー市がフランス領になる。イギリスは、文字通りの島国になった。これは、中世以来はじめてのことであった。

よく知られているように一〇六六年のノルマン征服により、イングランドの領土はフランスとつながり、アンジュー王国が成立する。それに先立つ一〇一六年、クヌート一世は、デンマーク王・ノルウェー王のみならず、イングランド王を兼ねた。この北海帝国は一〇三五年のクヌートの死後七年にして崩壊するが、イングランドが、北欧とフランスを中心とする帝国の一部を形成していたことは、もっと注目してよい。

イングランド史ないしイギリス史からみれば、この両地域がイギリスを征服したとなるかもしれないが、ヨーロッパ全体からみた場合、中世盛期のイギリスは、フランスと北海の帝国の周縁に位置する地域と位置づけた方が正確な見方であろう。

ヨーロッパ大陸の領土を失ったイギリスは、その周辺でさえなくなってしまうのだ。このように、まさに辺境となったイギリスがその領土を拡大し、大西洋帝国を形成していく過程こそ、近世のイギリスの特徴をもっとも的確にあらわすのである。いうまでもなく、北海・バルト海との商業も、その過程と関係させなければならない。

二 ロンドン-アントウェルペン枢軸

ただし、イングランドが失ったのは政治的な領土であり、経済的関係はまた別である。近世のイングランドは、アントウェルペンを通してヨーロッパ経済と結びついていたことを、ここで指摘しておくべきであろう。

イギリスの歴史家フレデリク・ジャック・フィッシャー（一九〇八〜八八）は、二〇世紀半ば、近世イギリスのイメージをガラリと変えた。フィッシャーは生前、書物を一冊も書かず、著した論文の数も決して多くはない。しかし、フィッシャーが残した遺産は、現在もなお、イギリスのみならずヨーロッパ経済史に大きな意義をもつ。

フィッシャーは、ロンドンの役割を重視した。この点は、基本的に近世における農業を重視したリチャード・ヘンリ・トーニー（一八八〇〜一九六二）とは決定的に異なる。トーニーは、イギリスの国内経済を重要視した。それに対しフィッシャーは、イギリスがどのようにしてヨーロッパ大陸と結びついているかを重点的に研究したのである。そして、ロンドンからアントウェルペンへの毛織物輸出を中心にして研究を進めた。

近世ロンドンは、毛織物の輸出に関してはイングランド全体の八〜九割を占めた。そのロンドンの毛織物は、マーチャント・アドヴェンチャラーズによってアントウェルペンに未完成のまま送られ、そこで完成品となり、ドイツやイタリア、レヴァントに輸出された。

社会改善運動にも積極的に関与したトーニーと異なり、フィッシャーは終始経済史家として発言をした。だがその一方で、彼が、当時の流行であった開発経済学の影響を受けていたことも指摘しておかなければなるまい。

表Ⅻ-1：ロンドンからの標準毛織物輸出量

（単位：クロス　3年間の平均　1550-03年は単年）

1500-02年	49,214	1536-38年	87,231	1568-70年	93,681
1503-05年	43,844	1539-41年	102,660	1571-73年	73,204
1506-08年	50,373	1542-44年	99,362	1574-76年	100,024
1509-11年	58,447	1545-47年	118,642	1577-79年	97,728
1512-14年	60,644	1550年	132,767	1580-82年	98,002
1515-17年	60,524	1551年	112,710	1583-85年	101,214
1518-20年	66,159	1552年	84,968	1586-88年	95,087
1521-13年	53,660			1589-91年	98,806
1524-26年	72,910	1559-61年	93,812	1592-94年	101,678
1527-29年	75,431	1562-64年	61,188		
1530-32年	66,049	1565-67年	95,128	1598-1600年	103,032
1533-35年	83,043				

［出典］F. J. Fisher, *London and the English Economy 1500-1700*, London and Ronceverte, 1990, p.82

フィッシャーの問題意識は、当時の開発経済学のそれと大きく重なり合っていた。すなわち、イングランドはどのようにして低開発から抜け出したのかということにあった。フィッシャーの考えでは、完成品ではなく半完成品の輸出をするということ自体、イングランドが低開発国であったことを物語る。

ラムゼイの言葉を借りるなら、ロンドンはアントウェルペンの「衛星都市」であった。そのロンドンがやがて他国の都市を「衛星都市」にしていく過程こそ、イングランド経済の台頭、低開発状態からの脱出を意味する。

十六世紀のイングランド最大の輸出品は、ロンドンから輸出される毛織物であった。表Ⅻ-1にあるように、同世紀前半は輸出増の時代であったが、後半になると、輸出量は増えない。

フィッシャーによれば、これは十六世紀前半にはイングランドで貨幣が悪鋳され、そのためにポンドの価値が低下し、輸出には好都合になったものの、同世紀半ばに改鋳がおこなわれたためポンドの価値が高くなり、輸出量は伸びなくなったのである。

イングランドは、西欧以外の地域に市場を求めた。一五五一年にはモロッコに、一五五三年にはギニアに船が送られ、さらに同年、ロシアとの交易を目指し、スカンディナヴィア半島の北側を廻る北東航路での航海がなされたのはそのためである。一五七〇年代には、レヴァント地方と直接貿易するこころみがなされた。これらの出来事は、イギリス帝国形成の端緒となった。

さらに、それまでの厚手の毛織物（旧毛織物）ではなく、オランダからの技術導入があった薄手の毛織物（新毛織物）がつくられるようになり、それまでとは異なる市場が探求されるようになる。前者に適した北海・バルト海地方市場ではなく、後者に適した地中海市場へと重心を移していった。

それに加え、毛織物輸出不況になったイングランドでは、外国人商人を排除する傾向が強まった。フィッシャーはこれを、「経済的ナショナリズム」と呼んだ。ロンドンは、アントウェルペンの影響下から離脱傾向していった。イングランドの取引相手地域は大きく拡大していく。しかもイングランドは、未完成ではなく、完成した毛織物を輸出するようになった。

ただし、ロンドンはアントウェルペンから、胡椒や香料のなどのアジアの産品、さらにはヨーロッパ大陸の物産を輸入していたこともたしかである。ポンド高は、イギリスの輸入にはプラスに働いたはずである。しかし、オランダ独立戦争（一五六八〜一六四八年）のさなかの一五八五年にスペ

表XII-2：イングランドからバルト海地方に輸出される毛織物の種類（年平均）

商品名	単位	1574-80	1581-90	1591-1600	1601-10
毛織物全体	ピース	8,273.9	17,909.1	27,735.5	31,963.8
広幅毛織物	ピース	3,781.4	6,629.1	11,058.1	10,119.7
カージー	ピース	3,572.9	9,761.7	15,555.7	21,121.5
ダズン	ピース	693.1	1,336	1,103.4	619.5
新毛織物	ピース	226.5	182.3	18.3	76.1

商品名	単位	1611-20	1621-30	1631-40*	1641-50	1651-57
毛織物全体	ピース	30,752.8	3,127.2	3,2856.6	17,367.1	7,954.3
広幅毛織物	ピース	8,034.1	2,059	5,996.7	4,967.4	2,455.1
カージー	ピース	21,995.5	21,995.5	14,428.9	4,108.8	1,153.1
ダズン	ピース	2,916	2,916	3,751.1	1,386.9	1,359.3
新毛織物	ピース	256.7	256.7	8,709.9	6,094	2,986.8

［出典］Nina Bang and Knud Korst (eds.), *Tabeller over Skibsfart og Varetransport gennem Øresund 1497-1660*, 3 Vols., Copenhagen and Leipzig, 1906-1933. 1632、34年のデータが欠如。

イン軍によりアントウェルペンが陥落させられてからは、アントウェルペン以外の地に輸入品を求めたということはできよう。

三．バルト海貿易と毛織物

前節でみてきたのは、北海を通したロンドンと大陸ヨーロッパの経済的結びつきであった。では、バルト海貿易の場合はどうだったのか。

ここでもまず、毛織物からみていくことにしよう。

バルト海地方に毛織物を輸出していたのは、マーチャント・アドヴェンチャラーズではなく、一五七九年に創設されたイーストランド会社であり、アントウェルペンでもアムステルダムでもなく、ポーランドのエルビングに輸出されていた。

イングランドからバルト海地方への輸出毛織物は完成品が多く、しかもその大半がイングランド東部のサフォークで生産されていた。ロンドンだけではなくイングランド東部のハルからの輸出量も多く、これらの点で、アントウェルペンに輸出される毛織物とは大きく違っていた。イギリスのバルト海貿易の研究は、フィッシャーの説を是正するために有効だと考えられる。

毛織物輸出量は、一六〇〇年頃から停滞する。だが、当初は高級品の広幅毛織物が多かったが、より安価なカージーがそれを上回る。そして一六三〇年代には突如として新毛織物の輸出が増大し、一六四一～五〇年には、バルト海地方に輸出される毛織物の中で、最大の比率を占めるようになる（表Ⅻ－2参照）。

イギリス史では、フィッシャー以来、ヨーロッパ北部では新毛織物は売れなかったとされているが、バルト海地方との貿易においては、これはあたらない。それは、ハルからの輸出量が多かったからとも考えられる。次に述べる一六二〇年代の輸出不況をみれば、フィッシャー説が当てはまらないことは、さらに明らかになる。

一六二〇年代初頭、イギリスで毛織物輸出不況があったことは、サプルの研究によって広く知られるようになった。ロンドンからイングランド商人によって輸出される毛織物の総量は、一六一八年に一〇万二三〇〇クロスあったのが、一六二〇年には八万五七〇〇クロスに、一六二二年には七万五〇〇〇クロスに低下した。この輸出不況が生じた直接の原因は、サプルによって以下のように説明されてきた。

ポーランドで悪鋳がなされた。そのためイングランドに比べてポーランドの通貨価値が下がった。つまり、ポンド高・グロッシェン安の状況が生じたのである。それゆえ、イングランドからポーランドへの輸出が難しくなり、輸出不況が発生した。

ロンドンからの毛織物輸出量は短期間に回復しているので、サプルによれば、この不況は短期的なものであった。しかしサプルは、悪鋳だけが毛織物輸出量低下の原因とは限らないとも主張する。しかもサプルの分析では、毛織物産業の長期的位置づけは捨象されている。

しかし、この不況を短期的なものと考えるなら、表XII-3にみられるように、バルト海地方へのイングランドとオランダの毛織物輸出量が、一六二〇年代に逆転する理由が説明できない。サプルの視点は、イングランドにかぎられている。しかしポーランドの悪鋳は、他の国々にも影響を及ぼしたはずである。また、ポーランドは、なぜ悪鋳をしなければならなかったのだろうか。そのような疑問が湧いて当然であろう。

ヨーロッパで人口が増大し、食糧が不足した。ポーランドはその状況を利用し、穀物輸出により巨額の利益を得ていた。人口増がピークに達したのは一六〇〇年頃であり、以降、人口はあまり増えなかった。ヨーロッパの食糧危機が最悪だったのは、一六〇〇年頃であった。ポーランドの悪鋳は、ポーランドの経済力低下を示す。そのため基本的に奢侈品であるイングランドの毛織物が市場

表XII-3：イングランドとオランダのバルト海地方への輸出毛織物に占める広幅毛織物の割合（単位：ピース）

	オランダ				イングランド			
年度	広幅毛織物	%	その他	%	広幅毛織物	%	その他	%
1616	2,110	38.2	3,420	61.8	8,382	30.7	18,884	693
1617	1,357	23.1	4,567	76.9	6,869	33.2	13,828	66.8
1618	3,560.5	13.3	23,138.5	86.7	10,330	27.8	26,783	72.2
1619	3,084	8.9	3,1674	91.1	7,471	17.5	35,272	82.5
1620	1,595.5	7.1	20,871.5	92.9	4,414	17	21,595	83
1621	757	3.8	19,073	96.2	4,158	22.4	14,419	77.6
1622	1,424	4.9	27,860	95.1	5,087	15.1	28,574	84.9
1623	2,133	3.8	53,916	96.2	11,104	19.1	47,119	80.9
1624	1,717	3.3	50,607	96.7	10,406	18.1	46,980	81.9
1625	2,484	7.9	28,933	92.1	7,475	15.8	39,735	84.2

［出典］Fedorowicz, *England's Baltic Trade*, p.165, table 9.4

を失っていったのである。

表XII-3は、イングランドとオランダが、バルト海地方に輸出する毛織物の種類を示す。両国を比較すると、オランダの方が広幅毛織物の輸出量が少ないことがわかる。イングランドがバルト海地方に輸出する広幅毛織物は、オランダと比較すると四倍ほど多い。オランダはイングランドより安価な毛織物（新毛織物）を輸出することで、バルト海地方への毛織物輸出を伸ばしたのだ。

ポーランドの通貨価値が下落したため、ポーランドでは、輸入品はますます高価になっていった。オランダと比べ、ただでさえ高価なイングランドの毛織物は、ポーランド人にとってあまりにも高くつきすぎるようになった。イギリスの輸出不況の長期的原因は、そこに由来する。

フェドロヴィッチによれば、この不況によって、イングランドのバルト海貿易政策は次のように変化した。まず、中継貿易の重視や金銀輸出禁止にみられるように、オランダの排除を行なった。次に、だんだん売れなくなっていった毛織物の輸出ではなく、造船資材の輸入に重点をおくようになった。

またイングランドのバルト海貿易は、十六世紀後半から十七世紀前半には、イングランド側の黒字であった。換言すれば、毛織物輸出による利益は大きかった。しかし、十七世紀後半になると、イングランド側の赤字になる。イングランドは、もはや毛織物輸出ではなく、ロシアを含めたバルト海地方を原材料の供給地とするようになった。イギリス帝国形成の端緒ともいえるであろう。

四．造船資材と鉄の供給地域としてのバルト海・北海地方

王政復古以降、イングランドがバルト海地方から輸入した主要な商品は、亜麻・麻・鉄・木材・タールなどの造船資材であった。さらにイギリスは、木材はノルウェー（当時はデンマーク領）から輸入することが多かったので、木材の供給地域としてのバルト海地方の重要性は、他の造船資材ほど大きくはなかった。バルト海・北海地方は、イングランドの造船資材輸入地域として機能するよ

うになる。
スウェーデンとの大北方戦争（一七〇〇～二一年）に勝利したロシアは、バルト海南岸地方を領土とした。リーガ、レーヴァル、ナルヴァなどの貿易都市は、ロシア領となった。そのためバルト海貿易において、ロシアの重要性は非常に大きくなった。

イギリスの貿易統計（Customs 3）によれば、亜麻、麻、木材ともに、十八世紀の前半にはイーストランド（ポーランド・プロイセン付近）からの輸入が多かったのが、ロシアからの輸入が圧倒的に多くなるのは、それが理由の一つである。

鉄に関しては、イングランドの鉄の最大の輸入先は、十七世紀中頃からスウェーデンであった。そもそも十七世紀前半にはじまるスウェーデンの経済的台頭は、鉄・銅という鉱物資源の輸出に依存していた。スウェーデン経済にとって、十七世紀前半は銅の方が重要であったが、後半になると鉄の方が重要になった。スウェーデン鉄は高品質で知られ、ヨーロッパの鉄市場を支配した。イングランドにおいてもスウェーデン産の鉄の比率は高く、十八世紀前半、ジョシュア・ジーは、「イギリスは、国内で消費される鉄の三分の二近くをスウェーデン産のもので消費している」と述べたほどである。そのスウェーデン鉄は、ブリストル商人によって、大西洋をへてアメリカ大陸にも輸出された。

その鉄も、ロシアからの輸入額の方が多くなる。一七六五年頃から、イングランドの主要鉄輸入先は、スウェーデンからロシアへと変化した。ロシアの鉄はウラル地方で産出された。ロシア鉄はスウェーデンよりも品質は悪かったが安価であり、ロシアからの鉄輸入量は飛躍的に高まった。ウラル山脈から運河を通りサンクト・ペテルブルクまで輸送され、そこから棒鉄という形態でイギリスまで輸出されたのである。一七五三～八二年にサンクト・ペテルブルクから輸出された棒鉄の八〇％以上が、イングランド船によって輸送されている。この鉄は、イギリス産業革命にとって欠かせないものであった。

イングランドはロシア、とりわけサンクト・ペテルブルクからの輸入量を急速に増大させる。亜麻と木材以外のバルト海地方のイギリスへの主要輸出品は、基本的にサンクト・ペテルブルクを通してロシアから輸送されるようになったことは非常に重要である。サンクト・ペテルブルクとイングランドの結び付きは、とくにイングランドの輸入品において、ますます強くなってくるのである。また、サンクト・ペテルブルク最大の取引相手国はイギリスになった。

これはそのまま、イギリスの経済的変化を反映する。バルト海地方は、イギリスの輸出先から、帝国化・工業化に必要な原材料供給地域に変貌する。バルト海地方はすでにオランダによって穀物の供給地域としてヨーロッパ経済に組み込まれていたが、イギリスによって位置づけを変えられた。穀物ではなく、イギリス帝国形成に必要な造船資材、そののちにはイギリス帝国だけではなく産業革命に必要な鉄の供給地帯となったことはきわめて重要である。

五．イェーテボリの地位の上昇

近世スウェーデンの貿易では、ストックホルムが突出した地位を占めていたことはいうまでもない。しかし、徐々にではあるがその地位は低下し、イェーテボリの重要性が増加する。それは、ストックホルムがバルト海に面しているのに対し、イェーテボリが北海に面しているので、大西洋貿易、さらにはアジアとの貿易増とともに、重要性を増したからであった。

イェーテボリは、一六二一年に建設された都市であった。それにはオランダ人、スコットランド商人が大きく貢献した。さらにはアウクスブルクとの貿易関係も無視できないものがあった。オランダを除けば、ドイツとの関係が大きかったのである。いわば、北海ネットワークのなかで誕生した都市なのである。

十七世紀においては、リューベックのほか、アムステルダム、ハンブルクとの貿易量が多い。ただし、その成果は期待されたほどではなかった。同市はアムステルダムに匹敵するほどの穀物ステープルになると思われていたからである。

イェーテボリの台頭は、十八世紀のことであった。ここで貿易税であるラスト税を単位とした、ストックホルムとイェーテボリの貿易の比率をみてみよう。ラストに換算した輸出入量は、一七三八〜四〇年にはストックホルムとイェーテボリはそれぞれ五万三〇〇〇ラスト、一万九〇〇〇ラストであった。それが、一七九六〜九九年には、それぞれ五万九〇〇〇ラスト、五万七〇〇〇ラストとなり、イェーテボリの地位の上昇が示される。

一七三一年に、スウェーデン東インド会社の根拠地がイェーテボリにおかれたことは、その傾向を端的に示す。スウェーデンは、バルト海から北海へとその重心を移動させた。イェーテボリの台頭によってバルト海貿易圏——スウェーデンに限らず——の重要性は低下し、北海貿易圏がより重要になる。さらにイェーテボリとイングランド東部の諸都市およびスコットランドとの通商関係も活発になる。

六.　東ボスニア湾の自立化傾向

ストックホルムの地位低下に追い打ちをかけたのは、東ボスニア湾の自立化傾向であった。ストックホルムは、東ボスニア湾から輸入されるタールをイギリスに再輸出することで巨額の利益を獲得した。イギリスの対外的発展のために、同湾のタールは不可欠であった。確かに、イギリスは新世界からタールの輸入を増大させようとしたが、フィンランド産のタールの輸入量の方が多かったのである。

十七世紀前半にはまだ、東ボスニア湾からステープルであるストックホルムにタールを輸出しており、そこから海外に向けて再輸出されていた。「ステープルの自由」がスウェーデン議会を通過し、一七六五年にはストックホルムのステープルを通さずに直接輸出できるようになる。十八世紀末には、フィンランドは直接外国貿易に乗り出すようになる。タールの輸出増がその現れである。十八世紀中頃には、スウェーデンからのタール輸出のうち、東ボスニアからはまったくなかったのが、十九世紀初頭には二四%にまでなる。すなわち、フィンランドからストックホルムを通さないタール輸出が増加したのである。その多くは、イギリスに向かった。イギリスと東ボスニア湾の経済関係は、ますます強まっていった。

七. イギリスの大西洋貿易の成長

一四九二年にコロンブスによって新世界を「発見」し、その後、南米の銀山を発見し、大量に銀を輸入したスペイン、さらにブラジルを植民地化したポルトガルと比較すると、イギリスは新参者であった。イギリスの大西洋貿易形成には、非常に長い時間が必要であった。

表XII-4はディヴィッド・オームロッドが作成したもので、イギリスの地域別貿易額を示す。

この表から明らかになるように、十八世紀初頭のイギリスは、まだ北海・バルト海、地中海と南欧の取引が中心であった。大西洋経済の比重は、比較的少ない。一七五二~五四年になって、北方ヨーロッパからの輸入額よりも新世界からの輸入額が多くなるが、輸出額と再輸出額を含めると、それでも北方ヨーロッパの額の方が多い。大西洋と新世界の商品がヨーロッパに大量に流入するのは、十八世紀最後の四半世紀のことである。

このように、貿易額から判断するかぎり、オランダからイギリスへのヨーロッパ経済の中心の移行は、北海・バルト海地域の貿易増の結果だとするオームロッドの見解は傾聴に値する。

一六六〇年の王政復古以後のイギリスは、「商業革命」とよばれるほど貿易量増大を実現した。「商業革命」期のイングランドは、バルト海地方との取引を盛んにおこなうことで、オランダが中心であった十七世紀の経済システムとは異なるシステムの形成に成功する。それは、「第一次重商主義帝国」の形成である。しかし、それにはきわめて長い年月を必要としたのである。

表XII-5は、E・B・シュンペーターが作成した十八世紀イギリスの貿易統計である。彼女によれば、一七〇一~〇五年にはイギリスの年平均輸出額が五五七万九〇〇〇ポンドであったのが、一七七六~八〇年には、一一七九万二〇〇〇ポンドと、二倍以上の伸びを示した。同期間の輸入額は、年平均四五七万一〇〇〇ポンドから一〇四〇万一〇〇〇ポンドへと、これも二倍上に伸びている。

十八世紀イギリス(イングランド・ウェールズ)の輸入地域としては、西インド諸島が最大額になっ

表Ⅻ-4：イギリスの地域別貿易額　（単位:1000 ポンド　公定価格）

	北海 オランダ	その他	バルト海 北方ヨーロッパ	合計	地中海と南欧	大西洋 植民地と西インド	アジア	合計
1669-1701								
輸入	519	889	583	2,001	1,555	1,107	756	5,849
輸出	1,078	781	255	2,114	1,484	539	122	4,433
再輸出	712	451	80	1,243	224	312	14	1,986
1722-24								
輸入	575	784	591	1,950	1,783	1,679	966	6,758
輸出	936	598	216	1,750	2,141	758	93	5,042
再輸出	970	778	46	1,794	176	487	19	2,714
1752-54								
輸入	909	863	1,043	2,215	1,597	2,684	1,086	8,203
輸出	938	1,214	271	2,423	2,879	1,707	667	8,417
再輸出	836	1,085	91	2,012	285	627	81	3,492
1772-74								
輸入	447	795	1,599	2,841	1,829	4,769	1,929	1,2753
輸出	646	822	301	1,769	2,211	4,176	717	9,853
再輸出	1,240	1,766	217	3,223	453	972	613	5,818

［出典］David Ormrod, *The Rise of Commercial Empires: England and the Netheralndsin an Age of Mercantilism*, 1650-1770, Cambridge, 2003, p.354.

てゆく。一七〇一〜〇五年には、イギリス全体の輸出額が四五七万一〇〇〇ポンド、そのうち西インド諸島からの輸入額が六〇万九〇〇〇ポンド、ドイツからの輸入額が六五万五〇〇〇ポンドと、ドイツからの輸入額の方がやや多い。東インドからの輸入額は、五五万一〇〇〇ポンドである。

しかし一七九六〜一八〇〇年になると、西インド諸島からの輸入額が五八九万八〇〇〇ポンド、東インドからの輸入額が四八三万四〇〇〇ポンド、アイルランドからの輸入額が二三八万五〇〇〇ポンド、ドイツからの輸入額が二〇六万三〇〇〇ポンドと、西インド諸島からの輸出額が非常に多い。ついで、東インドからの輸入が目立つ。イギリスの帝国化が現れており、そのなかに占める西インド諸島の大きさが読み取れる。

表XII-5：イギリスの輸出入額

（年平均：単位1,000ポンド）

年度	輸出額	輸入額
1701-05	5779	4571
1716-20	6893	5945
1731-35	8543	7290
1746-50	11152	7130
1761-65	14436	10009
1776-80	11792	10401

［出典］E. B. Schumpeter, *English Overseas Trade Statistics, 1697-1808*, Oxford,

イギリスにとって、西インド諸島、とりわけジャマイカからの砂糖の輸入こそ重要になってくる。それが、奴隷貿易の拡大と大きく結びついていたことは間違いない。

川北稔によれば、近世のイギリス重商主義帝国にとって、もっとも重要な地域は西インド諸島であった。ここから輸入される砂糖が、西インド諸島が、本国を別にすれば、帝国経済の核をなしていたことを物語る。さらに西インド諸島の台頭は、東インド貿易の発展ももたらした。十八世紀になるとイギリスで飲茶の風習が広がり、東インドから大量の茶が輸入された。その茶に入れられたのが、西インド諸島産の砂糖であったことはいうまでもない。一七七五年には、イギリスの一人当たりの砂糖消費量は、フランスの八倍ほどあったと推測される。

グローバルヒストリアンの提唱者の一人パトリック・オブライエンによれば、イギリス帝国は、商業を保護するために国家が大きく介入し、市場を軍事力によって保護した制度であった。このシステムの形成は、大西洋経済の形成と強く連動していた。イギリス帝国の中心はロンドンであり、多くの物産が、この都市を通じて流れた。さらに、イギリス帝国内の物流は、イギリス船でなされた。イギリスは、一つの巨大な帝国をもつ国として登場するようになった。このような帝国の一体性は、同時代の他国では考えられないことであった。

このように大西洋貿易が拡大していく時代に、イギリスはまた、バルト海地方から輸入される造船資材のうち、木材やタールを新世界から輸入しようとしたが、それには失敗した。バルト海地方はイギリス「帝国」の内部に属してはおらず、造船資材が輸入できなくなる危険性があった。そのためイギリスは新世界に代替地を見つけ出そうとしたが、輸入には多額のコストがかかったので、それは不可能であった。それゆえ、イギリス帝国は資源の輸入からみれば、たえず不安定な立場におかれることになった。

しかも、すでに述べたように、イギリスの造船資材の多くはノルウェー（デンマーク）を除けば、ロシアから輸入されるようになった。

アメリカ独立後も、アメリカとの貿易関係は安定していた。しかも、イギリスは産業革命に必要な鉄のかなりの部分をロシアから供給していた。したがって、十八世紀が下るにつれ、ロシアとの関係が、イギリス経済にとってもっとも重要なものになっていった。ロシアとの貿易が途絶えれば、イギリス経済が成り立たなくなるからである。

八．大西洋奴隷貿易と北海・バルト海貿易——砂糖貿易を中心に

さて、大西洋貿易の中身をもっと詳しくみていこう。この貿易こそ、ヨーロッパが覇権を握るうえで、もっとも重要な貿易だったからである。むろん、大西洋貿易と北海・バルト海貿易の関係についても言及しなければならない。そのなかで、イギリスおよびロンドンがどのような地位を占めたのかをみていきたい。

大西洋貿易で取引された最大の商品は砂糖であり、それは西アフリカからの奴隷によって生産された。

表XII-6は、奴隷輸送船の船籍を表したものである。まず驚くべきことは、ポルトガル船が輸送する奴隷の総数がもっとも多い。これは、おそらく一般の印象とは大きく異なる。イギリス船がポルトガル・ブラジル船よりも多いのは、実は一七二六〜一八〇〇年にすぎない。イギリスの奴隷貿易が他を圧倒しているというイメージは、おそらくここに由来する。イギリスの大西洋貿易が大きく

表Ⅻ－6　大西洋における奴隷の輸送数　単位：人

国および地域／年	スペイン ウルグアイ	ポルトガル オランダ	イギリス	オランダ	合衆国	フランス	デンマーク バルト海地域	合計
1501-1525	6,363	7,000	0	0	0	0	0	13,363
1526-1550	25,375	25,387	0	0	0	0	0	50,763
1551-1575	28,167	31,089	1,685	0	0	66	0	61,007
1576-1600	60,056	90,715	237	1,365	0	0	0	152,373
1601-1625	83,496	267,519	0	1,829	0	0	0	352,843
1626-1650	44,313	201,609	33,695	31,729	824	1,827	1,053	315,050
1651-1675	12,601	244,793	122,367	100,526	0	7,125	653	488,064
1676-1700	5,860	297,272	272,200	85,847	3,327	29,484	25,685	719,674
1701-1725	0	474,447	410,597	73,816	3,277	120,939	5,833	1,088,909
1726-1750	0	536,696	554,042	83,095	34,004	259,095	4,793	1,471,725
1751-1775	4,239	528,693	832,047	132,330	84,580	325,918	17,508	1,925,314
1776-1800	6,415	673,167	748,612	40,773	67,443	433,061	39,199	2,008,670
1801-1825	168,087	1,160,601	283,959	2,669	109,545	135,815	16,316	1,876,992
1826-1850	400,728	1,299,969	0	357	1,850	68,074	0	1,770,979
1851-1866	215,824	9,309	0	0	476	0	0	225,609
合計	1,061,524	5,848,265	3,259,440	554,336	305,326	1,381,404	111,041	12,521,336

［出典］：http://www.slavevoyages.org/tast/index.faces

伸びた十八世紀のイメージが、そのまますべての時代に投影されたのであろう。
大西洋奴隷貿易では、ポルトガルこそが主役であった。

さらに、大西洋貿易にはいくつもの国が参加した。スペイン、オランダ、フランス、デンマーク、スウェーデンなどである。

まず十六世紀初め、ポルトガルがブラジルで砂糖の生産を開始する。一六四〇年代になると、南米のペルナンブーコでの経験をえたオランダ人プランターが、西インド諸島のバルバドスとマルティニーク、グアドループに到着し、近代的な製糖所と生産技術を導入した。そのあとすぐに、オランダの奴隷船が続き、アフリカ奴隷を購入するために、地域のプランターに信用を供与した。

オランダの西インド貨物船が、砂糖の完成品をアムステルダムの砂糖精製所まで運搬した。オランダ領となっていたペルナンブーコが、再度ポルトガルの手に落ちた一六五四年には、右に述べた島々にオランダ人のプランターと彼らが所有する奴隷が到着した。オランダ人こそ、カリブ海諸島に砂糖生産を定着させた人々であった。そのため、ブラジル産砂糖の独占は崩れていくことになる。

一六七〇年には、フランス領のマルティニーク島、グアドループ島、セント・クリストファー島に三〇〇の砂糖用の地所があった。そして、ブラジルで生産される二万九〇〇〇トンの砂糖の三分の一を輸出するようになった。

イベリア半島を追放されたユダヤ人のセファルディムはアムステルダムとロッテルダムに避難先を見つけ、元来のイベリア半島の故国と外国の植民地との貿易に大きく寄与した。そしてセファルディムはまた、ブラジルから西インド諸島のオランダ・イギリス・フランス領植民地に、砂糖の生産方法を教えた。

セファルディムのネットワークは、大きくみれば、新世界からインドにまで及んだ。（イギリスではなく）ロンドンは、そのうち、大西洋から北海にいたるネットワークで枢要な役割を果たした。十七世紀においてセファルディムは、アムステルダムを基軸として大西洋と北海を結びつけ、そのネットワークの中に、ロンドンが位置したのである。（ジャマイカを中心とする）イギリスの砂糖輸入拡大は、このネットワークがあったからこそ可能になったのである。

イギリスの西インド諸島の砂糖生産は、いわばポルトガルのブラジルでの砂糖生産を真似たものであった。ここに、イギリスの独自性は、奴隷が綿花を栽培し、それを本国に送って完成品にするというシステムを構築した点にある。しかもイギリスは、北米大陸南部だけではなく、ブラジルからも綿を購入していた。新世界の綿が、産業革命を生み出したのだ。

九．石炭と木炭――北海・バルト海の天然資源

イギリスでは石炭生産量が増加した。そのためJ・U・ネフは「早期産業革命論」を提唱し、イ

ギリスで森林資源不足のため燃料が枯渇したため、十六世紀から十七世紀にかけ石炭採掘量が急増したと主張した。

アメリカのグローバルヒストリアンのポメランツの議論によれば、イギリスは石炭があったからこそ大きく経済成長をすることができた。

しかし、イギリスの石炭はデンマーク・ノルウェー（当時は同じ国）、オランダ、さらにはドイツの一部にまで輸出された。したがって、北海に面する国のなかで、イギリス以外の国が産業革命を開始しても不思議ではなかったはずである。

ヨーロッパの北の二つの海——北海とバルト海——のうち、イギリスの石炭は、北海に面する諸地域に輸出されたことになる。北海とバルト海沿岸では、前者の方が人口は稠密である。したがって熱源として、木炭だけではなく石炭も必要とされた。そのすべてではないにせよ、一部を供給したのはイギリスであった。イギリスはいわば、北海経済圏の熱源の安全弁として機能したのである。

バルト海地方は、熱源としては、石炭地帯ではなく木炭地帯であった。そもそもバルト海地方の人口はあまり多くはなく、石炭を使用する必要はあまりなかった。またバルト海地方には森林資源が豊富であり、木炭が大量に利用できたことも重要であろう。

おわりに

十六世紀のヨーロッパにとって、新世界は、経済的に決して重要な地域とはいえなかった。北方ヨーロッパでは、北海・バルト海が貿易の中心であったし、それはむろん、イギリスにもあてはまる。

イギリスにとって新世界の経済的比重が大きく高まるのは十八世紀後半のことであった。それは何よりも、砂糖貿易の増大のためである。むろん、イギリスはアメリカ南部で奴隷によって綿花を生産し、それをイギリス本国に送り、本国で完成品にするというシステムをつくりあげた点で他国と決定的に違っており、その意義は認められなければならない。

イギリスの経済的比重は、十八世紀のあいだに、北海・バルト海から大西洋へと傾いていった。イングランドのバルト海貿易が十七世紀後半になって黒字から赤字に転換したのも、イギリスにとって、バルト海地方のマーケットとしての価値が低下し、造船資材の輸入地域としての地位が確立されていったからである。それはある程度、北海貿易にもあてはまる。

イギリスは、大西洋貿易を増加させるためにも、北海・バルト海地方から造船資材の輸入を増やした。そのためイギリスの貿易相手としてロシアが台頭し、とりわけサンクト・ペテルブルクからの造船資材の輸入が増大した。しかも、この都市から輸入された鉄は、イギリス産業革命のために使用された。

ロシアという国があったからこそ、イギリスは近世の重商主義帝国の形成、さらには産業革命に成功したのである。大西洋貿易の拡大により、ヨーロッパ大陸では、造船資材の多くを供給するロシアこそがイギリス経済の生命線となったのである。

参考文献

越智武臣『近代英国の起源』ミネルヴァ書房、一九六六年。

川北稔『工業化の歴史的前提——帝国とジェントルマン』岩波書店、一九八三年。

玉木俊明『北方ヨーロッパの商業と経済——一五五〇～一八一五年』知泉書館、二〇〇八年。

玉木俊明『近代ヨーロッパの誕生——オランダからイギリスへ』講談社選書メチエ、二〇〇九年。

玉木俊明『近代ヨーロッパの形成——商人と国家の世界システム』創元社、二〇一二年。

Jan K. Fedorowicz, *England's Baltic Trade in the Early Seventeenth Century*, Cambridge 1980.

Frederick Jack Fisher, 'London's Export Trade in the Early Seventeenth Century', *Economic History Review*, 2nd ser., 3(2), pp.151-161.

Frederick Jack Fisher, 'The Sixteenth and Seventeenth Centuries: The Dark Ages in English Economic History?', *Economica*, 26, 1962, pp. 2-18.

David Ormrod, *The Rise of Commercial Empires: England and the Netherlands in an Age of Mercantilism, 1650-1770*, Cambridge 2003.

Barry E. Supple, *Commercial Crisis and Change in England, 1600-1642*, Cambridge 1959.

XIII

近世オランダのバルト海貿易

——母なる貿易——

玉木俊明

はじめに

オランダ史において、バルト海貿易は、「母なる貿易(moederhandel)」と呼ばれる。近世オランダの貿易の根幹は、バルト海貿易、とくに穀物貿易にあったというわけだ。これに関するもっとも適切な言葉は、おそらく次のミルヤ・ファン・ティールホフのものであろう。

穀物貿易は、オランダの食糧供給と労働市場にとって直接重要であった。それに加えて、オランダ以外の地域にまで影響を与え、オランダ商人が利益を獲得するために巨額の資金を投資することを可能にした。……

通常、この部門の利益は、奢侈品の売買への投資による目もくらむほどの利益とは比べものにならないほど低かった。しかし、穀物貿易による利益は毎年毎年、さらには商人の世代が変わっても流入した。この貿易は、多くの投資家が金を獲得する機会を提供した。しかも、数百年にわたる長期間にわたって、これは変わることなく続いた。穀物貿易の影響は、ありとあらゆる部門に及んだ。だからこそ、たとえこの一事をもってしても、近世オランダ経済の根幹をなしたとみなされるのは当然のことなのである。（ミルヤ・ファン・ティールホフ著、玉木俊明、山本大丙訳『近世貿易の誕生――オランダの「母なる貿易」』知泉書館、二〇〇五年、四頁）

周知のように、ウォーラーステインによって、オランダは世界で最初にヘゲモニーを握った国とされた。非常に単純化していうなら、十七世紀中葉のヨーロッパでは、他を圧倒する経済力をもった国であった。その基盤は、バルト海貿易にあったということになる。

このような主張は、東インド貿易を重視しがちな日本の読者からは、怪訝な目でみられるかもしれない。しかしここでまた、ヤン・ド・フリースとファン・デル・ワウデの言葉を引用するなら、バルト海貿易を重視する理由がわかっていただけよう。

パトリア［アムステルダム］にいる東インド会社の理事たちは、二〇カ月以内でバタヴィアとの通信に返事が来るとは予期できなかった。もし今日、それにほぼ匹敵するものがあるなら、銀河系で最も近い恒星との貿易が確立されてはじめて生じるであろう。この事実が、東インド会社の行動を理解する際にまず重要なことである。そのために、財政管理の維持ができなくなっていった。それは、一組の会計報告では、東インド会社の活動すべてを理解し、要約することは不可能だったためである。さらに、バタヴィアの総督が主導権を握るために付与される権限の範囲は、しばしば共和国在住の理事たちの意図をはるかに超えた。(Jan de Vries and van der Woude, *The First Modern Economy*, p.386.)

アジアは、あまりに遠かったのだ。実際、ヴァイオレット・バーバーによれば、一六六六年の時点で、アムステルダム取引所の資本の四分の三がバルト海貿易に投資されていたのである。したがってバルト海貿易の盛衰は、オランダ経済の浮き沈みをかなりの程度正確に描写することができるのである。しかも穀物貿易以外にも、オランダの「母なる貿易」と呼ばれるにふさわしい役割を果たした。

次に、ヨーロッパ経済全体の特徴を述べ、そのなかでなぜバルト海地方が重要になっていったのかを説明してみたい。

一．ヨーロッパの経済危機とバルト海地方

十六世紀後半から十七世紀前半にかけて、ヨーロッパ全土を二つの経済的危機が襲った。それは、食糧危機と、森林資源の枯渇である。これらは、本質的に人口増と商業の発展によって生じたものである。

十四世紀半ば、黒死病の流行によって、ヨーロッパの三分の一の人口が死に絶えたとさえいわれる。このような状況は、労働者に有利に作用した。労働力が稀少となり、賃金が上昇したからである。しかし十六世紀になると労働者が過多になり、賃金の上昇はストップし、食糧不足が発生することになる。

さらに人口増により、大量のエネルギーが必要になった。この頃の主要エネルギー源は森林資源であり、ヨーロッパで森林資源が枯渇するようになった。このような状況のもと、イギリスでdeforestationと呼ばれる森林伐採がなされた。しかしそれは多少なりとも、他の国々にもあてはまる現象であった。

たとえばイタリア史家のカルロ・チポッラによれば、イタリアのロンバルディアにおいては、都市以外の地域においてさえ、樹木が土地全体に占める割合は、一五五五年の段階では、わずか九％にすぎなくなっていた。フランスにおいては、一五〇〇年頃には、森林地が全体の三三％を占めて

いたのが、一六五〇年頃になると二五％に減少した。その一方で、森林の質は目にみえて悪化していった。

森林資源の不足は、商業の発展によっても生じた。商業発展には海運業の成長が不可欠である。商業が発展するほど、ますます多くの船舶が必要となり、造船資材として森林が切り倒されていった。

このような現象は、多かれ少なかれヨーロッパ全体にみられたことである。ヨーロッパは、このような危機——食糧不足と森林資源の枯渇——を乗り越えなければ、経済成長を続けることは不可能であったろう。

こういう状況下で、非常に重要な地位を占めはじめたのがバルト海地方であった　当時のバルト海地方の経済的中心であったポーランドは、ヨーロッパ随一の穀倉地帯であった。バルト海地方が輸出することができた穀物は、およそ七五万人の人々を養うほどにすぎなかった。しかし需要や供給の変化が比較的わずかであったとしても、バルト海地方から穀物が輸出されるような地域においては、その影響は比較的大きなものになった。

たしかに、ポーランドの土壌の生産性は低かった。だがポーランドの歴史家マリア・ボグツカによれば、ポーランドでは貴族層シュラフタ szlachta の勢力が非常に強く、そのため彼らは、穀物輸出によって巨額の利益を得ていた。だから穀物の余剰を外国に販売することができた。そして、その多くが、アムステルダム船に積まれたのである。

穀物に加えて、バルト海地方には非常に多くの森林資源が残されており、この地方は、十六世紀後半からヨーロッパ最大の木材供給地域となった。しかもピッチ、タール、亜麻、麻、帆布、索類、鉄などの造船資材の供給地域でもあった。したがって、バルト海地方の森林資源は、ヨーロッパの対外的拡張のために必要不可欠であった。

ボグツカの見解では、一五五〇年代から一六六〇年代にかけ、ポーランドの穀物は、西ヨーロッパの人々が生存していくために不可欠であった。彼女によれば、バルト海貿易におけるこのような「穀物の時代《グレインステージ》」は十七世紀中頃まで続いた。そして十七世紀後半から十八世紀にかけて、西ヨーロッパと南ヨーロッパの食糧事情は急速に変化し、バルト海地方の穀物への需要は減少したという。この時代をボグツカは、「原材料の時代《ローマテリアル・ステージ》」と名付けた。

おおむね一六〇〇年頃を境として木材価格の上昇スピードが穀物のそれを上回るが、それでも世紀半ばまでは、穀物の方が重要であった。

十六世紀半ばから十七世紀半ばまでの一世紀間は、穀物と森林資源――特に造船資材――のうち、穀物輸出がヨーロッパ経済にとって大切であった。オランダがヨーロッパ最大の経済大国として台頭した背景には、バルト海地方との穀物貿易があった。

このような見解に対しては、周知のように、イズラエルによる反論がある。バルト海貿易のような「かさばる商品」の貿易ではなく、アジアなどとの奢侈品の取引こそが、オランダ経済にとって重要だったと主張したのだ。しかしすでに述べたように、イズラエルの主張は、少なくとも十七世

表 XIII-1：アムステルダム市場の商品の輸出先と輸入先

	輸入	輸出	輸入	輸出
	1580年	1580年	1584年	1584年
ノルウェー	9.7	5.4	3.3	5.3
バルト海地方	64.5	23.9	69.1	34.8
オランダ北西部	20.4	47.4	22.5	33.3
ホラント	-	-	0.8	-
ブラバント	-	-	1.4	-
フランドル	0.7	2.7	0.0	-
ラインラント	-	10.3	-	0.0
ブリテン諸島	1.7	4.1	1.7	2.0
フランス（大西洋岸）	1.6	0.4	0.5	17.9
スペイン	0.1	-	0.1	0.1
ポルトガル	0.9	-	0.2	2.6
西方（特定されず）	-	5.5	-	4.0
不明	0.4	0.3	0.4	0.0
合計	100.0	100.0	100.0	100.0

［出典］Clé Lesger, *The Rise of the Amsterdam Market and Information Exchange: Merchants, Commercial Expansion and Change in the Spatial Economy of Low Countries, c. 1550-1630*, Aldershot, 2006, p.66, Table 2.1.

紀半ばまでは支持できない。

しかも表XIII－1に表わされているように、アムステルダムの場合、輸出入に占めるバルト海地方の割合が――とくに輸入の場合――非常に高い。アムステルダムは、バルト海貿易によって台頭した貿易港だったのである。

また一般に、近世においてイタリアから北西ヨーロッパに中心が移り、それとともに地中海経済から大西洋経済へと経済の重心がシフトしたといわれる。しかし第XII章でみたように、少なくともイギリスの場合、大西洋貿易が大きく台頭するのは十八世紀半ばのことであった。北西ヨーロッパ経済の興隆は大西洋ではなくバルト海の重要性の上昇によって生じたと想定されよう。すなわち、地中海からバルト海にヨーロッパ経済の重心が移動し、その後、大西洋に移ったと考えるべきなのである。

二　穀物の時代のオランダのバルト海貿易

では、具体的に穀物の時代のオランダのバルト海貿易についてみていこう。

バルト海地域と貿易していた国は多いが、その中で最大のシェアを誇っていたのは、表XIII-2にみられるようにオランダであった。

バルト海貿易に従事する船舶の大半は、スカンディナヴィア半島とデンマークの間にあるエーアソン海峡を航行しており、そのときに通行税をかけられた。その記録をもとにしたのが、二〇世紀前半に上梓された『エーアソン海峡通行税台帳』であり、現在デジタルアーカイヴとして作成中のSTR on Lineである。本章では、前者を用いた議論をする。

一四九七〜一六六〇年に四〇万隻以上の船舶がエーアソン海峡を航行しており、そのうち五九％がオランダ（ホラント、ゼーラント、フリースラントなど）の北部七州からのものであった。

表 XIII–2：エーアソン海峡航行船［東航船・西航船の合計］（単位：隻）

年度	全体	オランダ
1560-69*	31,578	21,438
1574-80	29,636	14,374
1581-90	50,362	26,575
1591-1600	55,538	32,296
1601-10	45,025	27,167
1611-20	48,958	34,180
1621-30	34,357	21,675
1631-40*	28,174	16,287
1641-50	35,966	18,446
1651-57	19,710	12,431

［出典］Nina Ellinger Bang and Knud Korst (eds.), *Tabeller over Skibsfart og Varetransport gennem Øresund 1497-1660*, 3 Vols., Copenhagen and Leipzig, 1906-1933. 1632, 34 年のデータが欠如。

オランダがバルト海貿易で使用していた船舶は、フライト船と呼ばれる非武装商業船で、輸送コストが桁外れに低かった。さまざまな国が、フライト船に輸送をゆだねたことがそれを示している。フライト船の積載スペースはほぼ正方形であった。そのため積載量は多く、しかも軽かった。地中海地方と異なり、バルト海地域には海賊はおらず、したがって武装商業船の必要はなかったからである。

オランダ船の多くは、ダンツィヒからアムステルダムに向かった。さらにそこから、他地域に輸送された。穀物の時代の西欧は、貿易面からみれば、この「ダンツィヒ–アムステルダム枢軸」を中心に動いたといって過言ではない。

バルト海を航行する船舶数は、一五九一〜一六〇〇年をピークとして、その後低下する傾向にある。三十年戦争が要因に数えられるだろうが、その影響を過大視してはならない。船舶の大型化も、

表 XIII–3：バルト海地域の主要港からの出港地別西航船数（単位：隻）

年平均	ダンツィヒ	エルビング	ケーニヒスベルク	リーガ	デンマーク	スウエーデン	全体
1560-69*	1,090	11	143	135	84	7	1,763
1574-80	931	86	325	146	143	19	2,112
1581-90	1,231	120	323	141	122	32	2,521
1591-1600	1,505	110	431	228	137	34	2,788
1601-10	1,193	79	425	79	150	39	2,242
1611-20	1,059	78	485	116	167	45	2,444
1621-30	409	33	439	52	221	93	1,721
1631-40*	574	13	277	241	227	102	1,756
1641-50	691	27	226	297	173	97	1,815
1651-57	334	29	181	300	126	110	1,421

［出典］Bang, Nina Ellinger and Knud Korst (eds.), *Tabeller over Skibsfart og Varetransport gennem Øresund 1497-1660*, 3 Vols., Copenhagen and Leipzig, 1906-1933. 1632, 34 年のデータが欠如。
* ほとんどがコペンハーゲン

要因の一つとして考えられる。

東航船（エーアソン海峡を通り東に向かう船舶）と西航船（エーアソン海峡を通り西に向かう船舶）を比較すると、東航船の方が圧倒的にバラスト船（バラストだけを積載している船舶）の比率が高い。

一五六二〜一六五七年においては、東航船のバラスト船と貨物積載船の比率は六・五対三・五である。それに対し、この時代の西航船におけるバラスト船の比率は二％程度にすぎない。いうまでもなく、これは、バルト海地方の輸出品が輸入品よりもかさばる商品だからである。あとで述べるように、バルト海地方の主要輸出品は穀物・木材・灰・灰汁・ピッチ・タール・亜麻・麻などであり、輸入品は、塩・ニシン・ワイン・香辛料などであった。

表XIII-1で輸出より輸入が多いのは、これらの商品が一度バルト海地域からアムステルダムに輸入され、そこから再輸出されたからである。したがって、アムステルダムの現実の貿易収支は表XIII-1からはわからない。

おおまかにいえば、西欧からの船舶が商品かバラストを積んでエーアソン海峡を通りバルト海地域に入り、帰りはバルト海地方の商品を積んでエーアソン海峡を通り西欧に向かうというパターンをとっていたと推定される。バラスト船の比率は、時代が下るにつれ下がる。東航船に関して、一六五一～五七年のバラスト船と貨物積載船の比率は二・七対七・三となり、貨物積載船が増える。

表XIII-3は、バルト海地域の代表的な港からの西航船数を示す。この時代のバルト海地方の貿易港としては、ダンツィヒ、リーガ、ケーニヒスベルク、コペンハーゲン、ストックホルム、イングランドのイーストランド会社の根拠地があったエルビングなどが有名である。

「穀物の時代」においては、ダンツィヒがバルト海地方の貿易港の中心であった。これは、この都市がポーランド最大の河川網を有するヴィスワ川の河口に位置し、当時、バルト海地域きっての穀物輸出港だったからである。ダンツィヒはバルト海内の「流通・分配拠点（distribution centre）」として機能していた。ダンツィヒで活躍していたのは、オランダ船であった。

一五九一～一六〇〇年をピークとして、ダンツィヒからの西航船は急速に減少する。しかも一六二一～三〇年には、一時的にではあるがケーニヒスベルクに抜かれてしまう。ダンツィヒは一六二六年にスウェーデン軍によって占領されるが、おそらくその影響であろう。

ここで注目すべきことが二つある。第一に、十七世紀の第1四半期におけるケーニヒスベルクからの西航船数の急増である。この貿易港はプロイセン領に属していたのだから、プロイセン勃興の経済的要因の一つがここにみられるであろう。ケーニヒスベルクの主要輸出品は亜麻・麻であり、穀物輸出が圧倒的に多かったダンツィヒとは根本的に違っている。

第二に、スウェーデンからの西航船数の増大である。スカンディナヴィア半島からの船舶だけに限っても増加が目立つが、一六二一年にスウェーデン領となったリーガからの西航船を加えると、ポーランド（ダンツィヒとエルビング）からの西航船数を、一六五一〜五七年には超える。あるいはこれを単にリーガの台頭と考えたほうがよいかもしれない。

穀物の時代とはいえ、穀物の重要性は、徐々に低下し、それに対して上昇するのは、造船資材であることが表XIII-4から類推できる。

三 ポーランドからの輸出

『台帳』は物価史の史料としては欠陥が多く、そのままでは使うことができない。しかし、それを修正する研究もある。表XIII-4と5はモンチャックが作成したもので、ポーランド（ダンツィヒとエル

表 XIII-4：ポーランド（ダンツィヒとエルビング）の西欧への輸出額

（単位:1,000 リースダーレル）

商品＼年度	穀物（ライ麦・小麦）	木材（オーク材・内張板）	亜麻・麻	ピッチ・タール	灰・灰汁
1565	1,316.2	91.2	112.4	39.3	140.2
1575	550.5	41.4	171.8	38.7	79.6
1585	441.9	56.7	154.1	56.1	140.9
1595	1,193.1	130.9	103.4	95.3	82.2
1605	922.4	56.8	154.1	40.3	171.8
1615	1,047.3	120.2	54.4	52.6	172.5
1625	1,246.8	16.8	89.9	23.3	105
1635	1,920.7	13.3	52.6	22.1	233.6
1646	1,521.1	16.5	129.8	18.5	171

	鉱物資源 鉄・オスムンド鉄・鋼鉄	羊毛	繊維製品	獣皮	合計
1565	23.4	-	5.3	5.2	1,733.2
1575	16.5	-	11.2	0.7	910.4
1585	24.7	8	0	1.2	875.6
1595	24.8	8	7.4	0	1,645.1
1605	31.7	14.4	8.5	42.8	1,442.8
1615	8.3	7.4	1.8	-	1,464.5
1625	26.6	49.9	1.6	2.9	1,561.5
1635	1.7	22.4	22.4	77.3	2,366.1
1646	46.1	176	28.6	40.4	2,158

［出典］A. Maczak,"The Balance of Polish Sea Trade with the West, 1565-1646", *Scandinavian Economic History Review*, Vol. 18, No.2, p.135, Table 10.

ビング）の海上貿易による輸出額を示している。ここに掲載されている商品がバルト海貿易で取引されたすべての商品でないのが残念であるが、主要なものは網羅している。

本章では、スペースの関係から、「穀物の時代」も「原材料の時代」も、オランダの輸入品としては穀物、塩、植民地物産のみを考察の対象にする。

穀物の輸出

バルト海地域最大の輸出品であった穀物の中で、最も量が多いのはライ麦であった。以下、小麦、大麦、ミールと続く。ライ麦の輸出量が圧倒的に多く、小麦の四～一〇倍であるが、小麦はライ麦の約二倍の価格であるので、輸出額は比較的接近している。小麦とライ麦を合わせると、年平均三万～七万ラストほどが、バルト海地方から西欧に輸出されている。これらの穀物の七〇％強がダンツィヒから輸出されていた。しかも、その大半がオランダ人によってアムステルダムに送られていた。

オランダは自国では穀物をほとんど生産せず、かなりの量をバルト海地方からの輸入に頼っていたが、むろん、再輸出することも多かった。アムステルダムはヨーロッパの穀物貿易の中心であった。

「オランダ人はアムステルダムに穀物庫を設け、そこに常に穀物を貯蔵していた。それは最低七〇万クォーターに達していたといわれる」という同時代のイギリス人の発言もある。バルト海地

表 XIII-5：ポーランド（ダンツィヒとエルビング）の西欧からの輸入額
（単位:1,000 リースダーレル）f.o.b 西ヨーロッパ船

商品	塩	ニシン	ラインワイン	他のワイン	植民地物産	毛織物	獣皮	合計
1565	59.5	52.8	38.6	14.8	2.7	74.2	24.3	266.9
1575	71	7.1	32.6	19.1	8.4	24.3	24.2	295.2
1585	47.4	32	26.7	24.7	2.9	32.1	32.1	530.3
1595	92.9	125.5	30.4	168.5	11.7	20.3	20.3	861.9
1605	122.4	180.4	65.8	162.8	11.2	32	32	1138.2
1615	77.1	161.7	31.3	61.9	5.4	16.4	16.4	795
1625	92.9	290.9	48.8	137.3	8.7	11.8	11.8	1251.4
1635	90.8	143.4	30.2	56.3	190.3	25.1	25.1	1104.6
1646	65.2	282.5	51.5	74	102	8.1	8.1	1358.5

［出典］A. Maczak, "The Balance of Polish Sea Trade with the West, 1565-1646", *Scandinavian Economic History Review*, vol.18, No.2, 1970, p.136, Table12.

方の穀物相場の変動は、一般にオランダの経済変動のパターンと一致していたとさえいわれる。しかもオランダ人は、その穀物を自国で消費するばかりでなく、さまざまな地域に再輸出していたのである。再輸出先は、北方ヨーロッパ諸国のならず、イタリアにまでおよんだ。

ポーランドは、穀物輸出においてオランダに大きく依存していたといってよい。確かに国内流通ではポーランド商人が活躍していたが、ポーランドは、オランダ船なしでは穀物を輸出できなかったのである。

塩の輸入

日照時間の短いバルト海地方では、天日にさらして塩をとることは不可能である。ハンザ時代にはリューネブルク産の塩を輸入していたが、オランダは、南欧から塩を輸入する。

バルト海地方への塩の輸出量は、比較的上下動なく安定していることがわかる。ここで注目すべきことは、オランダの割合が除々に高まっていることである。バルト海地方が輸入する塩は、イベリア半島——基本的にポルトガル——とフランスのブルターニュ地方でとれたものが多かった。そこからオランダ船で、バルト海地方に運んだのである。

フランスの塩とポルトガルの塩を比較した場合、前者の方がバルト海地方への輸出量が多く、ポルトガルの一・八倍ほどを輸出している。また、船舶としてはオランダ船が多く、輸出港としては、フランス、ポルトガルが多いということは、フランスやポルトガルから直接バルト海地方へ、オランダ船で輸出される場合が多かったことを意味する。

イベリア半島産の塩をバルト海地域にもちこんだのがスペインではなくオランダであった点に、オランダの貿易力の強さがうかがえる。一六〇九～二一年の休戦期間になると、やはりオランダ船によるポルトガルからの塩輸出量が増大する。そして休戦期間がすぎると、それはまた激減している。一六一一～二〇年には、ポルトガルから計一〇万ラストほどが輸出されていたが、一六二一～三〇年は約二万四〇〇〇ラストの輸出にすぎない。

また、塩と穀物の結び付きはこれまでしばしば指摘されている。バルト海地方からイベリア半島に向けて穀物が輸出され、イベリア半島からバルト海地方へは塩が輸出された、といわれる。この説がもし正しければ、オランダの船舶はまさに欠くことのできないものだったはずである。

十七世紀に入ると、ほぼ一貫してダンツィヒよりケーニヒスベルクの塩の輸入量が多い。ダンツィヒの輸入量は、ケーニヒスベルクの五六％ほどである。穀物のほとんどはダンツィヒから輸出されていたのだから、塩と穀物の輸出入に直接の関係があったとは考えられない。この両方の輸送を受け持ったオランダが果たしていた役割の大きさがわかるであろう。

ただし、塩の輸送による利益率は決して高くはなかった。それどころかオランダは塩をアムステルダムからダンツィヒに輸送する際、一六〇九〜四八年の場合、年平均七・四％の損害をこうむってさえいる。ただし、塩はバラストとして使用されたので、赤字貿易でも、問題は生じなかっただろう。

植民地物産の輸入

植民地物産 colonial goods とは、胡椒、米、砂糖、インディゴ（染料）、タバコなどを指す。胡椒、インディゴはアジアの産品であるし、砂糖、タバコ、またインディゴの一部はカリブ海、新大陸の植民地から来たものである。米はイタリア産であろう。ただ終わり頃には、新大陸産の米があったのかもしれない。

他の商品とは異なり、十六世紀の間は、オランダの植民地物産の輸出量は少ない。対照的にフランスが多い。

一五六六年において、フランスは三六〇〇〔重量〕ポンドの植民地物産をバルト海地方に輸出しているが、その内訳は、二八〇〇ポンドの胡椒と八〇〇ポンドの砂糖である。また一五七六年には、フランスは三七四〇ポンドを輸出している。その内訳は米が三〇〇〇ポンド、胡椒が五五〇ポンド、砂糖が二〇〇ポンドである。これらから判明するように、胡椒と米が、フランスがバルト海貿易の植民地物産の流通で優勢だった時代の二大輸出品である。

この状況は、十七世紀になると変わる。オランダの輸出量が急激に上昇するからである。フランスはオランダとは逆に輸出量は伸びなくなる。この差は、どこから来たのだろうか。

一六四七年のオランダは、一九〇万八九〇九ポンドの植民地物産を輸出している。オランダの輸出増は、タバコ、インディゴの増加もあるが、胡椒、砂糖の増大の影響が大きい。

胡椒は東南アジアの、砂糖はカリブ海地方の代表的な物産である。胡椒の輸出増は、オランダが東インド会社を設立したことに大きな原因があろう。オランダ東インド会社がオランダに輸送する商品の中で胡椒が極めて多かったことはよく知られているが、そのうちのいくらかが、バルト海地域に向かったのである。イングランドの胡椒輸出量も多いが、これもオランダと同じく、東インド会社の創設によるところが大きいと推測される。このようなことは、オランダ、イギリスの東インド会社に匹敵する組織をもたなかったフランスには不可能であったに違いない。

砂糖の増大は、オランダの東・西インド会社の貿易、アムステルダムがヨーロッパの精糖業の中心であったことで説明できよう。英仏もカリブ海に植民地をもっていたが、結局オランダほど精糖業が発達していなかったこと、中継貿易におけるオランダの強さが、このような違いをもたらしたのであろう。

四　原材料の時代のオランダのバルト海貿易

一六五五〜六〇年のポーランド－スウェーデン戦争により、スウェーデンがバルト海地方最大の政治的勢力を誇る国家となり、以後、ポーランドは明らかに凋落する。

このような政治的動きは、そのまま経済的動向を反映している。すなわち、ポーランドに代わって、スウェーデンがバルト海地方の経済的中核になるのである。

原材料の時代のバルト海貿易においては、穀物の重要性は衰え、造船資材——亜麻・麻・亜麻布・ピッチ・タール・木材・鉄——の重要性が高くなっていく。

しかし一般的に、この時代は、ヨーロッパ経済の収縮局面として知られていよう。その理由の一つとして、エーアソン海峡を通って西欧に輸送される穀物が減少したことがあげられる。

とはいえ、それはバルト海貿易全体の変貌の一部分しか示しておらず、ボグツカがいうように原材料の輸出が増えているのであるから、単純にバルト海貿易が衰退したということはできない。さらに、植民地物産の流入が増えていることから、バルト海地方の経済的変化は、ヨーロッパ世界経済拡大の一面も表わしているのである。バルト海地方の経済的重要性が低下したとすれば、それは基本的に大西洋経済の勃興による、ヨーロッパ経済内での相対的地盤沈下を表わすはずである。

しかも最近の研究によれば、エーアソン海峡を航行する船舶とその商品にかけられた通行税による収入は、十八世紀の間に増加する。たとえば、一七〇〇〜〇九年の合計収入は七二万二四八三リースダーレルであり、これが一七七〇〜七九年には三三七万八七一六リースダーレルにまで上昇する。これは、本質的にバルト海地域への植民地物産の流入と、造船資材の輸出増を意味する。さらに、造船資材の需要の増加が目ざましかったので、バルト海地方にとって西欧との貿易収支は黒字だったと想定される。

船舶

表XIII-6は、バルト海地方からの輸出船舶数を表わしたものである。ここから判明するように、当初(一六六一〜七〇)はオランダ船の割合がかなり高く、五〇%を超える。それと比較すると、イングランド船ははるかに少なく、五%未満である。しかし一七六一〜七〇年になると、オランダ船とイングランド船の比率はそれぞれ三五%、一七・六%となり、両者の差異は大きく縮小する。オランダ船の比率は大きく低下する。

ほかには、スウェーデン船とデンマーク船の台頭も目立つ。デンマーク船の貿易は、国際貿易というより沿岸貿易の可能性が高く、この数値をそのまま他国のそれと比較することは危険である。それは、デンマークほどではないにせよ、ある程度スウェーデンにもあてはまることである。なお、

表 XIII-6：バルト海地方からエーアソン海峡を経由した西航船舶数（単位：隻）

	オランダ	イングランド	スウェーデン	デンマーク	全体
1661-70	6,130	566	1,540	399	11,821
1671-80	5,690	2,145	1,235	588	12,406
1681-90	9,410	2,414	2,323	904	19,178
1691-1700	5,631	1,332	3,468	1,563	17,281
1701-10	3,552	629	2659	1,306	11,226
1711-20	4,170	1,487	16	264	8,123
1721-30	8,023	3,144	1,741	823	17,971
1731-40	8,542	3,231	2,248	822	19,071
1741-50	7,574	3,077	1,842	1,274	22,217
1751-60	9,183	3,773	2,740	1,295	27,092
1761-70	11,097	5,566	4,089	2,088	31,705
1771-80	11,045	8,402	5,531	2,332	39,734

［出典］Nina Bang and Knud Korst (eds.), *Tabeller over Skibsfart og Varetransport gennem Øresund 1661-1783 1661-1783 og gennem Storebaelt 1701-1748*, 4 Vols., Copenhagen and Leipzig, 1930-1953.

一七〇一～二〇年のスウェーデン船とデンマーク船の少なさは、大北方戦争が原因であろう。

もしスウェーデンの沿岸航行が盛んだったとすれば、それはバルト海内交易に使用されるスウェーデン船の比率の高さを推測させる。スウェーデンは一七二一年のニスタット和約により、多数のバルト海南岸の領土を喪失したが、それによって、スウェーデン貿易がネガティヴな影響を受けたとは考えられない。バルト海地方と西欧との長距離貿易においては、オランダ船とイングランド船とスウェーデン船が、バルト海内交易においてはスウェーデン船が活躍していたことが想像できるのである。さらに、ユトランド半島、ノルウェーの船舶は、スカンディナヴィア半島西部を中心とする沿岸交易に従事していたと考えられる。

スウェーデンとデンマークの上昇は、中立貿易が大きな理由であった。戦争中に、スウェーデン船やデンマーク船を利用した場合もあった。そのために、両国の船で輸送される商品が増えたのである。また、戦旗をスウェーデンやデンマークの旗に変え、中立船を装った可能性もある。その場合、現実にはこの両国の船を使用したわけではなかった。それでもなお、この数値は驚異的ですらある。

船舶数だけをみるかぎり、十七世紀後半から十八世紀末にかけてのバルト海貿易が低調であったと考えることはできない。むしろ、貿易は活発化していたとしかいいようがない。では次項では、商品の動きを具体的に追ってみたい。

穀物の輸入

この時代はイングランドからの穀物輸出量が拡大し、バルト海地方から輸出される穀物の相対的価値が低下したことは、オームロッドによりすでに証明されている。また、ミルヤ・ファン・ティールホフによれば、穀物がアムステルダムを通らずに目的地まで輸送される「通過貿易」(voorbijvaart)が行なわれるようになっており、アムステルダムは穀物の貯蔵庫ではなく、穀物輸送を指揮する情報センターとなっていた。

表XIII-7は、ダンツィヒ、ケーニヒスベルク、リーガからのライ麦と小麦の輸出量を表わす。こ

表 XIII-7：エーアソン海峡を通したオランダの穀物輸入（単位：ラスト）

出港地	ダンツィヒ				ケーニヒスベルク			
	ライ麦		小麦		ライ麦		小麦	
	オランダへ	全体	オランダへ	全体	オランダへ	全体	オランダへ	全体
1671-80	118,389	146,223	66,123	74,101	49,894	56,749	17,207	18,158
1681-90	184,035	220,610	120,503	130,515	60,163	72,021	23,073	24,888
1691-1700	104,394	119,143	69,964	79,799	53,151	62,944	16,378	18,175
1701-10	96,207	100,622	46,597	49,606	40,532	44,839	13,973	14,681
1711-20	92,556	103,256	37,268	40,743	33,672	41,025	6,436	7,951
1721-30	150,940	192,968	76,691	88,603	35,286	46,548	6,782	8,611
1731-40	64,137	71,010	69,187	75,992	38,165	45,714	15,942	19,045
1741-50	64,413	78,241	50,655	54,440	17,420	27,786	7,674	11,194
1751-60	94,539	131,203	80,801	107,839	15,394	23,731	5,726	10,884
1761-70	93,470	143,053	67,809	98,605	40,245	74,358	15,087	23,756
1771-80	30,388	47,075	66,774	99,797	33,812	56,838	21,041	40,847

出港地	リーガ			
	ライ麦		小麦	
	オランダへ	全体	オランダへ	全体
1671-80	17,454	23,203	583	626
1681-90	41,405	47,464	504	928
1691-1700	55,964	59,351	1,071	1,080
1701-10	3,809	3,911	0	62
1711-20	5,793	6,298	9	18
1721-30	1,888	2,823	1	8
1731-40	31,363	35,838	2,518	2,726
1741-50	8,280	11,498	1,023	1,043
1751-60	2,525	5,686	44	98
1761-70	24,414	48,949	832	1,618
1771-80	60,367	87,149	4,293	12,628

［出典］Nina Bang and Knud Korst (eds.), *Tabeller over Skibsfart og Varetransport gennem Øresund 1661-1783 1661-1783 og gennem Storebaelt 1701-1748*, 4 Vols., Copenhagen and Leipzig, 1930-1953.

こから読み取れるように、これらの三都市は、オランダへの穀物輸出量がかなり多い。どの都市も、エーアソン海峡を経由した輸出穀物の七五％以上を、オランダ（おそらくアムステルダム）に送っている。この事実は、穀物貿易に関しては、まだイングランドの力がオランダにまったく及ばなかったことを示している。

これはグーツヘルシャフトの発展とオランダの穀物貿易の緊密な結びつきを表わしていると考えるべきであろう。日本のグーツヘルシャフト研究の基本は所領経営研究にあり、生産物の輸出市場に関してはほとんど研究されてこなかったのが重大な問題点である。ダンツィヒの周辺からリヴォニアにいたるグーツヘルシャフトの形成は、オランダの海上貿易のネットワークがなければありえなかったかもしれない。十八世紀になっても、輸送面でみれば、オランダにとっては穀物輸送が、バルト海貿易の中核をなした。

オランダは、イギリスが産業革命と帝国化の道を歩んだのとは大きく違った道を選んだ。だが、そのためにオランダ経済が衰退したと主張すぎるのは単純すぎる。オランダは海運業によって巨額の利益を得ていたわけであり、イギリスもまた、航海法などで自国の海運業を発展させる政策をとっていたのである。近世において、もっとも大きな利益を生み出したのは、海運業だったかもしれないのである。

図 XIII-1：バルト海地域の塩輸入量とオランダ

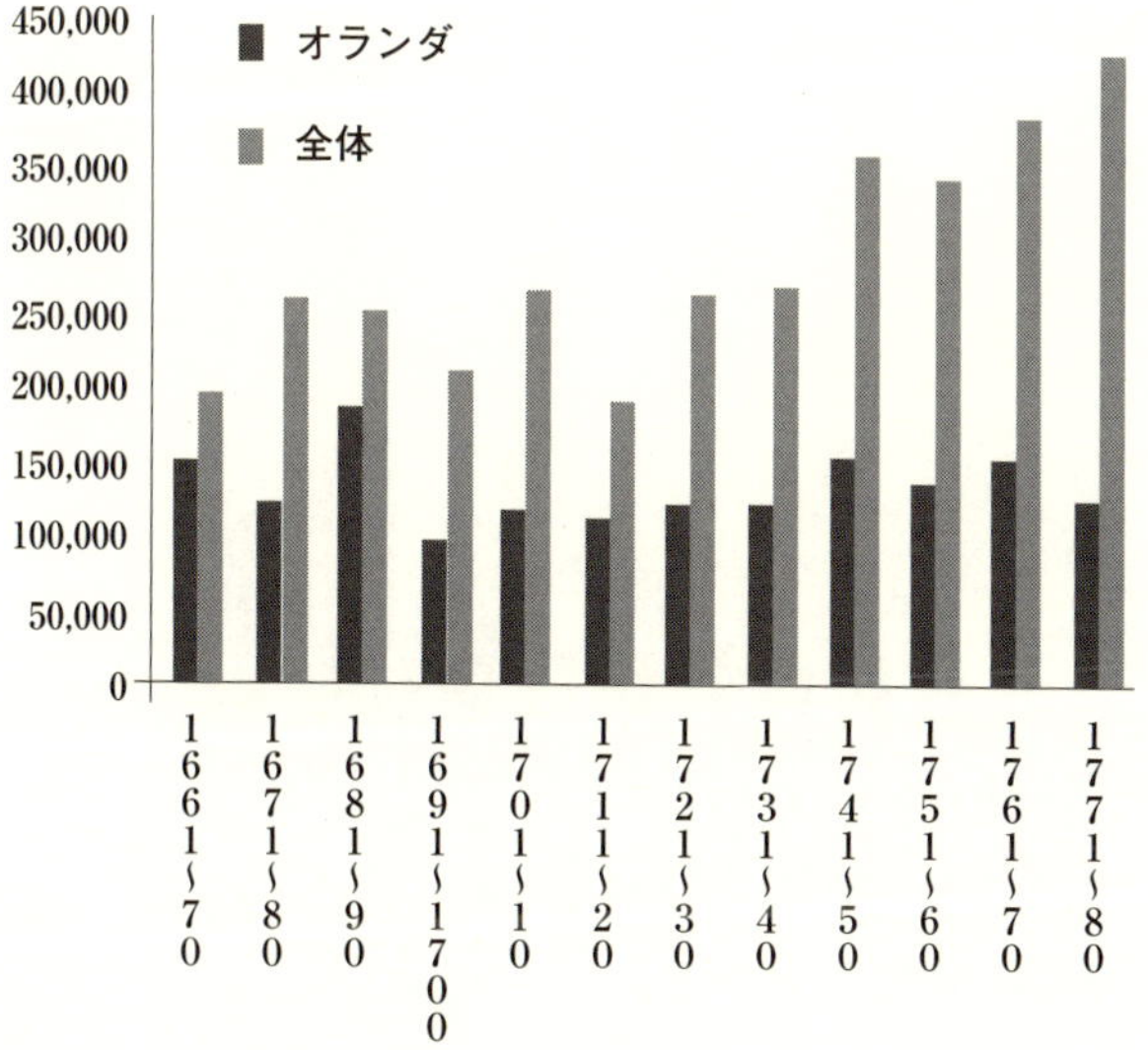

［出典］Nina Bang and Knud Korst (eds.), *Tabeller over Skibsfart og Varetransport gennem Øresund 1661-1783 1661-1783 og gennem Storebaelt 1701-1748*, 4 Vols., Copenhagen and Leipzig, 1930-1953.

塩の輸入

塩の輸入ついては、一六六一〜七〇年をみると、オランダ船による輸送量が圧倒的に多い。全体の七八・六％をオランダ船が輸送している。しかしその比率は、すぐに低下する。一六七一〜八〇年には四六・六％、一七三一〜四〇年には四四・四％、一七七一〜八〇年には二八・六％にまで下がる。

塩は、フランス、ポルトガルからの輸入が多かったが、それにとどまらず、イタリアからも輸入されるようになる。この貿易で活躍したのは、オランダではなく、中立貿易を基軸とするスウェーデンであった。

図 XIII–2　植民地物産輸入量とオランダ

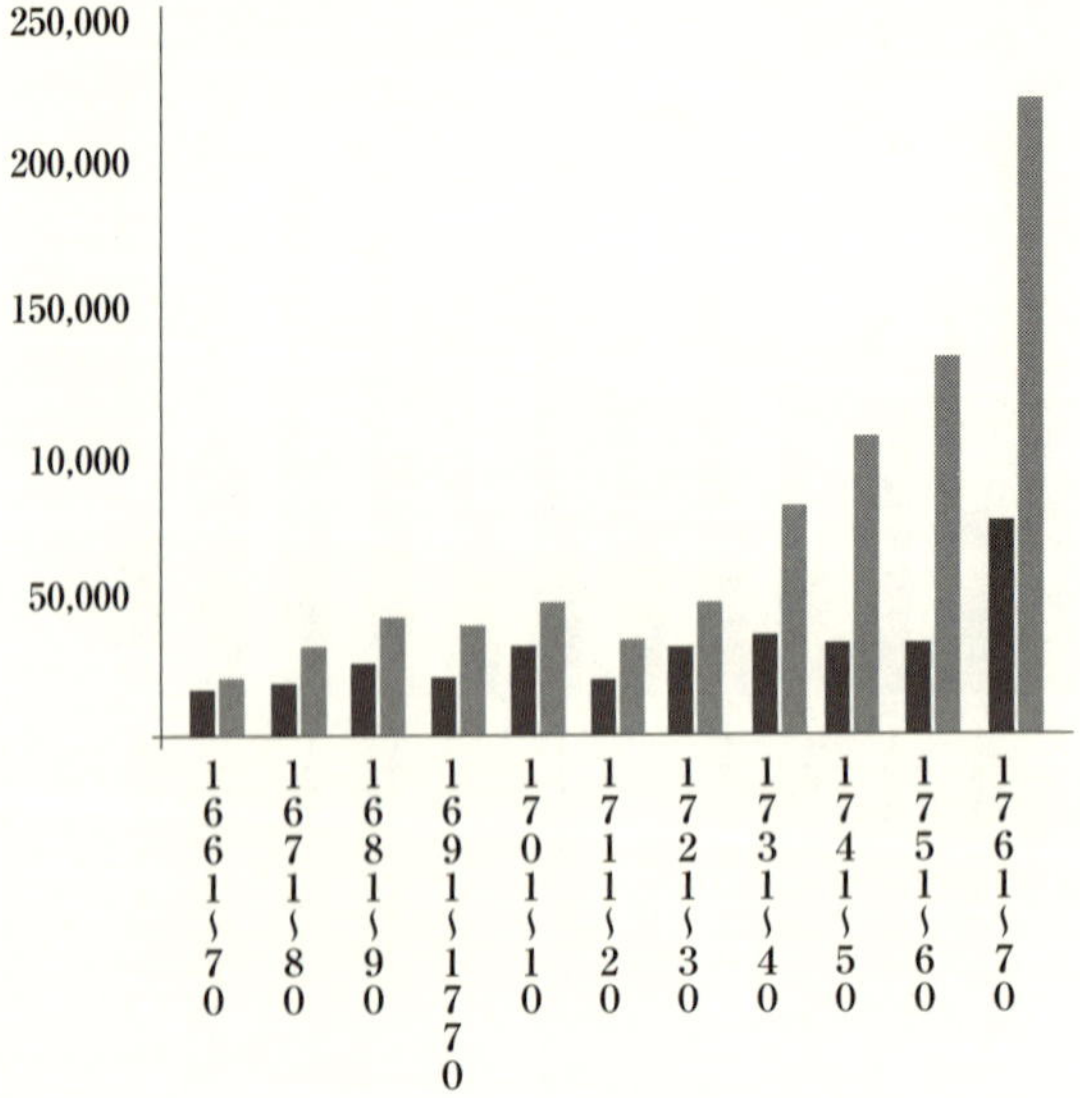

［出典］Nina Bang and Knud Korst (eds.), *Tabeller over Skibsfart og Varetransport gennem Øresund 1661-1783 1661-1783 og gennem Storebaelt 1701-1748*, 4 Vols., Copenhagen and Leipzig, 1930-1953.

植民地物産の輸入

一六六一〜七〇年には、バルト海地域が輸入する植民地物産——主として砂糖、次いでコーヒー——は一八一八万七六〇〇ポンドであり、オランダの輸送量が一五〇六万八〇〇〇ポンドであり、八二・八％がオランダ船による輸送である。イングランド船による輸送は、七・七％でしかない。

オランダ船の輸送量の比率は低下するがそれでも高く、一七二一〜三〇年になっても四三％を占める。一方、イングランド船の割合は二一％である。

バルト海地方が輸入する植民地物産の総量は、一七四一〜五〇年が一億九四〇万ポンド、一七五一〜六〇年が一億二八四三万七〇〇〇ポンド、一七六一〜七〇年が二億一八一八万五〇〇〇ポンドと大幅に増える。

これらの植民地物産は、主として新世界、次いでアジアから最終的にアムステルダムを経由して、バルト海地方に輸入されたと想定される。むろん、輸入の多くを担ったのは、オランダ船であった。イングランド船とスウェーデン船が台頭するものの、一七三〇年くらいまでは圧倒的にオランダ船による輸入量が多い。ところがそれ以降、オランダ船の比率は低下する。これは、オランダの中継貿易が衰退していったことを意味するものであろう。

オランダ内部の変化

すでに現在では、十八世紀のバルト海貿易におけるアムステルダム商人の地位が、オランダ国内からみた場合、過大評価されてきたことはほぼ通説となっている。具体的には、フリースラント出身の商人が船長として活躍することが多い。ちなみに『エーアソン海峡通行税台帳　後編』を参照すると、一六六五年には、バルト海貿易で使われる船舶のうちホラントを出入港する船舶数は二六六隻、ゼーラントが一隻、フリースラントとフローニンゲンの合計が七九隻である。一七五三年にはこの数がそれぞれ九五一隻、三三隻、一一一〇隻になっている。このように、フリースラントとフローニンゲンの台頭が顕著である。

しかし史料に掲載されている地名は、あくまで船長の居住地である点に注意しておかなければならない。したがって理論的には、フリースラントやフローニンゲンに居住する船長が、アムステルダムまで行き、そこから出港したのである。

船長居住地としてのアムステルダムの地位が低下しても、おそらく情報拠点としてのアムステルダムは依然として重要であった。十八世紀には、アムステルダムに立ち寄らず、西欧の港とバルト海地方の港を直接行き来する「通過貿易」が増加していった。そのためには、航行に必要な食料、航行する航路、取引相手などに関する正確な情報が必要とされる。アムステルダムには、そのような情報を管理する機能が備えられていたと考えられる。

さらに金融面から論じると、むろん、アムステルダムがヨーロッパ有数の金融センターであったことは見逃せない。一七四〇年から、アムステルダムは物流に関しては重要性を低下させていたものの、為替市場の中心であった。またロンドン-サンクト・ペテルブルクの為替は、ようやく一七六三年から登場したにすぎない。

これは、イギリスとサンクト・ペテルブルクが、アムステルダムではなく、ロンドンを通して貿易決済をするようになってきたことを意味するものであろう。ただし、スウェーデンとの貿易では、もともとロンドンではなく、アムステルダム、さらにはハンブルクで手形が決済されることが多かったことに注意する必要がある。

したがって十八世紀オランダ経済にとって最も重要なものは、穀物輸送、金融、情報であったといえるかもしれない。そのすべてで、基本的には手数料収入によって利益を得ていたものと思われる。これこそ、近世オランダ資本主義の特徴であり、実はこの構造はそのまま、十九世紀後半のイギリスに受け継がれるのである。

おわりに

「原材料の時代」になると、オランダが衰退しイングランドが台頭する。この傾向は、フランス革命、ナポレオン戦争によってより顕著になり、これらの戦争ののち、イギリス船がバルト海地方と西欧を結ぶ場合にもっともよく使われる船舶になる。

オランダの優位性は、あくまで海運業にあった。イギリスの航海法はむろんのこと、一七二四年に発布されたスウェーデン航海法 Produktplakatet も、オランダ船排除を目指したものであった。十八世紀になってもなお、バルト海地方でもっともよく使用されるのはオランダ船であり、イギリス船ではなかった。

さらにオランダの優位は、金融セクターにもあった。より正確にいえば、十八世紀になってもロシアとの貿易においては、多くの国は、ロンドンではなく、アムステルダムの銀行を通じて決済したことと思われる。ロシアの最大の貿易相手国はイギリスであったが、イギリスの金融はオランダほどには発展していなかったであろう。

このように、バルト海地方との貿易において、オランダは長く活躍した。十八世紀後半になっても、オランダの貿易では、バルト海地方が最大量を誇った。だからこそバルト海貿易は、穀物貿易にとどまらず、オランダの「母なる貿易」だったのである。

参考文献

谷澤毅『北欧商業史の研究——世界経済の形成とハンザ商業』知泉書館、二〇一一年。

玉木俊明『北方ヨーロッパの商業と経済——一五五〇〜一八一五年』知泉書館、二〇〇八年。

玉木俊明『近代ヨーロッパの誕生——オランダからイギリスへ』講談社選書メチエ、二〇〇九年。

玉木俊明『近代ヨーロッパの形成——商人と国家の世界システム』創元社、二〇一二年。

ミルヤ・ファン・ティールホフ著、玉木俊明・山本大丙訳『近世貿易の誕生——オランダの「母なる貿易」』知泉書館、二〇〇五年。

Clé Lesger, *The Rise of the Amsterdam Market and Information Exchange: Merchants, Commercial Expansion and Change in the Spatial Economy of Low Countries, c. 1550-1630*, Aldershot 2006.

Maria Bogucka, 'The Role of Baltic Trade in European Development from the XVIth to the XVIIth Centuries', *Journal of European Economic History*, 9 (1), 1980.

あとがき

本書作成の最初の話は、本書編者の玉木俊明先生からのご提案の電話からであったと思う。その後、二〇一二年に明治大学で開催された日本西洋史学会の際に、本書執筆者の一人である小澤実先生を交えて話を詰めた。その際、本書の性格を教科書ではなく、専門性を維持しながら専門的内容を易しく解説する入門書とすることが決まった。そうした本書作成の意図を支持してくださった方々が本書の執筆者である。

ヨーロッパ史において、地中海商業圏に関しては論文、専門書から入門書まで多くの研究書が出版されているが、北の北海、バルト海商業圏については書籍自体が多くない。近年、バルト・スカンディナビア研究会やハンザ史研究会などの研究会活動の活発化によって、各地域あるいは国、都市別に研究が進展しつつあるが、東はロシア、東欧から西はフランス、スペイン、北にはイギリスからアイスランドまで広域にわたる商業圏において、各専門研究が一部の都市、国や地域に限定され、しかも、一定の時期に限定されることは当然のことであろう。したがって、時間的、地域的に北海、バルト海商業圏全体を見渡すような書籍は見られなかったのである。

そうした中、二〇一一年に翻訳書として、この地域について空間的にも時間的にも網羅した四五〇ページに及ぶ大著D・カービー、M・L・ヒンカネン著、玉木俊明、牧野正憲、谷澤毅、根本聡、柏倉知秀訳『ヨーロッパの北の海』が出版された。地域全体を総合的に理解する手助けになる点で、入門書としても専門書としても明らかに有用な優れた内容の書であるが、網羅的であるがゆえに個別地域の事情を取り出し、時間的な経過の中で読み解くには不向きなところもあろう。特に興味のある時代、地域について、限定して専門的な内容を容易に読めるような本も必要ではないかというのが、本書作成の原点であった。すなわち、本書では、中近世の北海・バルト海という広大な地域の一部を切り取った「論文」集として、中近世の北海・バルト海、地域全体をカバーすること、しかも通常の学術論文よりは読みやすく、初学の方々にもわかりやすくすることを目指した。したがって、できる限り内容の質を維持しつつ、他方で注などは付けず、気楽に読み進める入門書のスタイルをとった。

全体を通してご一読いただきたいとは思うが、本書の性格からいえば興味のある部分から読み始めて、その周辺部に読み進めていくのもよいように思う。その上で、より専門的な分野へ、あるいは広い分野へ、隣接した分野へと関心が広がっていくならば、執筆者一同望外の喜びである。その地域についての日本の代表的研究者の研究成果が、次への興味につながっていくことを期待したい。

当初の予定では、二〇一四年中の発刊を目指していたが、各執筆者の事情もあり、だいぶ遅れることとなった。編者、執筆者を代表して、悠書館代表取締役長岡正博氏にお詫び申し上げるとともに、出版事情困難な中、出版を快く引き受けて下さったことに心より感謝申し上げたい。

編者、執筆者を代表して　斯波照雄

執筆者紹介（五十音順）

井上光子（いのうえ・みつこ）
最終学歴：関西学院大学大学院文学研究科博士課程単位取得退学
学位：修士（文学）　**現在**：関西学院大学文学部非常勤講師
主要業績：橋本淳（編）『デンマークの歴史』（共著）創元社、1999年。「デンマーク社会の歴史的基層」仲村優一、一番ヶ瀬康子（編）『世界の社会福祉６　デンマーク・ノルウェー　』旬報社、1999年。「デンマーク王国の海上貿易――遅れてきた重商主義国家」深沢克己（編）『国際商業』（近代ヨーロッパの探求９）ミネルヴァ書房、2002年。

小澤　実（おざわ・みのる）
最終学歴：東京大学大学院人文社会系研究科欧米系文化研究専攻博士課程単位取得退学　**学位**：文学修士　**現在**：立教大学文学部准教授
主要業績：小澤実・薩摩秀登・林邦夫『辺境のダイナミズム』岩波書店、2009年。金沢百枝・小澤実『イタリア古寺巡礼』３冊、新潮社、2010年～12年。「モンゴル帝国期以降のユーラシア世界とヨーロッパとの交渉」『東洋史研究』71（3）、2013年。ヒロ・ヒライ、小澤実編『知のミクロコスモス』中央公論新社、2014年。

小野寺利行（おのでら・としゆき）
最終学歴：明治大学大学院博士後期課程単位取得退学　**学位**：修士（史学）　**現在**：明治大学などで非常勤講師
主要業績「13世紀ノヴゴロドの対ハンザ通商政策――西ドヴィナ川流域地方との比較において」『ロシア史研究』64、1999年。「中世ノヴゴロドのハンザ商館における取引規制」『市場史研究』27、2007年。「中世ノヴゴロドのハンザ商館における生活規範」『比較都市史研究』30（2）、2011年。

柏倉知秀（かしわくら・ともひで）
最終学歴：立正大学大学院文学研究科史学専攻博士課程単位取得退学　**学位**：文学修士　**現在**：徳山工業高等専門学校一般科目准教授
主要業績：「中世北ヨーロッパ商業圏におけるベー塩取引と海運――運送契約書の分析」『北欧史研究』19、2002年。「中世ハンザ

都市の商業規模――14世紀後半のポンド税決算書を中心に」『比較都市史研究』23巻（1）、2004年。「14世紀後半リューベック商人のネットワーク」『立正史学』105、2009年。

菊池雄太（きくち・ゆうた）
最終学歴：Historisches Institut, Ernst Moritz Arndt Universität Greifswald　**学位**：Dr. phil (des.)　**現在**：香川大学経済学部准教授
主要業績：「ハンブルクの陸上貿易1630～1806年――内陸とバルト海地方への商品流通」『社会経済史学』78（2），2012年。「近世ハンブルクのバルト海海上貿易――中継貿易都市の流通構造に関する一考察」『社会経済史学』79（2），2013年。

斯波照雄（しば・てるお）
最終学歴：金沢大学大学院文学研究科史学専攻修士課程　**学位**：文学修士、博士（経済学）　**現在**：中央大学商学部教授
主要業績：『中世ハンザ都市の研究――ドイツ中世都市の社会経済構造と商業』勁草書房、1997年 。『ハンザ都市とは何か――中近世北ドイツ都市に関する一考察』中央大学出版部、2010年。『西洋の都市と日本の都市　どこが違うのか――比較都市史入門』学文社、2015年。編著『商業と市場・都市の歴史的変遷と現状』中央大学企業研究所研究叢書、中央大学出版部、2010年

谷澤　毅（たにざわ・たけし）
最終学歴：早稲田大学大学院経済学研究科博士後期課程単位修得退学　**学位**：博士（経済学）　**現在**：長崎県立大学経済学部教授
主要業績：『北欧商業史の研究――世界経済の形成とハンザ商業』知泉書館、2011年。『佐世保とキール　海軍の記憶――日独軍港都市小史』塙書房、2013年。『地域と越境――「共生」の社会経済史』（共編著）春風社、2014年。

玉木俊明（たまき・としあき）
最終学歴：同志社大学大学院文学研究科文化史学専攻博士後期課程単位取得退　**学位**：博士（文学）　**現在**：京都産業大学経済学部教授
主要業績：『北方ヨーロッパの経済と商業――1550～1815年』知泉書館、2008年。『近代ヨーロッパの誕生――オランダからイギリ

スへ』講談社選書メチエ、2009 年。『近代ヨーロッパの形成——商人と国家の世界システム』創元社、2012 年。『海洋帝国興隆史——ヨーロッパ・海・近代世界システム』講談社選書メチエ、2014 年。

成川岳大（なりかわ・たかひろ）
最終学歴：東京大学大学院人文社会系研究科欧米系文化研究専攻博士課程単位取得退学　**学位**：修士（文学）、MPhil (Nordic Viking and Medieval Culture)　**現在**：非常勤講師（埼玉大学ほか）
主要業績：「12 世紀オークニー司教の「独立性」と外部諸権力：「文化の十字路」から「ノルウェー教会の義理の娘」へ？」『西洋史研究』新輯 39、2010 年。「12 世紀スカンディナヴィア世界における「宣教大司教座」としてのルンド」『史学雑誌』120（12)、2011 年。「ヴァイキングの活動——「北の道」からノルウェーへ」大島美穂・岡本健志編『ノルウェーを知るための 60 章』明石書店，2014 年。

根本　聡（ねもと・あきら）
最終学歴：神戸大学大学院文化学研究科西洋社会文化史専攻博士課程単位取得退学　**学位**：文学修士　**現在**：旭川工業高等専門学校准教授
主要業績：「スウェーデン鉄とストックホルム——鉱山業における国家と農民」『ヨーロッパ文化史研究』6、 2005 年。「海峡都市ストックホルムの成立と展開——メーラレン湖とバルト海のあいだで」村井章介編『シリーズ港町の世界史①港町と海域世界』青木書店、2005 年。「近世スウェーデン王国のステープル都市体系とストックホルムの首都化過程」『市場史研究』27、2007 年。「ストックホルム」「鉄山の歴史」村井誠人（編）『スウェーデンを知るための 60 章』明石書店、2009 年。

松本　涼（まつもと・さやか）
最終学歴：京都大学文学研究科西洋史学専修博士後期課程研究指導認定退学　**学位**：文学修士　**現在**：福井県立大学学術教養センター講師
主要業績：「13 世紀アイスランドにおける平和維持——ノルウェー王権受容に関する一考察」『史林』91（4）、2008 年。「中世アイスランドと北大西洋の流通」山田雅彦（編）『伝統ヨーロッパとその周辺の市場の歴史（市場と流通の社会史 I）』清文堂出版、2010 年。

山田雅彦（やまだまさひこ）
最終学歴：九州大学大学院博士後期課程単位取得退学　**学位**：博士（文学）　**現在**：京都女子大学文学部教授
主要業績：『中世フランドル都市の生成——在地社会と商品流通』ミネルヴァ書房、2001 年。「中世中期サン・トメールの市場をめぐる自由と規制——13 世紀ワイン・ステープル市場再論」『史窓』65、京都女子大学史学会、2008 年。『伝統ヨーロッパとその周辺の市場の歴史』清文堂出版、2010 年）（編著）。

人名索引

ア行

アドルフ（ホルシュタイン伯） 379
アルブード（ハンザ商人） 25
アルフレッド（イングランド王） 144
アルフレッド（ウェセックス王） 119
アレクサンドロス3世（ビザンツ共同皇帝） 135，137
イヴァン4世（雷帝）（モスクワ大公） 297
イーヴァルソン，エーリク（トロンデネス教会聖職者） 211
イヴァン4世（雷帝）（モスクワ大公） 297
イーゴリ（キエフ公） 140
イティエ，トマ（ラ・ロシェル市民） 241
イブン・ファドラーン（アッバース朝の使節） 126，135
ヴァルデマー4世（デンマーク王） 261～263
ヴァーレンドルプ，ブルーン（リューベック市長） 265，266
ヴァーレンドルプ，ヘルマン（リューベックの商人） 276
ヴィッテンボルク，ヘルマン（リューベックの商人） 260
ヴィッテンボルク，ヨハン（リューベックの市参事会員） 260～275，280，281
ヴィッパーフュルト，ヨハン・フォン（ケルンの商人） 70
ヴェセル，フランツ（シュトラールズント市長） 267
ウォーラーステイン，イマニュエル 15，424
エドワード2世（イングランド王） 227
エーリク14世（スウェーデン王） 297
エーリク・ア・ポンメルン（カルマル連合王） 211，212
エーリヒ（ラウエンブルク公） 274
エルリングソン，ビャルネ 194
エンゲルブレクトソン，オーラヴ（トロンハイム大司教） 215
オギエ，シャルル（フランス人大使） 323
オクセンシェーナ，アクセル（スウェーデン宰相） 285，288，302，309，310，314，320
オブライエン，パトリック 414
オームロッド，ディヴィッド 410
オーラヴ2世聖王（ノルウェー王） 164，166
オーラヴ4世（ノルウェー王） 209
オーラヴ・ニルソン 204
オレーグ（キエフ公） 135，137

カ行

カービー，デヴィッド 361
カール5世（神聖ローマ皇帝） →カルロス1世（スペイン王）
カール9世（スウェーデン王） 298，300
カール10世グスタヴ（スウェーデン王） 323
カール12世（スウェーデン王） 286
カルロス1世（スペイン王） 254
川北稔 413
キャルタン 169
クエリーニ，ピエトロ（ヴェネツィアの商人） 184，207，215
グスタヴ1世ヴァーサ（スウェーデン王） 284～296，313

サ行

タ行

ナ行

ハ行

マ行

ヤ行

ラ行

ワ行

地名&事項索引

ア行

カ行

サ行

タ行

ナ行

ハ行

マ行

ヤ行

ラ行

ワ行

北海・バルト海の商業世界

2015年6月10日　初版第1刷発行

編　者	斯波照雄 玉木俊明
装　丁	尾崎美千子
発行者	長岡 正博
発行所	悠 書 館

〒113-0033　東京都文京区本郷2-35-21-302
TEL 03-3812-6504　FAX 03-3812-7504
URL http://www.yushokan.co.jp/

印刷・製本：理想社

ISBN978-4-86582-003-4

ガムラカーレビュー
クローノビュー
東ボスニア
ウメオー
ヴァーサ
フィンランド
クリスティーネスタード
ヴィボリ
ボスニア湾
ネヴァ川
サンクト・ペテルブルク
トゥルク
（オーボ）
ヘルシンキ
フィンランド湾
オーランド諸島
イェヴレ
ノヴゴロド
ナルヴァ
グリッスレハムン
エッケレー島
レーヴァル
スウェーデン
ストックホルム
エストニア
モスクワ
サーレマー
（エーゼル）島
ラトヴィア
ロシア
リーガ
ヴィスビー
ヴェンツピルス
西ドヴィナ川
ゴトランド島
リトアニア
カルマル
エーランド島
カールスクローナ
バルト海
マルメ
イースタード
クシッシュ砂州
ボーンホルム島
ケーニヒスベルク
リューゲン島
ダンツィヒ
（グダンスク）
エルビング
シュトラールズント
グライフスヴァルト
ポーランド
シュテッティン
ヴィスワ川
オーデル川